Fehlgeschlagene Umwandlungen als stecken gebliebene Sachgründungen

Europäische Hochschulschriften

Publications Universitaires Européennes

European University Studies

Reihe II

Rechtswissenschaft

Série II Series II

Droit

Law

Bd./Vol. 3852

PETER LANG

Frankfurt am Main · Berlin · Bern · Bruxelles · New York · Oxford · Wien

Yvonne Abicht

Fehlgeschlagene Umwandlungen als stecken gebliebene Sachgründungen

Tatbestand und Rechtsfolgen am Beispiel unwirksamer Umwandlungen ehemaliger landwirtschaftlicher Produktionsgenossenschaften in den neuen Bundesländern

PETER LANG
Europäischer Verlag der Wissenschaften

Bibliografische Information Der Deutschen Bibliothek
Die Deutsche Bibliothek verzeichnet diese Publikation in der Deutschen Nationalbibliografie; detaillierte bibliografische Daten sind im Internet über <http://dnb.ddb.de> abrufbar.

Zugl.: Jena, Univ., Diss., 2003

27
ISSN 0531-7312
ISBN 3-631-52104-9

www.peterlang.de

Meinen Eltern und Christine

Vorwort

Die Arbeit lag im Sommersemester 2003 der juristischen Fakultät der Friedrich-Schiller-Universität in Jena als Dissertation vor.

Sie entstand auf Anregung meines Doktorvaters Herrn Prof. Dr. Walter Bayer im Zusammenhang mit dem unter seiner Leitung an der Universität Jena durchgeführten Forschungsprojekt zum Thema: „Rechtsprobleme der Restrukturierung landwirtschaftlicher Unternehmen in den neuen Bundesländern nach 1989“, welches ich als wissenschaftliche Assistentin über dreieinhalb Jahre aktiv mitgestalten durfte. Ausgangspunkt dieser Arbeit sind jene Umwandlungen ehemaliger Landwirtschaftsunternehmen in den neuen Bundesländern, bei denen nach der Rechtsprechung des Bundesgerichtshofes die Umwandlung des landwirtschaftlichen Unternehmens trotz ihrer Eintragung im Register und ihres tatsächlichen Vollzuges aufgrund schwerster Mängel unwirksam geblieben ist.

Ziel der Arbeit ist es, die sich im Fall einer gescheiterten Umwandlung ergebenden rechtlichen und tatsächlichen Probleme aufzuzeigen und Lösungen für die auftretenden Fragen zu erarbeiten. Dabei bot die rechtstatsächliche Aufarbeitung der Umwandlungen ehemaliger landwirtschaftlicher Unternehmen in den neuen Bundesländern nach 1989 im Rahmen des Forschungsprojektes, eine unverzichtbare Ausgangsbasis für das Verständnis dieser äußerst komplexen tatsächlichen und rechtlichen Situation im Fall einer gescheiterten Umwandlung.

Ich möchte mich bei meinem Doktorvater Herrn Prof. Dr. Walter Bayer für die stetige Unterstützung und Förderung meiner Arbeit und vor allem für den mir gewährten Freiraum bei der Bearbeitung sehr herzlich bedanken.

Besonders möchte ich mich bei meinen Eltern und meiner Schwester Christine für ihre liebevolle Hilfe und ihre unerschöpfliche Geduld mit mir bedanken, die mich auch außerhalb meiner Promotion immer begleitet. Ihr Verständnis und ihr Rückhalt während meiner langjährigen Ausbildung haben entscheidend zum Erfolg meiner Promotion beigetragen.
Meinen Eltern und meiner Schwester Christine widme ich diese Arbeit.

Jena, im Oktober 2003 Yvonne Abicht

Kapitelübersicht

Gliederung

Literaturverzeichnis

Arlt, Rainer/ Schramm, Lothar	Probleme der Verwirklichung des Landwirtschaftsanpassungsgesetzes, NJ 1992 / 60 ff.
Arlt, Reiner/Rosenau, Gerhard/Gold, Heinz	Lexikon der Landwirtschaft, Berlin 1975
Barran, Wolfgang	Die LPG in Liquidation (1), AgrarR 2001 / 43 ff.
Bärwaldt, Roman/ Schabracker, Joachim	Der Formwechsel als modifizierte Neugründung, ZIP 1998 / 1293 ff.
Bassenge, Peter	Tatsachenermittlung, Rechtsprüfung und Ermessensausübung in den registerrechtlichen Verfahren nach §§ 132-144 FGG, RPfleger 1974 / 173 f.
Baumbach, Adolf (Begr.) /Hueck, Alfred	Handelsgesetzbuch, 17. Auflage, München 2000
Baumbach, Adolf/ Lauterbach, Wolfgang (Begr.)	Zivilprozeßordnung, 59. Auflage, München 2001
Baur, Fritz/ Wolf, Manfred	Bereicherungsansprüche bei irrtümlicher Leistung auf fremde Schuld –Das Wegnahmerecht des Nichtbesitzers-, Jus 1966 / 393 ff.
Baur, Jürgen/ Stürner, Rolf	Sachenrecht, 17. Auflage, München 1999
Bayer, Walter	Die Anwendung aktienrechtlicher Vorschriften auf die eingetragene Genossenschaft, DStR 1999 / 1815 ff.
Bayer, Walter	Privatisierung und Restrukturierung volkseigener und genossenschaftlicher Unternehmen durch Umwandlung, ZGR Sonderheft 1993 / 22 ff.

Bayer, Walter — 1000 Tage neues Umwandlungsrecht – eine Zwischenbilanz, ZIP 1997 / 1613 ff.

Bayer, Walter (Hrsg.) — Abschlußbericht des Forschungsprojektes „Rechtsprobleme der Restrukturierung landwirtschaftlicher Unternehmen in den neuen Bundesländern nach 1989", 2002

Bayer, Walter (Hrsg.) — 10 Jahre Landwirtschaftsanpassungsgesetz –eine Zwischenbilanz-, Münster-Hiltrup 2001

Bayer, Walter in Koch (Hrsg.) — Erfolgreiche und fehlgeschlagene LPG-Umwandlungen: Hat sich das neue Recht bewährt? in 10 Jahre Deutsche Rechtseinheit, Seite 155 ff. Jena, 2001

Bayer, Walter/ Hoffmann, Randi — Anmerkung zu BGH vom 31.7.1997, EWiR 1997 / 949 f.

Bayer, Walter/ Hoffmann, Randi — Anmerkung zu BGH vom 7.6.1999, EWiR 1999 / 1019 f.

Bayer, Walter/ Wirth, Gernot — Eintragung der Spaltung und Eintragung der neuen Rechtsträger – oder:Pfadsuche im Verweisungsdschungel des neuen Umwandlungsrechtes, ZIP 1996 / 817 ff.

Becker-Eberhard, Ekkehard — Der Übergang vom Sachenrecht der DDR zur Sachenrechtsordnung der Bundesrepublik Deutschland in den sog. neuen Bundesländern, Jura 1994 / 577 ff.

Behr, Ulrich/ Hellwig, Ralf — Der Besserungsschein für die Landwirtschaft des Beitrittsgebietes – eine scheinbare Besserung?, AgrarR 1992 / 149 ff.

Beisel, Wilhelm/ Klumpp, Hans-Hermann — Der Unternehmenskauf, 2. Auflage, München 1991

Bergmann, Dieter/Steding, Rolf | Zur Umwandlung landwirtschaftlicher Produktionsgenossenschaften, WiR 1993 / 117 ff.

Berndt, Joachim/ Boin, Kai | Zur Rechtsnatur der Gesellschaft bürgerlichen Rechtes, NJW 1998 / 2854 ff.

Beuthien, Volker | Zweckerreichung und Zweckstörung im Schuldverhältnis, Tübingen 1969

Beuthien, Volker (begr. Von E.H. Meyer, Gottfried Meulenberg) | Genossenschaftsgesetz, 13. Auflage, München 2000

Boesbeck, Ernst | Anmerkung zu RG vom 25.1.1939, DR 1939 / 431 f.

Bohn, Andreas/ Hermann, Harald | Zur Heilung der nichtigen Umwandlung einer LPG durch Eintragung ins Handelsregister, sowie zur Publizitätswirkung des GenG § 29 (Anmerkung zu BGH vom 3.5.1996 (BLW 54/95)), ZfG 48 / 162 ff.

Bokelmann, Wolfgang | Anmerkung zu OLG Hamm vom 18.12.1985, EWiR 1986 / 367 f.

Böttcher, Conrad/ Meilicke, Heinz | Umwandlung, Verschmelzung und Auflösung, 5. Auflage, Berlin, Frankfurt a.M. 1958

Buchner, Gerhard | Amtslöschung, Nachtragsliquidation und masselose Insolvenz von Kapitalgesellschaften in Harms, /Stebut, /Westermann, Hans-Peter, Handels- und Gesellschaftsrecht, Köln, Berlin, Bonn, München 1988

Burmiller,Ursula/ Winkler, Karl | Freiwillige Gerichtsbarkeit, 7. Auflage, München 1999

Caemmerer, Ernst v. | Bereicherungsansprüche und Drittbeziehungen, JZ 1962 / 385 ff.

Canaris, Wolfgang	Anmerkung zu BGH vom 21.5.1971, JZ 1971 / 560 f.
Canaris, Wolfgang	Handelsrecht, 23. Auflage, München 2000
Canaris, Wolfgang	Die Vertrauenshaftung im deutschen Privatrecht, München 1955
Clem, Herrmann/Etzbach, Ernst/Faßbender, Hermann Josef (Hrsg.)	Rechtshandbuch Vermögen und Investition in der ehemaligen DDR –Kommentar zum Landwirtschaftsanpassungsgesetz-, München 1999
Dauner, Otto	Die Auflösung der eingetragenen Genossenschaft, Tübingen 1930
Dehne, Renate	Zur Behandlung fehlerhafter Teilungen und Umwandlungen von LPGen, AgrarR 1993 Sonderheft 10 / 28 ff.
Dehne, Renate	Fehlgeschlagene LPG-Umwandlungen – Was nun?, AgrarR 1998 / 208 ff.
Döss, Manfred	Auswirkungen von Mängeln einer Verschmelzung durch Aufnahme auf die rechtliche Stellung einer übertragenden Gesellschaft und ihrer Aktionäre, Dissertation Mainz 1990
Drescher, Jochen	Rechtsfolgen unwirksamer Umwandlungen, NL-BzAR 1999 / 313 ff.
Drescher, Jochen	Anmerkung zu BGH vom 5.3.1999 (BlW 57/98), WuB 1999 / 841 f.
Drescher, Jochen	Anmerkung zu BGH vom 5.3.1999, WuB 1999 / 841 f.
Drygala, Tim	Anmerkung zu BGH vom 3.5.1996, WuB 1996 / 1297 ff.

Drygala, Tim	Anmerkung zu BGH vom 1.7.1997, WuB 1998 / 239 f.
Duden, Konrad	Anmerkung zu BGH vom 28.1.1953, JZ 1954 / 240 ff.
Eilers, Stephan	Die Umwandlung als neue Form des Unternehmenskaufes, WiB 1995 / 449 ff.
Erman Bürgerliches Gesetzbuch Hrsg. Harm Peter Westermann	Bd. I und II, 10. Auflage, Münster, Köln 2000
Esser, Josef/ Weyers, Hans-Leo	Schuldrecht Bd. II, 8. Auflage, Heidelberg 1998
Felgentreff, Andreas	Umwandlungsrecht und Bestandsschutz für die Rechtsnachfolger der LPG, NL-BzAR 1998 / 290 ff.
Fischer, Michael	Formwechsel zwischen GmbH und GmbH & Co. KG, BB 1995 / 2173 ff.
Flechtheim	Das Urteil auf Ungültigkeitserklärung eines Generalversammlungsbeschlusses, in Festschrift für Zitelmann zu seinem 60. Geburtstage überreicht von Verehrern und Schülern, Berlin1913, Seite 3 ff.
Flume, Werner	Anmerkung zu BGH vom 5.10.1961, JZ 1962 / 280 ff.
Flume, Werner	Allgemeiner Teil des Bürgerlichen Rechtes Bd. I/1 Die Personengesellschaft, Berlin, Heidelberg, New York 1977
Flume, Werner	Der Wegfall der Bereicherung in der Entwicklung vom römischen zum geltenden Recht, in Festschrift für Hans Niedermeyer zum 70. Geburtstag, Göttingen1953, Seite 153 ff.

Gaitzsch, Albrecht	Zur Umwandlung von Personengesellschaften in Kapitalgesellschaften, Dissertation Freiburg i. Brsg. 1965
Ganske, Joachim (Hrsg.)	Umwandlungsrecht, 2. Auflage, Düsseldorf 1965
Gaul, Hans Friedhelm	Materielle Rechtskraft, Vollstreckungsabwehr und zivilrechtliche Ausgleichsansprüche, JuS 1962 / 1 ff.
Gaul, Hans Friedhelm	Die Entwicklung der Rechtskraftlehre seit Savigny und der heutige Stand, in Festschrift für Werner Flume zum 70. Geburtstag, Köln 1978, Bd. I Seite 443 ff.
Gemeinschaftskommentar zum HGB, Hrsg. Jürgen Ernsthaler	6. Auflage, Neuwied 1999
Geßler, Ernst/Hefermehl, Wolfgang/Eckardt, Ulrich/Kropff, Bruno	Aktiengesetz, Kommentar, Band I (§§ 1-75), München 1992 Band V (§§ 241-290), München 1984-1986 Band VI (§§ 291-410), München 1976-1994
Goette, Wulf	Anmerkung zu BGH vom 17.5.1999 (II ZR 243/98), DStR 1999 / 1282 f.
Goette, Wulf	Anmerkung zu BGH vom 17.5.1999 (II ZR 76/98), DStR 1999 / 1283 ff.
Goette, Wulf	Anmerkung zu BGH vom 17.5.1999 (II ZR 293/98), DStR 1999 / 1238 ff.
Götz, Leopold/ Schrenzenmaier, Patric	Verunfallte Umwandlungen nach dem Landwirtschaftsanpassungsgesetz, AgrarR Sonderheft 10 / 1993 / 21 ff.
Goutier, Klaus/ Knopf, Rüdiger/ Tulloch, Anthony (Hrsg.)	Kommentar zum Umwandlungsrecht, Heidelberg 1996

Groschuff	Anmerkung zu RGZ vom 20.3.1912, DR 1940 / 1464 ff.
Großkommentar zum AktG	Begründet von W. Gadow und E. Heinichen, Bd. III §§ 179-290, 3. Auflage 1973
Grunewald, Barbara	Umgehungen schuldrechtlicher Vorkaufsrechte in Festschrift für Gernhuber, Seite 137 ff., Tübingen 1993
Gschwendtner, Wolfgang	Offene Bewertungsfragen nach der neueren Rechtsprechung des BGH zur Bemessung von Abfindungen nach dem LwAnpG, AgrarR 1998 / 34 ff.
Haas, Günther	Die Verwendungsersatzansprüche im Eigentümer-Besitzer-Verhältnis und die aufgedrängte Bereicherung, AcP 176 /1976) / 1 ff.
Hachenburg (Hrsg. Peter Ulmer)	GmbH-Gesetz, 8. Auflage, Berlin, New York 1992
Hagen, Horst	„Heilung“ durch Eintragung in Rheinische Notarkammer, Verein für das Rheinische Notariat (Hrsg.), Notar- und Rechtsgestaltung-Festschrift des Rheinischen Notariates, 1999, Seite 261 ff.
Hahn, Carl/ Mugdan, Benno	Die gesamten Materialien zu den Reichs-Justitzgesetzen Bd. VI, Berlin 1897
Hähnert, Richard/Richter, Helmut/Rohde, Günther	LPG-Recht, Berlin 1967
Harder, Manfred	Nochmals: Die Erfüllungsübernahme durch den Minderjährigen –lediglich ein rechtlicher Vorteil, JuS 1978 / 80 ff.
Haritz, Detlef/ Benkert, Manfred (Hrsg.)	Umwandlungssteuergesetz, München 1996

Hartung, Manfred	Anmerkung zu BGH vom 5.3.1999, NZG 1999 / 790 ff.
Hausmanns, Wilfried	„Die bis zum 31. Dezember 1991 nicht" (§ 69 Abs. 3 S. 1 Landwirtschaftsanpassungsgesetz), in Festschrift für Helmrich Seite 943 ff.
Heller, Günther	„Wahrer" Wert einer LPG zum Zeitpunkt ihrer Umwandlung, AgrarR 1998 / 50 ff.
Hennrichs, Joachim	Formwechsel und Gesamtrechtsnachfolge bei Umwandlungen, Berlin 1995
Hennrichs, Joachim	Zum Formwechsel und zur Spaltung nach dem neuen Umwandlungsgesetz, ZIP 1995 / 794 ff.
Henze, Hartwig	Neue Maßstäbe für die Auslegung des Umwandlungsrechtes?, BB 1999 / 2208 ff.
Henze, Hartwig	Leitungsverantwortung des Vorstandes – Überwachungspflicht des Aufsichtsrates, BB 2000 / 209 ff.
Hettrich, Eduard/ Pöhlmann,Peter	Genossenschaftsgesetz, 2. Auflage, München 2001
Heymann, Ernst (Begr.)	Handelsgesetzbuch, Bd. II (§§ 105-237), 2. Auflage, Berlin, New York 1996
Holzapfel, Hans-Joachim/ Pöllath, Reinhard	Unternehmenskauf in Recht und Praxis, 7. Auflage, Köln 1994
Hommelhoff, Peter	Zum vorläufigen Bestand fehlerhafter Strukturänderungen in Kapitalgesellschaften, ZHR 158 (1994) / 11 ff.

Hommelhoff, Peter — Der Unternehmenskauf als Gegenstand der Rechtsgestaltung, ZHR 150 (1986) / 254 ff.

Hommelhoff, Peter/ Schubel, Christian — Das Gesellschaftsrecht auf dem Prüfstand: zur Transformation der DDR-Genossenschaften, ZIP 1998 / 537 ff.

Hönn, Günther — Die konstitutive Wirkung der Löschung von Kapitalgesellschaften, ZHR 138 (1974) / 72 ff.

Horn, Norbert — Das Zivil- und Wirtschaftsrecht im neuen Bundesgebiet, 2. Auflage, Köln 1993

Höser, Jürgen — Rechtsprobleme bei Bepflanzungen – Verwendungen im Sinne der §§ 994 ff BGB, AgrarR 1984 / 117 ff.

Hueck, Götz — Gesellschaftsrecht, 19 Auflage, München 1991

Hüffer, Uwe — Aktiengesetz, 5. Auflage, München 2002

Jansen, Paul — Gesetz über die Angelegenheiten der freiwilligen Gerichtsbarkeit mit Nebengesetzen, Berlin 1969

Jauernig, Othmar — Zivilprozeßrecht, 26. Auflage, München 2000

Jeinsen, Ulrich v. — Zur Änderung des Landwirtschaftsanpassungsgesetzes, AgrarR 1991 / 177 ff.

Joost, Detlef — Verdeckte Sacheinlagen, ZIP 1990 / 549 ff.

Joost, Detlev — „Holzmüller 2000“ vor dem Hintergrund des Umwandlungsgesetzes, ZHR 163 (1999) / 164 ff.

Jung, Willi — Praxis des Unternehmenskaufes, 2. Auflage, Stuttgart 1993

Kallmeyer, Harald — Das neue Umwandlungsgesetz, ZIP 1994 / 1746 ff.

Kallmeyer, Harald — Der Formwechsel der GmbH oder GmbH & Co. In die AG oder KGaA zur Vorbereitung des going public, GmbHR 1995 / 888 ff.

Kallmeyer, Harald — Der Ein- und Austritt der Komplementär-GmbH einer GmbH & Co. KG bei Verschmelzung, Spaltung und Formwechsel nach dem UmwG 1995, GmbHR 1996 / 80 ff.

Kallmeyer, Harald (Hrsg.) — Umwandlungsgesetz, Köln 1997

Keidel, Theodor/ Kuntze, Joachim/ Winkler, Karl (Begr.) — Freiwillige Gerichtsbarkeit, 14. Auflage, München 1999

Kiem, Roger — Die Eintragung der angefochtenen Verschmelzung, Köln, Berlin, Bonn, München 1991

Kiem, Roger — Das neue Umwandlungsrecht und die Vermeidung „räuberischer" Anfechtungsklagen, AG 1992 / 430 ff.

Kimme, Johannes (Hrsg.) — Offene Vermögensfragen, Kommentar zum Landwirtschaftsanpassungsgesetz, Köln 1993

Kirberger, Petra — Die Notwendigkeit der gerichtlichen Liqudatorenbestellung im Falle der Nachtragsliquidation einer wegen Vermögenslosigkeit gelöschten Gesellschaft oder Genossenschaft, RPfleger 1975 / 341 ff.

Kleindiek, Detlef — Fehlerhafte Unternehmensverträge im GmbH-Recht, ZIP 1988 / 613 ff.

Klepsch, Michael — Prüfungsrecht und Prüfungspflicht der Registergerichte, Dissertation Jena 2002

Köhler, Helmut — Rückabwicklung fehlerhafter Unternehmenszusammenschlüsse (Unternehmensvertrag, Eingliederung, Verschmelzung, Gemeinschaftsunternehmen), ZGR 1985 / 307 ff.

Kölner Kommentar zum AktG — Köln, Berlin, Bonn, München, Bd. 7 (§§ 339-361) 2. Auflage, 1. Lieferung 1990 Bd. 1 (§§ 1-75) 2. Auflage, 1986-1988

Koppensteiner, Hans-Georg/Kramer, Ernst — Ungerechtfertigte Bereicherung, Berlin 1975

Kort, Michael — Bestandsschutz fehlerhafter Strukturänderungen im Kapitalgesellschaftsrecht, München 1998

Kort, Michael — Aktien aus vernichteter Kapitalerhöhung, ZGR 1994 / 291 ff.

Kort, Michael — Anfechtbare und nichtige Beschlüsse – Möglichkeiten und Grenzen der Heilung fehlerhafter Umwandlungen, in Hommelhoff, Peter/Hagen, Horst/Röhricht, Volker (Hrsg.), Gesellschafts- und Umwandlungsrecht in der Bewährung, ZGR Sonderheft 14 1998 / 194 ff.

Kötter, Hans-Wilhelm — Zur Rechtsnatur der Leistungskondiktion, AcP 154 (1954) / 193 ff.

Kreuznacht, Frank — Wirkungen der Eintragung fehlerhafter Verschmelzungen von Aktiengesellschaften und Gesellschaften mit beschränkter Haftung nach § 20 Abs. 2 UmwG, Münster 1998

Kropff, Bruno/Semler, Johannes (Hrsg.) — Münchener Kommentar zum Aktiengesetz , 2. Auflage, München 2000

Krüger, Wolfgang	Rechtsfragen der LPG in Liquidation, NL-BzAR 1998 / 162 ff.
Krüger, Wolfgang	Ausgewählte Rechtsfragen bei der Liquidation von LPG, AgrarR 1992 / 293 ff
Kübler, Friedrich	Gesellschaftsrecht, 5. Auflage, Heidelberg 1998
Kuchs, Werner	Zur Ermittlung des Eigenkapitals bei LPG-Nachfolgeunternehmen, AgrarR 1998 / 52 ff.
Lang, Johann/Weidmüller, Ludwig/Metz, Egon/ Schaffland, Hans-Jürgen	Genossenschaftsgesetz, 33. Auflage, Berlin, New York 1997
Larenz, Karl	Schuldrecht BT Bd. I und II, 13. Auflage, München 1994
Larenz, Karl/ Canaris, Claus-Wilhelm	Schuldrecht II/2, 13. Auflage, München 1994
Leinekugel, Rolf	Die Ausstrahlungswirkungen des Umwandlungsgesetzes Köln, Berlin, Bonn, München 2000
Lohlein, Fritz	Anmerkung zu BGH vom 1.7.1994, EWiR 1994 / 1015 f.
Lohlein, Fritz	Eintragung von LPG-Umstrukturierungen aufgrund einer Anmeldung nach dem 31.12.1991, AgrarR 1993 / 383 ff.
Lohlein, Fritz	Anmerkung zu BGH vom 2.12.1994, ZIP 1995 / 426 ff.
Lohlein, Fritz	Anmerkung zu BGH vom 3.5.1996, EWiR 1996 / 711 f.
Lohlein, Fritz	Anmerkung zu BGH vom 1.7.1997, EWiR 1998 / 135 f.

Lohlein, Fritz	Anmerkung zu BGH vom 8.5.1998, EWiR 1998 / 659 f.
Lohlein, Fritz	Anmerkung zu BGH vom 8.5.1998 (BLw 39/97), EWiR 1998 / 777 f.
Lohlein, Fritz	Anmerkung zu BGH vom 5.3.1999, EWiR 1999 / 613 f.
Lohlein, Fritz	Anmerkung zu BGH vom 5.3.1999 (BLw 57/98), EWiR 1999 / 1021 f.
Lohlein, Fritz	Anmerkung zu OLG Rostock vom 14.3.1994, ZIP 1994 / 1065 ff.
Lohlein, Fritz	Anmerkung zu BezG Erfurt vom 22.3.1993, AgrarR 1993 / 383 f.
Lorenz, Werner	Das Wahlrecht des Putativschuldners bei irrtümlicher Zahlung fremder Schulden in Rechtsvergleichung und Rechteinheit, in Festschrift zum fünfzigjährigen Bestehen des Institutes für Ausländisches und Internationales Privat- und Wirtschaftsrecht der Universität Heidelberg, Heidelberg 1967, Seite 267 ff.
Lüke, Wolfgang	Die Bereicherungshaftung des Gläubigers bei der Zwangsvollstreckung in eine dem Schuldner nicht gehörende bewegliche Sache, AcP 153 (1953) / 533 ff.
Lutter, Marcus	Die Grenzen des sogenannten Gutglaubensschutzes im Grundbuch, AcP 164 (1964) / 159 ff
Lutter, Marcus	Organzuständigkeiten im Konzern in Festschrift für Walter Stimpel, Seite 825 ff., Berlin, New York, 1985
Lutter, Marcus	Zur Reform von Umwandlung und Fusion, ZGR 1990 / 392 ff.

Lutter, Marcus	Theorie der Mitgliedschaft -Prolegomena zu einem Allgemeinen Teil des Kooperationsrechtes-, AcP 180 (1980) / 84 ff.
Lutter, Marcus (Hrsg.)	Verschmelzung, Spaltung, Formwechsel nach neuem Umwandlungsrecht und Umwandlungssteuerrecht– Kölner Umwandlungsrechtstage, Köln 1995
Lutter, Marcus (Hrsg.)	Umwandlungsgesetz, 2. Auflage, Köln 2000
Lutter, Marcus/ Drygala, Tim	Die übertragende Auflösung: Liquidation der Aktiengesellschaft oder Liquidation des Minderheitenschutzes?, in Festschrift für Bruno Kropff Düsseldorf, 1997, Seite 193 ff.
Lutter, Marcus/ Friedewald, Rolf	Kapitalerhöhung, Eintragung im Handelsregister und Amtslöschung, ZIP 1986 / 691 ff.
Lutter, Marcus/ Hommelhoff, Peter	GmbH-Gesetz, 15 Auflage, Köln 2000
Lutter, Marcus/ Leinekugel, Rolf	Kompetenzen von Hauptversammlung und Gesellschafterversammlung beim Verkauf von Unternehmensteilen, ZIP 1998 / 225 ff.
Maier, Georg	Irrtümliche Zahlung auf fremde Schulden, AcP 152 (1952) / 97 ff.
Martens, Klaus-Peter	Kontinuität und Diskontinuität im Verschmelzungsrecht der Aktiengesellschaft, AG 1986 / 57 ff.
Medicus, Dieter	Bürgerliches Recht, 18. Auflage, Köln, Berlin, Bonn, München 1999
Medicus, Dieter	Ansprüche auf Geld, JuS 1983 / 897 ff.

Mertens, Kai — Umwandlung und Universalsukzession, Heidelberg 1993

Metz, Egon/ Schaffland, Hans-Jürgen — Genossenschaftsgesetz, 33. Auflage, Berlin 1997

Mugdan, Benno — Die gesamten Materialien zum BGB, Berlin 1899

Mühl, Otto — Vindikation und Kondiktion, AcP 176 (1976) / 396 ff.

Müller, Klaus — Genossenschaftsgesetz, 2. Auflage, Bielefeld 1991

Münchener Handbuch des Gesellschaftsrechtes (Hrg. Bodo Riegger, Lutz Weipert) — Bd. II Die Kommanditgesellschaft, München 1991

Münchener Kommentar zum Bürgerlichen Gesetzbuch, (Begr. Friedrich Quack) — Bd. 1 (§§ 1-240), Bd. 2 (§§ 241-432), Bd. 5 (§§ 705-853), Bd. 6 (§§ 854-1296), Bd. 11 (EGBGB), 3. Auflage München 1997

Münchener Kommentar zum HGB, (Hrsg. Karsten Schmidt) — Bd. I (§§ 1-104), München 1996

Neixler, Robert — Anmerkung zu BezG Cottbus vom 1.9.1992, EWiR 1992 / 1217 f.

Neixler, Robert — Amtslöschung von LPG-Nachfolgeunternehmen wegen Mängeln des Formwechsels, NL-BzAR 1993 / 2 ff.

Neixler, Robert — Zur Behandlung fehlerhafter Teilungen und Umwandlungen von LPGen, AgrarR 1993 / 1 ff.

Neixler, Robert — Anmerkung zu BezG Erfurt vom 22.3.1993, NL-BzAR 1993 / 6 f..

Neixler, Robert	Zur Behandlung fehlerhafter Teilungen und Umwandlungen von LPGen, AgrarR Sonderheft 10 / 1993 / 25 ff.
Neixler, Robert	Anmerkung zu OLG Rostock vom 14.3.1994, EWiR 1994 / 595 f.
Neixler, Robert	Anmerkung zu BGH vom 2.12.1994, EWiR 1995 / 601 f.
Neixler, Robert	Stellungnahme von Robert Neixler Rechtsanwalt in Berlin, Neue Landwirtschaft 2002 Heft 3 Seite 77
Neye, Hans-Werner	Anmerkung zu AG Charlottenburg vom 10.3.1992, EWiR 1992 / 387 f.
Neye, Hans-Werner	Anmerkung zu KG vom 19.10.1992, EWiR 1993 / 397 f.
Neye, Hans-Werner	Der Regierungsentwurf zur Reform des Umwandlungsrechtes, ZIP 1994 / 165 ff.
Oetker, Hartmut	Handelsrecht, Berlin 1999
Palandt (Hrsg.)	Bürgerliches Gesetzbuch, 61. Auflage, München 2002
Paura, Jörg	Liquidation und Liquidationspflichten, Hamburg 1996
Picot, Gerhard	Unternehmenskauf und Restrukturierung, Auflage München 1998
Pörnig, Claudia	Die Lehre von der fehlerhaften Gesellschaft – ein Personen- und Kapitalgesellschaftsrecht verbindendes Konzept, Berlin 1999

Priester, Hans-Joachim — Das neue Verschmelzungsrecht, NJW 1983 / 1459 ff.

Priester, Hans-Joachim — Die klassische Ausgliederung – ein Opfer des Umwandlungsgesetzes, ZHR 163 (1999) / 225 ff.

Priester, Hans-Joachim — Kapitalgrundlage beim Formwechsel -Zwang zur Buchwertfortführung-, DB 1995 / 911 ff.

Priester, Hans-Joachim — Mitgliederwechsel im Umwandlungszeitpunkt, DB 1997 / 560 ff.

Prütting, Hanns — Anmerkung zu BGH vom 29.1.2001, EWiR 2001 / 341

Rädler, Peter/ Raupach, Arndt/ Bezzenberger, Günther — Offene Vermögensfragen „Kommentar zum Landwirtschaftsanpassungsgesetz", Bd. II 1, Köln 1993

Reichmann, Holger — Leserbrief von Holger Reichmann, Neue Landwirtschaft 2002 Heft 3 Seite 77

Reuter, Dieter/ Martinek, Michael — Ungerechtfertigte Bereicherung, Tübingen 1983

RGRK Bürgerliches Gesetzbuch — Bd. II 5 (§§812-831), Bd. III 1 (§§ 854-1011), 12. Auflage, Berlin, New York 1997

Rosenberg, Leo/ Schwab, Karl Heinz/ Gottwald, Peter (Begr.) — Zivilprozeßrecht, 15. Auflage, München 1993

Roth, Wulf-Henning — Ist eine Genehmigung bei § 816 II BGB möglich?, JZ 1972 / 150 ff.

Rowedder, Heinz (Bgr.) — GmbH-Gesetz, 2. Auflage, München 1990

Rzesnitzek, Veit | Auswirkungen von Bilanzberichtigungen nach § 36 DMBilG auf die Vermögensauseinandersetzung nach dem LwAnpG, in Bayer (Hrsg.) „10 Jahre Landwirtschaftsanpassungsgesetz – eine Zwischenbilanz", 2001, Seite 93 ff.

Säcker, Franz | Die handelsrechtliche Haftung für Altschulden bei Übertragung und Vererbung von Handelsgeschäften, ZGR 1973 / 261 ff.

Sagasser, Bernd/ Bula, Thomas | Umwandlungen, -Verschmelzung-Spaltung-Formwechsel-Vermögensübertragung-, München 1995

Schlegelberger, Franz (Begr.) | Handelsgesetzbuch, Band 3, Halbband 1 (§§ 105-160), 5. Auflage, München 1992

Schleyer, Rolf | Die unwirksame Kapitalerhöhung, AG 1957 / 145ff

Schmid, Christoph | Das umwandlungsrechtliche Unbedenklichkeitsverfahren und die Reversibilität registrierter Verschmelzungsbeschlüsse, ZGR 1997 / 493 ff.

Schmid, Gerd | Handbuch der freiwilligen Gerichtsbarkeit, München 1991

Schmidt, Karsten | Die BGB-Außengesellschaft: rechts- und parteifähig, NJW 2001 / 993 ff.

Schmidt, Karsten | Handelsrecht, 5. Auflage, Köln, Berlin, Bonn, München 1999

Schmidt, Karsten | Haftungskontinuität als unternehmensrechtliches Prinzip, ZHR 145 (1981) / 2 ff.

Schmidt, Karsten | Die Umwandlung einer GmbH in eine AG zu Kapitaländerungszwecken – Kontinuitätsprobleme der formwechselnden Umwandlung-, AG 1985 / 150 ff.

Schmidt, Karsten | „Fehlerhafte Gesellschaft“ und allgemeines Verbandsrecht, AcP 186 (1986) / 421 ff.

Schmidt, Karsten | Die Handels-Personengesellschaft in Liquidation, ZHR 153 (1989) / 270 ff.

Schmidt, Karsten | Gesetzliche Gestaltung und dogmatisches Konzept eines neuen Umwandlungsrechtes, ZGR 1990 / 581 ff.

Schmidt, Karsten | Fehlerhafte Verschmelzung und allgemeines Verbandsrecht, ZGR 1991 / 373 ff.

Schmidt, Karsten | Vermögensveräußerung aus der Personengesellschaft – ein Lehrstück am Rande des neuen Umwandlungsrechtes, ZGR 1995 / 675 ff.

Schmidt, Karsten | Was wird aus der Haftung nach § 419 BGB?, ZIP 1989 / 1025 ff.

Schmidt, Karsten | Die fehlerhafte Verschmelzung nach dem Aktiengesetz, AG 1991 / 131 ff.

Schmidt, Karsten | Formwechsel zwischen GmbH und GmbH & Co. KG, GmbHR 1995 / 693 ff.

Schmidt, Karsten | Volleinzahlungsgebot beim Formwechsel, ZIP 1995 / 1385 ff.

Schmidt, Karsten | Haftungsrisiken bei „steckengebliebenen“ Verschmelzungen?, DB 1996 / 1859 ff.

Schmidt, Karsten	Einschränkung der umwandungsrechtlichen Eintragungswirkung durch den umwandlungsrechtlichen numerus clausus, ZIP 1998 / 181 ff.
Schmidt, Karsten	Gesellschaftsrecht, 3. Auflage, Köln, Berlin, Bonn, München 1997
Schmidt, Karsten	Zur Differenzhaftung des Sacheinlegers nach gegenwärtigem Stand von Gesetzgebung, Rechtsprechung und Lehre, GmbHR 1978 / 5 ff.
Schmitt, Joahim/Hörtnagl, Robert (Begr.) Hans Dehmer	Umwandlungsgesetz, Umwandlungssteuergesetz, 3. Auflage, München 2001
Scholz (Hrsg.)	Kommentar zum GmbH-Gesetz, 9. Auflage, Köln 2000
Scholz, Franz	GmbH-Gesetz, Bd. I (§§ 1-44), 8. Auflage, Köln 1993
Schönke, Adolf/ Schröder, Horst	Strafgesetzbuch, 26. Auflage, München 2000
Schramm, Lothar	Neue Entwicklung in Gesetzgebung und Rechtsprechung zur Sachenrechtsbereinigung in den neuen Bundesländern, AgrarR Beilage I 2001 / 26 ff.
Schricker, Gerhard	Probleme der Schuldenhaftung bei Übernahme eines Handeslgeschäftes, ZGR 1972 / 121 ff.
Schubel, Christian	LPG-Umstrukturierung – Außenseiterschutz durch Exklusivität der Universalsukzession, ZIP 1998 / 1386 ff.
Schulz, Friz	System der Rechte auf den Eingriffserwerb, AcP 105 (1909) / 1 ff.

Schweizer, Dieter	Das Recht der landwirtschaftlichen Betriebe nach dem Landwirtschaftsanpassungsgesetz, 2. Auflage, Köln 1994
Schweizer, Dieter	Das Gesetz zur Änderung des Landwirtschaftsanpassungsgesetzes und anderer Gesetzes, DtZ 1991 / 279 ff.
Schweizer, Dieter/Thöne, Karl-Friedrich	Das Recht der landwirtschaftlichen Betriebe in den neuen Ländern, RWS-Skript 254, Köln 1993
Simitris, Spiros	Bemerkungen zur rechtlichen Sonderstellung des Geldes, AcP 159 (1960/61) / 406 ff.
Sinn, Helmut	Zum Rückgriff bei ungewollter Zahlung fremder Schulden (§267 BGB), NJW 1968 / 1857 ff.
Sirotzki	Anmerkung zu OLG Rostock vom 14.3.1994, ViZ 1994 / 630 f.
Soergel, Hs. Th.	Bürgerliches Gesetzbuch, Bd. 5 I (§§ 704-823), Bd. 6 (§§ 854-1296), Bd. 10 (EGBGB), 12. Auflage, Stuttgart, Berlin, Köln 1998
Staub-Großkommentar zum HGB, (begr. V. Hermann Staub)	12. Lieferung (§§ 105-113), 4. Auflage, Berlin, New York 1989
Staudinger, Julius v. (Begr.)	Kommentar zum BGB, 13. Bearbeitung, Berlin Bd. III (§§ 985-1011), 1993 Bd. II (§§ 812-822), 1994
Steding, Rolf	Berliner Beiträge zum Genossenschaftswesen „Produktivgenossenschaften in der ostdeutschen Landwirtschaft – Ursprung und Anspruch“, 2. Auflage, Berlin 1994

Steding, Rolf	Die Produktivgenossenschaften und ihre Stellung im Gesellschaftsrecht, NZG 2000 / 617 ff.
Steinebach, Martin	Wurde vom BGH der § 16 a LPG-Gesetz vom 6. März 1990 übersehen?, NL-BzAR 1999 / 222 ff.
Steinebach, Martin	Rückabwicklung von Rechts- und tatsächlichen Beziehungen bei unwirksamen Umwandlungen, NL-BzAR 2000 / 265
Stolte, Wilhelm	Das Wahlrecht bei irrtümlicher Zahlung fremder Schulden, Jura 1988 / 246 ff.
Stolte, Wilhelm	Der Leistungsbegriff: Ein Gespenst des Bereicherungsrechtes?, JZ 1990 / 220 ff.
Streck, Michael/ Mack, Alexandra/ Schwedthelm, Rolf	Verschmelzung und Formwechsel nach dem neuen Umwandlungsgesetz, GmbHR 1995 / 161 ff.
Stute, Andreas	Rechtsfolgen einer fehlerhaften Umwandlung nach § 11 Treuhandgesetz, VIZ 1994 / 381 ff.
Theisen, Frank/ Winkler, Wolfgang (Hrsg.)	10 Jahre Landwirtschaftsanpassungsgesetz Köln, Berlin, Bonn, München 2001
Thum, Randi	Der fehlerhafte Formwechsel, Dissertation Jena 2001
Timm, Wolfram	Der Abschluß des Ergebnisübernahmevertrages im GmbH-Recht, BB 1981 / 1491 ff.
Timm, Wolfram	Die Rechtsfähigkeit der Gesellschaft bürgerlichen Rechts und ihre Haftungsverfassung, NJW 1995 / 3209 ff.

Timm, Wolfram — Zwingende „Verschmelzungssperre“ nach § 345 II 1 AktG bei anhängigen Anfechtungsverfahren, DB 1990 / 1221 ff.

Tombrink, Christian — Fehlerhafte LPG-Umwandlung, AgrarR 1996 / 358 f.

Trautmann, Christian — Lehrbuch zum LPG-Recht, Berlin 1976

Turner, Georg/ Karst, Ulrich — Die Umwandlung landwirtschaftlicher Produktionsgenossenschaften, DtZ 1992 / 33 ff.

Ulmer, Peter — Die Höchstrichterlich „Enträtselte“ Gesellschaft bürgerlichen Rechtes, ZIP 2001 / 585 ff..

Ulmer, Peter — Fehlerhafte Unternehmensverträge im GmbH-Recht, BB 1989 / 10ff.

Ulmer, Peter — Die Lehre von der fehlerhaften Gesellschaft – gesicherter Bestand des Gesellschaftsrechtes oder methodischer Irrweg?, in Festschrift für Flume zum 70. Geburtstag, Köln 1978, Band II Seite 301 ff.

Veil, Rüdiger — Die Registersperre bei der Umwandlung einer AG in eine GmbH, ZIP 1996 / 1065 ff.

Veil, Rüdiger — Der nicht-verhältniswahrende Formwechsel von Kapitalgesellschaften – eröffnet das neue Umwandlungsgesetz den partiellen Ausschluß von Anteilsinhabern, DB 1996 / 2529 ff.

Weber, Andreas — Der Bereicherungsausgleich nach irrtümlicher Leistung auf fremde Schuld, Frankfurt a.M., Bern, New York, Paris, 1992

Wenzel, Joachim — Der Bestandsschutz fehlerhaft umgewandelter LPG-Unternehmen, AgrarR 1998 / 139 ff.

Wenzel, Joachim — Probleme der Vermögensauseinandersetzung und Umwandlung der landwirtschaftlichen Produktionsgenossenschaften in der Rechtsprechung des BGH, AgrarR 1995 / 1 ff.

Wenzel, Joachim — Aktuelle Rechtsfragen der Vermögensauseinandersetzung und der Umwandlung ach dem LwAnpG sowie der Rückabwicklung von Kreispachtverhältnissen in der Rechtsprechung des Bundesgerichtshofes, AgrarR 1997 / 33 ff.

Wenzel, Joachim — Die Umwandlung der landwirtschaftlichen Produktionsgenossenschaften in der Rechtsprechung des Bundesgerichtshofes, AgrarR 2000 / 349 ff.

Westermann, Harm-Peter — Sachenrecht, 7. Auflage, Heidelberg 1998

Westermann, Harm-Peter — Bereicherungshaftung des Erwerbers gestohlener Sachen: Zur Subsidiarität der Eingriffskondiktion – BGHZ 55/176, Jus 1972 / 18 ff.

Westermann, Harm-Peter/ Klingenberg, Dietgard — Vorkaufsrechte im Gesellschaftsrecht, in Festschrift für Quack, Berlin, New York 1991, Seite 545 ff.

Widmann, Siegfried/ Mayer, Dieter (Hrsg.) — Umwandlungsrecht, Bonn Stand 1999

Wiedemann, Herbert — Gesellschaftsrecht, München 1980

Wiedemann, Herbert — Identität beim Rechtsformwechsel, ZGR 1999 / 568 ff.

Wilhelm, Jan	Rechtsverletzung und Vermögensentscheidung als Grundlagen und Grenzen des Anspruches aus ungerechtfertigter Bereicherung, Bonn 1973
Wolf, Manfred	Sachenrecht, 15. Auflage, München 1999
Wolf, Manfred	Die Verwendungsersatzansprüche des Besitzers im Anspruchssystem, AcP 166 (1966) / 188 ff.
Zeidler, Finn	Anmerkung zu OLG Brandenburg vom18.8.1998, NZG 1999 / 221 f.
Zirker, Matthias	LPG-Gebäudesondereigentum und Feldinventar in den neuen Bundesländern, VIZ 1993 / 338 ff.
Zöllner, Wolfgang	Amtsverlust und Amtskontinuität des Aufsichtsrates bei formwechselnder Umwandlung, DB 1973 / 2077 ff.
Zöllner, Wolfgang	Rechtssubjektivität von Personengesellschaften, in Festschrift für Joachim Gernhuber zum 70. Geburtstag, Tübingen 1993, Seite 563 ff.
Zöllner, Wolfgang	Folgen der Nichtigerklärung durchgeführter Kapitalerhöhungsbeschlüsse, AG 1993 / 68 ff.
Zöllner, Wolfgang	Bemerkungen zu allgemeinen Fragen des Referentenentwurfes eines Umwandlungsrechtes, ZGR 1993 / 334 ff.
Zöllner, Wolfgang/ Winter, Martin	Folgen der Nichtigerklärung durchgeführter Kapitalerhöhungsbeschlüsse, ZHR 158 (1994) / 59 ff.

Kapitel 1: Einleitung

Seit Inkrafttreten des Aktien[1]- und GmbH[2]-Rechtes und dem Entstehen der ersten Kapitalgesellschaften in Deutschland haben sich Rechtsprechung und Rechtswissenschaft mit dem Problem fehlerhafter struktureller Veränderungen in Kapitalgesellschaften beschäftigt. Ausgangspunkte der Diskussion waren dabei die Anerkennung einer konstitutiven Wirkung der trotz mangelhaften Gründungsaktes eingetragenen und ins Leben getretenen Gesellschaft[3], der Fall einer fehlerhaften Kapitalerhöhung[4] und fehlerhafte Umwandlungen[5]. Bereits vor Entwicklung des Rechtsinstitutes der fehlerhaften Gesellschaft und ohne gesetzliche Bestimmungen wie die heutigen §§ 20 II, 131 II, 202 II UmwG und § 34 III LwAnpG wurde bereits damals unter Verweis auf die öffentliche Wirkung der Registereintragung und im Interesse des Verkehrsschutzes die Wirksamkeit der eingetragenen Gesellschaft, der Kapitalerhöhung oder der Umwandlung zumindest vorläufig -bis zum Abschluß einer Anfechtungs- oder Nichtigkeitsklage gegen den zugrundeliegenden Beschluß- bejaht[6].
Vor diesem Hintergrund normierte der Gesetzgeber des HGB von 1897[7] für die Gesellschafter eine Nichtigkeitsklage, mit der die ins Leben getretene Gesellschaft in den -damals noch weitreichenderen- genannten Fällen für nichtig erklärt werden konnte. Dogmatisch ging man dabei von einer anfänglichen Nichtigkeit der angegriffenen Gründung oder Strukturänderung aus, was erhebliche Probleme bei der Rückabwicklung bedeutete[8].
Auf diese Problematik reagierten Rechtsprechung und Wissenschaft anfangs des 20. Jahrhunderts mit der Entwicklung der Lehre von der fehlerhaften Gesell-

---

[1] Das deutsche Aktienrecht beginnt mit dem Preußischen Gesetz über Aktiengesellschaften vom 9.11.1843 PrGS 1843 S. 34. Weitere Regelungen folgten im ADHGB von 1861 und später im Gesetz über AG und KGaA vom 30.1.1937 RGBl. I S. 107. Ausf. zur geschichtlichen Entwicklung Semler, in Münchener Komm. zum AktG, Einl. Rdn. 16 ff..
[2] Gesetz betreffend die Gesellschaften mit beschränkter Haftung (GmbHG) vom 20.4.1892 RGBl. Seite 477.
[3] RG vom 12.2.1902 RGZ 51 / 33, 36; RG vom 2.7.1918 RGZ 93 / 227, 228; RG vom 13.10.1933 RGZ 142 / 98, 106; RG vom 18.9.1934 RGZ 145 / 155, 158.
[4] RG vom 19.1.1898 RGZ 40 / 147, 148; RG vom 20.3.1912 RGZ 79 / 113, 114; RG vom 12.6.1928 RGZ 120 / 363, 370; RG vom 16.1.1934 RGZ 143 / 394, 398; Flechtheim, in FS Zitelmann, Seite 26 f..
[5] RG vom 13.5.1929 RGZ 124 / 279, 288; RG vom 11.6.1940 RGZ 164 / 220, 224 f. mit Anm. Groschuff DR 1940 / 1464 f.; Böttcher/Meilicke, Umwandlung, Verschmelzung und Auflösung, 1937 S. 81.
[6] RG vom 9.10.1914 RGZ 85 / 311, 314; Zöllner AG 1993 / 68, 69; Kort ZGR 1994 / 291 f.; noch weitreichender Schleyer AG 1957 / 147.
[7] Vgl. § 307 HGB i.d.F. vom 10.5.1897.
[8] Hierzu Karsten Schmidt AcP 186 (1986) / 420, 425 nach dessen Aussage das ursprüngliche Konzept wegen der rückwirkenden Vernichtbarkeit der nur vorläufig wirksamen Gründung einer Gesellschaft rückblickend als provisorische Lösung bezeichnet werden muß.

schaft[9]. Danach verdient die vollzogene Gesellschaftsgründung bis zur Geltendmachung des Mangels im Interesse der Gesellschafter Bestandsschutz und kann nur mit Wirkung für die Zukunft aufgelöst werden. Nach Anerkennung der Lehre von der fehlerhaften Gesellschaft[10] mehrten sich die Befürworter einer Anwendung dieser Grundsätze auch auf sonstige strukturelle Veränderungen einer Gesellschaft[11]. Seit Einführung des § 352 a AktG[12] ist der Bestandsschutz der fehlerhaften, aber im Register eingetragenen Umwandlung gesetzlich anerkannt und die rechtswissenschaftliche Diskussion beschränkte sich nurmehr auf die Möglichkeit einer nachträglichen Restitution[13].

Während sich im allgemeinen Umwandlungsrecht für die Rechtsprechung zunächst keine Gelegenheit zur Auseinandersetzung mit der Bestimmung in § 352 a AktG a.F. zur Konstitutivwirkung der Eintragung fehlerhafter Umwandlungen bot, wurde der in § 352 a AktG a.F. ursprünglich nur für den Fall der Verschmelzung von Aktiengesellschaften normierte Bestandsschutz einer eingetragenen Umwandlung im Zuge der Wiedervereinigung der beiden deutschen Staaten und der damit verbundenen Rechtsangleichung auch in die gesetzlichen Regelungen des Landwirtschaftsanpassungsgesetzes zur Überführung der ehemaligen landwirtschaftlichen Produktionsgenossenschaften (LPGen) in den neuen Bundesländern in eine nach bundesdeutschem Gesellschaftsrecht zulässige Organisationsform aufgenommen und damit erstmals einer Kraftprobe unterzogen[14].

Das Landwirtschaftsanpassungsgesetz (LwAnpG) vom 29. Juni 1990[15] bot den Mitgliedern der landwirtschaftlichen Produktionsgenossenschaften in der ehemaligen DDR die Möglichkeit zur formwechselnden Umwandlung oder Teilung (Aufspaltung) ihres Unternehmens. Hierfür bestimmte zunächst § 37 II

---

[9] Zur Entwicklung ausf. Karsten Schmidt AcP 186 (1986) / 420, 425; siehe auch den Überblick bei Wiesner, Die Lehre von der fehlerhaften Gesellschaft, Seite 35 ff..

[10] BGH vom 28.11.1953 BGHZ 11 / 190, 191; BGH vom 24.10.1951 BGHZ 3 / 285, 288; BGH vom 12.5.1954 BGHZ 13 / 320, 321; BGH vom 6.2.1958 BGHZ 26 / 330, 336.

[11] Zöllner AG 1993 / 68 ff.; Kort ZGR 1994 / 291 ff.; Krieger ZHR 158 (1994) / 35 ff.; Zöllner/Winter ZHR 158 (1994) / 59 ff.; Kleindiek ZIP 1988 / 613 ff.; Ulmer BB 1989 / 10 ff.; Timm BB 1981 / 1491 ff.; Köhler ZGR 1985 / 307 ff.; Kreuznacht, Wirkungen der Eintragung fehlerhafter Verschmelzungen von AG's und GmbH's nach § 20 II UmwG, Seite 85.

[12] Gesetz zur Umsetzung der Verschmelzungsrichtlinie der EG vom 25.10.1982 BGBl. I S. 1425.

[13] Zur aktuellen Diskussion Thum, Der fehlerhafte Formwechsel, Diss. Jena 2001.

[14] So die Einschätzung von Schmidt ZIP 1998 / 181, 182.

[15] Landwirtschaftsanpassungsgesetz vom 29.6.1990 GBl. der DDR I Seite 642 ff. auch abgedruckt in Schweizer, Das Recht der landwirtschaftlichen Betriebe nach dem Landwirtschaftsanpassungsgesetz, Anhang I 4.

LwAnpG 1990, in der novellierten Fassung dann § 34 III LwAnpG 1991[16], die konstitutive Wirkung der Eintragung trotz Mängel der Umwandlung. Bedingt durch die für die Betroffenen völlig neuartigen rechtlichen Rahmenbedingungen, die anfangs teilweise unzureichenden gesetzlichen Regelungen und die große Anzahl der Neustrukturierungen, die innerhalb der gesetzlichen Frist zur Umwandlung der ehemaligen LPGen nach § 69 III LwAnpG durchgeführt wurden[17], waren die auf Grundlage dieses Gesetzes beschlossenen Umwandlungen in erhöhtem Maße mängelanfällig, wobei insbesondere auch schwerste Verstöße gegen die gesetzlichen Vorgaben, wie etwa die unzulässige Erweiterung der Umwandlungsmöglichkeiten oder der Ausschluß einzelner Mitglieder im Rahmen der Umwandlung, auftraten[18].

Diese Mängel hatten zur Folge, daß sich die Rechtsprechung erstmals mit der Frage des Anwendungsbereiches der gesetzlichen Bestimmungen auseinandersetzen mußte[19]. Dabei betonte der Bundesgerichtshof einerseits die umfassende Wirkung des § 34 III LwAnpG, die für eine Differenzierung nach Art und Schwere der Mängel grundsätzlich keine Anhaltspunkte biete, hob jedoch zugleich hervor, daß der Anwendungsbereich bei verfassungskonformer Auslegung der Norm dahingehend eingeschränkt werden müsse, daß die Regelung nur eingreife, wenn der Eintragung ein Umwandlungsbeschluß zugrundeliegt, der den numerus clausus der Umwandlungsmöglichkeiten und die Kontinuität der Mitgliedschaft wahrt[20].

Trotz kritischer Stimmen[21] hat der Landwirtschaftssenat des Bundesgerichtshofes an seiner Einschätzung festgehalten und damit in einer Reihe von Fallgruppen die Unwirksamkeit der Umwandlung trotz Eintragung der neuen Ge-

---

[16] Landwirtschaftsanpassungsgesetz vom 3.7.1991 BGBl. I Seite 1418 ff. auch abgedruckt in Schweizer, Das Recht der landwirtschaftlichen Betriebe nach dem Landwirtschaftsanpassungsgesetz, Anhang I 5.

[17] Die Erhebungen bei allen Registergerichten in den neuen Bundesländern, die im Rahmen des Forschungsprojektes „Rechtsprobleme der Restrukturierung landwirtschaftlicher Unternehmen in den neuen Bundesländern nach 1989“ durchgeführt wurden, ergaben insgesamt1719 Umstrukturierungen ehemaligen LPGen nach dem Landwirtschaftsanpassungsgesetz., vgl. hierzu Abicht, in Bayer (Hrsg.), Abschlußbericht zum Forschungsprojekt, Kapitel 11.

[18] Siehe zu den einzelnen Fallgruppen ausführlich Kapitel 2 I.

[19] Dies tat der Landwirtschaftssenat des Bundesgerichtshofes seit Inkrafttreten des Landwirtschaftsanpassungsgesetzes in weit über 50 Entscheidungen zu den umwandlungsrechtlichen Bestimmungen des LwAnpG., siehe hierzu die Übersichten von Wenzel AgrarR 1995 / 1 ff.; AgrarR 1997 / 33 ff.; AgrarR 1998 / 139 ff.; AgrarR 2000 / 349 ff..

[20] Vgl. für viele BGH vom 3.5.1996 BGHZ 132 / 353 ff mit Anm. Lohlein EWiR 1996 / 711 f., Drygala WuB 1996 / 1297, 1299; BGH vom 1.7.1997 BGHZ 137 / 134 ff mit Anm. Lohlein EWiR 1998 / 135 f., Drygala WuB 1998 / 239 f.; BGH vom 8.5.1998 BGHZ 138 / 371 mit Anm. Lohlein EWiR 1998 / 659 f., Krüger JZ 1998 / 482f..

[21] Vgl. Schmidt ZIP 1998 / 181 ff.; Hommelhoff/Schubel ZIP 98 / 537 ff..

sellschaft und eines Umwandlungsvermerkes festgestellt. Die ursprüngliche LPG ist in diesen Fällen nicht wirksam umgewandelt, sondern besteht als nunmehr per Gesetz zum 1.1.1992 aufgelöste LPG in Liquidation fort, während zugleich die eingetragene neue Gesellschaft mit ihrer Eintragung im Register wirksam entstanden ist[22]. Der zwar tatsächliche erfolgte Vermögensübergang auf die neue Gesellschaft ist jedoch unwirksam, so daß sich die Gründung des vermeintlichen Rechtsnachfolgers als stecken gebliebene Sachgründung[23] darstellt und die LPG i.L. möglicherweise noch heute Eigentümerin des Vermögens ist, das in den vergangenen 12 Jahren von der scheinbaren Rechtsnachfolgerin der LPG als Eigenes verwaltet und bewirtschaftet wurde.
Dieser von *Krieger* einmal als GAU[24] bezeichnete Fall einer unerkannt unwirksamen, vollzogenen Umwandlung stellt die betroffenen Unternehmen vor manigfaltige Probleme. Aufgabe der vorliegenden Arbeit ist es, die rechtlich problematische Situation, wie sie sich als Folge der Rechtsprechung des Bundesgerichtshofes für die Betroffenen in rechtswissenschaftlicher aber auch praktischer Hinsicht ergibt, darzustellen.
Mit Hilfe der Erörterung der grundlegenden und bislang häufig ungelösten oder gar unerkannten Rechtsprobleme im Fall einer fehlgeschlagenen Umwandlung werden die rechtlichen Rahmenbedingungen zur Bewältigung der rechtlichen Folgen gescheiterter Umwandlungen herausgearbeitet. Zielstellung ist es, einen allgemeinen Beitrag zur Lösung derartiger komplexer Rechtsprobleme zu leisten und zugleich Vorschläge zur Lösung dieser schwierigen Fallgestaltung -insbesondere in den Fällen landwirtschaftlicher Produktionsgenossenschaften in der ehemaligen DDR- aufzuzeigen.

---

[22] BGH vom 8.5.1998 BGHZ 138 / 371 ff.; BGH vom 8.5.1998 (BLw 39/97) ZIP 1998 / 1207; BGH vom 7.11.1997 BGHZ 137 / 134 f..
[23] Thüringer OLG vom 4.9.1996 AgrarR 1997 / 287; Thüringer OLG vom 19.3.2001 NL-BzAR 2001 / 244, 246; OLG Dresden vom 5.7.2001 NL-BzAR 2001 / 451, 454.
[24] Krieger ZHR 194 (1994) / 35,44.

Kapitel 2: Schwere Mängel der eingetragenen Umwandlung und ihre Behandlung in Rechtsprechung und Wissenschaft

I. Fallgruppen unwirksamer eingetragener Umwandlungen

Gemäß der Regelung in § 34 I des LwAnpG 1991 wird die Umwandlung einer ehemaligen LPG mit der Eintragung des als Rechtsnachfolger errichteten Rechtsträgers im zuständigen Register wirksam. Im Fall einer teilenden Umwandlung bestimmt § 11 LwAnpG für die Wirksamkeit der Umwandlung den Zeitpunkt der Eintragung der Umwandlung. Ergänzend hierzu bestimmt § 34 III LwAnpG, der auch bei Teilungen nach §§ 4 ff LwAnpG entsprechend anzuwenden ist[25], daß etwaige Mängel der Umwandlung für die konstitutive Wirkung der Eintragung unbeachtlich sind, so daß mit Eintragung auch eine mangelhafte Umwandlung wirksam wird. Die Rechtsprechung des Bundesgerichtshofes zur Wirksamkeit der Umwandlungen ehemaliger LPGen nach dem Landwirtschaftsanpassungsgesetz geht grundsätzlich von einer weiten Auslegung des § 34 III LwAnpG 1991 bzw. des früheren § 37 II LwAnpG 1990 aus, da nur eine solche Auslegung in Übereinstimmung mit dem Zweck der Norm steht, den Schwierigkeiten, die mit der Rückabwicklung einer unwirksamen Umwandlung verbunden sind, zu begegnen[26].

Trotz der damit grundsätzlichen Unbeachtlichkeit möglicher Umwandlungsmängel für die Wirksamkeit der Umwandlung ist nach Auffassung des Landwirtschaftssenates des Bundesgerichtshofes[27] und der Instanzgerichte[28] der Anwendungsbereich des § 34 III LwAnpG 1991 bzw. § 37 II LwAnpG 1990 bei bestimmten schweren Mängeln der Umwandlung einzuschränken:

Erstens muß ein Umwandlungsbeschluß überhaupt gefaßt worden sein[29].

---

[25] Hierzu BGH vom 7.11.1997 BGHZ 137 / 134, 137.

[26] BGH vom 2.12.1994 ZIP 1995 / 422, 424 mit Anm. Lohlein S. 426 ff..

[27] Vgl. für viele BGH vom 3.5.1996 BGHZ 132 / 353 ff mit Anm. Lohlein EWiR 1996 / 711 f., Drygala WuB 1996 / 1297, 1299; BGH vom 1.7.1997 BGHZ 137 / 134 ff mit Anm. Lohlein EWiR 1998 / 135 f., Drygala WuB 1998 / 239 f.; BGH vom 8.5.1998 BGHZ 138 / 371 mit Anm. Lohlein EWiR 1998 / 659 f., Krüger JZ 1998 / 482f.; BGH vom 5.3.1999 ZIP 1999 / 840 mit Anm. Hartung NZG 1999 / 790, Drescher WuB 1999 / 841, Lohlein EWiR 1999 / 1021 f.; BGH vom 17.5.1999 ZIP 1999 / 1026.

[28] OLG Dresden vom 13.6.1996 NL-BzAR 1997 / 52; OLG Dresden vom 12.12.1996 NL-BzAR 1997 / 55; OLG Naumburg vom 14.3.1996 AgrarR 1996 / 292; OLG Brandenburg vom 18.8.1998 NZG 1999 / 219; OLG Dresden vom 10.8.2000 NL-BzAR 2001 / 443 ff.; Thüringer OLG vom 19.3.2001 NL-BzAR 2001 / 244 ff.; OLG Dresden vom 5.7.2001 NL-BzAR 2001 / 451 ff..

[29] BezG Cottbus vom 10.5.1993 AgrarR 1993 / 216, 217; BGH vom 2.12.1994 ZIP 1995 / 422 ff. mit Anm. Lohlein; BGH vom 31.7.1997 WM 1997 / 2040 mit Anm. Bayer/Hoffmann EWiR 1997 / 949 f.; OLG Brandenburg vom 14.10.1999 NL-BzAR 2000 / 289, 292 mit Anm. Neixler NL-BzAR 2000 / 262 ff.; Thüringer OLG vom 21.12.2000 NL-BzAR 2001 / 247, 250.

Zweitens muß eine identitätswahrende Umwandlung vorliegen[30].
Drittens muß die Umwandlung dem numerus clausus der Umwandlungsmöglichkeiten entsprechen[31].
Erfüllt die Umwandlung diese drei Voraussetzungen nicht, hat die Eintragung keine konstitutive Wirkung.
Abgesehen vom Oberlandesgericht Rostock[32] teilen die Landwirtschaftsgerichte die Ansicht des Bundesgerichtshofes und befürworten ebenfalls eine teleologische Reduktion der "Heilungsnorm" des § 34 III LwAnpG[33].
Diese Rechtsprechung zur fehlgeschlagenen Umwandlung hat in den neuen Bundesländern zu beträchtlicher Unruhe und Medienpublizität geführt[34]. Viele der landwirtschaftlichen Unternehmen befürchten nunmehr eine nachträgliche rechtliche Neubewertung der ihrer Errichtung zugrundeliegenen Umwandlung. Die so entstandene Rechtsunsicherheit hemmt die beginnende Stabilisierung der ostdeutschen Agrarwirtschaft. Insbesondere die unklare Zuordnung des Vermö-

---

[30] Die erste Entscheidung des BGH zur Identitätswahrung erging am 2.12.1994 ZIP 1995 / 422 ff. Sie steht im Widerspruch zur Entscheidung des OLG Rostock vom 14.3.1994 ZIP 1994 / 1062 ff m. abl. Anm. Lohlein; BGH vom 8.5.1998 BGHZ 138 / 371, 376 mit Anm. Lohlein EWiR 1998 / 659 f., Krüger NJ 1998 / 482, Nägel/Hermann ZfG 1999 / 308 f.; BGH vom 17.5.1999 ZIP 1999 / 1126.

[31] BGH vom 3.5.1996 BGHZ 132 / 353 ff. mit Anm. Lohlein EWiR 1996 / 711, Drygala WuB 1996 / 1297, 1299; BGH vom 7.11.1997 BGHZ 137 / 134 ff. mit Anm. Lohlein EWiR 1998 / 135, Drygala WuB 1998 / 239 f.; BGH vom 27.11.1997 (BLw 26/97) ZIP 1998 / 1245; BGH vom 8.5.1998 BGHZ 138 / 371 ff. mit Anm. Lohlein EWiR 1998 / 659 f., Krüger JZ 1998 / 482 f.; BGH vom 5.3.1999 ZIP 1999 / 840 mi Anm. Hartung NZG 1999 / 790, Drescher WuB 1999 / 841, Lohlein EWiR 1999 / 1021 f.; BGH vom 7.6.1999 AgrarR 2000 / 132 mit Anm. Bayer/Hoffmann EWiR 1999 / 1019 f.; BGH vom 26.10.1999 AgrarR 2000 / 234 f..

[32] Grundlegend OLG Rostock vom 14.3.1994 ZIP 1994 / 1063 ff.; noch offengelassen OLG Rostock vom 21.6.1993 AgrarR 1993 / 257 f.; bestätigt OLG Rostock vom 26.9.1995 AgrarR 1996 / 28 f..

[33] OLG Naumburg vom 14.3.1996 AgrarR 1996 / 292; OLG Brandenburg vom 29.3.1995 AgrarR 1995 / 246, ders. vom 25.3.1996 AgrarR 1996 / 334; OLG Dresden vom 13.6.1996 NL-BzAR 1997 / 52 ff.; Thüringer OLG vom 4.9.1996 AgrarR 1997 / 287 ff.; OLG Brandenburg vom 18.8.1998 NZG 1999 / 219 mit Anm. Zeidler; OLG Naumburg vom 23.11.1998 NL-BzAR 2000 / 132; OLG Brandenburg vom 14.10.1999 NL-BzAR 2000 / 289 ff. mit Anm Neixler NL-BzAR 2000 / 262 ff.; OLG Dresden vom 10.8.2000 NL-BzAR 2001 / 443 ff.; OLG Dresden vom 18.10.2000 NL-BzAR 2002 / 132 ff.; Thüringer OLG vom 21.12.2000 NL-BzAR 2001 / 399 ff.; Thüringer OLG vom 19.3.2001 NL-BzAR 2001 / 244 ff.; OLG Dresden vom 5.7.2001 NL-BzAR 2001 / 451 f..

[34] Beispielsweise Landbund Sachsen in Reaktion auf BGH vom 7.11.1997 (Aschara) in FAZ 6.1.1998 „In Sachsen nahezu 100 LPGen am Gesetz vorbei umgewandelt"; FAZ vom 17.3.1998 „Über so manchen LPG-Nachfolgern hängt ein Damokles-Schwert"; FAZ vom 14.9.1996, 19.1.1998; Thüringer Allgemeine Zeitung (TAZ) vom 5.2.1998; Bildzeitung vom 13.11.1997; Neues Deutschland vom 25.1.2001; Thüringer Landeszeitung vom 15., 24., 28., 29.11.1997, 23.12.1999 u.v.a......

gens im Fall einer gescheiterten Umwandlung beeinträchtigt die Kreditwürdigkeit der neuen Unternehmen. Ohne die Unterstützung durch die Banken sind viele der vermeintlichen LPG-Nachfolger jedoch nicht in der Lage, dauerhaft ihren Zahlungsverpflichtungen nachzukommen[35].
Für die potentiell betroffenen Unternehmen ist es deshalb zunächst von Interesse, die Tatbestände der einzelnen Fallgruppen der fehlgeschlagenen Umwandlung genau zu erarbeiten und darzustellen. Erst dann können die Unternehmen durch einen Vergleich dieser Tatbestände mit der eigenen Umwandlung das Ausmaß dieser Rechtsprechung in Bezug auf die eigene rechtliche Situation einschätzen.
Die weitere Darstellung zeichnet die Behandlung dieser drei Fehlergruppen anhand exemplarischer Entscheidungen nach und arbeitet die genauen Tatbestände der Mängelkategorien heraus.

A. Der Beschluß über die Umwandlung

Die erste vom Bundesgerichtshof formulierte Bedingung für eine konstitutive Wirkung der Registereintragung, das Vorliegen eines Umwandlungsbeschlusses, war in keiner Entscheidung des Bundesgerichtshofes direkter Gegenstand der Erörterungen. Es wurde jedoch deutlich, daß der Landwirtschaftssenat die Entscheidungen der LPG–Vollversammlungen bereits dann für ausreichend erachtet, wenn die Vollversammlung einen Beschluß faßte, aus dem der Wille der Beteiligten hervorging, eine identitätswahrende formwechselnde Umwandlung oder eine Teilung nach §§ 4 ff LwAnpG zu wollen[36]. Dabei kommt es nach Ansicht des Bundesgerichtshofes nicht auf die juristisch oft unkorrekte Formulierung, sondern auf den dahinterstehenden gemeinsamen Willen der Mehrheit an. So wurde zum Beispiel der Beschluß einer LPG, ihr Vermögen unter Auflösung als Gesamtheit auf eine neu zu gründende Gesellschaft zu übertragen, als ausreichender Beschluß zur Umwandlung angesehen[37], denn der Wille eine identitätswahrende formwechselnde Umwandlung zu beschließen, sei dabei aus den Gesamtumständen hinreichend –wenn auch unvollkommen– zum Ausdruck gekommen[38].
Die Instanzgerichte hatten dagegen einige Fälle zur Entscheidung vorliegen, in denen die streitigen Sachverhalte die Gemeinsamkeit eines nicht in einer einheitlichen Vollversammlung gefaßten oder in seiner Formulierung unklaren

---

[35] ausf. zur Problematik Bayer, in Koch (Hrsg.), 10 Jahre Deutsche Rechtseinheit, Seite 155 ff..
[36] BGH vom 3.5.1996 (BLw 54 / 96) ZIP 1996 / 1146, 1148.
[37] Sachverhalt der Entscheidung des BGH vom 3.5.96 (BLw 54 / 96) ZIP 1996 / 1146 f..
[38] BGH vom 3.5.1996 (BLw 54 / 96) ZIP 1996 / 1146, 1148.

Umwandlungsbeschlusses aufwiesen[39]. Daher mußten sich die Gerichte generell mit den Anforderungen an das Vorliegen eines Umwandlungsbeschlusses auseinandersetzen. In einer Entscheidung des Landgerichtes Dresden aus dem Jahre 1996[40] hatten drei landwirtschaftliche Produktionsgenossenschaften ihren Zusammenschluß und gleichzeitigen Formwechsel in eine eingetragene Genossenschaft beabsichtigt. Die Beschlußfassung erfolgte an drei aufeinanderfolgenden Tagen jeweils getrennt in jeder der beteiligten LPGen. Das Landgericht Dresden vertrat hierzu die Auffassung, daß Mängel an den Voraussetzungen des Vorliegens eines Umwandlungsbeschlusses und der Identitätswahrung, die zu einer gravierenden Beeinträchtigung der Mitgliedschaftsrechte der nicht berücksichtigten Genossen führen, vom Gesetzeszweck des § 34 III LwAnpG nicht erfaßt würden. § 25 I LwAnpG fordere für den Formwechsel einen Beschluß der Vollversammlung der LPG. Umgewandelt werden sollte die aus den drei ursprünglichen LPGen zusammengeschlossene neue LPG. Ihre Vollversammlung hätte daher die Umwandlung beschließen müssen. Obwohl der Sachverhalt anders lag und der Beschluß insoweit mangelhaft war, genügte die Beschlußfassung nach Ansicht des Landgerichtes Dresden den Anforderungen. Da durch die getrennte Beschlußfassung die Mitgliedschaftsrechte der Genossen nicht tangiert wurden, bestünden hinsichtlich des Vorliegens eines, wenn auch mangelhaften, Umwandlungsbeschlusses keine Bedenken[41].

Ganz ähnlich gelagert, war auch der Sachverhalt einer Entscheidung des OLG Brandenburg[42]. Dort beschlossen drei LPGen zunächst ihren Zusammenschluß und gleichzeitig die Aufteilung der neuen LPG. Die so entstandenen neu strukturierten LPGen sollten durch Formwechsel in die Rechtsform der eingetragenen Genossenschaft umgewandelt werden. Alle hierzu erforderlichen Beschlüsse wurden zeitgleich, aber in jeweils getrennten Versammlungen von aktiven und passiven Mitgliedern gefaßt. Das Oberlandesgericht wies die Beschwerde, daß ein Zusammenschluß nicht wirksam stattgefunden habe und deshalb auch die spätere Teilung und Umwandlung nicht vorläge, zurück. Die gefaßten Beschlüsse entsprächen zwar nicht den Anforderungen des § 26 LwAnpG 1991 und eine einheitliche Vollversammlung nach Maßgabe des § 25 LwAnpG habe ebenfalls nicht stattgefunden, doch sei der Wille zu einem Zusammenschluß als Grundlage der Teilung hinreichend zum Ausdruck gekommen[43]. Die in den getrennten Versammlungen gefaßten Beschlüsse besaßen jeweils die Qualität von

---

[39] LG Dresden vom14.8.1996 AgrarR 1998 / 118 f; OLG Brandenburg vom 25.3.1996 AgrarR 1996 / 334, 335.

[40] LG Dresden vom14.8.1996 AgrarR 1998 / 118 f..

[41] LG Dresden vom 14.8.1996 AgrarR 1998 / 118, 119.

[42] OLG Brandenburg vom 25.3.1996 AgrarR 1996 / 334, 335.

[43] Das OLG formulierte in seiner Entscheidung, daß der Wille auf Zusammenschluß als Grundlage der Teilung in zwei selbständige Genossenschaften gerichtet war. OLG Brandenburg vom 25.3.1996 AgrarR 1996 / 334.

Vollversammlungsbeschlüssen. Laut der Protokolle lag die erforderliche Beschlußfähigkeit vor[44]. Für den Senat war nachvollziehbar, daß aufgrund der hohen Mitgliederzahl kein entsprechender Saal zur Verfügung gestanden hatte und eine Trennung der Vollversammlung nötig war. Daher entschied das Gericht, daß ein fehlerhafter Beschluß der Vollversammlung vorlag, dessen Mängel jedoch nicht derart schwerwiegend gewesen seien, daß sie den Eintritt der „Heilungswirkung" des § 34 III LwAnpG verhindert hätten. Die Umwandlung war daher wirksam geworden[45].

Für die Bejahung eines Umwandlungsbeschlusses als Voraussetzung der umwandlungsrechtlichen Wirkung der Eintragung des Rechtsträgers genügt es daher, wenn der Vollversammlungsbeschluß sukzessiv oder in getrennten Teilversammlungen gefaßt wurde, solange durch die Ausgestaltung der Beschlußfassung die Mitgliedschaftsrechte einzelner Genossen nicht verletzt wurden[46].

Demgegenüber hat das BezG Cottbus[47] in seinem Cahnsdorf I-Beschluß die Voraussetzung des Vorliegens eines Umwandlungsbeschlusses verneint. Auch im dortigen Sachverhalt war die Einberufung der Vollversammlung mangelhaft erfolgt. Die Protokolle der in den beteiligten LPGen gefaßten Beschlüsse wiesen eine Trennung zwischen aktiven und ruhenden Mitgliedern aus. Das Gericht bezweifelt, ob der Umwandlungsbeschluß bereits vor Eintragung des Zusammenschlusses wirksam gefaßt werden konnte. Insbesondere könne bei dieser Vorgehensweise den Anforderungen der §§ 30 – 32 LwAnpG 1990 nicht genügt werden. Vor allem eine Vorbereitung der Vollversammlung nach § 32 LwAnpG 1990 sei nicht möglich gewesen. Generelle Bedenken äußert der Senat auch gegenüber der Beschlußfassung in getrennten Versammlungen.

Das Vorliegen eines Umwandlungsbeschlusses ließ das Gericht letztlich auch an der Formulierung der Tagesordnung scheitern, wonach Gegenstand der Versammlung lediglich die „Vorbereitung der Umwandlung" sein sollte[48]. Dieser Mangel wurde durch die Eintragung nicht geheilt, so daß die Eintragung nur eine Publizitätswirkung nach außen i. S. § 10 GenG, § 15 HGB entfalte[49].

---

[44] Die Beschlußfähigkeit einer LPG–Vollversammlung lag bei 2/3 der Mitglieder laut Musterstatut für eine LPG (P) vom 28.7.1977, abgedruckt in Schweizer, Das Recht der landwirtschaftlichen Betriebe nach dem Landwirtschaftsanpassungsgesetz, Anhang II. 5. Diese Regelung war von den LPGen nach § 8 I LPGG 1982 in die eigene Satzung zu übernehmen.

[45] OLG Brandenburg vom 25.3.1996 AgrarR 1996 / 334, 335.

[46] Schweizer, Das Recht der landwirtschaftlichen Betriebe nach der Landwirtschaftsanpassungsgesetz, Rn. 275; Wenzel AgrarR 1998 / 139, 141; auch OLG Dresden vom 13.6.1996 NL-BzAR 1997 / 51, 53.

[47] BezG Cottbus vom 1.9.1992 AgrarR 1993 / 25 ff; abl. Neixler EWiR 1992 / 1217.

[48] BezG Cottbus vom 1.9.1992 AgrarR 1993 / 25, 28.

[49] Diese Schlußfolgerung aus dem Nichtvorliegen eines Beschlusses zur Umwandlung war Ansatzpunkt allgemeiner Kritik, wonach die Wirkung des § 34 III LwAnpG nicht einseitig

Diese Auslegung widerspricht jedoch dem insoweit eindeutigen Wortlaut des § 34 LwAnpG. Die in Abs. III erwähnten Wirkungen der Eintragung werden in Abs. I definiert. Nach Abs. I Nr.2, 1 ist eine Wirkung, daß die Mitglieder der LPG nach Maßgabe des Umwandlungsbeschlusses am neuen Unternehmen beteiligt sind. Eine Wirkung nur im Außenverhältnis wäre damit nicht zu vereinbaren[50]. Die Beschränkung der Reichweite der Norm auf das Außenverhältnis ist dem Gesetz nicht zu entnehmen. Würde sich die Wirkung der Eintragung wirklich in einer Publizität des Registers erschöpfen, wäre § 34 III LAG neben § 15 HGB überflüssig[51].

Das BezG erläuterte sein Urteil in einer späteren Entscheidung[52] dahingehend, daß

§ 34 III LAG auf den entschiedenen Fall unanwendbar gewesen sei, da lediglich ein fingierter Umwandlungsbeschluß einiger Mitglieder vorlag, die sich das Vermögen der LPG aneignen wollten. Da somit keine Umwandlung vorlag, komme die Vorschrift nicht zur Anwendung.

Bei der inhaltlichen Beurteilung des Vorliegens eines Umwandlungsbeschlusses legte das BezG Cottbus gegenüber anderen Gerichten[53] einen strengeren, formalistischeren Ansatz zugrunde. Ob ein Beschluß gefaßt wurde, beurteilt das Gericht streng am Wortlaut des Protokolls und der Einhaltung der gesetzlichen Formalien. Danach sei das Beschlossene einer über den Wortlaut hinausgehenden Auslegung nicht zugänglich[54].

Dieser formalistische Ansatz wird auch von *Lohlein* vertreten[55]. An einem Umwandlungsbeschluß fehle es bereits dann, wenn dieser nur aus einer Gesamtbetrachtung der Entstehung der neuen Rechtsform für den Registerrichter anhand der zur Registerakte gereichten Unterlagen erkennbar werden kann. In diesem Fall bestehe die Gefahr, daß den Mitgliedern ein wirksamer Rechtsbehelf gegen den Beschluß nicht zur Verfügung steht.

Dagegen argumentiert *Neixler*[56], daß sich eine im nachhinein vorzunehmende rechtliche Einordnung des Konstituierungsaktes nicht darauf beschränken

---

auf das Außenverhältnis beschränkt werden könne. Neixler EWiR 1992 / 1217; Bergmann/Steding WiR 1993 / 117.

[50] Bayer, in Koch (Hrsg.), 10 Jahre Deutsche Rechtseinheit, Seite 155, 173; OLG Brandenburg vom 29.3.1995 ZIP 1995 / 1457, 1458.

[51] So für viele OLG Rostock vom 14.3.1994 ZIP 1994 / 1063, 1064 mit Anm. Lohlein.

[52] BezG Cottbus vom 10.5.1993 AgrarR 1993 / 216 f..

[53] OLG Brandenburg vom 25.3.1996 AgrarR 1996 / 334, 335; OLG Brandenburg vom 29.3.1995 ZIP 1995 / 1457, 1458; OLG Rostock vom 14.3.1994 ZIP 1994 / 1062, 1064; LG Dresden vom 14.8.1996 AgrarR 1998 / 118, 119.

[54] BezG Cottbus vom 1.9.1992 AgrarR 1993 / 25, 28; BezG Cottbus vom 10.5.1993 AgrarR 1993 / 216 f; zustimmend Lohlein in Anmerkung zu OLG Rostock ZIP 1994 / 1066.

[55] Lohlein in Anmerkung zu OLG Rostock ZIP 1994 / 1066, ders. in Anm. zu BGH vom 3.5.1996 EWiR 1996 / 711, 712.

[56] Neixler AgrarR Sonderheft 10 , 1993 / 26.

könne, ob Rechtslaien zutreffende juristische Termini gebraucht haben. Bei der Einordnung der potentiellen LPG–Umwandlung gelte der allgemeine Auslegungsgrundsatz, wonach nicht vordergründig der Wortsinn maßgeblich sei. Ausgehend vom Wortlaut sei der wirkliche Wille der Beteiligten zu erforschen, wofür auch die Begleitumstände des Willensaktes maßgeblich seien[57].
In Anbetracht der für die landwirtschaftlichen Produktionsgenossenschaften schwierigen Situation und ihrer rechtlichen Unerfahrenheit ist die Beurteilung der Bezirksgerichtes Cottbus fraglich[58]. Generell gilt für Rechtsgeschäfte, daß unabhängig vom bloßen Wortlaut auch außerhalb der Urkunde stehende Tatsachen berücksichtigt werden müssen. Ebenso muß auch der Inhalt gesellschaftsrechtlicher Akte durch eine an den Grundsätzen der §§ 133, 157 BGB orientierten Auslegung ermittelt werden[59]. Dabei kommt es bei körperschaftlichen, die Gesellschaftsgrundlagen betreffenden, Regelungen nur auf objektiv erkennbare Umstände an, während es für individualrechtliche Vereinbarungen bei den allgemeinen Auslegungsgrundsätzen der §§ 133, 157 BGB bleibt[60].
Eine weite Interpretation der gesetzlichen Regelungen zur Beschlußfassung der Vollversammlung der LPG ist in Anbetracht der besonderen Umstände und der oftmals unverhältnismäßig großen Mitgliederzahlen angebracht. Eine Beeinträchtigung der Interessen von Mitgliedern durch eine räumliche und zeitliche Aufteilung der Versammlung ist nicht zu befürchten. Entgegen der von *Lohlein*[61] vertretenen Ansicht werden die Möglichkeiten des Rechtsschutzes gegen die Beschlußfassung auch durch juristisch unkorrekte Formulierungen nicht generell beeinträchtigt[62]. Solange sich aus der Gesamtbetrachtung des Protokolls der einzelnen Vollversammlung der Wille zur Umwandlung eindeutig

---

57 So auch Felgentreff NL-BzAR 1998 / 290, 295 mit dem Beispiel eines Auflösungsbeschlusses und gleichzeitiger Bestellung von Liquidatoren oder gleichzeitigem Verkauf des LPG-Vermögens an eine Gesellschaft. In diesem Fall sei der so gefaßte Beschluß nicht als Umwandlungsbeschluß deutbar. Auch wenn die Verwendung des Begriffes Auflösung regelmäßig unschädlich für die Einordnung des Beschlusses als Umwandlungsbeschluß sei, scheide sie aus, wenn, wie hier, eindeutig Maßnahmen zur Abwicklung getroffen wurden.

58 So das OLG Rostock vom 14.3.1994 ZIP 1994 / 1062, 1064 wonach die verwendete fehlerhafte Formulierung, die auf eine Auflösung in Verbindung mit einer Neugründung hindeuten könnte, unschädlich sei, zumal sie offensichtlich von juristischen Laien formuliert wurde.

59 BGH vom 9.6.1954 BGHZ 14 / 25, 36; Palmin, in Erman, BGB, § 133 / 37; zum LwAnpG zuletzt Thüringer OLG vom 21.12.2000 NL-BzAR 2001 / 247, 249.

60 Karsten Schmidt, Gesellschaftsrecht, § 5 I 4 a.

61 Lohlein in Anmerkung zu OLG Rostock vom 14.3.1995 ZIP 1994 / 1065, 1066.

62 So auch bereits OLG Brandenburg vom 29.3.1995 ZIP 1995 / 1457, 1458; zust. Felgentreff NL-BzAR 1998 / 290, 295; so auch Thüringer OLG vom 21.12.2000 / NL-BzAR 2001 / 247, 250.

entnehmen läßt[63] -was Voraussetzung für das Vorliegen eines Umwandlungsbeschlusses ist- stehen jedem Mitglied auch wirksame Rechtsbehelfe zur Verfügung[64].
Die Grenze einer wohlwollenden Auslegung der gefaßten Beschlüsse ist jedoch erreicht, wenn -und insoweit ist dem Bezirksgericht Cottbus zuzustimmen- der Beschluß lediglich eine Absichtsbekundung hinsichtlich einer noch vorzunehmenden Umwandlung ist. Dies gilt insbesondere, wenn wesentliche Bestandteile der Umwandlung, wie die Rechtsform, die Firma oder der Stichtag für die Wirkung der Umwandlung, noch nicht beschlossen wurden. Ein Beschluß ist auch dann zu verneinen, wenn die Willensbildung auch bei weiter Auslegung des Begriffes nicht von einer dazu autorisierten Vollversammlung gefaßt wurde[65].
Bei der Erhebung und der rechtlichen Bewertung aller in den neuen Bundesländern durchgeführten Neustrukturierungen ehemaliger LPGen wurde kein einziger Fall eines gänzlich fehlenden Umwandlungsbeschlusses offenbar. Diese erste Fallgruppe hat daher in der Praxis des Landwirtschaftsanpassungsgesetzes keine Bedeutung erlangt[66].
Darüber hinaus besteht aufgrund der Eintragung der neuen Rechtsform im Register ein Beweis des ersten Anscheins dafür, daß ein entsprechender Umwandlungsbeschluß gefaßt wurde[67]. Soweit deshalb das Vorliegen eines Umwandlungsbeschlusses in Frage steht, trägt stets derjenige die Beweislast, der die Richtigkeit des Registers bestreitet[68].

B. Die Fehlergruppen der nicht identitätswahrenden Umwandlung

Eine der ersten Entscheidungen des Bundesgerichtshofes zu den Voraussetzungen einer wirksamen Umwandlung landwirtschaftlicher Produktionsgenossenschaften in den neuen Bundesländern erging am 2.12.1994. In dem diesem

---

[63] Beispielhaft die Entscheidung des Thüringer OLG vom 21.12.2000 NL-BzAR 2001 / 247, 249 f..
[64] Hierzu BGH vom 2.12.1994 ZIP 1995 / 422, 424 mit Anm. Lohlein S. 425, Neixler EWiR 1995 / 601.; OLG Dresden vom 12.12.1996 NL-BzAR 1997 / 55, 58.
[65] So zum Beispiel, wenn nur ein kleiner Teil der Mitglieder, unter bewußtem Ausschluß der Übrigen, die Entscheidung zur Umwandlung trifft. für diesen Fall auch eindeutig Lohlein in Anmerkung zu OLG Rostock ZIP 1994 / 1066.
[66] Zur Auswertung gescheiterter Umwandlungen ehemaliger LPGen in den neuen Bundesländern siehe Abicht, in Bayer (Hrsg.), Abschlußbericht zum Forschungsprojekt „Restrukturierung landwirtschaftlicher Unternehmen in den neuen Bundesländern nach 1989", Kapitel 16.
[67] BGH vom 31.7.1997 mit Anm. Bayer/Hoffmann EWiR 1997 / 949 f.; OLG Dresden vom 26.11.1998 NL-BzAR 1999 / 154.
[68] Bayer/Hoffmann in Anm. zu BGH vom 31.7.1997 EWiR 1997 / 949, 950.

Beschluß[69] zugrundeliegenden Sachverhalt war beschlossen worden, die LPG als GmbH weiterzuführen. Die Stammeinlagen der neu errichteten GmbH sollten mangels Eigenkapital der LPG aus dem Privatvermögen der verbleibenden Gesellschafter erbracht werden. Der neu errichteten GmbH war noch vor Eintragung ein weiterer dritter Gesellschafter mit einer Bareinlage beigetreten. Der so entstandene LPG-Nachfolger verklagte ein früheres Mitglied der LPG auf Herausgabe und Räumung von Grundstücken der ehemaligen LPG. Dieses wehrte sich mittels einer Widerklage auf Feststellung, daß die neu entstandene GmbH nicht mit der LPG identisch sei[70].

Der Bundesgerichtshof nutzte diesen Fall, um grundlegend zu den Anforderungen an einen identitätswahrenden Formwechsel nach Landwirtschaftsanpassungsgesetz Stellung zu nehmen. Unter Berufung auf die Besonderheiten der formwechselnden LPG-Umwandlung, bei der die Identität des Rechtsträgers gewahrt wird, erwog der Bundesgerichtshof[71], daß Mängel, die der Umwandlung ihren spezifischen Charakter nehmen, vom Gesetzeszweck des § 34 III LAG nicht erfaßt würden. Fehler der Umwandlung, mit der Folge, daß entgegen dem Grundgedanken der Umwandlung nicht alle Mitglieder der LPG auch an dem Unternehmen in der neuen Rechtsform beteiligt sind, könnten danach durch eine spätere Eintragung der Umwandlung nicht geheilt werden. Der Senat betonte, daß eine derart weitreichende Regelung im Hinblick auf ihre enteignende Wirkung auch verfassungsrechtlichen Bedenken ausgesetzt sei[72], so daß schon eine verfassungskonforme Auslegung die vorstehenden Einschränkungen gebieten könnte.

Konkret verneinte der BGH das Vorliegen eines derartigen Mangels, da der zu überprüfende Beschluß jedenfalls den Anforderungen an eine identitätswahrende Umwandlung entsprach. Diese Anforderungen an einen identitätswahrenden Formwechsel sind nach Ansicht des Senates dann erfüllt, wenn alle ehemaligen LPG-Mitglieder die Möglichkeit erhalten, zwischen einer Beteiligung am neuen Unternehmen oder einer Barabfindung frei zu wählen. Auch die Aufnahme Dritter als Gesellschafter ist nach der BGH-Auffassung unschädlich, soweit die Mitgliedschaftsrechte der LPG-Mitglieder nicht in gravierender

---

[69] BGH vom 2.12.1994 ZIP 1995 / 422 ff. mit Anm. Lohlein, Neixler EWiR 1995 / 601 f.. Soweit ersichtlich handelt es sich um die erste Entscheidung des Senates zur identitätswahrenden Umwandlung.

[70] Hauptargument gegen die Wirksamkeit der Umwandlung war der Beitritt eines weiteren Gesellschafters im Rahmen der Umwandlung. Unerörtert blieb demgegenüber die generelle Frage, ob eine LPG ohne personifizierbares Eigenkapital überhaupt umgewandelt werden kann. Im Fall wurden die Anteile vollständig durch Bareinlagen der Gesellschafter erbracht, eine Umwandlung der Mitgliedschaftsrechte fand gar nicht statt.

[71] BGH vom 2.12.94 ZIP 95 / 422, 425 mit Anm. Lohlein, Neixler EWiR 1995 / 601 f..

[72] Im Anschluß an die kritische Anmerkung von Lohlein zu der im Widerspruch zur Auffassung des BGH stehenden Entscheidung des OLG Rostock vom 14.3.1994 ZIP 1994 / 1062 (m. Anm. Lohlein).

Weise beeinträchtigt werden[73]. Ebenso wie die Aufnahme neuer Gesellschafter stehe auch die vorgesehene Übernahme von Bareinlagen einer identitätswahrenden Umwandlung nicht entgegen. Hierin liege lediglich eine mit der Umwandlung einhergehende Kapitalerhöhung, die die Identität der Gesellschaft nicht berühre[74].

Dieser Fall bot dem V. Zivilsenat des Bundesgerichtshofes erstmals Gelegenheit, sich zur Thematik der LPG–Umstrukturierungen zu äußern. Die tragenden Gründe der Entscheidung bestätigen zunächst die vorherrschende Meinung[75], nach der Mängel des Formwechsels nach Registereintragung der neuen Rechtsform unabhängig von ihrer Schwere für die Wirksamkeit des Formwechsels unbeachtlich sind. Allerdings wird bereits in dieser ersten Entscheidung deutlich, daß der Senat geneigt ist, in besonders gelagerten Ausnahmefällen von diesem Grundsatz abzuweichen. Insoweit haben die zu den Wirkungen des § 34 III LwAnpG 1991 getroffenen Aussagen Bedeutung über den entschiedenen Fall hinaus[76].

Ebenfalls im Jahr 1994, jedoch zeitlich vor der Entscheidung des Bundesgerichtshofes, hatte das OLG Rostock einen Sachverhalt entschieden[77], in dem die Wahrung der Identität der Gesellschaft fraglich war, denn bei der Beschlußfassung über die Umwandlung waren offenbar nicht alle Mitglieder der LPG beteiligt worden. Die betroffenen Mitglieder wurden vom neuen Unternehmen somit auch nicht als Mitglieder geführt, so daß sie faktisch aus dem Unternehmen ausgeschlossen waren.

Entgegen der späteren Rechtsprechung des Bundesgerichtshofes entschied das Oberlandesgericht Rostock, daß die nicht vollständige Beteiligung der Mitglieder am neuen Unternehmen nicht zur Unwirksamkeit der eingetragenen Umwandlung führe[78].

§ 34 III LwAnpG 1991 unterscheide nicht zwischen schweren und leichten Mängeln der Umwandlung, sondern stehe einer „Rückabwicklung“ nach Eintragung generell entgegen. Dies schloß der Senat u. a. aus dem nahezu inhaltsgleichen § 352a AktG, der seinerseits Ausdruck einer allgemeinen gesellschafts-

---

[73] BGH vom 2.12.1994 ZIP 1995 / 422, 425 mit Anm. Lohlein, Neixler EWiR 1995 / 601 f.; so auch Bayer ZIP 1997 / 1613, 1616; auch Bayer ZGR Sonderheft 14 (1998) / 22, 32.

[74] So BGH vom 2.12.1994 ZIP 1995 / 422, 425, wobei hier offenkundig übersehen wurde, daß laut veröffentlichtem Sachverhalt die Verpflichtung zur Bareinlage nicht zur Erhöhung der umgewandelten LPG-Anteile dienen sollte, sondern aufgrund mangelnden Vermögens der LPG das Gesellschaftskapital der entstehenden GmbH allein durch die Einzahlungen aufgebracht werden sollte. Insoweit lag hier lediglich eine Neugründung gegen Bareinlagen vor, so daß die Umwandlungswirkung aus diesem Grund hätte abgelehnt werden müssen.

[75] So vom OLG Rostock in der Entscheidung vom 14.3.1994 herausgearbeitet ZIP 1994 / 1062 ff mit Anm. Lohlein.

[76] So Neixler in seiner Anmerkung zu dem Urteil EwiR 1995 / 601.

[77] OLG Rostock vom 14.3.1994 ZIP 1994 / 1062 ff. mit Anm. Lohlein.

[78] OLG Rostock vom 14.3.1994 ZIP 1994 / 1062, 1064 mit Anm. Lohlein.

rechtlichen Tendenz sei, gesellschaftsrechtliche Akte möglichst zu erhalten[79]. Die Normen beinhalteten eine eindeutige Entscheidung des Gesetzgebers zugunsten von werbenden Unternehmen und zu Lasten der Individualinteressen einzelner Mitglieder[80]. Konsequent verweist das Gericht diese auf Schadensersatz- und Bereicherungsansprüche, wobei das Gericht von der Möglichkeit eines Anspruches auf Beteiligung am neuen Unternehmen ausgeht. Die Bemühungen der Nachfolgeunternehmen, sich am Markt zu behaupten, würden auf absehbare Zeit erheblich beeinträchtigt, müßten sie stets mit der Amtslöschung rechnen. Diese Entwicklung zeige die sachliche Berechtigung der vom Gesetzgeber getroffenen Entscheidung. An diese Entscheidung seien die Gerichte gebunden und daher nicht befugt, sie mit allgemeinen Billigkeitserwägungen zu umgehen[81]. Die LPG–Mitglieder könnten grundsätzlich ihre Einwendungen im Registerverfahren geltend machen. Tun sie dies nicht, werde ihr Interesse regelmäßig nicht auf das Unternehmen selbst, sondern lediglich auf Teilhabe an den Vermögenswerten gerichtet sein[82]. Diesem Interesse könne auch durch Schadensersatz- und Bereicherungsansprüche gegen das umgewandelte Unternehmen und die an der rechtswidrigen Umwandlung beteiligten natürlichen Personen genügt werden[83].
Hatte das Oberlandesgericht Rostock in einer früheren Entscheidung die Frage nach der „Heilung" einer nicht identitätswahrenden Umwandlung gemäß § 34 III LwAnpG noch offen lassen können[84], war es in dieser Entscheidung zu einer Stellungnahme gezwungen. Es entschied sich für die umfassende Wirkung der Eintragung, selbst für den vorliegenden Fall, daß die Umwandlung nicht unter Wahrung der Identität des Gesellschafterkreises beschlossen wurde. Diese Auffassung des Senates stand im Widerspruch zur späteren Rechtsprechung des Bundesgerichtshofes und der übrigen Oberlandesgerichte in den neuen Ländern[85]. Das Oberlandesgericht Rostock ist dennoch auch in späteren Entscheidungen nicht von diesem Standpunkt abgewichen[86].
Trotz der ausführlichen Begründung in der Entscheidung vom 14.3.1994 konnte sich die hauptsächlich praxisorientierte Argumentation des OLG Rostock nicht durchsetzen, so daß die vom Bundesgerichtshof in der Entscheidung vom

---

[79] Begr,. RegE zu § 352 a AktG a.F. BT-Drs. 9 / 1065 Seite 19 ff..
[80] OLG Rostock vom 14.3.1994 ZIP 1994 / 1062, 1064 mit Anm. Lohlein.
[81] OLG Rostock vom 14.3.1994 ZIP 1994 / 1062, 1065 mit Anm. Lohlein.
[82] Hierzu kritisch Lohlein in Anm. zum OLG Rostock ZIP 1994 / 1064 ff, der insbesondere darauf hinweist, daß ein squeeze out von Gesellschaftern im deutschen Umwandlunglungsrecht nicht zulässig sei, die Mitgliedschaft daher nicht ausschließlich als Vermögenswert an der Gesellschaft geschützt werde.
[83] OLG Rostock vom 14.3.1994 ZIP 1994 / 1062, 1065 mit Anm. Lohlein.
[84] OLG Rostock vom 21.6.1993 in AgrarR 1993 / 257 f..
[85] BGH vom 2.12.1994 ZIP 1995 / 422 ff. mit Anm. Lohlein, Neixler EWiR 1995 / 601 f.; OLG Dresden vom 13.6.1996 NL-BzAR 1997 / 51 ff.; OLG Dresden vom 12.12.1996 NL-BzAR 1997 / 55 ff.; OLG Brandenburg vom 4.4.1996 AgrarR 1996 / 335 ff..
[86] OLG Rostock vom 26.9.1995 AgrarR 1996 / 28 f.

2.12.1994[87] eingeschlagene Linie in der Rechtsprechung zur nicht identitätswahrenden Umwandlung konsequent weiterverfolgt wurde[88].
Obwohl die vorgestellten Entscheidungen des Bundesgerichtshofes und der Instanzgerichte stets formwechselnde Umwandlungen zum Gegenstand hatten, hängt auch bei einer Umwandlung durch Teilung nach dem Landwirtschaftsanpassungsgesetz der Eintritt der Umwandlungswirkung davon ab, daß das Unternehmen die Kontinuität seiner Mitglieder wahrt. Die Möglichkeit einer mitgliederverdrängenden Umwandlung wurde im Landwirtschaftsanpassungsgesetz, wie auch im allgemeinen deutschen Umwandlungsrecht, nicht eröffnet. Ebenso wie § 34 I LwAnpG geht das Gesetz auch in § 11 I Nr. 3 LwAnpG von der Beteiligung aller LPG-Mitglieder am neuen Rechtsträger als grundlegendem Prinzip der Umwandlung aus, was im Fall des Formwechsels noch zusätzlich durch den weitreichenderen Grundsatz der Identität des Unternehmens überlagert wird. Dies bestätigt auch die Argumentation des Bundesgerichtshofes[89], wonach die einschränkende Auslegung des § 34 III LwAnpG 1991[90] verfassungsrechtlich geboten ist, da eine weiterreichende Regelung enteignende Wirkung zu Lasten der ausgeschlossenen Mitglieder entfalten würde. Der Grundsatz der Identität der Mitglieder als Voraussetzung für den Eintritt der Umwandlungswirkung gilt somit für alle Umwandlungen nach dem Landwirtschaftsanpassungsgesetz[91].
Ausgehend vom Grundsatz, daß jedem Mitglied der ehemaligen LPG auch im neuen Unternehmen die Möglichkeit zur Teilhabe gegeben werden müsse, bildeten sich einzelne Fallgruppen von Verstößen gegen daß Identitätsprinzip heraus[92]:

---

87 BGH vom 2.12.1994 ZIP 1995 / 422 ff..

88 BGH vom 3.5.1996 BGHZ 132 / 353 ff. mit Anm. Lohlein EWiR 1996 / 711 f., Drygala WuB 1996 / 1297 f.; BGH vom 8.5.1998 BGHZ 138 / 371 ff. mit Anm. Lohlein EWiR 1998 / 659 f., Krüger JZ 1998 / 482; BGH vom 17.5.1999 ZIP 1999 / 1126 f..

89 BGH vom 2.12.1994 ZIP 1995 / 422, 425 mit Anm. Lohlein.

90 Die Norm ist auch auf teilende Umwandlungen anzuwenden: BGH vom 7.11.1997 BGHZ 137 / 134, 140.

91 Siehe auch Wenzel AgrarR 2000 / 349, 352, 353; ders., in Bayer (Hrsg.), 10 Jahre Landwirtschaftsanpassungsgesetz – eine Zwischenbilanz, Seite 17, 30.

92 Zur rechtstatsächlichen Untersuchung unwirksamer Umwandlungen ehemaliger LPGen nach den einzelnen Fallgruppen der Rechtssprechung ausf. Abicht, in Bayer (Hrsg.) Abschlußbericht zum Forschungsprojekt der DFG „Rechtsprobleme der Restrukturierung landwirtschaftlicher Unternehmen in den neuen Bundesländern nach 1989" Kapitel 8 und 16.

1. Fälle mit Beitrittsklausel

Eine in der Praxis sehr häufig anzutreffende Ausgestaltung des Umwandlungsbeschlusses hatte der Bundesgerichtshof in einem Urteil vom 8.5.1998[93] zu bewerten. Im Umwandlungsbeschluß der beklagten Genossenschaft fand sich folgende Klausel:
"Jedes Mitglied der LPG wird Mitglied der eingetragenen Genossenschaft, sofern es dazu seine Bereitschaft mit Unterschriftsleistung unter die Satzung erklärt."
Das OLG Dresden als Vorinstanz[94] hatte die Entscheidung über die Wirksamkeit der Umwandlung offen gelassen, da zumindest eine Haftung wegen Vermögensübernahme gemäß § 419 BGB zu bejahen sei.
Der Bundesgerichtshofes widersprach einer Umdeutung der Umwandlung in eine Vermögensübernahme unter Verweis auf die Rechtsprechung des Bundesgerichtshofes zur nichtigen Verschmelzung[95]. Diese könne nicht in eine Vermögensübernahme umgedeutet werden, da den Beteiligten nicht der Wille unterstellt werden könne, sich im Falle des Scheiterns der Verschmelzung mit einer bloßen Vermögensübernahme zu begnügen. Entsprechend verneint der Senat auch beim Formwechsel nach dem Landwirtschaftsanpassungsgesetz eine Umdeutungsmöglichkeit[96].
Auch die Umdeutung in eine übertragende Auflösung, wie sie in der Literatur angeregt wurde[97], lehnt der Bundesgerichtshof ab, da eine Einzelrechtsnachfolge nach dem Landwirtschaftsanpassungsgesetz nicht zulässig sei[98].
Die zu prüfende Klausel verstoße gegen das in § 37 I LwAnpG 1990 bzw. § 34 I LwAnpG 1991 zum Ausdruck kommende allgemeine Prinzip des Umwandlungsrechtes, daß die Mitgliedschaft durch den Formwechsel nicht untergeht. Da sich die Mitgliedschaft von Gesetzes wegen automatisch fortsetzt, sei abweichend von der für Neugründungen von Genossenschaften geltenden Regelung auch derjenige weiterhin Mitglied, der weder die Satzung unterzeichnet noch förmlich seinen Beitritt erklärt hatte[99]. Der im vorliegenden Sachverhalt gefaßte

---

[93] BGH vom 8.5.1998 BGHZ 138 / 371 ff. mit Anm. Lohlein EWiR 1998 / 659, Krüger JZ 1998 / 482.
[94] Entscheidung nicht veröffentlicht.
[95] BGH vom 18.12.1995 ZIP 1996 / 225, 227.
[96] BGH vom 8.5.1998 BGHZ 138 / 371, 374 mit Anm. Lohlein EWiR 1998 / 659, Krüger JZ 1998 / 482.
[97] Hommelhoff / Schubel ZIP 1998 / 537, 547.
[98] Ebenfalls BGH vom 8.5.1998 (BLw 39 797), Zur Problematik ausf. Kapitel 2 I. C. 3.
[99] BGH vom 8.5.1998 (BLw 18/97) BGHZ 138 / 371, 374 mit Anm. Lohlein EWiR 1998 / 659, Krüger JZ 1998 / 482, wobei die gebrauchte Formulierung im Widerspruch zur Unwirksamkeit der Umwandlung bei Beteiligung nicht aller LPG-Mitglieder an der neuen Gesellschaft steht; denn wenn sich die Mitgliedschaft tatsächlich automatisch von Gesetzes

Beschluß bestimmte etwas anderes und war daher nichtig. Trotzdem lag nach Ansicht des Senates kein Verstoß gegen das Identitätsprinzip vor, der den Eintritt der Umwandlungswirkung mit erfolgter Eintragung ausgeschlossen hätte, denn die Nichtigkeit bezog sich nach Auffassung des Senates nur auf die einzelne Klausel. Es sei anzunehmen, daß die Mitglieder der LPG, wenn sie um die Nichtigkeit gewußt hätten, diese Klausel nicht beschlossen hätten (§ 139 BGB). Zweck der Regelung sei es nämlich nicht gewesen, einzelnen Mitgliedern die Fortsetzung ihrer Mitgliedschaft im neuen Unternehmen zu verwehren. Vielmehr sollte jedes Mitglied der LPG die Möglichkeit haben, seine Mitgliedschaft im umgewandelten Rechtsträger fortzusetzen[100].
Mit diesen Ausführungen bestätigte der Senat seine ursprüngliche Entscheidung zu den Voraussetzungen einer identitätswahrenden Umwandlung[101]. Danach kommt es letztlich nur darauf an, daß jedes Mitglied die Möglichkeit erhält, zwischen seinem Ausscheiden und einem Verbleib im Unternehmen zu wählen. Wird der Verbleib im Unternehmen zusätzlich an besondere Formalia geknüpft, ohne daß diese Regelung einen mitgliederausschließenden Charakter hat, ist allein diese Bestimmung des Umwandlungsbeschlusses nichtig. Damit waren im zu entscheidenden Fall alle diejenigen LPG–Mitglieder im Unternehmen verblieben, die nicht ausdrücklich ihr Ausscheiden erklärt hatten; unabhängig davon, ob sie ihren Verbleib mit ihrer Unterschrift erklärt hatten.
Grundlegend bekräftigt das Urteil nochmals die Voraussetzungen des Eintrittes der Umwandlungswirkung: Es müsse ein Beschluß vorliegen, der auf den Übergang des LPG–Vermögens im Wege der Gesamtrechtsnachfolge auf ein Unternehmen in gesetzlich zugelassener Rechtsform abzielt und allen Mitgliedern die Beteiligung an dem Nachfolgeunternehmen ermöglicht. Liegen diese Voraussetzungen nicht vor, sei die Umwandlung gescheitert. Die Eintragung des Nachfolgeunternehmens entfalte dann nicht die ihr sonst zukommende Transportfunktion[102].
Da viele Unternehmen zur Erleichterung der späteren Anmeldung der Umwandlung die Mitgliedschaft im neuen Unternehmen von der Eintragung in eine zur Vollversammlung ausliegende Liste abhängig gemacht haben und die Rechtsprechung die Auswirkung dieser Klausel auf die Wirksamkeit des Beschlusses von der dahinterstehenden Zielsetzung abhängig macht, kann nur durch eine Prüfung des Einzelfalles die Wirksamkeit der Umwandlung beurteilt werden. Sofern die Klausel nur formalistischen Charakters hat und lediglich einer besse-

---

wegen fortsetzt, so wäre ein nicht identitätswahrender Beschluß im Ergebnis unbeachtlich. Hierzu auch Schmidt ZIP 1998 / 181, 183.
[100] BGH vom 8.5.1998 (BLw 18/97) BGHZ 138 / 371, 375 mit Anm. Lohlein EWiR 1998 / 659, Krüger JZ 1998 / 482.
[101] BGH vom 2.12.1994 ZIP 1995 / 422, 425 mit Anm. Lohlein, Neixler EWiR 1995 / 601 f..
[102] BGH vom 8.5.1998 (BLw 18/97) BGHZ 138 / 371, 375 mit Anm. Lohlein EWiR 1998 / 659, Krüger JZ 1998 / 482.

ren Übersicht über die im Unternehmen verbleibenden Mitglieder und die Ausscheidenden dienen soll, liegt eine Teilnichtigkeit des Umwandlungsbeschlusses vor. Von der Nichtigkeit der Klausel wird der Umwandlungsbeschluß als Ganzes nur erfaßt, wenn Zweck der Liste war, die nicht eingetragenen Mitglieder von der Teilhabe am neuen Unternehmen auszuschließen. Insbesondere muß auch den nicht zur Vollversammlung anwesenden Mitgliedern eine weitere Mitgliedschaft möglich gewesen sein.
Ist der Zweck der Beitrittsklausel im Umwandlungsbeschluß nicht eindeutig, muß zum Schutz der möglicherweise ausgeschlossenen Mitglieder grundsätzlich von der Unwirksamkeit des Umwandlungsbeschlusses ausgegangen werden. Macht ein Gesellschafter oder Genosse des neuen Rechtsträgers oder ein ehemaliges Mitglied die Unwirksamkeit der Umwandlung unter Berufung auf die unklare Funktion einer solchen Beitrittsklausel geltend, besteht daher zunächst ein Beweis des ersten Anscheins dafür, daß eine mitgliederverdrängende Umwandlung vorliegt. Danach obliegt es dem vermeintlichen Rechtsnachfolger der LPG nachzuweisen, daß trotz der Beitrittsklausel jedem Mitglied die Möglichkeit zur Beteiligung am umgewandelten Unternehmen offenstand.

2. Fälle mit Ausschlußklausel

Bereits eine frühe Entscheidung des OLG Rostock aus dem Jahre 1993 hatte sich mit dem Fall einer ausdrücklichen Ausschlußklausel im Umwandlungsbeschluß zu befassen[103]. Dort wurde vorgetragen, der Beschluß sei mit dem Kerngehalt der formwechselnden Umwandlung nach Landwirtschaftsanpassungsgesetz nicht vereinbar.
Der streitbefangene Beschluß enthielt eine Regelung, wonach Mitglieder, die gegen die Umwandlung stimmen, aus der Gesellschaft ausscheiden. Derartig eindeutige Bestimmungen in Umwandlungsbeschlüssen ehemaliger landwirtschaftlicher Produktionsgenossenschaften finden sich nur äußerst selten. Die im Forschungsprojekt vorgenommenen Erhebungen belegen dies. Bekannt geworden ist lediglich eine kleine Anzahl von Fällen, in denen Mitglieder, die bereits im Ruhestand waren oder aus anderen Gründen nicht mehr in der Genossenschaft aktiv waren, ausdrücklich von der Umwandlung ausgeschlossen wurden[104].

---

[103] OLG Rostock vom 21.6.1993 AgrarR 1993 / 257 ff..
[104] Die Untersuchung von 344 Umwandlungen ehemaliger LPGen in Thüringen ergab derartige Ausschlußklauseln lediglich für 6 Fälle. Zur Gesamtauswertung für die neuen Bundesländer siehe Abicht, in Bayer (Hrsg.), Abschlußbericht zum Forschungsprojekt der DFG „Rechtsprobleme der Restrukturierung landwirtschaftlicher Unternehmen in den neuen Bundesländern nach 1989“ Kapitel 16.

Der Senat des Oberlandesgerichtes Rostock[105] ging in dem zu entscheidenden Fall grundsätzlich davon aus, daß die §§ 23 ff LwAnpG nur eine formwechselnde, identitätswahrende Umwandlung regeln. Die Wirksamkeit der Regelung bezüglich des Ausscheidens von Mitglieder sei daher zweifelhaft. Konkret waren letztlich 7 von 415 Mitgliedern von der Regelung betroffen. Nach Ansicht des Gerichtes war das Ausscheiden dieser 7 Personen für die übrigen 408 LPG-Mitglieder nicht von so großer Bedeutung, daß sie ihre Zustimmung zur Umwandlung von der Wirksamkeit der Regelung abhängig gemacht hätten. Die Wirksamkeit des Beschlusses scheiterte daher nicht an einem Verstoß gegen den Identitätsgrundsatz bei der formwechselnden Umwandlung. Mitglieder des neuen Unternehmens wären vielmehr auch jene geworden, die gegen die Umwandlung gestimmt hatten[106].
Da hier der Beschluß für wirksam erachtet wurde, hatte der Senat keinen Anlaß zur „Heilung" von Mängeln durch die Eintragung Stellung zu nehmen.
Im Ergebnis ist dem Oberlandesgericht in diesem speziellen Fall zuzustimmen, da jene sieben LPG-Mitglieder im Beschwerdeverfahren notariell beglaubigte Erklärungen abgaben, in denen sie ihr ausdrückliches Einverständnis mit der Beendigung ihrer Mitgliedschaft erklärten. Letztlich lag damit eine einvernehmliche Aufhebung der Mitgliedschaft vor, so daß es auf die entsprechende Klausel des Umwandlungsbeschlusses nicht mehr ankam.
Fraglich ist jedoch, ob der Begründung der Entscheidung des Oberlandesgerichtes Rostock zugestimmt werden kann. Die Bewertung der Regelung als nicht wesentlich im Sinne des § 139 BGB ist zweifelhaft. Im Gegensatz zu der gerade behandelten rein formalen Regelung der Beitrittserklärung ist der ausdrücklich formulierte Ausschluß einzelner Mitglieder bzw. Mitgliedergruppen eine eindeutig materielle Regelung. Ihr Inhalt ist ein klarer Verstoß gegen das dem Formwechsel zugrundeliegende Identitätsprinzip. Hier kann daher nicht generell vermutet werden, daß die Mitglieder diese Bestimmung nicht aufgenommen hätten, wenn sie deren Nichtigkeit gekannt hätten. Die Argumentation des OLG, daß letztlich nur sieben Mitglieder betroffen waren und deshalb die Bedeutung der Klausel nicht wesentlich i.S. d. § 139 BGB sei, greift nicht, da die Anzahl der tatsächlich Ausgeschlossenen vor der Abstimmung nicht abzuschätzen war. Die Bewertung, ob ein Teil des Rechtsgeschäftes, hier des Beschlusses, unwesentlich ist, hängt von der Teilbarkeit der gesamten Rechtshandlung ab. Diese würde vorliegend voraussetzen, daß es den zustimmenden Mitgliedern letztlich egal war, ob die Gegner der Umwandlung auch weiterhin an der Gesellschaft beteiligt sind und damit mögliche Konflikte innerhalb der Gesellschaft voraussehbar waren. Den Mitgliedern kam es vielmehr darauf an, die Gegner der Um-

---

[105] OLG Rostock vom 21.6.1993 in AgrarR 1993 / 257 ff..
[106] OLG Rostock vom 21.6.1993 AgrarR 1993 / 257, 258: Entsprechend der Rechtsprechung des BGH zur Teilnichtigkeit von Beitrittsklauseln sei der Beschluß bezüglich der Ausschlußklausel gem. § 139 BGB nichtig, imÜbrigen jedoch wirksam.

wandlung, die entsprechend der erforderlichen Mehrheit bis zu einem Drittel der Mitglieder sein konnten, vom zukünftigen Unternehmen auszuschließen.
Die vom Bundesgerichtshof[107] entwickelten Voraussetzungen einer identitätswahrenden Umwandlung, wonach dem Identitätsgrundsatz nur genügt werde, wenn jedem Mitglied die Möglichkeit zur Teilhabe eingeräumt wird, ist mit dieser Klausel nicht erfüllt. Die Möglichkeit zum weiteren Verbleib im Unternehmen muß frei von Bedingungen gewährt werden, d. h. ohne formale Beitrittserklärung und vor allem auch dann gegeben sein, wenn das einzelne Mitglied gegen die Umwandlung stimmt.
Solche eindeutigen Ausschlußklauseln wird man daher als den idealtypischen Fall eines Identitätsverstoßes einordnen müssen.

3. Treuhänderische Beteiligung

Eine weitere Fallgruppe, die Zweifel an der Identität des Mitgliederkreises entstehen läßt, ist die Einschaltung eines Treuhänders in die Übernahme der Anteile an der „Nachfolgegesellschaft" durch die Mitglieder. Diese Variante wurde insbesondere beim Formwechsel in eine GmbH & Co. KG oder auch beim Formwechsel in die Rechtsform der Aktiengesellschaft oder GmbH gewählt[108]. Beispielhaft hierfür ist folgender Sachverhalt, der dem Oberlandesgericht Rostock zur Entscheidung vorlag[109]:
Aufgrund eines Umwandlungsbeschlusses, der noch unter Geltung des LwAnpG 1990 gefaßt wurde, beantragte die Klägerin ihre Eintragung in der Rechtsform einer GmbH & Co. KG als Rechtsnachfolgerin einer ehemaligen LPG. Das Registergericht lehnte die Eintragung eines entsprechenden Rechtsnachfolge- bzw. Umwandlungsvermerkes mit der Begründung ab, der vorgelegte Beschluß entspreche nicht den Anforderungen des Landwirtschaftsanpassungsgesetzes 1991. Somit wurde lediglich die neue Rechtsform im Register eingetragen. Hiergegen richtet sich die Beschwerde der Betroffenen.
Nach dem Sachverhalt hatte die ehemalige LPG am 5.4.1991 ihre Umwandlung in eine GmbH & Co. KG beschlossen. Kommanditist der KG sollte zunächst nur die LPG selbst werden, die alle Kommanditanteile als Treuhänder für ihre

[107] BGH vom 2.12.1994 ZIP 1995 / 422 ff.; BGH vom 3.5.1996 BGHZ 132 / 353 ff.; BGH vom 8.5.1998 BGHZ 138 / 371 ff.; BGH vom 17.5.1999 ZIP 1999 / 1126 ff..
[108] Von den in Thüringen untersuchten 344 Umwandlungen wurden in 7 Fällen Treuhandmodelle zur Umwandlung gewählt. Zur Auswertung aller Umwandlungen ehemaliger LPGen in den neuen Bundesländern siehe Abicht, in Bayer (Hrsg.) Abschlußbericht zum Forschungsprojekt „Rechtsprobleme der Restrukturierung landwirtschaftlicher Unternehmen in den neuen Bundesländern nach 1989" Kapitel 16.
[109] OLG Rostock vom 26.9.1995 AgrarR 1996 / 28, 29.

Mitglieder halten und später entsprechend der Höhe der Beteiligung an der LPG auf die Genossen verteilen sollte.
Zweifel an der Wirksamkeit dieses Beschlusses bestanden im Hinblick auf die Wahrung der Identität. Das Oberlandesgericht Rostock entschied, daß der Beschluß nicht deswegen nichtig sei, weil die LPG selbst Kommanditistin der Nachfolgegesellschaft geworden ist. Diese Stellung sei von Anfang an als vorübergehende Bündelung der Kommanditanteile angesehen worden. Da für jedes Mitglied der LPG die Berechtigung, durch Übertragung eines Anteiles seitens der LPG Kommanditist zu werden, bestehen sollte, werde die Mitgliederidentität vor und nach der Umwandlung gewahrt. Der Beschluß war nach Auffassung des Oberlandesgerichtes Rostock wirksam und die Beschwerde gegen die Ablehnung der Eintragung eines Umwandlungsvermerkes damit begründet[110].
Hilfsweise entschied das OLG, daß selbst wenn durch die vorübergehende Eingliederung der LPG als Kommanditistin in eine Umwandlungszwischenstufe die so beschlossene Umwandlung gegen den Grundsatz der Identität der Mitgliedschaften verstoßen würde, dieser Mangel für die konstitutive Wirkung der Eintragung der neuen Rechtsform im Register unbeachtlich wäre[111].
Diese Ausführungen zur Heilung möglicher Fehler läßt vermuten, daß sich der Senat in der Beurteilung der Wirksamkeit des Beschlusses nicht völlig sicher war. Wie bereits in den früheren Entscheidungen bemüht sich das Urteil die beschlossene, eingetragene und vor allem tatsächlich vollzogene Umwandlung vor dem Recht bestehen zu lassen. Bereits die Argumentation der Entscheidung von 1994[112] verdeutlichte, daß es gerade auch die praktischen Schwierigkeiten einer Rückabwicklung bzw. Rückgabe des Vermögens waren, die das Gericht beeinflußten. In dem Bemühen, den neu entstandenen Unternehmen Zweifel an ihrem rechtlichen Bestand zu ersparen, bediente sich das OLG einer sehr weiten Auslegung der gesetzlichen Vorschriften[113].
Das Kreisgericht Rostock (15.4.1992) und das Landgericht Schwerin (8.3.1995) als Vorinstanzen hatten demgegenüber eine Umwandlung abgelehnt. Sie verneinten das Vorliegen einer Umwandlung[114] bzw. sahen in der Ausgestaltung

---

[110] OLG Rostock vom 26.9.1995 AgrarR 1996 / 28, 29. Die Begründung läßt erkennen, daß nach Ansicht des Gerichtes die rein wirtschaftliche Beteiligung zur Wahrung der Identität ausreicht. Damit führt das Gericht seine bereits in der Entscheidung vom 14.3.1994 ZIP 1994 / 1062, 1064 m. abl. Anm. Lohlein begründete Auffassung fort.
[111] OLG Rostock vom 26.9.1995 AgrarR 1996 / 28, 29.
[112] OLG Rostock vom 14.3.1994 ZIP 1994 / 1062, 1065.
[113] OLG Rostock vom 26.9.1995 AgrarR 1996 / 28, 29.
[114] Vor allem mit der Begründung, daß es im Widerspruch zu ihrer Umwandlung steht, wenn die LPG als Kommanditistin ihrer eigenen Nachfolgegesellschaft fungiert.

der Umwandlung einen Verstoß gegen den Grundsatz der Identität beim Formwechsel[115].
Gegen einen Umwandlungsbeschluß spricht, daß die ursprüngliche LPG bestehen blieb und Gesellschafter des neuen Unternehmens wurde. Typisches Merkmal einer formwechselnden Umwandlung ist jedoch, daß nach § 34 I LwAnpG die LPG in der neuen Rechtsform weiterbesteht.
In einem ähnlich gelagerten Sachverhalt entschied sich später auch das Oberlandesgericht Brandenburg[116] für eine weite Interpretation des Identitätsgrundsatzes und ließ die zeitweilige Übertragung aller Gesellschaftsanteile auf einen Treuhänder und spätere Übereignung an die Mitglieder der ehemaligen LPG zur Identitätswahrung der Umwandlung genügen[117].
Tatsächlich hatten die LPGen in beiden Sachverhalten die Neugründung einer GmbH & Co. KG beschlossen. Sie selbst bzw. ein Dritter waren Inhaber der Kommanditanteile geworden. Die nachfolgende Übertragung der Anteile auf die Mitglieder konnte nur im Rahmen einer Liquidation erfolgen. Inwieweit die Übertragung des LPG–Vermögens auf die KG vor einer Auflösung der LPG möglich war, ist umstritten[118]. Ob die Liquidation zeitgleich mit der Gründung der Kommanditgesellschaft oder erst danach vorgesehen war, ist aus dem Sachverhalt nicht zu entnehmen. Für die Beurteilung der Wirksamkeit des Beschlusses müßten diesbezügliche Sachverhaltsfeststellungen getroffen werden. Zweifelsfrei ist jedoch, daß keine Umwandlung nach Landwirtschaftsanpassungsgesetz beschlossen wurde. Die Eintragung des Umwandlungsvermerkes war durch die Vorinstanzen richtigerweise abgelehnt worden.
Diese Ansicht vertrat auch der Bundesgerichtshof in seinem Urteil vom 17. Mai 1999[119]. Die beklagte ehemalige LPG hatte sich mehrheitlich zum Formwechsel in eine GmbH & Co. KG entschlossen. Zum Vollzug der Umwandlung sollten einzelne Mitglieder eine GmbH sowie die KG gründen und deren Geschäfts- bzw. Kommanditanteile vorübergehend treuhänderisch für die anderen LPG–Mitglieder halten. Der Senat urteilte, daß der Beschluß inhaltlich nicht dem in § 34 I Nr. 2 LwAnpG 1991 zum Ausdruck kommenden Prinzip der Kontinuität der Mitgliedschaft entsprach. Diesem Prinzip widerspreche nicht der Beitritt der

---

[115] Eine nur indirekte, wirtschaftliche Beteiligung durch einen Treuhänder genügt danach nicht den Anforderungen an eine identitätswahrende Umwandlung. Ebenso BGH vom 17.5.1999 ZIP 1999 / 1126 ff..
[116] OLG Brandenburg vom 18.8.1998 NZG 1999 / 219, 220 in der Revision von BGH vom 17.5.1999 ZIP 1999 / 1126 ff. aufgehoben.
[117] So im Ergebnis auch Henze BB 1999 / 2208, 2209 unter Verweis auf die Regelung des mittelbaren Bezugsrechtes in § 186 V AktG und die treuhänderische Stellung der Banken bei Kapitalerhöhungen.
[118] Dazu unter C. 3. Umwandlung durch übertragende Auflösung.
[119] BGH vom 17.5.1999 ZIP 1999 / 1126 ff..

Komplementär–GmbH im Zuge der Umwandlung[120], wohl aber die nur schuldrechtlich durch die Treuhänder vermittelte Beteiligung der LPG–Mitglieder an der neuen Gesellschaft[121].

4. Umwandlungen in GmbH & Co. KG durch Formwechsel

Das Landwirtschaftsanpassungsgesetz erlaubte in seiner novellierten Fassung vom Juli 1991 neben den Kapitalgesellschaften auch Personenhandelsgesellschaften als mögliche Zielrechtsformen des Formwechsels. Umwandlungen ehemaliger LPGen in GmbH & Co. KG waren im Wortlaut des Gesetzes nicht ausdrücklich aufgezählt. Ihre Zulässigkeit ist jedoch unbestritten[122], da die GmbH & Co. KG lediglich eine Sonderform der Kommanditgesellschaft ist. Eine Typenvermischung besteht dabei insoweit, als daß geschäftsführende und persönlich haftende Komplementärin eine GmbH ist[123].
Rechtlich ergeben sich im Hinblick auf den beim Formwechsel zu beachtenden Grundsatz der Identität der Mitglieder zwei Probleme: Zunächst ist zu untersuchen, ob der Formwechsel einer LPG in eine GmbH & Co. KG auch dann als identitätswahrend zu werten ist, wenn die Mitgliedschaften an der LPG in Kommanditanteile und daneben zum Teil auch in Anteile an der Komplementär-GmbH umgewandelt werden. Anschließend wird untersucht, ob die künftige Komplementärin zwingend bereits vor Wirksamwerden der Umwandlung Gesellschafterin der LPG sein muß.
Ausgangspunkt der Überlegungen ist dabei die in der umwandlungsrechtlichen Dogmatik des Formwechsels vorausgesetzte Identität des Gesellschafterkreises vor und nach der Umwandlung[124], die sowohl im allgemeinen Umwandlungsrecht (§ 194 I Nr. 3, § 202 I Nr.2 UmwG) als auch im speziellen Landwirtschaftsanpassungsgesetz (§ 26 I Nr.3, § 34 I Nr.2 LwAnpG) ihren Niederschlag im Gesetzestext gefunden hat. Danach muß die Beteiligung der Mitglieder der LPG an dem neu errichteten Unternehmen nach den für diese Rechtsform geltenden Bestimmungen zwingender Inhalt des Umwandlungsbeschlusses sein. Alle Mitglieder der LPG mußten daher an der GmbH & Co. KG beteiligt werden. Gesellschafter der Kommanditgesellschaft sind der persönlich haftende

---

[120] Hierzu bereits BGH vom 2.12.1994 ZIP 1995 / 422, 425 mit Anm. Lohlein, Neixler EWiR 1995 / 601 f..
[121] BGH vom 17.5.1999 ZIP 1999 / 1126, 1128; BGH vom 5.3.1999 ZIP 1999 / 840 ff..
[122] Siehe hierzu BGH vom 7.11.1997 BGHZ 137 / 134, 139 mit Anm. Lohlein EWiR 1998 / 135 f., Drygala WuB 1998 / 239 f.; von Jeinsen AgrarR 1991 / 177.
[123] Karsten Schmidt, Gesellschaftsrecht, § 56 I 1 b.
[124] Siehe zur charakteristischen Kontinuität des Rechtsträgers im Hinblick auf Mitgliedschaft und Vermögen beim Formwechsel die Begründung des RegE zum UmwG BT-Drs. 12 / 6699 Seite 143.

Komplementär, hier die GmbH, und die Kommanditisten. Dem Grundsatz der Identität beim Formwechsel genügte die beschlossene Umwandlung somit nur, wenn alle Beteiligungen an der LPG in Kommanditanteile überführt wurden. Eine Umwandlung einzelner Beteiligungen in Anteile an der zukünftigen Komplementär-GmbH widerspricht dagegen dem Identitätsgrundsatz, da diese Mitglieder zukünftig nur mittelbar, nämlich wirtschaftlich über ihre Beteiligung an der GmbH an der Kommanditgesellschaft beteiligt sind[125]. Ein identitätswahrender Formwechsel setzt jedoch die Umwandlung der Anteile am Ausgangsrechtsträger in Anteile am entstehenden Rechtsträger voraus.

Daß die Beteiligungen an der LPG im Rahmen des Formwechsels in eine GmbH & Co. KG nur in Kommanditanteile umgewandelt werden können, führt zur zweiten bereits erwähnten Problematik dieser Umwandlungsvariante. Mit der gesetzlich zulässigen formwechselnden Umwandlung zwischen Kapitalgesellschaften und Genossenschaften in Personenhandelsgesellschaften entsteht die auch im allgemeinen Umwandlungsrecht diskutierte Frage nach der Zulässigkeit eines Mitgliederwechsels im Zeitpunkt des Wirksamwerdens der Umwandlung bzw. ob die GmbH notwendigerweise bereits vor Wirksamkeit der Umwandlung eine Mitgliedschaft in der LPG besitzen mußte.

Letztere Auffassung gründet sich insbesondere auf die Annahme einer vom Gesetz gewollten Identität des Gesellschafterkreises vor und nach Wirksamwerden der Umwandlung[126].

Bejaht man diese Auffassung müßte konsequenterweise die Möglichkeit des Formwechsels einer LPG in eine GmbH & Co. KG als mit dem Gesetz grundsätzlich unvereinbar abgelehnt werden. Die GmbH als künftige Komplementärin der LPG war zunächst nicht Mitglied. Darüber hinaus besteht gemäß den gesetzlichen Grundlagen der LPG keine Möglichkeit die GmbH vor Umwandlung der LPG an der LPG zu beteiligen, da Mitglieder einer LPG ausschließlich natürliche Personen sein können[127].

Der Bundesgerichtshofes stellte jedoch in seiner Entscheidung vom 7.11.1997[128] klar, daß die Umwandlung einer LPG in eine GmbH & Co. KG durch Formwechsel unter Geltung des Landwirtschaftsanpassungsgesetzes 1991 zulässig ist. Wenn der Gesetzgeber jedoch diese Umwandlungsvariante eröffnet hat, obwohl

---

[125] So auch OLG Dresden vom 10.8.2000 AgrarR 2001 / 399, 402 für den ähnlichen Fall, daß das gesamte Vermögen der LPG auf Tochtergesellschaften ausgelagert wurde und die Mitglieder nur an der im Rahmen der Umwandlung der LPG-Hülle entstandenen Beteiligungsverwaltungsgesellschaft beteiligt wurden.

[126] Decher, in Lutter (Hrsg.), Kölner Umwandlungsrechtstage, Seite 214, ders., in Lutter (Hrsg.), Umwandlungsgesetz, § 202 / 14, 15; Priester DB 1997 / 590; Picot/Müller-Eising, Unternehmenskauf und Restrukturierung, Seite 330.

[127] Definition der landwirtschaftlichen Produktionsgenossenschaft nach § 1 I LPGG als Zusammenschluß werktätiger Bäuerinnen, Bauern, Gärtner, Landarbeiter und anderer Bürger zur genossenschaftlichen Produktion.

[128] BGH vom 7.11.1997 BGHZ 137 / 134, 141; von Jeinsen AgrarR 1991 / 177.

ein Beitritt der GmbH zur LPG vor der Umwandlung unmöglich war, mußt konsequenterweise der Beitritt der GmbH im Zuge des Wirksamwerdens der Umwandlung erfolgen[129].
Die Besonderheit dieser Umwandlungen liegt hauptsächlich in der unterschiedlichen Verbandsstruktur der genossenschaftlich organisierten LPG und der Kommanditgesellschaft begründet, da bei letzterer das Gesetz nicht von einer zwingenden kapitalmäßigen Beteiligung jedes Gesellschafters ausgeht. Die dem Gesellschafterkreis beitretende GmbH ist nicht vermögensmäßig an der entstehenden GmbH & Co. KG beteiligt. Gerade die Gleichartigkeit der Beteiligungen ist jedoch eine wesentliche Prämisse der Kontinuitätskonstruktion des Gesetzgebers[130].
Der Betritt der GmbH ist daher ausschließlich auf den Wechsel der Rechtsform der LPG zurückzuführen. Dabei besagt der Identitätsgrundsatz nichts anderes als den Fortbestand desselben Rechtsträgers mit denselben Mitgliedern unter neuer Verfassung. Eine damit verbundene Veränderung des Gesellschafterbestandes im Umwandlungszeitpunkt ist dadurch nicht ausgeschlossen[131].
Ebenso entschied auch der Bundesgerichtshof[132], daß einer Erweiterung des Gesellschafterkreises im Zuge des Formwechsels die Kontinuität der Mitgliedschaft nicht entgegensteht, und daß die Mitglieder im Zusammenhang mit dem Formwechsel von den nach allgemeinem Gesellschaftsrecht möglichen Änderungsmöglichkeiten Gebrauch machen und das Unternehmen, zum Beispiel durch Aufnahme eines neuen Gesellschafters, einer GmbH, erweitern können[133].
Soll die in die Umwandlung integrierte Aufnahme der Komplemetär-GmbH zu einer kapitalmäßigen Beteiligung der GmbH an der GmbH & Co. KG führen, so bedeutet ihr Eintritt zugleich einen teilweisen Entzug von Mitgliedschaftsrechten bei den übrigen Gesellschaftern und darin liegt ein nicht verhältniswahrender Formwechsel. Für diesen ist das Einverständnis aller betroffenen Anteilsinhaber erforderlich[134]. Im Regelfall einer formwechselnden Umwandlung in die GmbH & Co. KG wollten die Mitglieder der ehemaligen LPG jedoch keine Kapitalbeteiligung der GmbH. Diese sollte vielmehr lediglich ein Instrument der Kommanditisten sein, was insbesondere die häufig schon im bei Gründung der GmbH erklärte Abtretung der GmbH-Anteile an die mit Eintragung entstehende GmbH & Co. KG zeigt. Damit führt der Formwechsel der LPG in eine GmbH &

---

[129] So auch Kallmeyer GmbHR 1996 / 80, 82.
[130] Schmidt GmbHR 1995 / 693, 695.
[131] Schmidt GmbHR 1995 / 693, 695; Bayer ZIP 1997 / 1613, 1616; Kallmeyer GmbHR 1995 / 888, 889, 890.
[132] BGH vom 2.12.1994 ZIP 1995 / 422 mit Anm. Lohlein, Neixler EwiR 1995 / 601 f.; BGH vom 17.5.1999 NJW 1999 / 2523; Wenzel AgrarR 2000 / 349, 352.
[133] Bejahend auch BayObLG vom 4.11.1999 NL-BzAR 2000 / 208, 210.
[134] Bayer ZIP 1997 / 1613, 1617; ebenso Bayer ZGR Sonderheft 14 (1998) / 22, 32, ; Kallmeyer GmbHR 1996 / 80, 82; Veil DB 1996 / 2529, 2530; Priester DB 1997 / 560, 566.

Co. KG im Ergebnis typischerweise zu einer Einheits-GmbH & Co. KG, an der wirtschaftlich allein Kommanditisten beteiligt sind[135]. Damit kommt es in diesen Fällen zu keiner Quotenverschiebung beim Formwechsel und die Mitgliedschaftsrechte der Kommanditisten bleiben auch nach dem Beitritt der Komplementär-GmbH uneingeschränkt, so daß die vom Gesetzgeber des Landwirtschaftsanpassungsgesetzes vorausgesetzte Kontinuität der Mitgliedschaft gewahrt wird[136]. Im Gegensatz zum quotenverändernden Formwechsel genügt in diesen Fällen zur Aufnahme der GmbH im Zuge des Formwechsels die Zustimmung der erforderlichen 2/3 Mehrheit zum Umwandlungsbeschluß.

C. Verstöße gegen den numerus clausus

Neben der Wahrung der Identität ist nach Ansicht der Rechtsprechung die Einhaltung des umwandlungsrechtlichen numerus clausus die dritte zwingende Voraussetzung für die Wirksamkeit der Umwandlung[137]. Er gehört zur Tradition des Umwandlungsrechtes. Dem numerus clausus der Rechtsformen entspricht aus Gründen des Verkehrsschutzes und des Schutzes der Beteiligten nach herrschender Meinung ein numerus clausus der Umwandlungsgestaltungen, ein Ansatz, der auch von der Begründung zum Gesetzentwurf zur Bereinigung des Umwandlungsrechtes als gegeben unterstellt wurde[138]. Nur dem Gesetzgeber und nicht dem Rechtsverkehr sollte die Ausdehnung der Umwandlungsmöglichkeiten obliegen[139]. Ein Verstoß gegen den numerus clausus kann dabei einerseits in der Wahl einer vom Gesetz nicht vorgesehenen Zielrechtsfom des Formwechsels oder andererseits in der Wahl einer gesetzlich nicht zulässigen Umwandlungsart liegen. In der folgenden Darstellung werden die häufig aufgetretenen Verstöße gegen den numerus clausus der Umwandlungen im Landwirtschaftsanpassungsgesetz vor dem Hintergrund der Rechtsprechung erörtert.

---

[135] Zu den verschiedenen Ausgestaltungen der GmbH & Co. KG ausf. Schmidt, Gesellschaftsrecht, § 56 II.

[136] Schmidt GmbHR 1995 / 693, 696.

[137] BGH vom 3.5.1996 BGHZ 132 / 353 ff. mit Anm. Lohlein EWiR 1996 / 711f.; BGH vom 7.11.1997 BGHZ 137 / 134 ff. mit Anm. Lohlein EWiR 1998 / 135 f.; BGH vom 27.11.1997 (BLw 26/97) ZIP 1998 / 1245; BGH vom 8.5.1998 BGHZ 138 / 371 ff. mit Anm. Lohlein EWiR 1998 / 659 f..

[138] BT – Drucks. 12 / 6699, Seite 80.

[139] Schmidt, Gesellschaftsrecht, § 13 I 3 a

1. Wahl einer unzulässigen Rechtsform

Bereits vor Inkrafttreten des Landwirtschaftsanpassungsgesetzes 1991[140] beschlossen einige landwirtschaftliche Produktionsgenossenschaften ihre Umwandlung durch Formwechsel in eine andere als die ausschließlich zulässige Rechtsform der eingetragenen Genossenschaft[141]. Die Wahl einer unzulässigen Rechtsform ist ein Verstoß gegen den umwandlungsrechtlichen numerus clausus, so daß die gefaßten Beschlüsse nichtig sind[142]. Die Privatautonomie der Gesellschafter findet ihre Grenze, wo ihr zwingendes Recht entgegensteht. Gemäß dem entsprechend anwendbaren § 241 I Nr. 3 AktG ist ein Beschluß der Vollversammlung der LPG nichtig[143], wenn sein Inhalt Vorschriften verletzt, die im Interesse der Gläubiger oder im öffentlichen Interesse zwingend zu beachten sind. Der numerus clausus des Gesellschaftsrechtes begrenzt im Interesse der Rechtssicherheit und der Gläubiger die Möglichkeit der Gesellschafter, die rechtlichen Grundlagen der Gesellschaft willkürlich zu verändern[144]. Überschreiten die Gesellschafter der LPG die ihnen im Landwirtschaftsanpassungsgesetz gegebenen Umwandlungsmöglichkeiten, ist der gefaßte Beschluß nichtig[145].

Gemäß der Rechtsprechung des Bundesgerichtshofes ist ein Umwandlungsbeschluß auch dann nach der zur Zeit der Beschlußfassung geltenden Rechtslage zu beurteilen, wenn er erst unter Geltung einer geänderten Rechtslage eingetragen wird, da die geänderte Gesetzesfassung des Landwirtschaftsanpassungsgesetzes diesbezüglich keine rückwirkende Geltung entfaltet[146].

---

[140] Inkrafttreten der Novellierung zum Landwirtschaftsanpassungsgesetz 1990 vom 3.7.1991 am 7.7.1991 BGBl. I. 1418 ff..

[141] Gemäß Landwirtschaftsanpassungsgesetz vom 29.6.1990 war als Zielrechtsform des Formwechsels einer LPG ausschließlich die eingetragene Genossenschaft zulässig. (§ 27 I LwAnpG 1990).

[142] Hierzu eingehend Abicht, in Bayer (Hrsg.), Abschlußbericht zum Forschungsprojekt der DFG „Rechtsprobleme der Restrukturierung landwirtschaftlicher Unternehmen in den neuen Bundesländern nach 1989“ Kapitel 4.

[143] Zur Anwendbarkeit des aktienrechtlichen Beschlußmängelrechtes BGH vom 1.7.1994 BGHZ 126 / 335, 338 mit Anm. Lohlein EWiR 1994 / 1015 f.; BGH vom 26.2.1996 ZIP 1996 / 674, 677.

[144] Lutter, in Lutter (Hrsg.), Umwandlungsgesetz, § 1 / 23; Lohlein in Anmerkung zu BGH vom 1.7.1994 in EwiR 1994 / 1015, 1016.

[145] BGH vom 3.5.1996 BGHZ 132 / 353, 357; zum Beschluß eines im Gesetz nicht zugelassenen Formwechsels auch Decher, in Lutter (Hrsg.), Umwandlungsgesetz, § 190 / 13.

[146] BGH vom 28.4.1995 AgrarR 1995 / 237; unabhängig davon kann die Umwandlung mit Eintragung, die aufgrund des nichtigen Beschlusses nicht hätte erfolgen dürfen, wirksam werden, da der hierfür einschlägige § 34 LwAnpG allein auf die Rechtslage im Zeitpunkt der Eintragung abstellt. Sofern die Umwandlungsmöglichkeiten zum Zeitpunkt der Eintragung daher erweitert waren, ist die eingetragene Umwandlung wirksam: BGH vom 7.11.1997 BGHZ 137 / 134, 139.

Zu dieser ersten Fallgruppe, der Wahl einer unzulässigen Rechtsform bei einem Formwechsel unter Geltung des LwAnpG 1990, gehörte eine Entscheidung des Landwirtschaftssenates des Bundesgerichtshofes aus dem Jahre 1996[147]. Dabei handelte es sich um zwei LPGen, die mit Beschluß vom 21. März 1991 ihren Zusammenschluß und gleichzeitige Auflösung ohne Abwicklung und Übertragung des Vermögens auf eine neu zu gründende AG beschlossen.
Der Senat schloß sich der Auffassung der Vorinstanz[148] insoweit an, als in dem gefaßten Beschluß der Wille der Beteiligten, einen identitätswahrenden Formwechsel zu beschließen, hinreichend zum Ausdruck gekommen sei. Das Problem des Falles lag in einem Verstoß gegen den numerus clausus der vorgesehenen Umwandlungsmöglichkeiten. Der Beschluß wurde noch unter Geltung des LwAnpG 1990 gefaßt, welches lediglich den Formwechsel in eine eingetragene Genossenschaft gestattete. Das Beschwerdegericht OLG Dresden[149] war davon ausgegangen, daß den Mitgliedern bei der Beschlußfassung die bevorstehende Gesetzesänderung bekannt war und die Beschlußfassung im Hinblick hierauf erfolgt war. Da die Eintragung dieser Umwandlung am 20.9.1991 nach der Gesetzesänderung erfolgte sei die Umwandlung damit wirksam geworden.
Diese Annahme bezeichnete die Revision als fehlerhaft. Der erst am 23. April 1991 eingebrachte Gesetzesentwurf könne den Beteiligten nicht bereits im März bekannt gewesen sein. Hierfür hätte es besonderer Anhaltspunkte im Vortrag der Partei bedurft[150]. Obwohl der vorgelegte Beschluß im Ergebnis nichtig war, anerkannte der Senat grundsätzlich die Möglichkeit einer wirksamen Beschlußfassung vor Inkrafttreten der gesetzlichen Regelung.
Jene Beschlüsse, die in engem zeitlichen Zusammenhang mit dem Inkrafttreten der Gesetzesneufassung standen, könnten derart ausgelegt werden, daß sie im Hinblick auf die Neufassung des Gesetzes beschlossen wurden, wenn entsprechende Hinweise vorliegen, daß die beschließenden Mitglieder die Umwandlung bereits unter Bezugnahme auf die Neufassung des Gesetzes bzw. unter der aufschiebenden Bedingung deren Inkrafttreten beschlossen. War den Mitgliedern der LPG bei der Abstimmung über die Umwandlung die bevorstehende Änderung der Rechtslage bekannt und haben sie im Hinblick darauf ihre neue Rechtsform gewählt, sei danach der Beschluß mit dem Inkrafttreten des Gesetzes wirksam geworden. Voraussetzung dieser Auslegungsmöglichkeit sei jedoch, daß die bevorstehende Änderung des Gesetzes in ihrem Inhalt bereits konkret vorher-

---

[147] BGH vom 3.5.1996 BGHZ 132 / 353, 357 mit Anm. Lohlein EWiR 1996 / 711 f., Drygala WuB 1996 / 1297, 1299.
[148] AG Chemnitz vom 28.2.1995 XV 32 / 94.
[149] OLG Dresden vom 28.11.1995 WLw 276 / 95.
[150] BGH vom 3.5.1996 BGHZ 132 / 353, 356.

sehbar ist. Damit komme dieser Weg nur für jene Beschlüsse in Betracht, die zeitlich unmittelbar vor der Verkündung der Novelle gefaßt wurden[151].
Ist der Beschluß dieser Auslegung nicht zugänglich, kann die Umwandlung trotz der Nichtigkeit des Beschlusses wirksam geworden sein. Voraussetzung ist dann die Eintragung nach Inkrafttreten des Landwirtschaftsanpassungsgesetzes 1991[152]. Obwohl die Neufassung des Landwirtschaftsanpassungsgesetzes keine rückwirkende Geltung besitzt, stellt § 34 III LwAnpG für die umwandlungsrechtliche Wirkung nicht auf die Wirksamkeit des Umwandlungsbeschlusses, sondern auf die Rechtslage im Zeitpunkt der registerrechtlichen Eintragung des umgewandelten Unternehmens ab[153]. Für den Eintritt der Umwandlungswirkung kommt es nach Ansicht der Rechtsprechung lediglich auf die Zulässigkeit der Umwandlung zur Zeit ihrer Eintragung an[154]. Daher genüge es, daß die den Formwechsel in eine AG zulassende Novelle im Zeitpunkt der Eintragung in Kraft getreten war. Letzteres traf hier zu[155].
Ebenso entschied das Oberlandesgericht Rostock[156]. Nach dem Sachverhalt hatte die ehemalige LPG am 5.4.1991 ihre Umwandlung in eine GmbH & Co. KG beschlossen. Obwohl der Umwandlungsbeschluß noch unter Geltung des alten Landwirtschaftsanpassungsgesetzes gefaßt worden war, welches nur den Formwechsel in eine eingetragene Genossenschaft gestattete, war hier nach Auffassung des Gerichtes davon auszugehen, daß mit dem Beschluß bereits eine Umwandlung entsprechend der neuen Gesetzeslage angestrebt worden sei. Der gefaßte Beschluß war daher an der novellierten Fassung des Gesetzes zu messen[157], wonach der Formwechsel in eine Kommanditgesellschaft zulässig war.
Für jene Fälle in denen die Beschlußfassung nicht im Hinblick auf die gesetzliche Änderung geschah bzw. die nicht durch eine erst spätere Eintragung wirksam wurden, ist in der Literatur die Umdeutung der unwirksamen Umwandlung

---

[151] Bestätigt durch BGH vom 5.3.1999 WM 1999 / 1120, 1122 mit Anm. Lohlein EWiR 1999 / 613 f..
[152] Diese Möglichkeit kommt jedoch nur in Betracht, wenn die neue Rechtsform im Register eingetragen wurde, obwohl wegen des zugrundeliegenden nichtigen Umwandlungsbeschlusses keine Eintragung hätte vorgenommen werden dürfen.
[153] So entschieden im Fall der LPG in Aschara (Thür.) BGH vom 7.11.1997 BGHZ 134 / 137, 139, wobei dort die Eintragung noch vor Inkrafttreten der Gesetzesnovelle erfolgte, so daß die Umwandlungswirkung nach Auffassung des BGH nicht eintrat. Kritisch dazu Schmidt ZIP 1998 / 181 ff.; zur Problematik bereits Neixler AgrarR Sonderheft 10 , 1993 / 25.
[154] BGH vom 3.5.1996 BGHZ 132 / 353, 357 mit Anm. Lohlein EWiR 1996 / 711 f., Drygala WuB 1996 / 1297, 1299; OLG Dresden vom 10.8.2000 AgrarR 2001 / 399, 402; zur Problematik ausf. Thum, Der fehlerhafte Formwechsel, Diss. Jena 2001.
[155] Zustimmend Götz/Schrezenmaier AgrarR Sonderheft 10 / 93 Seite 23; Schwarz in Rädler/Raupach/Bezzenberger, Kommentar zum Landwirtschaftsanpassungsgesetz, Rn. 12.
[156] OLG Rostock vom 26.9.1995 AgrarR 1996 / 28 f..
[157] OLG Rostock vom 26.9.1995 AgrarR 1996 / 28, 29.

in eine übertragende Umwandlung vorgeschlagen wurden[158]. Darüber hinaus haben einige landwirtschaftlichen Produktionsgenossenschaften auch ausdrücklich ihre Umwandlung durch übertragende Auflösung beschlossen. Diese Problematik wird noch in einem gesonderten Abschnitt behandelt[159].

2. Teilung zur Bildung einer GmbH & Co. KG

Eine konsequente Fortführung der Rechtsprechung zu Verstößen gegen den numerus clausus der Umwandlungsmöglichkeiten stellt die Entscheidung des Bundesgerichtshofes in dem als "Aschara" bekannt gewordenen Fall dar[160]. Die aus zwei LPGen zusammengeschlossene LPG Tier- und Agrarproduktion A. beschloß am 20.12.1990 die Auflösung ohne Abwicklung und Übertragung des Vermögens durch Teilung auf die beklagte GmbH & CO. KG und deren Verwaltungsgesellschaft[161].
Das Berufungsgericht, das Thüringer OLG in Jena[162], hatte offengelassen, ob es sich bei der angestrebten Umwandlung um einen Formwechsel nach §§ 23 ff LwAnpG oder eine Teilung i. S. d. §§ 44 ff LwAnpG handelte. In jedem Fall seien die Mängel der Umwandlung mit der Eintragung am 23.4.1991 geheilt worden. Dieser Argumentation ist die Revision nicht gefolgt.
Zunächst bestätigte der Bundesgerichtshof die Anwendbarkeit der „Heilungsnorm„ § 34 III LwAnpG auch für die Eintragung einer Teilung, denn die Wirkungen einer Umwandlung durch Teilung seien mit denen einer Umwandlung durch Formwechsel vergleichbar. Da eine unterschiedliche Behandlung beider Umwandlungsmöglichkeiten sachlich nicht gerechtfertigt ist, stellt das Fehlen einer entsprechenden Vorschrift für die Teilung eine analogiefähige Lücke dar.
Die fallentscheidende Frage war nach Ansicht des Senates, ob von der LPG eine Teilung beschlossen wurde, die den numerus clausus der Änderungsmöglichkeiten wahrt[163].
Bei der Teilung zur Neugründung gemäß LwAnpG 1990 standen den landwirtschaftlichen Produktionsgenossenschaften der ehemaligen DDR, anders als im

---

[158] Hommelhoff / Schubel ZIP 1998 / 537 ff..
[159] Hierzu Kapitel 2 I. C. 3.
[160] Der Rechtsstreit betraf die LPG in Aschara (Thür.) BGH vom 7.11.1997 BGHZ 134 / 137 ff. dazu Schmidt ZIP 1998 / 181 ff..
[161] Trotz des so formulierten Beschlusses war der Wille der LPG-Mitglieder zur Umwandlung der LPG nach dem Landwirtschaftsanpassungsgesetz entsprechend den unter I A dargestellten Auslegungsgrundsätzen erkennbar, insbesondere, da auf die entsprechenden Normen des Gesetzes ausdrücklich Bezug genommen wurde.
[162] Thüringer OLG vom 5.12.1996 LWu 113 / 96 unveröffentlicht, AG Mühlhausen vom 18.10.1995 Lw 2/ 93.
[163] BGH vom 7.11.1997 BGHZ 137 / 134, 140 mit Anm. Lohlein EWiR 1998 / 135 f., Drygala WuB 1998 / 239 f..

Fall des Formwechsels, alle Formen der Personen- und Kapitalgesellschaften offen. Im Gegensatz zum vorherigen Abschnitt hatten sich die Landwirtschaftsgerichte hier nicht mit der Wahl einer unzulässigen Rechtsform auseinanderzusetzen. Gegenstand der Erörterungen war allein die Frage, wie eine Teilung gemäß Landwirtschaftsanpassungsgesetz vorgenommen werden konnte.
Aus der Systematik des Gesetzes folgerte der Senat, daß die Teilung der Bildung kleinerer leistungsfähiger Einheiten dienen sollte[164]. Daher sei Voraussetzung der Teilung die Aufteilung des LPG–Vermögens und des Mitgliederbestandes auf die neu zu errichtenden Unternehmen. Der Übergang nur eines einzigen Vermögensgegenstandes oder einer einzelnen Verbindlichkeit sei dagegen nicht zulässig gewesen[165]. Ziel der Regelung war es zu verhindern, daß trotz Teilung die im Wesentlichen unveränderte LPG in einer anderen als der für den Formwechsel vorgesehenen Rechtsform der eingetragenen Genossenschaft fortbesteht[166]. Insbesondere eine erweiternde Auslegung im Zuge eines „Erst recht Schlusses“ würde eine Erweiterung des gesetzlich geregelten Umwandlungstatbestandes im Wege der Analogie bedeuten. Dies stehe im Widerspruch zum generellen Analogieverbot im deutschen Umwandlungsrecht[167].
Diese Interpretation der gesetzlichen Normen, die auch im Schrifttum vorherrschend war[168], führte zum Ergebnis, daß die beschlossene Teilung in die GmbH & Co KG und in die Verwaltungsgesellschaft mbH wegen Verstoßes gegen den numerus clausus der Umwandlungsmöglichkeiten nichtig war. Die Teilung beabsichtigte letztlich die Fortführung der LPG in Aschara als GmbH & Co KG, so daß im Ergebnis ein verdeckter Formwechsel vorlag[169].
Kritik an dieser Einschätzung übt *Karsten Schmidt*, der unter Verweis auf die nachträglich erweiterten Möglichkeiten der Umwandlung die Strenge der Auslegung für unangebracht hält[170]. Wie die Parlamentsdebatte zur Novellierung des Landwirtschaftsanpassungsgesetzes gezeigt hat, bestand in der Tat ein Bedürfnis, die Möglichkeiten des Formwechsels zu erweitern[171].

---

[164] Protokoll der Volkskammer 10. Wahlperiode 13. Tagung am 14.6.1990 Drs. 73 Seite 342 ff..
[165] Bayer ZGR Sonderheft 1993 / 22, 32; Horn, Das Zivil- und Wirtschaftsrecht im neuen Bundesgebiet, Kapitel 4 § 20 II 2. a).
[166] BGH vom 7.11.1997 BGHZ 137 / 134, 141; OLG Dresden vom 10.8.2000 AgrarR 2001 / 399, 402.
[167] Hierzu Leinekugel, Die Ausstrahlungswirkungen des Umwandlungsgesetzes, Seite 170 f.; Neixler AgrarR 1993 / 4.
[168] Bayer ZGR Sonderheft 14 (1998) / 22, 32, Nies, in Clem, Vermögen und Investition in der ehemaligen DDR, Kommentar zum Landwirtschaftsanpassungsgesetz, § 4 / 1; Schweizer, in Kimme, Offene Vermögensfragen, Kommentar zum Landwirtschaftsanpassungsgesetz, § 4 / 4.
[169] BGH vom 7.11.1997 BGHZ 137 / 134, 142.
[170] Schmidt ZIP 1998 / 181, 183.
[171] Schweizer DtZ 1991 / 279, 280; BT-Drs. 12 / 404 Seite 12, 13.

Damit ist die Frage nach der Analogiefähigkeit der Regelung angesprochen. Generell unterliegt das deutsche Umwandlungsrecht einem zwingenden numerus clausus, der dem Interesse der Rechtssicherheit und dem eigentumsrechtlichen Mitgliederschutz dient und nunmehr in § 1 II UmwG festgeschrieben ist[172]. Nach Ansicht von *Karsten Schmidt* war dieser Lehrsatz angebracht, solange die umwandlungsrechtlichen Normen singulärer Natur waren[173]. Nachdem jedoch die Umwandlungsmöglichkeiten erweitert wurden, werde dieser zwingende numerus clausus relativiert, so daß sich mit dem abnehmenden Analogiebedürfnis eine zunehmende Analogiefähigkeit der Normen verbinde[174].
Gerade weil der Gesetzgeber des Umwandlungsgesetzes jedoch in § 1 II UmwG die zulässigen Umwandlungsmöglichkeiten einem zwingenden numerus clausus unterworfen hat, ist der strengen Auslegung der Teilung nach Landwirtschaftsanpassungsgesetz 1990 zuzustimmen. Vom Gesetzgeber gewollt, sollte den landwirtschaftlichen Produktionsgenossenschaften zur Fortführung des Unternehmens nur die Rechtsform der eingetragenen Genossenschaft zur Verfügung stehen. Die Teilung dagegen sollte der Abspaltung von Betriebsteilen dienen, die nicht typischerweise zum Gegenstand eines landwirtschaftlichen Unternehmens gehören. Diese Möglichkeit wurde geschaffen, da zu Zeiten der DDR die Genossenschaften üblicherweise neben der eigentlichen Landwirtschaft zum Beispiel noch Werkstätten, Tankstellen, soziale Einrichtungen wie Kindertagesstätten und Gastronomiebetriebe führten[175]. Im Zuge der Umstrukturierung sollte die Möglichkeit bestehen, diese Betriebsteile zu verselbstständigen[176]. Dagegen sollte die Umwandlung des Gesamtunternehmens als Einheit zunächst nur in die Form der Genossenschaft möglich sein. Die Bestimmungen zur Teilung im Landwirtschaftsanpassungsgesetz 1990 konnten daher nicht analog den Vorschriften zum Formwechsel im Sinne einer Umstrukturierung unter Wahrung der Identität interpretiert werden.
Die spätere Erweiterung der Zielrechtsformen für den Formwechsel steht dieser Beurteilung nicht entgegen. Zum einen muß ein unter Geltung des Landwirtschaftsanpassungsgesetzes von 1990 gefaßter Beschluß anhand des damals geltenden Rechtes beurteilt werden, so daß die nachträgliche Neufassung des Ge-

---

[172] Begr. UmwG BR-Drs. 75 / 94 auch abgedruckt bei Widmann/Mayer, Umwandlungsrecht, Bd. I Seite 19.
[173] Beispielsweise Verschmelzung von AG nach AktG 1965 § 339 ff, Formwechsel von AG § 362 ff., Verschmelzungen nach KapErhG § 19 ff und die Umwandlungsbestimmungen des UmwG 1969.
[174] Schmidt zum DiskE des UmwG 1988 (Bundesanzeiger Nr. 214 a 1988) ZGR 1990 / 581, 590
[175] Schweizer, in Bayer (Hrsg.), 10 Jahre Landwirtschaftsanpassungsgesetz – eine Zwischenbilanz, Seite 34, 37; dazu auch Schweizer, in Theisen/Winkler, 10 Jahre Landwirtschaftsanpassungsgesetz, Seite 21, 23.
[176] Thüringer OLG vom 4.9.1996 AgrarR 1997 / 287, 288; Wenzel AgrarR 1995 / 1,2.

setzes insoweit keine Rückwirkung entfaltet[177]. Andererseits ist fraglich, ob unter Geltung des novellierten Gesetzes die Frage der Teilung anders zu beurteilen war. Zwar konnten die LPGen nunmehr auch den Formwechsel in eine GmbH & Co. KG beschließen, doch wurde § 4 LwAnpG unverändert gelassen. Der Wortlaut war weiterhin im Plural und auch die bereits dargelegte gesetzgeberische Intention, die mit der Möglichkeit zur Teilung verbunden war, blieb unverändert[178]. Somit ist auch eine unter Geltung des LwAnpG 1991 beschlossene Teilung in eine GmbH & Co. KG und deren Verwaltungs-GmbH wegen Verstoßes gegen den numerus clausus der Umwandlungsformen nichtig gewesen. Da in dieser Konstellation die Aufteilung des Gesamtunternehmens nicht gewollt war, lag ein verdeckter Formwechsel vor[179].
Wurde die Umwandlung so ausgestaltet und vor Inkrafttreten der Gesetzesnovelle das neue Unternehmen im Register eingetragen, blieb die Umwandlungswirkung aus.
Im Unterschied zu Beschlüssen, die noch vor der Novelle eingetragen wurden, besteht jedoch für alle späteren Umwandlungen die Möglichkeit, den Teilungsbeschluß entsprechend dem wahren Willen der LPG–Mitglieder auszulegen und den verdeckten Formwechsel als solchen zu behandeln. Ergibt die Auslegung des Beschlusses, daß die Vollversammlung die Fortführung der LPG als GmbH & Co. KG gewollt hat, kann der Beschluß als Formwechsel wirksam werden. Die Bezeichnung der Umwandlung als Teilung steht dieser Beurteilung nicht entgegen. Mit der Eintragung der GmbH & Co. KG wird dann die Umwandlung wirksam[180], wenn ein zur Zeit der Eintragung zulässiger Formwechsel gewollt war[181].

---

[177] hierzu bereits unter C. 1..

[178] Dies wird daran deutlich, daß die Umwandlungsmöglichkeit durch Teilung im Rahmen der Diskussion um die Gesetzesnovelle 1991 unerörtert geblieben ist. BT-Drs. 12 / 161 und 12 / 404.

[179] Bestätigt BGH vom 26.10.1999 WM 2000 / 260 ff.; OLG Dresden vom 10.8.2000 NL-BzAR 2001 / 443, 450.

[180] Zu einer Wirksamkeit der Umwandlung kann es auch kommen, wenn zwar der Teilungsbeschluß noch unter Geltung des LwAnpG 1990 gefaßt und einer Auslegung als Formwechsel, auch im Hinblick auf die bevorstehende Novelle, nicht zugänglich war, die Eintragung jedoch erst nach dem 7.7.1991 erfolgte, da § 34 III LwAnpG insoweit allein auf die Rechtslage im Zeitpunkt der Eintragung abstellt. An diesem Punkt scheiterte letztlich die Wirksamkeit der Umwandlung im Fall Aschara BGH vom 7.11.1997 BGHZ 137 / 134, 139.

[181] Hierbei wird insbesondere die Wahrung der Identität beim Formwechsel zu prüfen sein, da im Unterschied zur Teilung lediglich ein neuer Rechtsträger entsteht, so daß bei Aufteilung der Genossenschaftsanteile auf die Komplemetär-GmbH und die KG die Wahrung der Identität verneint werden muß.

3. Umwandlung durch übertragende Auflösung

Im Hinblick auf die Wirksamkeit der Umwandlung einer ehemaligen LPG hat vor allem die Beurteilung der folgenden Fallgruppe durch den Bundesgerichtshof heftigen Widerspruch seitens der Rechtswissenschaft hervorgerufen[182]. Hierbei handelt es sich um jene Sachverhalte, bei denen die Beteiligten bewußt darauf verzichteten, von den speziellen Umwandlungsformen des Landwirtschaftsanpassungsgesetzes Gebrauch zu machen und statt dessen die Auflösung der LPG ohne Abwicklung und gleichzeitige Übertragung des LPG-Vermögens auf eine neu gegründete Gesellschaft beschlossen.
Im Beschluß der Mitgliederversammlung, der einer Entscheidung des Bundesgerichtshofes im Jahre 1997[183] zugrunde lag, hieß es ausdrücklich, daß sich die beteiligten LPG zusammenschließen und ihr Vermögen gegen Aktien auf eine neu zu gründende Aktiengesellschaft übertragen. Dieses Vorgehen sollte die anschließende Liquidation der LPGen vorbereiten. Nach Meinung des Gerichtes lag hier keine Umwandlung der LPG, sondern lediglich eine Umwandlung des Vermögens der aufgelösten LPG vor[184].
Eine weitere Entscheidung des Bundesgerichtshofes vom 8.5.1998[185] beschäftigte sich mit der Frage, ob die von den Mitgliedern einer LPG nach dem Vorbild des allgemeinen Umwandlungsrechtes beschlossene übertragende Umwandlung eine auch für die landwirtschaftlichen Produktionsgenossenschaften zulässige Umwandlungsform außerhalb des Landwirtschaftsanpassungsgesetzes ist: Die Vollversammlung der LPG „M“ hatte beschlossen, die LPG ohne Abwicklung aufzulösen und gemeinsam mit anderen LPGen eine Aktiengesellschaft zu gründen. Diese sollte das gesamte Vermögen der LPGen übernehmen und diesen dafür Aktien übertragen, welche von den LPGen bei der Auflösung an die Mitglieder ausgeschüttet werden sollten. Der Antragsteller war noch zu Zeiten der DDR aus der LPG ausgeschlossen worden, ohne jedoch sein eingebrachtes Inventar zurückzuerhalten. Seinen Anspruch auf Abfindung gemäß § 51 a II 1 i. V. m. § 44 I Nr. 1 LwAnpG macht er nunmehr gegenüber der AG geltend. Das Bestehen eines derartigen Anspruches wurde von allen Instanzen unproblematisch bejaht. Das Problem des Falles lag somit allein in der Frage, ob

---

[182] Zur Kritik an der Rechtsprechung des BGH siehe Hommelhoff/Schubel ZIP 1998 / 537, 547; Schubel ZIP 1998 / 1386, 1388.
[183] BGH vom 7.11.1997 (BLw 26 / 97) NL – BzAR 1998 / 46 ff..
[184] BGH vom 7.11.1997 (BLw 26 / 97) NL – BzAR 1998 / 46, 48.
[185] BGH vom 8.5.1998 (hier Blw 39 / 97) ZIP 1998 / 1207 ff. mit Anm. Lohlein EWiR 1998 / 777.

die so beschlossene und durchgeführte Umwandlung wirksam ist. Nur in diesem Fall war nämlich die eingetragene AG passivlegitimiert[186].
Der Senat verneinte sowohl eine wirksame Umwandlung, als auch eine wirksame Vermögensübernahme. Vielmehr sei die bei Gründung der AG eingegangene Verpflichtung und die dingliche Übereignung des Vermögens nichtig[187]. Die im allgemeinen Gesellschaftsrecht geltenden Grundsätze der übertragenden Auflösung sind nach Auffassung des Bundesgerichtshofes im Fall der landwirtschaftlichen Produktionsgenossenschaften nicht anwendbar. Dies würde nämlich voraussetzen, daß neben den Möglichkeiten der Gesamtrechtsnachfolge nach dem Landwirtschaftsanpassungsgesetz den LPGen auch die Möglichkeit der Vermögensübertragung im Wege der Einzelrechtsnachfolge offen gestanden hätte[188]. Unter Geltung des LPG-Gesetzes war das Vermögen der werbenden LPG jedoch grundsätzlich unteilbar und unveräußerlich (§ 25 III 1 LPGG). Das Verbot der Vermögensübertragung oder -Teilung bestand nach Ansicht des BGH auch nach der Änderung der LPG–Gesetzes[189], bei der insbesondere § 16 a LPGG eingefügt und den LPGen damit die Übertragung von Vermögensteilen auf andere Unternehmen gestattet wurde, und Einführung des Landwirtschaftsanpassungsgesetzes fort. Die beschlossene Vermögensübertragung sei nichtig, ebenso die dingliche Übereignung, da § 25 III 1 LPGG 1982 als Verbotsgesetz auch das dingliche Rechtsgeschäft erfasse. Die neu gegründete Aktiengesellschaft ist nach Ansicht des Senates nicht die Rechtsnachfolgerin der LPG geworden und hafte dem Kläger auch nicht aus § 419 BGB[190].
Mit ihrer gegenteiligen Argumentation versuchen *Hommelhoff* und *Schubel*[191] indes zu begründen, daß entgegen der Ansicht des BGH das Eigentum der Genossenschaften nicht generell unveräußerlich war. Hintergrund dieser Überlegungen sind neben der hohen Anzahl übertragender Umwandlungen ehemaliger

---

[186] So gelagerte Sachverhalte, in denen Ausgangspunkt des Rechtsstreites noch ausstehende Abfindungsansprüche ausgeschiedener Mitglieder bilden, waren regelmäßig Anlaß für Gerichte und Antragsteller, die Frage nach der Wirksamkeit der Umwandlung zu erörtern.
[187] BGH vom 8.5.1998 (BLw 39 / 97) ZIP 1998 / 1207 mit Anm. Lohlein EWiR 1998 / 777 f..
[188] Im allgemeinen Gesellschaftrecht kommt den gesetzlichen Strukturänderungsregeln keine Ausschließlichkeitswirkung zu. Sie treten vielmehr neben die nach allgemeinem Zivilrecht zulässige Möglichkeit der Gesamtvermögensübertragung. Lutter, in Lutter (Hrsg.), Umwandlungsgesetz, § 1 / 21.
[189] Letzte Änderung des LPGG am 6.3.1990. Hierbei wurde insbesondere der § 16 a LPGG eingefügt, der zumindest die Veräußerung von Vermögensteilen der LPG bzw. deren Übertragung auf andere Gesellschaften gestattete. Zu dessen Einfluß auf die Frage nach der Zulässigkeit der Vermögensübertragung s.u..
[190] Zu Fragen der Haftung des scheinbaren LPG-Nachfolgers ausführlich in Kapitel 7 II A.
[191] Hommelhoff / Schubel ZIP 1998 / 537, 547; Schubel ZIP 1998 / 1386, 1387.

LPGen[192], die nach Ansicht des Bundesgerichtshofes wegen Verstoßes gegen den numerus clausus unwirksam geblieben sind, auch die Fälle fehlgeschlagener formwechselnder Umwandlungen nach dem Landwirtschaftsanpassungsgesetz. Insbesondere im Fall der Umwandlung in eine vom Gesetz noch nicht vorgesehene Rechtsform könne über den Weg der Umdeutung in eine übertragende Umwandlung die Umstrukturierung rechtlich wirksam werden, so daß die Frage der Zulässigkeit der übertragenden Umwandlung ehemaliger LPGen zugleich entscheidend für eine mögliche Heilung fehlgeschlagener Umwandlungen nach dem LwAnpG ist[193].
Ausgehend vom im allgemeinen Umwandlungsrecht geltenden Grundsatz[194], daß neben den gesetzlich zulässigen Umwandlungsvarianten[195] auch sämtliche mit Einzelübertragungen verbundenen Umstrukturierungs–Gestaltungen zulässig sind, begründen die Autoren, daß dieser Grundsatz ebenso für die ehemaligen DDR–Genossenschaften gelten muß. Der vom Bundesgerichtshof zur Begründung der Unteilbarkeit und Unveräußerlichkeit des LPG-Vermögens herangezogene § 25 LPGG spreche nur von Genossenschaftsfonds, welche verschiedene Eigentumsformen enthielten. Unter Fonds wurde die zweckgebundene Zusammenfassung bzw. Absonderung besonderer wirtschaftlicher Mittel materieller oder finanzieller Art mit einer bestimmten wirtschaftlichen Funktion verstanden[196]. Die Fonds waren in den Musterstatuten der jeweiligen LPG rechtlich verankert und wurden analog dem westdeutschen Eigenkapital auf der Passivseite der Bilanz ausgewiesen[197]. Dementsprechend regele § 25 III LPG–Gesetz nicht die Unveräußerlichkeit des Eigentums der LPG, sonder bleibe in seiner Wirkung auf den genossenschaftlichen Fonds beschränkt. Die Unteilbarkeit dieser Fonds hatte die Bedeutung, daß dieser Vermögensteil streng zweckgebunden, d. h. im Sinne der staatlichen Planvorgaben, einzusetzen war. Verhindert werden sollte, daß eine LPG–Vollversammlung von der ihr formal zustehenden Befugnis Gebrauch machte, über die Bildung und Verwendung der Fonds eigenverantwortlich zu beschließen. Nach *Schubel*[198] ist der Regelungsgehalt des § 25 III LPG–Gesetz daher keineswegs, daß das Vermögen einer LPG

[192] Von den 1719 Umwandlungen ehemaliger LPGen in den neuen Bundesländern wurden insgesamt 113 als übertragende Umwandlungen beschlossen. Siehe dazu Abicht, in Bayer (Hrsg.), Abschlußbericht zum Forschungsprojekt „Restrukturierungen landwirtschaftlicher Unternehmen in den neuen Bundesländern nach 1989“ Kapitel 16.
[193] Hommelhoff / Schubel ZIP 1998 / 537, 547.
[194] Zöllner ZGR 1993 / 334, 337; Lutter, in Lutter (Hrsg.), Umwandlungsgesetz, § 1 / 21; Begr. UmwG BR-Drs. 75 / 94 bei Widmann/Mayer, Umwandlungsrecht, Bd. I Seite 19.
[195] Unstreitig ist die Unzulässigkeit der übertragenden Umwandlung nach den Regelungen des Landwirtschaftsanpassungsgesetzes.
[196] Arlt/Rosenau/Gold, Lexikon der Landwirtschaft, Stichwort: Fonds
[197] Steinebach NL – BzAR 1999 / 222, 223; Lohlein in Anm. zu BGH vom 8.5.1998 EWiR 1998 / 777 f..
[198] Schubel ZIP 1998 / 1386, 1387.

grundsätzlich unveräußerlich sei, wie der BGH in seiner Entscheidung ausgeführt hatte. ImÜbrigen sei die Norm mit der Einführung des § 69 II LAG obsolet geworden, da sie vorrangig der Absicherung der staatlichen Planung dienen sollte[199].
Im Ergebnis folgert *Schubel* aus der nur auf die genossenschaftlichen Fonds beschränkten Regelung, daß es den LPGen nicht generell verboten war, Teile ihres Vermögens auf andere Rechtsträger oder Dritte zu übertragen. Unterstützt wird diese Schlußfolgerung nach seiner Auffassung auch durch einen Verweis auf § 13 LPG–Gesetz, wonach die landwirtschaftlichen Produktionsgenossenschaften sogenannte Kooperative Einrichtungen gründen konnten und zu diesem Zweck Teile ihres Vermögens einbrachten. Aus Sicht der Befürworter einer übertragenden Umwandlung ist die Regelung im § 25 III LPG–Gesetz mit den Zielsetzungen des Landwirtschaftsanpassungsgesetzes nicht zu vereinbaren, so daß das Verfügungsverbot über das genossenschaftliche Gesamtvermögen nicht mehr anzuwenden sei[200].
Der Argumentation des Bundesgerichtshofes, wonach das Vermögen der LPG nur insoweit verteilt oder auf ein anderes Unternehmen übertragen werden konnte, als der Gesetzgeber dies im Landwirtschaftsanpassungsgesetz ausdrücklich zugelassen hat, wird zusätzlich auch die Vorschrift des § 16 a LPG–Gesetz entgegengestellt[201]. Diese Regelung galt unbestritten auch nach Einführung des Landwirtschaftsanpassungsgesetzes weiter. Danach war es den LPGen seit Einführung des § 16 a LPG–Gesetz[202] ausdrücklich gestattet zur Verarbeitung, Veredelung und zum Absatz ihrer Produkte Betriebe zu gründen oder sich an Unternehmen Dritter zu beteiligen. Hieraus werde deutlich, daß den Bestimmungen im Landwirtschaftsanpassungsgesetz keinesfalls Ausschließlichkeitswirkung zukommt[203].
Allerdings sei auch bei der übertragenden Umwandlung einer LPG das Grundanliegen des Landwirtschaftsanpassungsgesetzes zu beachten, wonach allen Mitgliedern die uneingeschränkte Entscheidungsfreiheit hinsichtlich ihres Verbleibes im Unternehmen zukommen sollten[204]. Die Zulässigkeit der übertragenden Umwandlung setze daher voraus, daß allen Mitgliedern die Mitgliedschaft im neuen Verband angeboten wird[205].
Zuzugeben ist dieser Argumentation, daß die landwirtschaftlichen Produktionsgenossenschaften in der ehemaligen DDR keinem generellen Verfügungsverbot

---

[199] Schubel ZIP 1998 / 1386, 1387.
[200] Schubel ZIP 1998 / 1386, 1387.
[201] Hierzu ausführlich Steinebach NL-BzAR 1999 / 222, 223.
[202] § 16 a LPGG eingefügt durch Gesetz zur Änderung und Ergänzung des LPG-Gesetzes vom 6.3.1990 GBl. der DDR I Seite 133.
[203] Steinebach NL-BzAR 1999 / 222, 223.
[204] Schubel ZIP 1998 / 1386, 1387.
[205] Hommelhoff / Schubel ZIP 1998 / 537, 547.

über ihr Vermögen unterlagen. Es ist jedoch falsch anzunehmen, der Bundesgerichtshof sei von einem derartigen Verbot ausgegangen[206]. Die derart verstandenen Ausführungen im Urteil beziehen sich ausschließlich auf den zu prüfenden Fall einer Übertragung des gesamten Vermögens der Genossenschaft. Diese war wegen der Unveräußerlichkeit des genossenschaftlichen Grundvermögens in § 25 III LPG–Gesetz nicht zulässig. Dem Ausgangspunkt des Bundesgerichtshofes muß daher zugestimmt werden. Das Vermögen der LPG konnte nicht als Ganzes übertragen und veräußert werden.
Die weiterreichendere Frage ist vielmehr, ob mit der Einführung des Landwirtschaftsanpassungsgesetzes das Verbot der Vermögensübertragung im Wege der Einzelrechtsnachfolge nach § 25 LPGG insgesamt aufgehoben wurde, da mit Inkrafttreten des Gesetzes gemäß § 69 II LwAnpG 1990 jene Normen des LPG-Gesetzes nicht mehr anzuwenden waren, die im Widerspruch zu den Normen des LAG standen.
Mit der Einführung des Landwirtschaftsanpassungsgesetzes und der dort eröffneten Umwandlungsmöglichkeiten ist § 25 LPG–Gesetz jedoch nur insoweit unanwendbar geworden, als im Landwirtschaftsanpassungsgesetz der Übergang des LPG–Vermögens im Wege der Gesamtrechtsnachfolge ausdrücklich zugelassen wurde. Diese Varianten bilden einen numerus clausus, weshalb die Umstrukturierung durch Einzelübertragung vor dem Juli 1990 unzulässig war und auch danach unzulässig blieb. Eine allgemeine Aufhebung des Veräußerungsverbotes steht dagegen im Widerspruch zur Zielsetzung des Landwirtschaftsanpassungsgesetzes, dessen Bestimmungen insbesondere den Schutz der Vermögensinteressen der Mitglieder zum Anliegen hatte. Der historisch begründete Grundsatz im Gesellschaftsrecht, wonach die übertragende Auflösung grundsätzlich neben der Umwandlung aufgrund gesetzlicher Möglichkeiten zulässig ist[207], kann auf die LPGen der ehemaligen DDR nicht übertragen werden, da nach den gesetzlichen Grundlagen der LPG die Übertragung des gesamten Vermögens der LPG anders als im allgemeinen deutschen Gesellschaftsrecht gerade nicht zulässig war.
Ebenso spricht der Hinweis auf § 16 a LPGG nur scheinbar für die Ansicht von *Schubel*[208], da dort eine Einzelübertragung speziell zur Bildung von Joint-ventures gestattet wurde[209]. Die Norm ermöglicht den Unternehmen die Ausgliederung einzelner Betriebsteile. Dieser Vorgang ist jedoch mit der Übertragung des Gesamtvermögens nicht vergleichbar[210].

---

[206] So die Behauptung von Schubel ZIP 1998 / 1386, 1388.
[207] Decher, in Lutter (Hrsg.), Umwandlungsgesetz, § 190 / 14; Meister/Klöcker, in Kallmeyer, Umwandlungsgesetz, § 190 / 13 f..
[208] Schubel ZIP 1998 / 1386, 1388.
[209] Zutreffend Drescher NL-BzAR 1999 / 313, 322, 324.
[210] Gerade aufgrund des eingeschränkten Anwendungsbereiches dieser Norm auf Ausgliederungen einzelner Betriebsteile steht die Norm nicht im Widerspruch zu den

Anliegen des Landwirtschaftsanpassungsgesetzes war es, allen LPG–Mitgliedern eine Beteiligung an der Neustrukturierung der LPG zu ermöglichen und zudem eine gerechte Abfindung für all jene zu gewährleisten, die sich nicht beteiligen wollten. Die Gestaltung der Umstrukturierung durch übertragende Auflösung ist allerdings geeignet, in Konflikt mit diesen Grundanliegen zu geraten. Gründen nur einige Mitglieder eine neue Gesellschaft, die dann das Vermögen der ehemaligen LPG übernimmt, droht eine Benachteiligung der verbleibenden Genossen.

Diesen Problemen bei der Zulassung der übertragenden Umwandlung versuchen *Hommelhoff/Schubel* durch bestimmte Voraussetzungen für die Zulässigkeit der übertragenden Umwandlung einer LPG zu begegnen[211]. Nach dieser Ansicht ist Bedingung für die Wirksamkeit einer übertragenden LPG-Umwandlung, daß allen Mitgliedern der LPG die Mitgliedschaft im neuen Rechtsträger offensteht und der fortbestehenden LPG–Liquidationsgenossenschaft insoweit Erstattungsansprüche gegenüber dem neuen Rechtsträger eingeräumt werden, wie dies erforderlich ist, um verbleibende Gläubiger und Abfindungsansprüche befriedigen zu können[212].

Im Ergebnis ist damit die Funktion der übertragenden Umwandlung als Heilungsvariante für fehlgeschlagene Umwandlungen obsolet, da in der Praxis bei der Umdeutung einer fehlgeschlagenen Umwandlung diese Anforderungen nur in Ausnahmefällen erfüllt sein werden.

Entgegen der These von *Hommelhoff/Schubel* untermauern die von ihnen aufgestellten Anforderung zum Schutz der Mitgliederinteressen die Argumentation des Bundesgerichtshofes, wonach die Übertragung des Vermögens einer LPG nur unter den speziellen Voraussetzungen des Landwirtschaftsanpassungsgesetzes zulässig ist.

Die übertragende Umwandlung außerhalb des Systems der Gesamtrechtsnachfolge bei Formwechsel und Teilung nach dem LwAnpG ist daher nicht zulässig. Diese Rechtsprechung wurde vom Bundesgerichtshof in weiteren Entscheidungen bestätigt und kann als gefestigt bezeichnet werden[213].

---

speziellen Umwandlungsregelungen des Landwirtschaftsanpassungsgesetzes (§ 69 II LwAnpG) und galt daher auch nach dessen Inkrafttreten fort.

[211] Hommelhoff/Schubel ZIP 1998 / 537, 547.

[212] Schubel ZIP 1998 / 1386, 1388.

[213] BGH vom 5.3.1999 (BLw 56 / 98) NL-BzAR 1999 / 244 ff.; BGH vom 5.3.1999 (57/98) ZIP 1999 / 840 ff. mit Anm. Lohlein EWiR 1999 / 1021 f., Drescher WuB 1999 / 841 f.; BGH vom 7.6.1999 BB 1999 / 2210 mit Anm. Bayer/Hoffmann EWiR 1999 / 1019 f.; BGH vom 26.10.1999 AgrarR 2000 / 234, 235.

4. Neugründung und Beitritt

Einen ähnlich gelagerten Fall hatte das Oberlandesgericht Naumburg zu entscheiden. Dabei lag ebenfalls ein Sachverhalt zugrunde, in dem die beschlossene Umwandlung gegen den numerus clausus der Umwandlungsmöglichkeiten verstieß[214]. Das Gericht sprach sich in Anlehnung an die Rechtsprechung des Bundesgerichtshofes auch für eine Einschränkung der Anwendbarkeit der „Heilungsvorschrift“ aus[215].
Im dortigen Sachverhalt war die Löschung der Registereintragung (Umwandlungsvermerk) beantragt worden. Zwar war ein Formwechsel ausdrücklich beschlossen worden, doch sollten die Mitglieder der LPG, die Gesellschafter im Unternehmen der neuen Rechtsform werden wollten, die Beteiligung an der bereits bestehenden GmbH durch freiwilligen Beitritt und Zeichnung von Anteilen erwerben.
Das OLG entschied, daß die Anwendung des § 34 III LAG ausscheide, weil als Folge der Registereintragung lediglich Mängel des Formwechsels „geheilt“ würden. Dies setze jedoch einen Formwechsel voraus. Eine Identität zwischen der bereits bestehenden GmbH und der noch bestehenden LPG sei hier nicht gegeben. Hieran ändere auch der Umstand nichts, daß die konkret getroffenen Regelungen sich in Teilbereichen (hier vor allem Identität der Mitglieder) um die Herbeiführung von Rechtsfolgen bemühten, die auch bei einer wirklichen Umwandlung eingetreten wären. Gesellschaftsrechtliche Umwandlungen seien stets nur in den jeweils gesetzlich vorgesehenen Formen möglich. Der Gesamtkomplex der getroffenen Vereinbarungen könne demgegenüber für sich nicht dieselben Rechtsfolgen in Anspruch nehmen, wie sie der Vollzug einer Umwandlung in der gesetzlich vorgesehenen Form bewirkt[216]. Da hier ein Verstoß gegen den numerus clausus des LwAnpG vorliege, sei die Löschung des unzulässigen Umwandlungsvermerkes nach § 142 FGG angemessen[217].

5. Nachträgliche Umwandlung und verspätete Anmeldung

Eine letzte Fallgruppe bilden jene Fälle, in denen erst nach Ablauf der gesetzlich vorgegebenen Frist zur Umwandlung der LPGen in § 69 III 1 LwAnpG ein Beschluß zur Umwandlung gefaßt wurde, und ebenso die zwar rechtzeitig bis zum 31.12.1991 beschlossenen Umwandlungen, bei denen aber entgegen § 69

---

[214] OLG Naumburg vom 14.3.1996 AgrarR 1996 / 292 ff..
[215] OLG Naumburg vom 14.3.1996 AgrarR 1996/ 292, 294.
[216] OLG Naumburg vom 14.3.1996 AgrarR 1996/292, 294.
[217] Zu den Möglichkeiten der Löschung des Umwandlungsvermerkes siehe unter Kapitel 3 II C. 2..

III 2 LwAnpG das Unternehmen neuer Rechtsform erst nach dem 31.12.1991 zur Eintragung in das Register anmeldet wurde.
Da die nachträgliche Umwandlung der mit Ablauf der Umwandlungsfrist aufgelösten LPG zugleich eine Möglichkeit zur nachträglichen Umwandlung der aufgrund der fehlgeschlagenen Umwandlung fortbestehenden LPG i.L. wäre, wird die Zulässigkeit dieser Fallgestaltung umfassend im Abschnitt möglicher Heilungsvarianten der unwirksamen Umwandlungen erörtert[218].
Hier soll zunächst untersucht werden, wie jene Fälle zu behandeln sind, in denen die Anmeldung nicht mehr rechtzeitig vor Ablauf des Jahres 1991 beim Registergericht einging. In den neuen Bundesländern wurden bei insgesamt 21 rechtzeitig beschlossenen Umwandlungen die neuen Rechtsträger erst verspätet zur Registereintragung angemeldet[219]. Die Anmeldungen gingen dabei jeweils zu Beginn des Jahres 1992 beim Registergericht ein. Nach dem Wortlaut von § 69 III 2 LwAnpG sind auch diese LPGen mit Wirkung zum 1.1.1992 aufgelöst, da die Frist zur rechtzeitigen Umwandlung nur durch eine Anmeldung bis zum 31.12.1991 gewahrt werden konnte. Das Registergericht hätte in diesen Fällen daher die Eintragung des neuen Rechtsträgers als Rechtsnachfolger einer LPG ablehnen müssen. Dennoch erfolgte auch in diesen Fällen regelmäßig die Eintragung der Gesellschaft nebst einem Umwandlungsvermerk im Register[220].
Zu klären ist daher, ob § 34 III LwAnpG auch in diesen Fällen die Wirkung der Umwandlung auslöst.
Hierfür spricht der Vergleich dieser Sachverhalte mit jenen, in denen die Vollversammlung der LPG bereits vor Inkrafttreten des Landwirtschaftsanpassungsgesetzes 1990 ihre Umwandlung beschlossen und erst nach Inkrafttreten des Gesetzes die Eintragung der Gesellschaft anmeldeten. In diesen Fällen liegt ein nichtiger Umwandlungsbeschluß vor, da zur Zeit des Beschlusses, soweit er nicht im Hinblick auf die Einführung des Gesetzes erfolgte[221], keine gesetzliche Grundlage zur Umwandlung bestand. Dennoch wird nach Auffassung der Rechtsprechung die beschlossene Umwandlung mit Eintragung der neuen Rechtsform wirksam, wenn die Umwandlung zum Zeitpunkt der Eintragung zulässig war[222]. Nach Aussage der Rechtsprechung kommt es daher allein auf die Reichweite des § 34 III LwAnpG im Eintragungszeitpunkt an.

---

[218] Siehe hierzu im Kapitel 4.
[219] Hierzu Abicht, in Bayer (Hrsg.), Abschlußbericht zum Forschungsprojekt „Restrukturierung landwirtschaftlicher Unternehmen in den neuen Bundesländern nach 1989“, Kapitel 16.
[220] Zur Arbeit der Registergerichte ausf. Klepsch, Prüfungsrecht und Prüfungspflicht des Registerrichters, Diss. Jena 2002; vgl. auch Abicht, in Bayer (Hrsg.), Abschlußbericht zum Forschungsprojekt „Restrukturierung landwirtschaftlicher Unternehmen in den neuen Bundesländern nach 1989“, Kapitel 7, 15.
[221] Siehe hierzu bereits unter I A.
[222] Hierzu der bereits besprochene Fall Aschara BGH vom 7.11.1997 BGHZ 137 / 134, 139.

Der inhaltliche Anwendungsbereich des § 34 III LwAnpG umfaßt nach der Rechtsprechung des Bundesgerichtshofes jene Umwandlungen, die dem numerus clausus der Umwandlungsmöglichkeiten des Landwirtschaftsanpassungsgesetzes entsprechen und identitätswahrend sind[223].
Den Eintritt der Umwandlungswirkung bei Eintragung einer erst verspätet angemeldeten Rechtsform könnte man daher nur verneinen, wenn man einen Verstoß gegen den numerus clausus nicht nur dann bejaht, wenn eine nach dem Gesetz nicht zulässige Umwandlung beschlossen wurde, sondern auch in den Fällen, in denen eine gesetzeskonform beschlossene Umwandlung verspätet angemeldet wurde. In den Fällen der verspäteten Anmeldungen liegt regelmäßig ein wirksamer, entsprechend den Normen des Landwirtschaftsanpassungsgesetzes gefaßter Umwandlungsbeschluß vor[224]. Die verspätete Anmeldung hat daher auf die Wirksamkeit des Beschlusses keinerlei Auswirkung. Selbst wenn die beschlossene Umwandlung gar nicht zur Eintragung angemeldet würde, kann nicht davon ausgegangen werden, daß der gefaßte Beschluß durch den Wegfall der Rechtsnormen, die die Umwandlungsmöglichkeit eröffnet haben, nachträglich wegen Verstoßes gegen den numerus clausus der Umwandlungsmöglichkeiten unwirksam wird. Vielmehr ist die Wirksamkeit eines Beschlusses der Gesellschafterversammlung immer anhand der zur Zeit des Beschlusses geltenden Rechtslage zu messen[225].
Daher könnte dem Eintritt der Umwandlungswirkung lediglich ein zeitlich befristeter Anwendungsbereich des § 34 III LwAnpG entgegenstehen, so daß die nicht rechtzeitig angemeldete Umwandlung auch vom Tatbestand der Norm nicht erfaßt würde. Hiergegen spricht jedoch der grundsätzlich weit zu fassende Anwendungsbereich der Norm. Nach wiederholt betonter Auffassung des Bundesgerichtshofes ist Zweck der Bestimmung, gerade die Wirksamkeit der Umwandlung nach erfolgter Eintragung außer Streit zu stellen und damit die mit einer Rückabwicklung verbundenen Rechtsprobleme zu vermeiden[226].
Die von diesem Grundsatz getätigten Ausnahmen der Rechtsprechung finden ihre Begründung alle in schwerwiegenden inhaltlichen Mängeln des zugrundeliegenden Umwandlungsbeschlusses, die dazu führen, daß die beschlossene Umwandlung in unüberbrückbarem Widerspruch zu den Grundprinzipen einer

---

[223] Beispielsweise BGH vom 1.7.1994 BGHZ 126 / 335 ff; BGH vom 3.5.1996 BGHZ 132 / 353 ff; BGH vom 7.11.1997 BGHZ 134 / 137 ff; BGH vom 8.5.1998 BGHZ 138 / 371 ff..
[224] Soweit neben der verspäteten Anmeldung weitere Nichtigkeitsgründe für die Umwandlung vorliegen, kann die Umwandlung bereits deswegen, unabhängig vom Zeitpunkt der Anmeldung, trotz Eintragung gescheitert sein, soweit der Mangel nicht gemäß § 34 III LwAnpG unbeachtlich wäre.
[225] So bereits BGH vom 28.4.1995 ZIP 1997 / 1127.
[226] Grundlegend BGH vom 2.12.1994 ZIP 1995 / 422, 424 mit Anm. Lohlein; BGH vom 3.5.1996 BGHZ 132 / 353, 357; BGH vom 8.5.1998 BGHZ 138 / 371, 376.

Umwandlung nach dem Landwirtschaftsanpassungsgesetz steht[227]. Im hier beschriebenen Sachverhalt liegt jedoch eine rechtmäßig beschlossene Umwandlung vor, deren Eintragung im Register aufgrund der verspätet erfolgten Anmeldung hätte abgelehnt werden müssen. Hat der Registerrichter die im Rahmen der Umwandlung neu errichtete Gesellschaft jedoch eingetragen, muß die Umwandlung im Hinblick auf die gesetzgeberische Intention, gesellschaftsrechtliche Akte zu erhalten, als wirksam angesehen werden. Die in § 34 III LwAnpG angeordnete Unbeachtlichkeit von Mängeln der Umwandlung muß umfassend verstanden werden. Nicht allein Mängel des Umwandlungsbeschlusses, sondern auch Mängel der Anmeldung werden von der Norm erfaßt.
Wurde die Anmeldung der neuen Rechtsform nach § 69 III 2 LwAnpG daher nicht rechtzeitig vorgenommen, der Rechtsträger aber dennoch im Register eingetragen, entfaltet diese Eintragung umwandlungsrechtliche Wirkung nach § 34 III LwAnpG.

II. Die Unwirksamkeit der Umwandlung einer ehemaligen LPG nach dem LwAnpG und ihre Rechtsfolgen nach der Rechtsprechung des Bundesgerichtshofes

Beginnend mit der Entscheidung vom 2.12.1994 hat sich der Landwirtschaftssenat des Bundesgerichtshofes mit der konstitutiven Wirkung der Eintragung nach § 34 III LwAnpG beschäftigt. Dabei geht der BGH grundsätzlich von einem weiten Anwendungsbereich dieser Norm aus[228]. Nach ihrem Wortlaut gelte die Norm uneingeschränkt und für eine Differenzierung nach Art und Schwere der Mängel ergebe sich auch aus der Gesetzgebungsgeschichte kein Anhaltspunkt. Vielmehr sollten, entsprechend der Tendenz gesellschaftsrechtliche Akte möglichst zu erhalten, Einwendungen gegen die Wirksamkeit des Formwechsels nach Eintragung abgeschnitten werden[229].
Eine Einschränkung ergibt sich jedoch nach Auffassung des BGH, wenn der Eintragung überhaupt kein Umwandlungsbeschluß zugrunde liegt, die beschlossene Umwandlung gegen den zwingenden numerus clausus des Landwirtschaftsanpassungsgesetzes verstößt oder das ebenfalls zwingende Prinzip der Identität der Mitgliedschaften bei Umwandlungen verletzt. Liegt ein solcher Mangel vor, ist nach Ansicht des Bundesgerichtshofes der Anwendungsbereich

---

[227] Verstoß gegen das Identitätsprinzip, Verstoß gegen den Grundsatz des numerus clausus der Umwandlungsformen.

[228] Unabhängig von den dargestellten schwerwiegenden Mängeln der Umwandlungen waren somit alle sonstigen Mängel der Umwandlung oder auch der Anmeldung für den Eintritt der Umwandlungswirkung unbeachtlich. So grundlegend BGH vom 2.12.1994 ZIP 1995 / 422, 424 mit Anm. Lohlein, Neixler EWiR 1995 / 601 f..

[229] BGH vom 2.12.94 ZIP 95 / 424.

des § 34 III LwAnpG nicht eröffnet, so daß diese Mängel der konstitutiven Wirkung der Eintragung entgegenstehen[230].
Ausgangspunkt der Rechtsprechung ist dabei zunächst, daß die Eintragung des neuen Unternehmens allein keine Umwandlungswirkung erzeugt. Dies auch dann nicht, wenn der Eintragung ein Umwandlungsvermerk beigefügt wird. Das Wirksamwerden der Umwandlung setzt vielmehr auch materiell das Vorliegen einer Umwandlung voraus[231]. Richtigerweise vollzieht die Rechtsprechung eine strikte Trennung zwischen der Wirksamkeit des Beschlusses und der Wirksamkeit der eingetragenen Umwandlung. So kann auch ein mangelhafter, sogar nichtiger Beschluß, wenn daraufhin die Eintragung des neuen Unternehmens erfolgt, Grundlage einer Umwandlung sein[232]. Ob die Eintragung die Umwandlungswirkung des § 34 I LwAnpG 1991 entfaltet, ist auf Grundlage der zur Zeit der Eintragung geltenden Rechtslage zu beurteilen. Liegt der Eintragung ein Umwandlungsbeschluß zugrunde, der auf eine zu diesem Zeitpunkt zulässige Umwandlung gerichtet ist und die Identität der Mitglieder wahrt, sind für die Wirksamkeit der Umwandlung alle sonstigen Mängel der Umwandlung nach § 34 III LwAnpG unbeachtlich. Praktische Auswirkungen hat diese Trennung insbesondere für die Fälle, in denen ein Verstoß gegen den numerus clausus der Umwandlungsformen vorliegt[233]. Die damit nichtigen Beschlüsse können die Umwandlungswirkung hervorrufen, wenn die gewählte Umwandlungsart zum Zeitpunkt der Eintragung möglich war[234]. Ist der Umwandlungsbeschluß nicht auf eine zum Zeitpunkt der Registereintragung zulässige Umwandlung gerichtet oder stand nicht allen Mitgliedern die Umwandlung ihrer Mitgliedschaftsrechte in Beteiligungen am neuen Rechtsträger offen, hat nach Auffassung des BGH die Eintragung keine umwandlungsrechtliche Wirkung.
Für die betroffenen Mitglieder und Unternehmen stellt sich dann die Frage, ob und welche Folgen die Eintragung hatte. Dabei zeigt ein Blick durch die Entscheidungen, daß sich der BGH und die Instanzgerichte ausführlich mit der Wirksamkeit der Umwandlungen beschäftigt haben, ohne dabei zu den aus der

---

[230] Vgl. für viele BGH vom 3.5.1996 BGHZ 132 / 353 ff mit Anm. Lohlein EWiR 1996 / 711 f., Drygala WuB 1996 / 1297, 1299; BGH vom 1.7.1997 BGHZ 137 / 134 ff mit Anm. Lohlein EWiR 1998 / 135 f., Drygala WuB 1998 / 239 f.; BGH vom 8.5.1998 BGHZ 138 / 371 mit Anm. EWiR 1998 / 659 f., Krüger JZ 1998 / 482f..

[231] Hagen, in FS des Rheinischen Notariates, "Heilung" durch Eintragung, Seite 261, 268.

[232] Die Wirksamkeit des Beschlusses ist anhand der Normen des Landwirtschaftsanpassungsgesetzes, die der Umwandlung aufgrund des § 34 III LwAnpG zu messen.

[233] Bekanntestes Negativbeispiel dieser Trennung ist der Thüringer Fall der LPG in Aschara. BGH vom 7.11.1997 BGHZ 134 / 137 ff.

[234] Siehe die Entscheidung im Fall Aschara BGH vom 7.11.1997 BGHZ 137 / 134, 139.

Unwirksamkeit entstehenden Folgeproblemen Stellung zu nehmen. Die ihnen vorgelegten Fälle boten dazu auch kaum Gelegenheit[235].
An anderer Stelle betont jedoch *Wenzel*[236], der zunächst als Mitglied des Landwirtschaftssenates und später als dessen Vorsitzender maßgeblichen Anteil an der Rechtsprechung des Bundesgerichtshofes hatte, daß die Unwirksamkeit der LPG-Umwandlung eine kraft Gesetzes eintretende Rechtsfolge sei und keiner gerichtlichen Entscheidung bedürfe. Ob eine Umwandlung scheitere, sei lediglich eine Frage des materiellen Rechtes. Insbesondere die Erhebung und der erfolgreiche Abschluß einer Beschlußmängelklage über die Gültigkeit des Umwandlungsbeschlusses sei für die Frage des Eintrittes der Umwandlungswirkung nicht vorgreiflich[237].
Hinsichtlich der Rechtsfolgen der fehlgeschlagenen Umwandlung für die Beteiligten geht der Bundesgerichtshof vom wirksamen Entstehen der neu eingetragenen Gesellschaft aus[238]. Daneben besteht nach Auffassung des BGH die nicht umgewandelte LPG als solche weiter. Dabei trete die Besonderheit auf, daß die betroffenen LPGen sich per 1.1.1992 gemäß § 69 III LwAnpG in Liquidation befänden. Die Eintragung des neuen Unternehmens entfalte somit nicht die ihr sonst zukommende Transportfunktion[239]. Die Umwandlung stelle sich als stec??ken gebliebene Sachgründung dar, so daß die Problematik einer Rückumwandlung nicht gegeben sei[240].
Da der Eintragung die dingliche Umwandlungswirkung versagt bliebe, ist nach *Wenzel* das neue Unternehmen mit fremden Kapital, nämlich dem der LPG i. L., ausgestattet. Die als Gründer des neuen Rechtsträgers fungierenden LPG-Mitglieder müßten nachträglich ihre Einlageverpflichtung erfüllen[241]. Diese unerkannte Liquidation der LPG habe zunächst zur Folge, daß keine Liquidatoren vorhanden sind. Das Amt der nach § 42 LwAnpG i. V. m. § 83 I GenG geborenen Liquidatoren lebe nach Löschung der LPG im Register nicht wieder auf. Im Fall der unerkannten Liquidation der LPG seien vielmehr die Grundsätze über die Nachtragsliquidation anzuwenden und auf Antrag eines Mitgliedes oder Gläubigers Liquidatoren durch das Gericht zu bestellen[242].

---

235 Ausgangspunkte der Entscheidungen waren regelmäßig Rechtsstreitigkeiten über Abfindungsansprüche, in deren Rahmen die Wirksamkeit der Umwandlung Vorfrage zur Feststellung der Passivlegitimation war.
236 Wenzel AgrarR 1998 / 139 ff..
237 Wenzel AgrarR 1998 / 139, 142.
238 BGH vom 8.5.1998 (BLw 39 / 97) NZG 1998 / 643, 644.
239 Zur Frage der im Fall einer gescheiterten Umwandlung bestehenden Gesellschaftsstruktur ausf. Kapitel.3.
240 BGH vom 8.5.1998 BGHZ 138 / 371, 375 mit Anm. Lohlein EWiR 1998 / 659 f., Krüger JZ 1998 / 482 f..
241 Wenzel AgrarR 1998 / 139, 142; auch Thüringer OLG vom 4.9.96 AgrarR 97 / 287; Zur Problematik ausf. Kapitel 7.
242 Siehe zur Thematik ausf. Kapitel 6 IIII A.; Zu den Problemen der LPG i.L. ausf. Kapitel 6.

III. Die Diskussion über Voraussetzungen und Rechtsfolgen des § 34 III LwAnpG

Die Aufbereitung der einzelnen Fehlergruppen im vorangegangenen Abschnitt hat gezeigt, daß die Wirksamkeit der Umwandlung in einer ganzen Reihe verschiedener Sachverhaltsgestaltungen problematisch ist und sich deshalb ein erheblicher Teil der umgewandelten ehemaligen landwirtschaftlichen Produktionsgenossenschaften der Wirksamkeit ihrer Umwandlung nicht sicher sein können. Eine auf Grundlage der Registerunterlagen vorgenommene rechtliche Beurteilung der Umwandlungen ehemaliger LPGen in den neuen Bundesländern hat einen Anteil fehlgeschlagener Umwandlungen von 11 % ergeben[243]. Dies zeigt, daß die Problematik der stecken gebliebenen Umwandlung kein Einzelfallproblem ist, sondern rund jede 10. LPG in den neuen Bundesländern nicht wirksam umgewandelt wurde. Bevor jedoch im zweiten Teil dieser Arbeit die Rechtsfolgen der stecken gebliebenen Umwandlung für die betroffenen Unternehmen untersucht werden, soll eine zunächst eigene Auseinandersetzung mit der Rechtsprechung und den im Schrifttum vertretenen Ansichten und auch der vorgeschlagenen Heilungsmöglichkeiten erfolgen.
Die umfangreiche Rechtsprechung des Bundesgerichtshofes zum Formwechsel nach dem Landwirtschaftsanpassungsgesetz und zur Reichweite des § 34 III LwAnpG bot für die Rechtswissenschaft vielfältige Diskussionspunkte, was in den vergangenen Jahren zu einem intensiven wissenschaftlichen Austausch über Umfang und Grenzen des Bestandsschutzes eingetragener Umwandlungen führte. Obgleich die Landwirtschaftsgerichte dabei fast vollständig der Rechtsprechung des Bundesgerichtshofes folgten[244], ist festzustellen, daß ein Großteil der rechtswissenschaftlichen Literatur große Bedenken äußert. Viele namhafte Autoren lehnen eine Einschränkung des § 34 III LwAnpG, wie sie der Bundesgerichtshof vorgenommen hat, gänzlich oder zumindest in dieser Breite ab[245]. Insbesondere die Fallgruppe der fehlenden Identität hat zu heftigen Debatten geführt. Grund dafür sind unterschiedliche Ansichten über die Rechtsfigur der Identität überhaupt.

---

[243] Siehe auch Abicht, in Bayer (Hrsg.), Abschlußbericht zum Forschungsprojekt, Rechtsprobleme der Restrukturierung landwirtschaftlicher Unternehmen in den neuen Bundesländern nach 1989, Kapitel 8,16.

[244] A.A. lediglich OLG Rostock, das für eine umfassende Anwendung des § 34 III LwAnpG auch bei schwersten Mängeln der Umwandlung eintritt. Bspw. OLG Rostock vom 14.3.1994 ZIP 1994 / 1062 ff..

[245] Hommelhoff / Schubel ZIP 1998 / 537 ff; Schmidt ZIP 1998 / 181 ff; Kort ZGR Sonderheft 14 1998 / 194 ff; Neixler EwiR 1995 / 595 f und 601 f; AgrarR Sonderheft 10, 1993 S. 25 ff; Schweizer DtZ 1991 / 279 ff..

A. Teleologische Reduktion und verfassungskonforme Auslegung

Der Bundesgerichtshof begründet die Einschränkung der „Heilungswirkung" des § 34 III LwAnpG mit einer im Wege verfassungskonformer Auslegung vorgenommenen teleologischen Reduktion des Anwendungsbereiches von § 34 LwAnpG[246]. Die Norm des § 34 III LwAnpG 1991 umfaßt nach dieser Ansicht zunächst alle Mängel der Umwandlung unabhängig von ihrer Art und Schwere. Im zweiten Schritt argumentiert der BGH, daß die Weite dieser Regelung verfassungsrechtlichen Bedenken ausgesetzt sei, so daß eine verfassungskonforme Auslegung der Norm Einschränkungen bei jenen Mängeln gebiete, die der Umwandlung ihren spezifischen Charakter nehmen und mit dem Grundgedanken der Umwandlung unvereinbar sind[247]. Der Landwirtschaftssenat verweist zur Begründung insbesondere auf die dem Eigentumsschutz aus Art. 14 Abs. 1 GG unterliegenden Mitgliedschaftsrechte der LPG-Mitglieder und dem sich hieraus ergebenden zwingenden Identitätsgrundsatz bei formwechselnden Umwandlungen[248].

Die so verstandene teleologische Reduktion der Norm ist mehrfach kritisiert worden[249]. Nach *Wenzel*[250] geht es dem Bundesgrichtshof methodisch gar nicht um eine Einschränkung der Konstitutivwirkung nach § 34 III LwAnpG, sondern um die Bestimmung des richtigen Anwendungsbereiches der Norm. Da nach dem Wortlaut des Gesetzes die LPG in der im Umwandlungsbeschluß bestimmten Rechtsform fortbesteht und die Mitglieder nach Maßgabe dieses Beschlusses am neuen Unternehmen beteiligt sind, setze dies voraus, daß überhaupt ein solcher Beschluß gefaßt wurde, er eine gesetzlich zugelassene Rechtsform vorsehe und alle Mitglieder am neuen Unternehmen beteiligt seien[251]. Liegen diese Voraussetzungen nicht vor, so seien bereits die Voraussetzungen des § 34 LwAnpG nicht erfüllt.

Die Reichweite jeder Norm ist zunächst mittels Auslegung zu bestimmen. Wortlaut, Sinn und Geschichte der Norm geben Aufschluß über ihren Anwendungsbereich. Es ist zu fragen, welche tatbestandlichen Voraussetzungen die Norm stellt, ehe Einschränkungen auf der Rechtsfolgenseite erwogen werden können[252]. Wenn man den Ausführungen des BGH folgend annimmt, daß die

---

[246] BGH vom 3.5.1996 BGHZ 132 / 353, 356; BGH vom 2.12.1994 ZIP 1995 / 422, 424.
[247] Grundlegend zu Verstößen gegen den Grundsatz der Identität BGH vom 2.12.1994 ZIP 1995 / 422 ff. mit Anm. Lohlein.
[248] BGH vom 3.5.1996 BGHZ 132 / 353, 356 unter Verweis auf Lohlein in Anm. zu OLG Rostock vom 14.3.1994 ZIP 1994 / 1065 ff..
[249] Hommelhoff / Schubel ZIP 1998 / 537, 545; Schmidt ZIP 1998 / 181, 186; Wenzel AgrarR 1998 / 137, 140.
[250] Wenzel AgrarR 1998 / 139 , 140.
[251] Wenzel AgrarR 1998 / 139, 140.
[252] Larenz, Methodenlehre der Rechtswissenschaft, Kapitel 4 2., insb. 2. f..

Rechtsfolgen der Norm in einzelnen Fällen verfassungsrechtlichen Bedenken ausgesetzt sind, wäre zu prüfen, ob jene Fälle überhaupt vom Anwendungsbereich der Norm erfaßt werden.

Trotz der vom Bundesgerichtshof zunächst selbst so formulierten Vorgehensweise[253], die Einschränkungen auf der Rechtsfolgenseite der Bestimmung vorzunehmen, lassen spätere Argumentationen des Bundesgerichtshofes[254] auch den gegenteiligen Schluß zu, daß der BGH die Anwendung der Norm auch bereits am Fehlen der tatbestandlichen Voraussetzungen scheitern läßt[255]. § 34 LwAnpG 1991 erfasse danach nur die formwechselnde, identitätswahrende Umwandlung, woraus der BGH den Schluß zieht, daß ein Beschluß, der diese Voraussetzungen nicht erfülle, nicht Grundlage einer Umwandlung sein könne[256].

Damit zeigt sich, daß die Kontroverse um die korrekte Methodik letztlich wohl nur durch eine anfänglich mißverständliche Formulierung des Bundesgerichtshofes begründet war. Inhaltlich sind sich die Befürworter einer eingeschränkten Anwendung der „Heilungsvorschrift" jedoch einig: Der Ausschluß der nicht erfaßten Fälle erfolgt bereits im Tatbestand des § 34 LwAnpG 1991[257].

Werden somit Umwandlungen, denen kein Umwandlungsbeschluß zugrunde liegt, in denen die beschlossene Umwandlung gegen den numerus clausus der Umwandlungsvorschriften verstößt oder die Umwandlung nicht identitätswahrend ist, nicht vom Tatbestand der „Heilungsnorm" umfaßt, sind nicht allein die Besonderheiten bei der Umwandlung ehemaliger LPGen (zum Vergleich Urteil vom 2.12.94[258]) Anlaß der Rechtsprechung zum Landwirtschaftsanpassungsgesetz, sondern eine solche richtige Auslegung des Gesetzes müßte auch im allgemeinen Umwandlungsrecht vorgenommen werden[259]. Vor diesem Hintergrund wäre eine Übertragung ins allgemeine Umwandlungsrecht die konsequente Fortführung dieser Rechtsprechung und lediglich eine Frage der Zeit[260]. Die Tatsa-

---

253 BGH vom 3.5.1996 BGHZ 132 / 353, 356; BGH vom 2.12.1994 ZIP 1995 / 422, 424.

254 BGH vom 7.11.1997 BGHZ 137 / 134, 140; BGH vom 8.5.1998 BGHZ 138 / 371, 375.

255 Hagen, in FS des Rheinischen Notariates, „Heilung" durch Eintragung, Seite 261, 265.

256 BGH vom 3.5.1996 BGHZ 132 / 353, 360; BGH vom 7.11.1997 BGHZ 137 / 134, 140; BGH vom 8.5.1998 BGHZ 138 / 371, 375.

257 OLG Naumburg vom 14.3.1996 AgrarR 1996 / 292, 294, 295; OLG Brandenburg vom 4.4.1996 OLG-NL 1996 / 186, 187; Wenzel AgrarR 1998 / 139, 140; Schmidt ZIP 1998 / 181, 185; Neixler AgrarR Sonderheft 10 / 1993 Seite 25, 26.

258 BGH vom 2.12.94 ZIP 1995 / 422, 424.

259 So auch Bayer, in Koch (Hrsg.), 10 Jahre Deutsche Rechtseinheit, Seite 155, 179; anders insoweit Wenzel AgrarR 1998 / 139; auch Henze BB 1999 / 2208, 2210; offen gelassen Hagen, in FS des Rheinischen Notariates, „Heilung" durch Eintragung, Seite 261, 264.

260 Obwohl der II. Zivilsenat des BGH sich dieser Rechtssprechung für die Umwandlung ehemaliger LPGen angeschlossen hat (BGH vom 7.6.1999 BB 1999 / 2210 ff. mit Anm. Bayer/Hoffmann EWiR 1999 / 1019 f.) ist mit einer Anwendung dieser Grundsätze auch im

che, daß diese Grundsätze gerade am Beispiel der ehemaligen landwirtschaftlichen Produktionsgenossenschaften entwickelt wurde, erklärt sich dann allein aus der besonderen Situation der Wende in der Jahren 1989-1991. Im Rahmen des Landwirtschaftsanpassungsgesetzes wurden in kürzester Zeit eine Vielzahl von Umwandlungen durch Formwechsel und Teilung von Gesellschaften durchgeführt, die in einer schwierigen wirtschaftlichen Situation, unter noch fremden rechtlichen Rahmenbedingungen und anfänglich ohne Hilfestellung der Rechtswissenschaft einen unternehmerischen Neubeginn versucht haben. Hinzu kommt, daß der Formwechsel als Umwandlungsform 1990 auch im bundesdeutschen Gesellschaftsrecht noch weitgehend juristisches Neuland war[261]. Die Beratung der betroffenen LPGen war dementsprechend oftmals unzureichend. Daher ist es nur zu verständlich, daß zum Teil schwere Fehler gemacht wurden, die für die Rechtsprechung erstmals Anlaß zur Auseinandersetzung mit dem Institut des Formwechsels gaben.

B. Gesellschaftsrechtliche Verankerung des Streites

Das 1990 noch von der Volkskammer der DDR verabschiedete Landwirtschaftsanpassungsgesetz stellte für die umzustrukturierenden landwirtschaftlichen Produktionsgenossenschaften, deren Berater und die zuständigen Registergerichte eine vielfache Herausforderung dar. Neben ihrer veränderten wirtschaftlichen Situation und der Einführung des bundesdeutschen Rechtes, waren die Vorschriften der §§ 37 II LAG 1990 bzw. 34 III LwAnpG 1991 juristisches Neuland. Die darin getroffene Regelung: "Mängel der Umwandlung lassen die Wirkung der Eintragung der neuen Rechtsform in das Register unberührt" erinnert an die gleichlautenden Regelungen in § 352 a AktG a. F. und der §§ 20 II; 131 II; 202 III UmwG. Diese Ähnlichkeit ist kein Zufall; denn die Bestimmungen des Landwirtschaftsanpassungsgesetzes sind in Kenntnis des § 352 a AktG a. F. und der damals laufenden Arbeiten am neuen Umwandlungsgesetz entstanden[262]. Die Bestimmung wurde den entsprechenden Bestimmungen des Umwandlungsgesetzes vorweggenommen. Das Transformationsrecht für DDR–Genossenschaften folgt somit den Grundsätzen des allgemeinen Umwandlungsrechtes, so daß die bisher zu dieser Rechtsmaterie entwickelten Lehren voll an-

---

allgemeinen Umwandlungsrecht -weil derartig schwere Mängel dort nicht zu erwarten sind- nicht zu rechnen: so Henze BB 1999 / 2208, 2210.

261 Die Möglichkeiten zur formwechselnden Umwandlung wurden erst mit Einführung des UmwG vom 28.10.1994 am 1.1.1995 umfassend für alle Rechtsformen geschaffen: §§ 197 ff UmwG.

262 BGH vom 2.12.1994 ZIP 1995 / 422, 425 mit Anm. Lohlein; Neixler EwiR 1995 / 601.

wendbar und einer rechtlichen Beurteilung zugrunde zu legen sind[263]. Weder die Besonderheiten des Überganges von sozialistischen zu privatwirtschaftlichen Eigentums- und Verbandsformen noch die große Geschwindigkeit, mit der sich diese Vorgänge vollzogen, vermögen ein generelles Sonderrecht der neuen Bundesländer qua Gesetzes- oder Richterrecht im Hinblick auf Beschlußmängel und Strukturänderungsfehler zu rechtfertigen[264].
Fehlerhafte Strukturänderungen unterliegen im deutschen Gesellschaftsrecht einem Konzept erweiterten Bestandsschutzes, der auf die Anwendung der Lehre von der fehlerhaften Gesellschaft zurückzuführen ist[265]. Ziel des aufgrund der Verschmelzungsrichtlinie eingeführten § 352 a AktG a. F. war es, gesellschaftsrechtliche Akte möglichst zu erhalten und die mit der Rückabwicklung einer Strukturänderung verbundenen Schwierigkeiten zu vermeiden[266]. Die Eintragung der strukturändernden Beschlüsse heilt danach nicht die Mängel der Strukturänderung bzw. den zugrundeliegenden Beschluß. Sie führt jedoch in jedem Fall zur Wirksamkeit der eingetragenen Umwandlung. Umstritten war seit der Einführung des § 352 a AktG im Jahre 1982 lediglich, ob die Eintragung in allen Fällen endgültigen Bestand hat, oder ob in Fällen schwerwiegender Mängel eine Rückabwicklung ex nunc in Frage kommt[267].
Die speziellen Bedingungen, unter denen sich die Umstrukturierungen der ehemaligen landwirtschaftlichen Produktionsgenossenschaften vollzogen, haben dazu geführt, daß Fragen, denen bisher keine Bedeutung beigemessen wurde, praktische Relevanz gewannen. So hätte die Wahl einer nicht zulässigen Umwandlungsart unter „normalen" Umständen wahrscheinlich bereits zur Ablehnung des Eintragungsantrages geführt. Unter der Geltung des Landwirtschaftsanpassungsgesetzes wurden dagegen viele Umwandlungen eingetragen, obwohl der zugrundeliegende Beschluß keine vom Gesetz zugelassene Umwandlungsart vorsah[268]. Rechtsprechung und Literatur hatten danach über die konstitutive Wirkung der Eintragung zu entscheiden.

---

[263] Decher, in Lutter (Hrsg.), Umwandlungsgesetz, vor § 190 / 34; Dehne AgrarR 1998 / 208; Götz / Schrezenmaier AgrarR Sonderheft 10 / 93 S. 21, 24; Neixler EwiR 1994 / 595, 596.
[264] Kort ZGR Sonderheft (14) 1998 / 194, 196.
[265] Zöllner AG 1993 / 68, 74; Krieger ZHR 158 (1994) / 35, 38;Kleindiek ZIP 1988 / 613 ff; Ulmer BB 1989 / 10, 15; Kort ZGR Sonderheft (14) 1998 / 194, 196; Hommelhoff ZHR (158) 1994 / 11, 12; Zöllner/Winter ZHR (158) 1994 / 59, 60; ausf. Thum, Der fehlerhafte Formwechsel, Diss. Jena 2001.
[266] Gesetzesbegründung § 352 a AktG BT-Drs. 9 / 1065 Seite 20, 30.
[267] Zum Streitstand Kraft, in Kölner Kommentar zum AktG, § 352 a / 2; Lutter, in Lutter (Hrsg.), UmwG, § 202 / 30; Schmidt DB 1996 / 1859, 1860; zur aktuellen Diskussion Thum, Der fehlerhafte Formwechsel, Diss. Jena 2001.
[268] Der Grund hierfür war das sich anfänglich noch im Aufbau befindliche Gerichtswesen und die Unerfahrenheit der häufig jungen Registerrichter und Rechtspfleger. Hierzu Bayer, in Koch (Hrsg.), 10 Jahre Deutsche Rechtseinheit, Seite 155, 159.

Ebenso ist das Problem der Identität des Formwechsels bei der Umstrukturierung der Genossenschaften erstmals praktisch geworden. Grund hierfür ist, daß zwar das Institut des Formwechsels bereits im ADHGB von 1884[269] bekannt war, eine dem § 352 a AktG a. F. entsprechende Vorschrift für den Formwechsel jedoch zum ersten Mal im Landwirtschaftsanpassungsgesetz verankert wurde[270]. Die bekannt gewordenen Fälle von mitgliederverdrängenden LPG–Umwandlungen erforderten eine wissenschaftliche Auseinandesetzung mit den grundlegenden Prinzipien des Formwechsels. Bedingt durch die Vielzahl mangelhafter Umstrukturierungen bot sich der Rechtsprechung im LPG–Bereich häufig Gelegenheit, sich zu den genannten Bestimmungen zu äußern. Die Praxis zum Landwirtschaftsanpassungsgesetz ist somit zur Kraftprobe für die Konstitutivwirkung umwandlungsrechtlicher Eintragungen geworden[271].

1. Der Beschluß als Grundlage der Eintragung

Weitgehende Einigkeit herrschte in Rechtsprechung und Literatur über die Behandlung der Fallgruppe eines gänzlich fehlenden Umwandlungsbeschlusses[272]. Lediglich vereinzelt wird für den Fall einer nicht beschlossenen und eingetragenen Umwandlung eine konstitutive Wirkung der Eintragung befürwortet[273]. Ein derart weitgehender Schutz der Registerpublizität zu Lasten der Mitglieder des Unternehmens erscheint jedoch nicht gerechtfertigt[274]. Im denkbaren Fall könnte so eine Umwandlung Wirksamkeit erlangen, die nicht beschlossen, aber fehlerhaft angemeldet wurde. In diesem Extremfall, wo es an jeder rechtlichen Grundlage der Umwandlung fehlt oder die eingetragene neue Wirtschaftseinheit als solche nicht vorhanden ist, kann der Eintragung keine Umwandlungswirkung zukommen[275], denn die betroffenen Gesellschafter würden von der Umwandlung ihrer Gesellschaft schlimmstenfalls erst mit der Bekanntmachung der Eintragung erfahren. Wollten die Gesellschafter keine Umwandlung nach den gesetzlich eröffneten Möglichkeiten beschließen und haben sie deshalb keinen Beschluß

---

[269] Art. 206 a ADHGB sah den Formwechsel zwischen KGaA und AG vor.

[270] Mit Inkrafttreten des Umwandlungsgesetzes vom 28.10.1994 am 1.1.1995 ist eine entsprechende Norm nunmehr für alle Fälle formwechselnder Umwandlungen in § 202 III UmwG eingefügt.

[271] Schmidt ZIP 1998 / 181, 182.

[272] Hommelhoff / Schubel ZIP 1998 / 537, 545; Schmidt ZIP 1998 / 181, 186; OLG Rostock vom 14.3.1994 ZIP 1994 / 1062 ff; Horn, Das Zivil- und Wirtschaftsrecht im neuen Bundesgebiet, Kapitel 4 § 20 II 2. b); BGH in ständiger Rechtsprechung: BGH vom 2.12.1994 ZIP 1995 / 422 ff. mit Anm. Lohlein; BGH vom 31.7.1997 WM 1997 / 2040 mit Anm. Bayer/Hoffmann EWiR 1997 / 949 f..

[273] Sirotzki in Anmerkung zu OLG Rostock vom 14.3.1994 VIZ 1994 / 630, 631.

[274] So grundsätzlich auch Kort: ZGR Sonderheft (14) 1998 / 194, 196.

[275] Horn, Das Zivil- und Wirtschaftsrecht im neuen Bundesgebiet, Kap. 4 § 20 Rnd. 49.

zur Neustrukturierung ihres Unternehmens gefaßt, kann auch mit der Eintragung des neuen Unternehmens und eines Umwandlungsvermerkes die Umwandlungswirkung nicht herbeigeführt werden. Mit der Eintragung wird der fehlende Beschluß nicht ersetzt. Die Interessen der Genossen überwiegen in diesem Fall das Allgemeininteresse an einem Schutz der Registerpublizität. In der Praxis werden diese extremen Fälle indes nur äußerst selten vorkommen. Die Frage, ob ein Umwandlungsbeschluß überhaupt gefaßt wurde, stellt sich vielmehr immer dann, wenn die Formulierung des Beschlusses den Umwandlungswillen nicht zweifelsfrei erkennen läßt. Hier muß dann durch Auslegung der Wille der Beteiligten ermittelt werden.
Entsprechend den Ausführungen unter I. A. hatten fast alle ehemaligen landwirtschaftlichen Produktionsgenossenschaften die Absicht, eine Umwandlung nach dem Landwirtschaftsanpassungsgesetz vorzunehmen. Ein Umwandlungsbeschluß liegt auch in jenen Fällen vor, in denen nur ein Teil der LPG–Mitglieder an der Vollversammlung teilnahm, teilnehmen konnte oder der Beschluß an inhaltlichen Mängeln litt. Der Rechtsakt des Umwandlungsbeschlusses darf dabei nicht mit den an den Beschluß zu stellenden Rechtmäßigkeitsanforderungen verwechselt werden[276].
Die Fallgruppe eines gänzlich fehlenden Beschlusses besaß keine Bedeutung in der Praxis der Umwandlungen landwirtschaftlicher Produktionsgenossenschaften der ehemaligen DDR.

2. Verstoß gegen den numerus clausus der Umwandlungsvorschriften

Mit der Eintragung des neuen Unternehmens besteht die LPG in der im Umwandlungsbeschluß bestimmten Rechtsform weiter und die Mitglieder sind nach Maßgabe des Beschlusses an dem Unternehmen nach den für die neue Rechtsform geltenden Vorschriften beteiligt. Aus diesem Wortlaut des § 34 I LwAnpG folgert *Wenzel*, daß die im Beschluß gewählte Rechtsform zur Verfügung stehen muß[277]. Entsprechend dem reinen Wortlaut der Vorschrift ist diese Einschätzung nicht zwingend; heißt es doch: „in der bestimmten Rechtsform". Richtig ist, daß die im Beschluß vorgesehene Rechtsform überhaupt existieren muß, da das deutsche Gesellschaftsrecht einen Rechtsformzwang kennt[278]. Ob darüber hinaus diese Rechtsform gerade auch in den angewandten Umwandlungsvorschriften vorgesehen sein muß, ist damit nicht belegt.
Dafür könnte sprechen, daß in der entsprechenden Norm des LAG 1990 (§ 37 I Nr. 1) die Formulierung lautete: „besteht als Genossenschaft fort". § 37 I Nr. 1

---

[276] OLG Dresden vom 13.6.1996 NL-BzAR 1997 / 51, 53.
[277] Wenzel AgrarR 1998 / 137, 140.
[278] Wiedemann, Gesellschaftsrecht, Bd. I § 1 III 1 a) cc).

LAG 1990 war jedoch Bestandteil eines sehr speziellen Regelungswerkes. Danach bestand für die landwirtschaftlichen Produktionsgenossenschaften der DDR zunächst nur die Möglichkeit des Formwechsels in eine eingetragene Genossenschaft. Dem entsprach der Wortlaut des § 37 I Nr. 1 LAG 1990. Entsprechend dem numerus clausus der Umwandlung sollte die umgewandelte LPG als Genossenschaft fortbestehen. Diese Parallelität der gesetzlichen Vorschriften zur Umwandlung und der Formulierung in § 37 I Nr. 1 LAG 1990 besagt jedoch nichts über die Behandlung mangelhafter Umwandlungen. Sah der Umwandlungsbeschluß den Formwechsel in eine andere Gesellschaftsform vor und wurde diese im Register eingetragen, konnte die Regelung des § 37 I Nr. 1 LAG 1990 nicht zur Anwendung kommen. Ob sich dann aus § 37 II LAG 1990 die Wirksamkeit der eingetragenen Umwandlung ergibt, kann aus dem Wortlaut des Absatzes I nicht beantwortet werden.
Bedenkt man, daß zum damaligen Zeitpunkt das Umwandlungsgesetz 1995 noch nicht in Kraft getreten war[279] und nur die ebenfalls sehr spezielle Norm des § 352 a AktG a. F. existierte, spricht dies dafür, daß § 37 II LAG 1990 nur die wenigen vom Landwirtschaftsanpassungsgesetz geregelten Fälle erfassen wollte. Die von der späteren Rechtsprechung vorgenommene Beschränkung der konstitutiven Wirkung der Eintragung würde sich damit aus dem stark beschränkten Regelungsgegenstand des Gesetzes ergeben[280].
Im Zuge der ersten Gesetzesnovelle 1991 hätte sich für den Gesetzgeber, der die Problematik im damaligen Zeitpunkt erkennen konnte, die Möglichkeit zu einer eindeutigen Stellungnahme geboten. Es finden sich jedoch weder in den Materialien[281], noch in der Neufassung des Gesetzes Hinweise auf den Anwendungsbereich der Norm. Daß die Rückwirkung der Gesetzesnovelle lediglich die Abfindungsproblematik betraf[282], könnte daher ebenso auf einen engen Anwendungsbereich der Norm hinweisen, wie auch denkbar ist, daß die "Heilungsnorm" umfassende Geltung besitzen sollte und eine Rückwirkung des § 34 III LwAnpG 1991 daher keine Änderung bewirkt hätte.
Für die letztere Annahme spricht die Begründung zum neuen § 33 III LwAnpG 1991. Danach soll die Eintragung einer noch umstrittenen Umwandlung verhindert werden, da nach erfolgter Eintragung die Umwandlungswirkung ohne Rücksicht auf etwaige Mängel des Formwechsels eintritt[283]. Darüber hinaus hatte der Landwirtschaftssenat des Bundesgerichtshofes 1991 noch keine Gelegenheit gehabt, sein Verständnis des § 37 LAG 1990 darzulegen[284]. Für den Ge-

---

[279] Inkrafttreten des UmwG vom 28.10.1994 am 1.1.1995.
[280] Hommelhoff / Schubel ZIP 1998 / 537, 544.
[281] BT-Drs. 12 / 404 Seite 16.
[282] BGH vom 29.2.1996 WM 1996 / 1197, 1198.
[283] BT–Drs. 12 / 404 Seite 16.
[284] Die erste Entscheidung des BGH zur Einschränkung des damals bereits geltenden § 34 III LwAnpG erging im Jahre 1994: BGH vom 2.12.1994 ZIP 1995 / 422 ff. mit Anm. Lohlein.

setzgeber war die spätere Rechtsprechung und somit ein Bedürfnis nach gesetzlicher Klarstellung nicht absehbar. Ähnliche Ansätze zur Einschränkung des Anwendungsbereiches des bislang allein geltenden § 352 a AktG gab es nicht, da die im Rahmen des Landwirtschaftsanpassungsgesetzes aufgetretenen Mängel in dieser Fülle erstmalig waren.

Es kann daher davon ausgegangen werden, daß beide Normen gleichermaßen umfassend die Mängel der eingetragenen Umwandlung erfassen und die Umwandlungswirkung herbeiführen. Der größte Teil aller Eintragungen erfolgte dabei erst unter Geltung des § 34 III LwAnpG, so daß die Rechtsprechung zum Anwendungsbereich der Norm sich ausschließlich auf diese Norm bezieht[285].

Lohlein[286] begründet die eingeschränkte Anwendung der Norm[287] aus dem Zweck des numerus clausus selbst. Danach beinhaltet jede Umwandlung eine Satzungsänderung im weitesten Sinne. Beim Formwechsel wählt der bestehenbleibende Verband durch Satzungsregelung die gewünschte Rechtsform[288]. Die Voraussetzungen dieser Satzungsänderung müssen zur Gewährleistung des Verkehrsschutzes und des Rechtsschutzes im Innenverhältnis gesetzlich geregelt sein. Dem entspricht der numerus clausus der Umwandlungsfälle. Zum Schutz der verfassungsrechtlich geschützten Interessen der Mitglieder ist die Beschränkung der Umwandlungswirkung geboten[289].

Daß es eines solchen Schutzes gerade im Umwandlungsrecht bedarf, ist nicht zu bestreiten.

Die Befürworter einer unbeschränkten Eintragungswirkung argumentieren demgegenüber, daß der Schutz der Mitglieder durch die zwingenden Umwandlungsvorschriften und nicht durch den numerus clausus der Umwandlungsvorschriften verwirklicht wird. Diese sollen ein Wirksamwerden der Umwandlung im Vorfeld verhindern. Ein Umwandlungsbeschluß der nicht den gesetzlichen Möglichkeiten entspricht und deshalb nichtig ist und könne nicht Grundlage der Registereintragung sein. Gelange die Gesellschaft jedoch trotzdem zur Eintragung, sprächen gerade Rechtssicherheitserwägungen für und nicht gegen die vom Gesetzgeber angeordnete Konstitutivwirkung der Registereintragung[290].

So sieht *Karsten Schmidt*[291] in der Rechtsprechung des Landwirtschaftssenates eine Bedrohung für die Rechtssicherheit im Umwandlungsrecht. Er erinnert daran, daß eine Unwirksamkeit eingetragener Umwandlungen, die auf jede Weise -z. B. durch bloße Behauptung, Löschungsanträge oder Festellungskla-

---

[285] Entscheidungen zur Wirksamkeit einer Umwandlung vor Inkrafttreten des LwAnpG am 7.7.1991 gibt es nicht.
[286] Lohlein in Anmerkung zu OLG Rostock vom 14.3.1994 ZIP 1994 / 1065.
[287] Im Folgenden wird nur noch Bezug zu § 34 III LwAnpG 1991 genommen.
[288] Lohlein in Anmerkung zu OLG Rostock vom 14.3.1994 ZIP 1994 / 1065 ff..
[289] Tombrink AgrarR 1996 / 358; Wenzel AgrarR 1997 / 33, 35.
[290] Schmidt ZIP 1998 / 181, 185.
[291] Schmidt ZIP 1998 / 181, 185.

gen- geltend gemacht werden kann, ein bedrohliches Gefährdungspotential in umgewandelte Gesellschaften hineintrage. Gerade weil nach *Karsten Schmidt* die Existenz der neuen Gesellschaft nicht mehr in Frage zu stellen sei[292], erscheine es bedenklich, daß die Aufbringung des Stammkapitals noch über Jahre bestritten werden könne, obwohl der für den Vermögenstransfer entscheidende Publizitätsakt vorliege. Die für die Einschränkung genannten Gründe der Rechtssicherheit (*Lohlein*) und des Mitgliederschutzes vor willkürlicher Beeinträchtigung ihrer Vermögensinteressen rechtfertigen nach *Karsten Schmidt* diese Auslegung des § 34 III LAG nicht. Der numerus clausus sei danach kein die Eintragung überdauerndes Verbot, sondern finde seine Grenze in der speziellen Vorschrift des § 37 II LAG 1990 / § 34 III LwAnpG 1991[293]. Grund für die einschränkende Anwendung dieser Norm sei oftmals ein falsches Verständnis, wenn § 34 III LwAnpG 1991 im Sinne einer Heilungsnorm verstanden wird, das eine Nichtigkeitsklage ebenso wie eine Amtslöschung ausschließe[294]. Richtigerweise müsse dagegen zwischen einer Wirksamkeit der Umwandlung und der Heilung von Mängeln unterschieden werden[295] und diesem Unterschied auch auf der Rechtsfolgenseite Rechnung getragen werden. Kommen ein Willensakt und die Registereintragung als konstitutiver Formalakt zusammen, so habe die eingetragene Strukturänderung zumindest vorläufig Bestand[296].
Dieser Bestandsschutz ergibt sich aus der Lehre von der fehlerhaften Gesellschaft[297] und ist in § 34 III LwAnpG 1991 gesetzlich abgesichert. Die Regelung beinhaltet somit eine besondere Ausprägung der Lehre von der fehlerhaften Gesellschaft[298].
Nach Ansicht von *Karsten Schmidt* folgt aus dem Zusammenhang der Norm mit der Lehre von der fehlerhaften Gesellschaft, daß der Eingriff in das Mitgliedschaftsrecht des Einzelnen durch die konstitutive Wirkung der Eintragung zwar grundsätzlich wirksam wird, jedoch Ansprüche des Betroffenen auf Rückum-

---

292 Schmidt ZIP 1998 / 181, 185.
293 Schmidt ZIP 1998 / 181, 185, 186.
294 So Neixler AgrarR Sonderheft 10 / 1993 S. 25; OLG Rostock vom 14.3.1994 ZIP 1994 / 1062, 1063 mit Anm. Lohlein.
295 Schmidt ZIP 1998 / 181, 187; Schweizer, Das Recht der Landwirtschaftlichen Betriebe nach dem Landwirtschaftsanpassungsgesetz, Rn. 269.
296 So Kort, Bestandsschutz fehlerhafter Strukturänderungen im Kapitalgesellschaftsrecht, Seite 266 ff.; ders. ZGR Sonderheft 14 / 1998 S. 194, 196, 197.
297 Zur Anwendung dieser Grundsätze auch auf fehlerhafte Strukturänderungen Zöllner AG 1993 / 68, 74 m.w.N.; Krieger ZHR 158 (1994) / 35, 38; Kleindiek ZIP 1988 / 613 ff; Ulmer BB 1989 / 10, 15; Kort ZGR Sonderheft (14) 1998 / 194, 196; Hommelhoff ZHR (158) 1994 /11, 19; Zöllner/Winter ZHR (158) 1994 / 59, 60.
298 Bereits zu § 352 a AktG Martens AG 1986 / 57, 63; Kiem AG 1992 / 430, 433; Schmidt ZGR 1991 / 373, 375.

wandlung bestehen. Erst sie geben die Legitimationsbasis für die Anerkennung der fehlerhaft vollzogenen Umwandlung[299].
Im Gegensatz dazu hält die herrschende Auffassung Restitutionsansprüche nach einer wirksam gewordenen Eintragung für nicht gegeben[300]. Ausweislich der Begründung zur Gesetzesnovelle 1991 beruht Absatz III des § 34 LwAnpG 1991 auf der allgemeinen Tendenz gesellschaftsrechtliche Akte möglichst zu erhalten[301]. Dies entspricht der wortgleichen Vorschrift des § 352 a AktG a. F. und wurde auch im neuen Umwandlungsgesetz allgemein festgeschrieben.
Aus den Materialien zu § 352 a AktG a. F. ergibt sich, daß ursprünglich der Begriff "Heilung" vorgesehen war und lediglich deshalb eliminiert wurde, um Schadensersatzansprüche gegen die Verantwortlichen außer Streit zu stellen.[302]
Obwohl daher keine Heilung von Umwandlungsmängeln erfolgt, wollte der Gesetzgeber die Wirksamkeit der eingetragenen Umwandlung dauerhaft außer Streit stellen[303]. Die Norm beruht auf der Lehre von der fehlerhaften Gesellschaft, verwirklicht jedoch ein Konzept erweiterten Bestandsschutzes[304]. Auch nach dieser Auffassung bewirkt die Norm keine Heilung von Mängeln, denn deren Geltendmachung bleibt auch nach der Eintragung möglich. Die Eintragung schließt jedoch die Zerstörung der einmal eingetragenen Umwandlung aus[305]. Die Verletzung von Mitgliedschaftsrechten könne –so die Gesetzesbegründung zu § 352 a AktG a.F.- nur durch Schadenersatzansprüche kompensiert werden. Restitutionsansprüche zur Legitimation der Eintragungswirkung sollen dagegen ausscheiden[306].
Insoweit wird von den Kritikern des Bundesgerichtshofes übersehen, daß die dauerhafte Umwandlungswirkung nach Eintragung effektiv wirkende Rechtsmittel gegen den Umwandlungsbeschluß vor der Eintragung und ein geordnetes Registerwesen voraussetzen, um die Bestandskraft der eingetragenen Umwandlung zu rechtfertigen[307]. Beides war im Fall der Umwandlung ehemaliger LPGen

---

299 Schmidt ZIP 1998 / 181, 187; ebenso bereits Schmidt DB 1996 / 1859, 1860.
300 Bork, in Lutter (Hrsg), Kölner Umwandlungsrechtstage, Seite 261, 266; Krieger ZHR 158 (1994) / 35, 44; Flechtheim, in FS Zitelmann, Seite 3, 26; Decher, in Lutter (Hrsg.), Umwandlungsgesetz, § 202 / 30; Meister/Klöcker, in Kallmeyer, Umwandlungsgesetz, § 202 / 85.
301 BT–Drucksache 12 / 404 S. 16.
302 BT–Drucksache 9 / 1065 S. 20, 30.
303 BT–Drucksache 9 / 1065 S. 20, 30.
304 Kort, Bestandsschutz fehlerhafter Strukturänderungen im Kapitalgesellschaftsrecht, Seite 268; ders. ZGR Sonderheft 14 / 1998 S. 194, 197.
305 A.A. mit ausführlicher Erörterung des Streitstandes Thum, Der fehlerhafte Formwechsel, Diss. Jena 2001.
306 BT–Drucksache 9 / 1065 S. 20, 30.
307 Schubel, in Bayer (Hrsg.), 10 Jahre Landwirtschaftsanpassungsgesetz – eine Zwischenbilanz, Seite 46, 48.

nicht vorhanden[308], was letztlich ursächlich für die schwerwiegenden Umwandlungsmängel war[309] und den BGH zu seiner Rechtsprechung veranlaßte[310].
Eine vermittelnde Stellung nimmt *Kort* ein, der zwar grundsätzlich eine dauerhafte Bestandskraft der Eintragung annimmt, jedoch in extremen Ausnahmefällen hiervon abweichen will[311]. Er stützt sich dabei vor allem auf Überlegungen zu § 352 a AktG a. F.. Danach sei der weitgehende Sanktionsverzicht durch eine schrankenlose Bestandswirkung der Eintragung fehlerhafter Umwandlungsvorgänge im Hinblick auf Art. 14 Abs. 1 GG bedenklich. Vor allem böten Schadensersatzansprüche gegen die Verantwortlichen nur eine unzureichende Kompensation des in der Person des Inhabers geschützten Mitgliedschaftsrechtes[312]. Dieser Versuch einer vermittelnden Lösung offenbart den schwierigen Ausgleich zwischen dem Schutz der Mitgliedschaft einerseits und der Rechtssicherheit durch die Eintragung andererseits.
Einigkeit herrscht insoweit, als grundsätzlich der Schutz des einzelnen Mitgliedes der Eintragungswirkung weicht[313]. Auf Bedenken stößt diese Abwägung bei schwersten Mängeln der Umwandlung, wie dem hier zu behandelnden Verstoß gegen den numerus clausus der Umwandlungsformen. Die Mehrheit in Rechtsprechung und Literatur wertet in diesem Fall den Schutz der Gesellschafter im Ergebnis höher und schützt die Mitgliedschaft entweder bereits vor dem Eingriff[314] oder mit Restitutionsansprüchen[315].

---

[308] Siehe zum Rechtsschutz gegen fehlerhafte Umwandlungsbeschlüsse und zur Arbeitsweise der Regeistergerichte im Rahmen der Umwandlungen ehemaliger LPGen die Aufarbeitung von Abicht im Abschlußbericht zum Forschungsprojekt der DFG „Rechtsprobleme der Restrukturierung landwirtschaftlicher Unternehmen in den neuen Bundesländern nach 1989“ Kapitel 4 und 7.

[309] So die kritische Einschätzung bei Wenzel, in Bayer (Hrsg.), 10 Jahre Landwirtschaftsanpassungsgesetz – eine Zwischenbilanz, Seite 17, 18; ebenda Schweizer Seite 34, 36.

[310] Henze BB 1999 / 2208, 2210; Wenzel AgrarR 1998 / 139, 141.

[311] Kort, Bestandsschutz fehlerhafter Strukturänderungen im Kapitalgesellschaftsrecht, Seite 268, ders. ZGR Sonderheft 14 / 1998 S. 194, 208, 209.

[312] So auch schon Martens AG 1986 / 57, 63, 64; Kraft, in Kölner Komm. zum AktG, § 352 a / 27.

[313] Schmidt AG 1991 / 131, 133; ders. ZGR 1991 / 373, 375; Priester NJW 1983 / 1459, 1465; Martens AG 1986 / 57, 63; Kiem AG 1992 / 430, 433; Kallmeyer ZIP 1994 / 1746, 1756.

[314] Hierzu die Rechtsprechung des Bundesgerichtshofes zu schwersten Mängeln bei Umwandlungen nach dem Landwirtschaftsanpassungsgesetz, BGH vom 2.12.1994 ZIP 1995 / 422 ff.; BGH vom 3.5.1996 BGHZ 132 / 353 ff.; BGH vom 7.11.1997 BGHZ 137 / 134 ff.; BGH vom 8.5.1998 BGHZ 138 / 371 ff.; ebenso Kraft, in Kölner Komm. z. AktG, § 352 a / 28; Döss, Auswirkungen von Mängeln einer Verschmelzung, Seite 163 f.; Schweizer, Das Recht der landwirtschaftlichen Betriebe nach dem Landwirtschaftsanpassungsgesetz, Rn. 272; Hagen, in FS des Rheinischen Notariates, „Heilung“ durch Eintragung, Seite 261, 267.

[315] Thum, Der fehlerhafte Formwechsel, Diss. Jena 2001, F. I. 1.; Schmidt DB 1996 / 1859, 1860; Timm/Schick DB 1990 / 1221, 1222; Veil ZIP 1996 / 1065, 1068; Martens AG 1986 /

Abzulehnen ist dabei die von *Kort* vorgeschlagene Ausnahmeregelung[316]. Folgt man der Auffassung, daß die Norm der eingetragenen Strukturänderung dauerhaften Bestandsschutz verleiht, ist die vorgeschlagene Ausnahmeregelung inkonsequent und führt zu Rechtsunsicherheit der betroffenen Unternehmen. Sieht man die Bestandskraft dagegen als nur vorläufig an, sind Ansprüche auf Rüc??kumwandlung nicht Ausnahme, sondern generelle Rechtsfolge.
Diese letztgenannte Ansicht wird vor allem mit allgemeinen verbandsrechtlichen Grundsätzen begründet. Bereits vor Inkrafttreten des § 352 a AktG a. F. gab es Überlegungen zur Anwendung der Lehre von der fehlerhaften Gesellschaft auf Strukturänderungen. Insbesondere die Rückabwicklung von fehlerhaften, aber vollzogenen Kapitalerhöhungen[317], Beherrschungsverträgen[318], Eingliederungen[319] und Verschmelzungen[320] wiesen enorme rechtspraktische Probleme auf. Stein des Anstoßes war insoweit die Rückabwicklung ex tunc. Der Lösungsvorschlag, die Regeln zur fehlerhaften Gesellschaft auch für diese Fälle sachgerecht fortzuschreiben, fand daher bei einer Mehrheit im Schrifttum große Sympathie[321].
Für die Verschmelzung als engste Verbindung zweier Unternehmen war die Vorstellung einer Rückabwicklung mit den Worten von *Krieger* immer der Fall des GAU[322]. Mit der Einführung des § 352 a AktG a. F. wurde das Problem der Rückabwicklung ex tunc beseitigt.
Für die Befürworter einer nur vorläufigen Bestandskraft ist die Regelung nur Bestätigung der bereits bestehenden Rechtslage. Ziel der Norm sei danach nur der Ausschluß der rückwirkenden Unwirksamkeit der eingetragenen Verschmelzung[323]. Bei der Beurteilung der Reichweite der Norm müsse gefragt werden, ob eine Heilung der Mängel oder lediglich die Anwendung der Grundsätze der fehlerhaften Gesellschaft gewollt sei? Da ausweislich der Gesetzesbegründung eine Heilung nicht bewirkt werden soll, könne allein die zweite Variante zutreffen[324].
Zwingend ist diese Schlußfolgerung nicht, da eine dauerhafte Bestandskraft der eingetragenen Umwandlung nicht gleichzusetzen ist mit der Heilung der Um-

---

57, 63; Kiem AG 1992 / 430, 433; Kreuznacht, Wirkungen der Eintragung fehlerhafter Verschmelzungen von AG's und GmbH's nach § 20 II UmwG, Seite 49.
[316] Kort, Bestandsschutz fehlerhafter Strukturänderungen im Kapitalgesellschaftsrecht, Seite 273 f.; ders. ZGR Sonderheft 14 / 1998 S. 194, 208, 209.
[317] Dazu Zöllner AG 1993 / 68, 72.
[318] Supermarkt–Beschluß BGH vom 24.10.1988 BGHZ 105 / 324 ff..
[319] Grunewald, in Geßler / Hefermehl / Eckardt / Kropff, AktG, § 319 / 4 (1991).
[320] Schmidt ZGR 1991 / 373 ff. zur fehlerhaften Verschmelzung.
[321] Krieger ZHR 158 (1994) / 35, 38; Ulmer BB 1989 / 10, 15; Kleindiek ZIP 1988 / 613 ff.; kritisch Hommelhoff ZHR 158 (1994) / 11, 15.
[322] Krieger ZHR 158 (1994) / 35, 44.
[323] Martens AG 1986 / 57, 63; Schmidt AG 1991 / 131, 133.
[324] Kiem AG 1992 / 430, 433; auch Schmidt, Gesellschaftsrecht, § 6 IV 5.

wandlungsmängel[325]. Diese können nach dem Willen des Gesetzgebers auch nach dem Wirksamwerden der Umwandlung in Form von Schadensersatzansprüchen geltend gemacht werden[326].
Für einen dauerhaften Bestandsschutz nach Eintragung spricht einerseits der Wortlaut der Vorschrift und andererseits der Zweck der Regelung. Die großen praktischen und rechtlichen Schwierigkeiten der Rückabwicklung der eingetragenen und vollzogenen Umwandlung sollen vermieden werden. Diese Schwierigkeiten entstehen gleichermaßen bei einer Rückabwicklung ex tunc wie ex nunc. Aus diesem Grund ordnet das Gesetz einen erweiterten Bestandsschutz an[327]. Als Beleg für die Irreversibilität der eingetragenen Umwandlung läßt sich nach der Neuregelung des Umwandlungsrechtes nunmehr auch § 16 III 6 UmwG anführen, wonach als Schadensersatz nicht die Beseitigung der Wirkung der Eintragung gefordert werden kann. Diese Regelung spricht prima vista für einen generellen Ausschluß der Restitution. Nach richtiger Auffassung erlangt die eingetragene Umwandlung dauerhaften Bestand. Eine Rückumwandlung findet nicht statt[328].
Das Gegengewicht zu diesem unwiderruflichen Eingriff in das Mitgliedschaftsrecht bilden die nachträglichen Ansprüche auf Schadenersatz und die Eintragungsbestimmungen im Vorfeld. Beispielhaft hierfür ist die vom Vorstand bei der Anmeldung abzugebende Negativerklärung (§ 31 III LwAnpG). Danach soll eine Eintragung erst erfolgen, wenn eine Anfechtungsklage gegen den Umwandlungsbeschluß nicht mehr möglich ist oder keinen Erfolg mehr haben kann. Die Regelung soll verhindern, daß der Anteilsinhaber bei Unrechtmäßigkeit der Umwandlung vor vollendete, praktisch nicht rückgängig zu machende Tatsachen gestellt wird, die sein Klagebegehren gegenstandslos machen und ihn auf nur schwer realisierbare Schadensersatzansprüche beschränken[329]. Ein weitergehender Schutz der Mitgliedschaft ist zugunsten der Registerpublizität nach der Eintragung grundsätzlich nicht vorgesehen.
Das Vertrauen in die Registerpublizität, die Rechtssicherheit für die betroffenen Unternehmen spricht auch bei schwersten Mängel für eine konstitutive Wirkung der Eintragung[330].
Unbestritten haben die eingetragenen neuen Unternehmen ein Interesse an der Anerkennung ihrer Umwandlung. Die Rechtsprechung des Bundesgerichtshofes

---

325 Schmid ZGR 1997 / 493, 501.
326 BT-Drs. 9 / 1065 Seite 20,30.
327 Hagen, FS des Rheinischen Notariates, S. 261, 267; so auch Krieger ZHR 158 (1994) / 35, 44.
328 Priester NJW 1983 / 1459, 1465; Köhler ZGR 1985 / 307, 324; Grunewald, in Geßler / Eckardt / Hefermehl / Kropff, Aktiengesetz, § 325 a / 19, 20.
329 BGH vom 2.7.1990 BGHZ 112 / 9, 13, 27 zu § 354 II 1 AktG a.F..
330 So grundsätzlich die Entscheidung des BGH vom 2.12.1994 ZIP 1995 / 422 ff. mit Anm. Lohlein, Neixler EWiR 1995 / 601 f..

bedeutet für sie ein wirtschaftlich kaum abschätzbares Risiko. Das Damoklesschwert der nicht wirksamen Umwandlung und damit verbunden die Frage nach dem Vermögen der Gesellschaft, insbesondere ihrer Kreditwürdigkeit, beeinträchtigt die Tätigkeit der betroffenen Unternehmen. Die Regelung in § 34 III LwAnpG 1991 bzw. § 37 II LAG 1990 hat dagegen gerade den Zweck, den Bestand und vor allem die Vermögensübertragung dauerhaft zu sichern. *Neixler* folgert aus dieser Situation, daß die wirtschaftlich sinnvolle Regelung nicht an übertriebenem Formalismus scheitern solle[331].
Fraglich ist jedoch, ob die Beschränkung der Umwandlungswirkung tatsächlich nur übertriebener Formalismus ist. Mit der Wirksamkeit der Umwandlung ändert sich die Verfassung des Unternehmens. Die Mitgliedschaftsrechte unterliegen fortan den für die neue Rechtsform geltenden Vorschriften, wodurch der Inhalt der Mitgliedschaft neu ausgestaltet und unter Umständen die Rechte des Einzelnen verkürzt werden. Soll der betroffene Gesellschafter die rechtswidrig erfolgte Eintragung akzeptieren müssen und lediglich auf Schadensersatz verwiesen werden, wohingegen die Gesellschaft mit der Umwandlungswirkung belohnt wird?
Der numerus clausus will die Umwandlungsmöglichkeiten ausdrücklich auf die zugelassenen Fälle beschränken, d.h. insbesondere eine Anwendung des Gesetzes auf andere Umwandlungen vermeiden[332]. In den Kommentierungen zum neuen Umwandlungsgesetz findet sich daher auch die konsequente Schlußfolgerung, daß § 202 III UmwG nicht bei einem Formwechsel in einen vom Umwandlungsgesetz nicht zur Verfügung gestellten Rechtsträger gilt[333]. Eine andere Beurteilung im Landwirtschaftsanpassungsgesetz ist auch nicht deshalb geboten, weil die spätere Novelle die Umwandlungsmöglichkeiten erweiterte, da dieser Regelung keine Rückwirkung zukam[334].
Da die Umwandlungen der landwirtschaftlichen Produktionsgenossenschaften in der ehemaligen DDR der notariellen Beurkundung bedurften[335] und auch von Rechtsberatern begleitet wurden, muß man wohl unterstellen, daß die beschließenden Gesellschafter sich des Verstoßes gegen den numerus clausus bewußt waren. Wurde die nicht zulässige Umwandlung noch unter Geltung des Land-

---

[331] Neixler in Anmerkung zu OLG Rostock vom 14.3.1994 EwiR 1994 / 595, 596.
[332] Lutter, in Lutter (Hrsg.), Umwandlungsgesetz, § 1 / 18; ebenso Decher, in Lutter (Hrsg.), Umwandlungsgesetz, § 190 / 13; Leinekugel, Die Ausstrahlungswirkungen des Umwandlungsgesetzes, Seite 170 f..
[333] Decher, in Lutter (Hrsg.), Umwandlungsgesetz, § 202 / 30; Meister/Klöcker, in Kallmeyer, Umwandlungsgesetz, § 202 / 85; Schmitt/Hörtnagel, Umwandlungsgesetz, § 202 / 12
[334] Die Umwirksamkeit betrifft dabei nur jene Fälle eines Verstoßes gegen den numerus clausus, die noch unter Geltung des LwAnpG 1990 eingetragen wurden. Bei späterer Eintragung wird die unter Verstoß gegen den n.c. beschlossene Umwandlung aufgrund des dann geltenden § 34 III LwAnpG wirksam. BGH vom 7.11.1997 BGHZ 137 / 134 ff..
[335] Klepsch, Prüfungsrecht und Prüfungspflicht der Registergerichte, Diss. Jena 2002, § 9 III 2. e..

wirtschaftsanpassungsgesetzes 1990 eingetragen, war für die Gesellschafter und Dritte erkennbar, daß keine rechtliche Grundlage für die Eintragung bestand. Für die Wirksamkeit der Umwandlung können sich die Betroffenen daher nicht auf ein Vertrauen in die Publizität des Registers berufen. Im Hinblick auf die Funktion öffentlicher Register, wie sie in § 15 HGB zum Ausdruck gebracht wird, ist der Gegenmeinung insoweit zuzustimmen, daß der erfolgten Eintragung, auch bei Mißachtung zwingender gesetzlicher Vorgaben, Gestaltungswirkung zuzubilligen ist. Einzutragen ist das neue Unternehmen. Der Registereintrag bewirkt zunächst dessen Entstehung[336]. Dies besagt jedoch nicht zwingend, daß der Eintragung des neuen Unternehmens auch eine Umwandlungswirkung beizulegen ist[337].

Im Ergebnis ist der Rechtsprechung des Bundesgerichtshofes in diesen Fällen zuzustimmen. Soweit eine Rechtsfolge eingetragen wird, die gesetzlich gar nicht zugelassen ist, muß der "Heilungstatbestand" des § 34 III LwAnpG verfassungsgemäß restriktiv ausgelegt werden[338]. Der Schutz der Eigentumsrechte der Gesellschafter hinsichtlich ihrer Anteile an der Gesellschaft aus Art. 14 Abs. 1 GG[339] ist grundsätzlich mit dem Risiko belastet, daß es durch Beschlüsse der Mehrheit eine Entwicklung nimmt, die nicht den Interessen des einzelnen Gesellschafters entspricht[340]. Diesem in den umwandlungsrechtlichen Vorschriften verwirklichten Risiko steht der Grundsatz des numerus clausus gesetzlich fixierter Umwandlungsformen gegenüber[341], der somit einen gesetzlichen Mindestschutz des Gesellschafters vor willkürlichen Beeinträchtigungen seiner geschützten Mitgliedschaft absichert[342].

Ein Mangel einer Umwandlung nach dem Landwirtschaftsanpassungsgesetz liegt daher bei einem Verstoß gegen den numerus clausus nicht vor. In dieser Fallgruppe fehlt es vielmehr bereits an einer zulässigen Umwandlung, deren Mängel von § 34 III LwAnpG 1991 erfaßt würden. Ließe man auch in diesen Fällen die konstitutive Wirkung der Eintragung nach § 34 III LwAnpG zu, hieße dies, die Regelung in § 34 III LwAnpG als Inhalts- und Schrankenbestimmung

---

336 Bereits Widmann/Mayer, GmbHG, Anh. UmwG § 46 / 6–8.

337 Götz/Schrezenmaier AgrarR Sonderheft 10 / 1993 S. 21, 24.

338 BGH vom 2.12.1994 ZIP 1995 / 422 ff.; BGH vom 3.5.1996 BGHZ 132 / 353 ff..

339 Der Schutz der Mitgliedschaft durch Art. 14 Abs. 1 GG wurde bestätigt vom BVerfG vom 23.8.2000 NZG 2000 / 1214.

340 So für den Fall einer Vermögensübertragung nach § 179 a AktG auch OLG Stuttgart vom 4.12.1996 ZIP 1997 / 362, 363; Leinekugel, Die Ausstrahlungswirkungen des Umwandlungsgesetzes, Seite 91.

341 So auch Bohn/Hermann in Anm. zu BGH vom 3.5.1996 (BLw 54/95) ZfG 48 / 162, 165; Lohlein in Anm. zu OLG Rostock vom 14.3.1994 ZIP 1994 / 1065 ff..

342 Lutter, in Lutter (Hrsg.), Umwandlungsgesetz, § 1 / 23; zur Mitgliedschaft auch ausf. Lutter AcP 180 (1980) / 84, 124; zur Stellung der Mitgliedschaft auch Wiedemann, Die Übertragung und Vererbung von Mitgliedschaftsrechten bei Handelsgesellschaften, Seite 32 ff.; Bayer ZIP 1997 / 1613, 1616.

i.S.d. Art. 14 I GG anzuerkennen, da dann allein aufgrund dieser Norm die umwandlungsrechtliche Wirkung einer nicht lediglich fehlerhaften, sondern gänzlich unzulässigen Umwandlung einträte. Dies steht jedoch im Widerspruch zum numerus clausus der gesetzlichen Umwandlungsformen, der gerade im Rahmen des Gesetzesvorbehaltes des Art. 14 I GG die Umwandlungsmöglichkeiten beschränkt.
Die Grundrechte der Mitglieder, insbesondere das Grundrecht auf Eigentum, das durch die Umwandlung berührt wird, darf nicht durch die umwandlungsrechtliche Wirkung der Eintragung eines neuen Unternehmens verletzt werden, wenn die Gründung des Rechtsträgers auf dem Beschluß einer vom Gesetz nicht vorgesehenen Umwandlung beruht[343]. In diesen Fällen ist es nicht gerechtfertigt, einen Eingriff in die Mitgliedschaftsrechte des Einzelnen zum Schutz der Registerpublizität hinzunehmen.

3. Fall mangelnder Identität

Besonders umstritten in Literatur[344] und Rechtsprechung[345] waren und sind die Fälle der nicht identitätswahrenden Umwandlungen. Nach der Rechtsprechung des Bundesgerichtshofes gehören hierzu jene Fallkonstellationen, in denen einzelne Mitglieder oder Gruppen von Mitgliedern von der Teilhabe am neuen Unternehmen ausgeschlossen wurden[346]. Die Problematik nicht identitätswahrender Umwandlungen wird in einer Entscheidung des OLG Rostock vom 14.3.1994[347] besonders deutlich. Bei dem dort zu bewertenden Umwandlungsbeschluß wurden offenbar nicht alle Mitglieder am neuen Rechtsträger beteiligt[348]. Das Oberlandesgericht Rostock entschied dennoch zugunsten des neuen Unternehmens, daß die Umwandlung unter Ausschluß der nicht beteiligten Mitglieder mit der Eintragung wirksam geworden wäre und die Interessen der Betroffenen durch Bereicherungs- und Schadensersatzansprüche, gegebenenfalls auf nachträgliche Aufnahme in den Verband, ausreichend gewahrt würden.

---

343 So zu Recht BGH vom 3.5.1996 BGHZ 132 / 353 ff. mit Anm. Lohlein EWiR 1996 / 711 f., Drygala WuB 1996 / 1297, 1299.
344 Siehe hierzu insbesondere Schmidt ZIP 1998 / 181, 185 f.; Hommelhoff/Schubel ZIP 1998 / 537, 546; Kort, Bestandsschutz fehlerhafter Strukturänderungen, S. 274; Thum, Der fehlerhafte Formwechsel, Diss. Jena 2001, E.
345 BGH vom 2.12.1994 ZIP 1995 / 422 ff. mit Anm. Lohlein; BGH vom 18.12.1995 ZIP 1996 / 225 ff; BGH vom 8.5.1998 BGHZ 138 / 371 ff; OLG Rostock vom 14.3.1994 ZIP 1994 / 1062 mit Anm. Lohlein.
346 Zu den einzelnen Fallgruppen siehe unter Kapitel 2 I B.
347 OLG Rostock vom 14.3.1994 ZIP 1994 / 1062 – 1065.
348 Zum Sachverhalt OLG Rostock vom 14.3.1994 ZIP 1994 / 1062 siehe bereits unter Kapitel 2 I B. 2..

In seiner Anmerkung zu dieser Entscheidung kritisiert *Lohlein*[349] diese wirtschaftlich motivierte Auslegung. Aus der Regelung des Gesetzes ergebe sich eindeutig, daß der Gesetzgeber für die Umwandlung einer LPG nur die identitätswahrende formwechselnde Umwandlung zugelassen habe. Danach seien alle Mitglieder der LPG nach Maßgabe des Umwandlungsbeschlusses an der neuen Gesellschaft zu beteiligen[350]. Würden im Beschluß nicht alle Mitglieder berücksichtigt, liege mit der Wirksamkeit des eingetragenen Beschlusses de facto eine Mehrheitsumwandlung unter Ausschluß der nicht zustimmenden Mitglieder vor. Die Entscheidung des OLG Rostock verletze § 34 I Nr. 2 Satz 1 LwAnpG und damit den numerus clausus der Umwandlungsfälle[351]. Entgegen der Ansicht des OLG Rostock sei es nicht gerechtfertigt, den Schutz der Mitgliedschaft in eine Einforderungslast der verdrängten Mitglieder umschlagen zu lassen und das gesetzwidrige Verhalten der Mehrheit mit der Umwandlungswirkung zu belohnen[352].

Dieser Schutz der Mitgliedschaft im Landwirtschaftsanpassungsgesetz ist unstrittig. Ein Ausschluß von Mitgliedern im Rahmen der Umwandlung widerspricht der Ausgestaltung des Mitgliedschaftsrechtes in der LPG als Vermögensrecht, welches dem Schutz des Art. 14 Abs. 1 GG unterliegt[353]. Ein Eingriff in diese geschützte Rechtsposition durch das Landwirtschaftsanpassungsgesetz ist weder zulässig, noch vom Gesetzgeber gewollt. Vielmehr geht das Gesetz grundsätzlich vom Fortbestand der Mitgliedschaft auch dann aus, wenn das Mitglied der Umwandlung widerspricht[354].

Fraglich ist dagegen, ob der Schutz der Mitgliedschaft mit der Umwandlungswirkung verknüpft werden sollte. *Lohleins* Ausführungen[355] liegt die These zugrunde, daß ein Formwechsel im Sinne des Landwirtschaftsanpassungsgesetzes nur vorliegt, wenn der Beschluß auf eine formwechselnde, die Identität des Mitgliederkreises wahrende Umwandlung gerichtet ist. Dies entspricht dem Ansatz des Bundesgerichtshofes, der in der Identität ein grundlegendes und zwingendes

---

[349] Lohlein in Anmerkung zu OLG Rostock vom 14.3.1994 ZIP 1994 / 1065.
[350] Lohlein in Anmerkung zu OLG Rostock vom 14.3.1994 ZIP 1994 / 1065.
[351] Lohlein in Anmerkung zu OLG Rostock vom 14.3.1994 ZIP 1994 / 1065.
[352] So auch Wenzel, in Bayer (Hrsg.), 10 Jahre Landwirtschaftsanpassungsgesetz – eine Zwischenbilanz, Seite 17, 31.
[353] Im Unterschied zu anderen Rechtsordnungen kennt das deutsche Umwandlungsrecht nicht die Möglichkeit des Ausschlusses von Minderheitsgesellschaftern durch die Mehrheit im Zuge der Umwandlung. BverfG vom 23.8.2000 NZG 2000 / 1214; vgl. aber seit 1.1.2002 die §§ 327 a ff AktG.
[354] Neben dem Wortlaut des § 34 I Nr.2 LwAnpG 1991 wonach die Mitglieder -ohne Differenzierung- am neuen Rechtsträger beteiligt sind, ergibt sich dies auch aus § 29 I LwAnpG. Danach gelten als Gründer nur die der Umwandlung zustimmenden Mitglieder, eine Unterscheidung die überflüssig wäre, wenn die Minderheit im Zuge der Umwandlung von der weiteren Beteiligung ausgeschlossen wäre.
[355] Lohlein in Anmerkung zu OLG Rostock vom 14.3.1994 ZIP 1994 / 1065.

materielles Prinzip des Formwechsels sieht[356]. Nach gegenteiliger Auffassung wird hierbei der numerus clausus mit dem Regelungsprofil der einzelnen Umwandlungsformen vermischt[357].
Die Frage nach der Wirksamkeit des eingetragenen Formwechsels ist danach eng verknüpft mit der grundlegenden Bedeutung des Prinzips der Identität für die Regelungen des Formwechsels[358]. Ist das Prinzip der Identität ein grundlegendes Wertungsprinzip, das insbesondere als Richtungsweiser zur Lösung von Zweifelsfragen dienen kann[359] oder beschränkt sich Identität auf ein rechtstechnisches Prinzip, ohne jeden materiellen Gehalt, gar eine reine gesetzliche Fiktion[360]? Soweit man den Grundsatz der Identität als bloße Rechtstechnik betrachtet, die einen Vermögensübergang ersetzt, ist die fehlende Identität des Mitgliederbestandes konsequenterweise kein Wirksamkeitshindernis. Denkbar ist auch eine Mittellösung zwischen diesen Extrempositionen[361]. Nach dieser Lösung ist die Identität kein unumstößliches materielles Prinzip des Formwechsels, sondern nur ein insoweit zwingender Grundsatz als dies im Gesetz festgeschrieben ist. Bei Mißachtung zwingender gesetzlicher Identitätsgebote im Umwandlungsbeschluß tritt dann unabhängig vom Inhalt des Umwandlungsbeschlusses die gesetzliche Rechtsfolge -Identität- ein. Die Beantwortung dieser Frage ist ausschlaggebend für die Behandlung des nicht identitätswahrenden Beschlusses und der auf dessen Grundlage erfolgten Eintragung. Ausgangspunkt der Beantwortung nach dem Inhalt des Identitätsprinzipes ist dessen historische Entwicklung.
Die Möglichkeit des Formwechsels schuf der Gesetzgeber erstmals im Gesetz über KGaA und AG 1884. Danach war der Formwechsel zwischen der KGaA und der AG gemäß Art. 206 a ADHGB möglich. Auch in späteren Umwandlungsgesetzen wurde der Formwechsel lediglich zwischen juristischen Personen zugelassen[362]. Dem lag die lange Zeit vertretene Auffassung zugrunde, daß Gesamthandsgesellschaften keine eigene Rechtspersönlichkeit besitzen. Eine identitätswahrende Umwandlung, bei der der Rechtsträger fortbesteht, war damit

[356] BGH vom 2.12.1994 ZIP 1995 / 422 ff mit Anm. Lohlein.
[357] Schmidt ZIP 1998 / 181, 185.
[358] Hierzu ausf. Decher, in Lutter (Hrsg.), UmwG, § 190 / 6 ff..
[359] So die Auffassung der Rechtsprechung mit der Konsequenz der Unwirksamkeit der Umwandlung bei Mißachtung dieses Prinzips. BGH vom 2.12.1994 ZIP 1995 / 422, 424; BGH vom 8.5.1998 BGHZ 138 / 371, 376.
[360] So etwa Hennrichs ZIP 1995 / 794, 795; Mertens, Umwandlung und Universalsukzession, Seite 237; Meister/Klöcker, in Kallmeyer, UmwG, § 190 / 7.
[361] So die Lösung von Schmidt ZIP 1998 / 181, 185.
[362] Hierzu beispielsweise §§ 257 ff Gesetz über AG und G aA vom 30.1.1937 RGBl. I S. 588 abgedruckt in Böttcher-Meilicke, Umwandlungen,. Dort Seite 362 f. auch zur Abgrenzung zwischen Formwechsel und übertragender Umwandlung nach dem UmwG vom 12.11.1956 BGBl. I S. 844.

nicht zu vereinbaren[363]. Deshalb konnte ein Wechsel zwischen juristischer Person und Gesamthand nur durch eine Neugründung und damit verbundene Vermögensübertragung erfolgen.
Mit dieser traditionellen Unterscheidung zwischen juristischer Person und Gesamthand hat der Gesetzgeber im Landwirtschaftsanpassungsgesetz und im neuen Umwandlungsgesetz gebrochen[364]. Nunmehr ist auch eine identitätserhaltende Umwandlung rechtsformübergreifend zugelassen. Besonders deutlich ergibt sich diese Gleichstellung der formwechselnden Umwandlung mit Umwandlungen im Wege der Gesamtrechtsnachfolge[365] aus der Begründung des Diskussionsentwurfes zum Umwandlungsgesetz[366]. Danach handelt es sich um ein rein theoretisches Problem, wann von einer die Identität des Rechtsträgers wahrenden Umwandlung gesprochen werden kann. Auf welche Weise sich die rechtsgeschäftliche Änderung der Unternehmensform vollziehe, sei für das sachenrechtliche Ergebnis ohne Einfluß. Als Grund dafür verweist die Begründung des Regierungsentwurfes zum Umwandlungsgesetz auf die wirtschaftliche Kontinuität des Rechtsträgers beim Formwechsel. Diese beruhe zum einen auf der Identität des Personenkreises und dem gleichbleibenden Vermögensbestand des Rechtsträgers[367]. Durch den Formwechsel ändert sich lediglich die rechtliche Organisation des Unternehmensträgers, weshalb der wirtschaftlichen auch die rechtliche Identität entsprechen müsse[368]. Der Formwechsel stellt das Unternehmen als wirtschaftliche Einheit und nicht etwa die Gesellschaft als Rechtsträger in den Vordergrund[369].
Die Aufhebung der historisch begründeten Abgrenzung zwischen juristischen Personen und Gesamthandsgemeinschaften entspricht einer modernen Auffassung von der Natur der Personenhandelsgesellschaft[370]. Ein Formwechsel im Sinne des Entwurfes ist folglich auch dann gegeben, wenn sich die gesellschaftsrechtliche Struktur eines Unternehmens derart ändert, daß ein Rechtsträger in

---

[363] Mertens, Umwandlung und Universalsukzession, Seite 227; Decher, in Lutter (Hrsg.), Umwandlungsgesetz, § 190 / 1.
[364] Decher, in Lutter (Hrsg.), UmwG, § 190 / 2; Meister/Klöcker, in Kallmeyer, UmwG, § 190 / 7.
[365] Zur Aufhebung der Unterscheidung zwischen formwechselnder und übertragender Umwandlung Decher, in Lutter (Hrsg.), UmwG, vor § 190 / 14.
[366] Der Gesetzgeber hat die Frage eines Vermögensüberganges ausdrücklich offengelassen und die Beantwortung der Wissenschaft überlassen. Vgl. dazu bei Lutter ZGR 1990 / 392, 395.
[367] RegE Begründung, BT – Drucks. 12 / 6699, Seite 136.
[368] Timm NJW 1995 / 3209, 3212.
[369] Zöllner, FS Gernhuber, Seite 563 ff; Neye ZIP 1994 / 165, 166.
[370] Beleg für ein gewandeltes Verständnis von der Rechtsnatur der Gesamthand ist BGH vom 29.1.2001 ZIP 2001 / 330 ff.

der Rechtsform der juristischen Person gegen einen solchen in der Rechtsform der Gesamthandsgemeinschaft und umgekehrt ausgewechselt wird[371].
Die Gesetzesbegründung zum Umwandlungsgesetz[372] unterscheidet dabei zwischen Kontinuität des Unternehmens und Identität des Personenkreises bzw. Vermögensbestandes. Hierbei ist fraglich, ob die Identität des Personenkreises bei der Umwandlung Voraussetzung oder rechtliche Folge der Unternehmenskontinuität beim Formwechsel ist[373].
Zur Beschränkung der Vorstellung einer Identität zwischen juristischer Person und Gesamthand wird daher in der Literatur vielfach der formale rechtstechnische Aspekt des Identitätsgedankens betont[374]. Die Beschränkung des Identitätsgedankens auf die Rechtsfolgen der formwechselnden Umwandlung dient so als Argument für die Richtigkeit der traditionellen Unterscheidung zwischen juristischer Person und Gesamthand. Ausgehend von dieser Trennung sei Identität allein die dem Formwechsel zugrundeliegende Rechtstechnik, vergleichbar der Gesamtrechtsnachfolge[375] und tauge nicht als allgemeine Leitlinie zur Lösung der mit dem Formwechsel verbundenen Rechtsfragen, sondern erschöpfe sich in der Verneinung des Rechtsträgerwechsels[376]. Beim Formwechsel finde kein Vermögensübergang statt[377]. Es komme lediglich zu einer Änderung der für die Gesellschaft geltenden Rechtsregeln[378]. Die Ausweitung der gesetzlichen Möglichkeiten des Formwechsels, nunmehr auch zwischen juristischen Personen und Gesamthandsgesellschaften rechtfertige sich dementsprechend aus dieser Annahme einer bloßen Fiktion des Gesetzgebers zur Herstellung der rechtlichen Kontinuität des Unternehmens.
Zum selben Ergebnis gelangt *Hennrichs*[379], indem er die Möglichkeit einer Identität zwischen Rechtsträgern grundsätzlich verneint. Danach sei die historische Vorstellung, die juristische Person sei als solche Rechtsträger, der lediglich

---

[371] Aus der Stellungnahme des IDW zum Diskussionsentwurf eines Gesetzes zur Bereinigung des Umwandlungsrechtes zu § 253 (Formwechsel–allgemeiner Anwendungsbereich) WP 1989 / 340, 345.
[372] RegE Begründung, BT – Drucks. 12 / 6699, Seite 136.
[373] Wiedemann ZGR 1999 / 568, 570.
[374] Bärwaldt/Schabacker ZIP 1998 / 1293, 1294; Meister/Klöcker, in Kallmeyer, UmwG, § 190 / 7; Zöllner, in FS Gernhuber, Seite 563, 566; Mertens, Umwandlung und Universalsukzession, Seite 237.
[375] Timm NJW 1995 / 3209, 3212; Streck/Mack/Schwedhelm GmbHR 1995 / 161, 171; Hennrichs ZIP 1995 / 794, 796.
[376] Priester DB 1995 / 911, 912.
[377] Laumann, in Goutier/Knopf/Tulloch, Umwandlungsgesetz, § 190 / 37; Neye ZIP 1994 / 165, 166, Schweizer/Thöne, Das Recht der landwirtschaftlichen Betriebe, Seite 28.
[378] Neixler AgrarR 1993 / 1,3; Hennrichs ZIP 1995 / 794, 796; Streck/Mack/Schwedhelm GmbHR 1995 / 161, 170.
[379] Hennrichs ZIP 1995 / 794 ff.

in verschiedenen Formen existiert unzutreffend[380]. Mit Zöllner bestehe insoweit allenfalls die Identität eines Dr. Jekyll und Mr. Hyde[381]. Richtigerweise wechsele daher auch beim Formwechsel der Rechtsträger, nur verzichte das Gesetz hier auf die Konstruktion einer Gesamtrechtsnachfolge und fingiere statt dessen die Rechtsfolge umfassender Rechtskontinuität zwischen altem und neuem Rechtsträger[382]. Soweit eine Reduzierung des Identitätsgedankens auf eine bloße Rechtstechnik der Umwandlung, die neben die Umwandlungsform durch Gesamtrechtsnachfolge tritt, vertreten wird, ergibt sich dies somit aus der dieser Argumentation zugrundeliegenden Annahme eines grundlegenden dogmatischen Unterschiedes zwischen juristischer Person und Gesamthand, mit dem eine Identität zwischen beiden Gesellschaftsformen unvereinbar ist. Letztlich führen diese Ansichten zu einer Austauschbarkeit des Identitätsgedankens mit dem früheren Konzept der Gesamtrechtsnachfolge[383].

Im Ausgangspunkt ist diesen Ansichten darin zuzustimmen, daß aus historischer Sicht der Formwechsel als der bloße Wechsel des Rechtskleides beschrieben wurde bei dem der Rechtsträger gleich bleibe[384]. Dementsprechend wurde der Formwechsel zur Schranke zwischen juristischer Person und Gesamthandsgemeinschaft. Die materielle Bedeutung der Identität ist demgegenüber weniger intensiv diskutiert worden[385].

Mit dem heutigen Verständnis der Rechtsträgerschaft von Gesamthandsgesellschaften ist die Grundlage dieser Argumentation jedoch nicht mehr zu vereinbaren[386]. Das moderne Umwandlungsrecht will die Möglichkeiten von Unternehmen zur Veränderung ihrer rechtlichen Strukturen erleichtern. Ziel ist es dabei, das Unternehmen als wirtschaftende Handlungseinheit in seiner wirtschaftlichen und rechtlichen Kontinuität zu erhalten und nur seine rechtlichen Strukturen zu

---

[380] Hennrichs ZIP 1995 / 794, 796 der dem häufig verwendeten Metapher vom Wechsel des rechtlichen Gewandes entgegentritt. Nach Hennrichs ist der Rechtsträger nicht anderes als dieses „Gewand" und wird durch dieses gerade bestimmt, woraus folgt, daß ein Wechsel zugleich einen Wechsel des Rechtsträgers bedeutet.

[381] Zöllner ZGR 1993 / 334, 336 f.

[382] Hennrichs, Formwechsel und Gesamtrechtsnachfolge bei Umwandlungen, Seite 34.

[383] Hierzu Decher, in Lutter (Hrsg.), UmwG, § 190 / 7.

[384] So noch das Reichsgericht am 26.4.1910 RGZ 74 / 6, 9 wonach allein die Umwandlung der rechtlichen Natur einer juristischen Person möglich ist. Ausgeschlossen ist die Umwandlung jedoch, wenn es sich um die Umwandlung von Rechtsubjekten, die aus mehreren natürlichen Personen bestehen, in eine juristische Person handelt.

[385] Mertens, Umwandlung und Universalsukzession, Seite 227.

[386] Zuletzt BGH vom 29.1.2001 ZIP 2001 / 330 ff. mit Anm. Prütting EWiR 2001 / 341 f.; Schmidt NJW 2001 / 993 ff.; Ulmer ZIP 2001 / 585 ff..

ändern[387]. Nicht der Rechtsträger, sondern das Unternehmen steht im Vordergrund der Umwandlungsvorschriften[388].
Dem widerspricht die einseitige Festlegung des Identitätsprinzipes als Rechtstechnik der Vermögenszuordnung. Gerade indem der Gesetzgeber die Bedeutung der Vermögenssituation als Gesamthand oder juristische Person für die Identität der Gesellschaft aufhob, hat er sich ausdrücklich zum Gedanken einer umfassenden Identität bekannt[389]. Die Identität der Gesellschaft beim Formwechsel unterscheidet sich von der bloßen Kontinuität der Gesellschaft (=Fortsetzung durch Gesamtrechtsnachfolge) dadurch, daß bei einem Rechtsformwechsel wenigstens die Mehrheit, also das "Ensemble" der Gesellschaftsmerkmale erhalten bleiben muß[390]. Die wirtschaftliche Kontinuität des Rechtsträgers beruht danach auch auf der fast ausnahmslosen Identität des Personenkreises, der vor und nach der Umwandlung an dem Rechtsträger beteiligt ist[391]. Daß gerade die personelle Identität als wesentliches Merkmal der Identität bezeichnet wird, belegt, daß es bei der Identität nicht ausschließlich um Fragen der Rechtstechnik geht[392]. Vielmehr wollte der Gesetzgeber beim Formwechsel –über die bloße Vermögensträgerschaft hinaus– auch eine weitergehende Kontinuität sicherstellen[393].
Demzufolge ist der Rechtsprechung des Bundesgerichtshofes zur identitätswahrenden Umwandlung von landwirtschaftlichen Produktionsgenossenschaften insoweit zuzustimmen, daß die Identität des Mitgliederkreises auch ein materielles Prinzip des Formwechsels und nicht bloße Rechtstechnik ist[394].
Hieraus ergibt sich die Folgefrage, ob die Identität des Rechtsträgers ein derart tragendes Wertungsprinzip ist, daß eine Abweichung hiervon im Hinblick auf einzelne Merkmale des formwechselnden Rechtsträgers die Wirksamkeit des Formwechsels ausschließt[395].
Das gesetzgeberische Anliegen, die Kontinuität des Unternehmens sicherzustellen, findet seinen Ausdruck in § 34 I LwAnpG bzw. § 202 I UmwG sowie in § 26 I Nr. 3 LwAnpG und § 194 I Nr. 3 UmwG. Inhalt des Umwandlungsbe-

---

[387] Hennrichs ZIP 1995 / 794, 796; Hachenburg / Schilling, GmbHG, Anh. Zu § 77, § 52 Rz. 5; Scholz, GmbHG, Anh. Umwandlung, Einf. Rz. 4 .
[388] Hennrichs, Formwechsel und Gesamtrechtsnachfolge bei Umwandlungen, Seite 31.
[389] Decher, in Lutter (Hrsg.), UmwG, § 190 / 8; Schmidt ZIP 1995 / 1385, 1387.
[390] Wiedemann ZGR 1999 / 568, 575; Gaitzsch, Zur Umwandlung von Personengesellschaften in Kapitalgesellschaften, Seite 40.
[391] Begründung zum Regierungsentwurf zum UmwG BT – Drucks. 12 / 6699, Seite 136.
[392] Mertens, Umwandlung und Universalsukzession, Seite 231, wonach die Zielsetzung des Formwechsels (Kontinuität von Vermögen und Mitgliedschaft bei Diskontinuität der Verfassung) dessen Dogmatik bestimmen müssen.
[393] Schmidt AG 1985 / 150, 153; Decher, in Lutter (Hrsg.), Umwandlungsgesetz, § 190 / 6.
[394] BGH vom 2.12.1994 ZIP 1995 / 422, 425; BGH vom 18.12.1995 ZIP 1996 / 225, 226; BGH vom 8.5.1998 BGHZ 138 / 371, 376.
[395] Decher, in Lutter (Hrsg.), Kölner Umwandlungsrechtstage, Seite 201, 205.

schlusses muß danach die Beteiligung der Mitglieder am neuen Unternehmen sein. Mit der Eintragung im Register wird die Beteiligung der Mitglieder am neuen Unternehmen wirksam.
Dieser Identitätsgrundsatz ist jedoch bereits im Gesetz selbst an verschiedenen Stellen durchbrochen wurden. So ordnet das Gesetz beispielsweise die entsprechende Anwendung des Gründungsrechtes der neuen Rechtsform an (§ 29 LwAnpG, § 197 UmwG). Grundsätzlich ist eine solche Geltung im Umwandlungsrecht nicht neu[396]. Bedeutung gewinnt die Regelung jedoch vor dem Hintergrund des Identitätskonzeptes. Hier ergibt sich ein Widerspruch zwischen dem Konzept der Identität des Rechtsträgers und der Anwendbarkeit der Gründungsvorschriften. Was identisch bleibt, braucht nicht neu gegründet zu werden[397].
Im Regierungsentwurf heißt es dazu: Die strengeren Anforderungen bei der Gründung dürften beim Formwechsel nicht unterlaufen werden. Zwar soll der Formwechsel die sonst nötige Liquidation und Neugründung ersparen, doch erschöpft sich dieser Vorgang nicht in der bloßen Änderung des Gesellschaftsvertrages. Vielmehr ändert sich zugleich das für die innere Struktur und die Außenbeziehung des Rechtsträgers maßgebliche Normensystem[398]. Hintergrund der Anwendbarkeit des Gründungsrechtes im Rahmen der Umwandlung ist daher das grundlegende Prinzip des Gläubigerschutzes[399]. Hinter diesem tritt die Identität des Unternehmens zurück[400].
Weitere Beispiele hierfür sind die Festlegung des gezeichneten Kapitals (§ 29 II LwAnpG, § 220 UmwG) sowie die Nachhaftung der Kommanditisten (§ 224 UmwG). Durchbrechungen des Identitätsprinzipes finden sich daneben auch im innergesellschaftlichen Bereich. Nach § 26 I Nr. 4 LwAnpG sind im Beschluß Zahl, Art und Umfang der Anteile der Mitglieder am neuen Unternehmen zu bestimmen. Nach herrschender Ansicht darf hierbei jedoch vom Grundsatz der identischen Beteiligung abgewichen werden[401]. Dies verwundert im Hinblick auf das Identitätskonzept; denn wenn die Gesellschafter des formwechselnden

---

[396] Ähnliche Regelungen bereits im AktG a.F. §§ 362 IV, 378 I, 385 a IV, 385 g 1, 385 m IV, 389 IV, 393 i.V.m. 389 IV, die für die verschiedenen Umwandlungsformen auf die Gründungsvorschriften des Aktienrechtes verweisen.
[397] Bärwaldt/Schabacker ZIP 1998 / 1293; Meister/Klöcker, in Kallmeyer, Umwandlungsgesetz, § 197 / 7; Decher, in Lutter (Hrsg.), Umwandlungsgesetz, § 197 / 1.
[398] Laumann, in Goutier/Knopf/Tulloch, Umwandlumgsgesetz, vor § 197.
[399] Hierzu bereits Graitzsch, Zur Umwandlung von Personengesellschaften in Kapitalgesellschaften, Seite 46.
[400] Decher, in Lutter (Hrsg.), Umwandlungsgesetz, § 197 / 2; Ganske, Umwandlungsrecht, Seite 220; Picot, Unternehmenskauf und Restrukturierung, Seite 341.
[401] Decher, in Lutter (Hrsg.), Umwandlungsgesetz, § 202 / 21; Veil DB 1996 / 2529, 2530; Eilers/Müller–Eising WiB 1995 / 449, 451; Kallmeyer ZIP 1994 / 1746, 1751; Fischer BB 1995/ 2173, 2176.

Rechtsträgers nach der Umwandlung mehr oder weniger als bisher beteiligt sein können, so ist der Rechtsträger nicht mehr völlig identisch.
Eine Quotenverschiebung im Umwandlungsbeschluß bedeutet zum einen den teilweisen Entzug der Mitgliedschaft und kann andererseits die rechtliche Stellung des Anteilsinhabers wesentlich schwächen[402]. So kann ein mit 10 % an der Gesellschaft Beteiligter, der mit der Umwandlung in eine AG nur noch 9 % am Grundkapital hält, weder Sonderprüfer bestellen lassen (§ 142 I 1, II AktG) noch einem Verzicht oder Vergleich der AG über Schadensersatzansprüche entgegenwirken (§ 94 IV 3 und § 117 IV AktG). Diese und andere Minderheitenrechte gewährleisten jedoch ein Mindestmaß an Kontrolle gegenüber der Anteilsmehrheit. Hierin zeigt sich deutlich, daß die Identität ein keineswegs zwingender Grundsatz des Formwechsels ist, sondern, daß auch die formwechselnden Umwandlung eines Rechtsträgers in vielfältiger Weise auf das Mitgliedschaftsrecht des Einzelnen einwirkt[403]. Entscheidend ist daher vielmehr die hinter dem Begriff der Identität der Mitgliedschaften stehende Wertung–und die heißt Minderheitenschutz, Schutz gegen Ausschluß aus der Gesellschaft durch Mehrheitsentscheidung[404].
Zwischen dem nicht verhältniswahrenden Formwechsel, insbesondere dem nicht verhältniswahrenden Formwechsel zu Null und dem Gesellschafterwechsel beim Formwechsel besteht dabei nur ein gradueller Unterschied[405]. Der nicht identitätswahrende Formwechsel unter Ausschluß einzelner Mitglieder stellt sich lediglich als Extremfall des nicht quotenwahrenden Formwechsels dar[406]. In beiden Fällen ist die neu entstandene Gesellschaft nicht mit der ursprünglichen identisch.
Die Durchbrechung des Identitätsgrundsatzes ist dabei nach herrschender Auffassung bezüglich der Identität der Beteiligung zulässig, sofern die Rechte der Anteilsinhaber ausreichend gewahrt werden[407]. Zum Schutz der Mitgliedschaft gegen die Beeinträchtigung des Mitglieschaftsrechtes im Rahmen der Umwandlung ist deshalb für den nicht verhältniswahrenden Formwechsel die Zustimmung aller betroffenen Anteilsinhaber notwendig[408], da das Hinausdrängen

[402] Veil DB 1996 / 2529, 2530; Thum, Der fehlerhafte Formwechsel, Diss. Jena 2001, D. II. 3.c) bb) m.w.N.
[403] Ausf. hierzu auch Leinekugel, Die Ausstrahlungswirkungen des Umwandlungsgesetzes, Seite 109 ff..
[404] Bayer ZIP 1997 / 1613, 1616.
[405] Bärwaldt/Schabacker ZIP 1998 / 1293, 1295; Priester DB 1997 / 560, 566.
[406] Ausf. dazu Thum, Der fehlerhafte Formwechsel, Diss. Jena 2001, D. II. 3.c) bb).
[407] Decher, in Lutter (Hrsg.), Verschmelzung, Spaltung, Formwechsel – Kölner Umwandlungsrechtstage, 1995, Seite 201, 205; Kallmeyer ZIP 1994 / 1746, 1751; Picot, Unternehmenskauf und Restrukturierung, Seite 335; Fischer BB 1995 / 2173, 2176; Laumann, in Goutier/Knopf/Tulloch, Umwandlungsgesetz, § 194 / 16.
[408] Picot, Unternehmenskauf und Restrukturierung, Seite 335; Bayer ZIP 1997 / 1613, 1617; Veil DB 1996 / 2529, 2530; Bärwaldt/Schabacker ZIP 1998 / 1293, 1294.

von Gesellschaftern durch Mehrheitsbeschluß nicht heutigen Vorstellungen vom Schutz der Anteilsinhaber im Rahmen der Umwandlung entspricht[409]. Der Grundsatz der personellen Identität beim Formwechsel ist eine besondere Ausprägung dieses Schutzes. Der Anteilseigner kann nicht gegen seinen Willen aus der Gesellschaft ausgeschlossen werden[410]. Fehlt einem derartigen Umwandlungbeschluß die Zustimmung des Betroffenen, ist der Beschluß unwirksam[411]. Damit hat das Prinzip der Identität lediglich insoweit bindenden Charakter, als ein mitgliederverdrängender Umwandlungsbeschluß, soweit er ohne die Zustimmung der betroffenen Mitglieder gefaßt wurde, nichtig ist[412]. Die Wirksamkeit der Umwandlung als solcher wird hiervon nicht berührt, da die Identität der Mitgliedschaften -entgegen der Ansicht der Rechtsprechung[413]- kein zwingender Grundsatz der formwechselnden Umwandlung ist[414].
Weitergehend ergibt sich dann die Frage, welche Rechtsfolgen der nicht identitätswahrend beschlossene Formwechsel hinsichtlich des Ausschlusses von Mitglieder durch den Umwandlungsbeschluß hat.
Mit den Worten *Karsten Schmidt*s ist die Kontinuität der Mitgliedschaft insoweit nur ein verfängliches Zauberwort, daß die Freiheit des Blickes einschränkt[415]. Sie besage nur, daß der Beschluß eines Formwechsels nichts anderes als den Fortbestand desselben Rechtsträgers mit denselben Mitgliedern unter neuer Verfassung bewirken solle und daß die Eintragung nicht mehr und nicht weniger als diese Rechtsfolge bewirke. Das insoweit zwingend festgelegte Prinzip der Identität komme immer dann zum Tragen, wenn die Gesellschafter nicht einvernehmlich eine klare Regelung getroffen haben[416]. Rechtsfolge des eingetragenen Formwechsels sei danach das Fortbestehen des alten Unternehmens in neuer

---

409 Gesetzliche Regelungen zum sog. squeeze out sind nach Entscheidung des BVerfG vom 29.11.1962 BverfG 14 / 263, 283 jedoch grundsätzlich zulässig und wurden vom Gesetzgeber in § 327 a ff AktG vom Gesetzgeber mit Wirkung zum 1.1.2002 geregelt. hierzu bereits Schmidt GmbHR 1995 / 693, 695.

410 OLG Rostock vom 21.6.1993 AgrarR 1993 / 257, 258; Decher, in Lutter (Hrsg.), Umwandlungsgesetz, § 190 / 8.

411 Bayer ZIP 1997 / 1613, 1617; OLG Rostock vom 21.6.1993 AgrarR 1993 / 257 f..

412 Hommelhoff/Schubel ZIP 1998 / 537, 545; Decher, in Lutter (Hrsg.), Umwandlungsgesetz, § 202 / 8.

413 BGH vom 2.12.1994 ZIP 1995 / 422, 424; BGH vom 18.12.1995 ZIP 1996 / 225, 226; BGH vom 8.5.1998 BGHZ 138 / 371, 376.

414 Decher, in Lutter (Hrsg.), Umwandlungsgesetz, § 190 / 9; Bayer ZIP 1997 / 1613, 1617; Kallmeyer ZIP 1994 / 1746, 1751; Neixler EWiR 1995 / 602 f.; Picot, Unternehmenskauf und Restrukturierung, Seite 335; Fischer BB 1995 / 2173, 2176; Laumann, in Goutier/Knopf/Tulloch, Umwandlungsgesetz, § 194 / 16; weitergehend wohl Thum, Der fehlerhafte Formwechsel, Diss. Jena 2001, D. II. 3.c) bb), wonach der Formwechsel selbst identitätsneutral ist.

415 Schmidt GmbHR 1995 / 693, 693 f..

416 So auch Decher, in Lutter (Hrsg.), Umwandlungsgesetz, § 202 / 8.

Rechtsform. Die Mitglieder des alten Unternehmens seien auch am neuen Rechtsträger beteiligt.
Entsprechend diesem Ansatz löst die Eintragung eines beschlossenen Formwechsels umwandlungsrechtliche Wirkungen in dem Sinne aus, daß die Kontinuität des Unternehmens gewahrt bleibt; es mit neuem Rechtskleid weiterbesteht[417]. Der Grundsatz der Identität der Anteilsinhaber ist nach dieser Auffassung in § 34 I Nr. 2 Satz 1 LwAnpG als Rechtsfolge des Formwechsel zwingend festgeschrieben, soweit kein wirksamer vom Grundsatz der Identität abweichender Beschluß der Mitgliederversammlung vorliegt[418]. Mit der Wirksamkeit des Formwechsels ist in diesem Fall jedes Mitglied zugleich Mitglied im neuen Unternehmen.
Hommelhoff/Schubel[419] wenden sich demgegenüber gegen eine automatische Fortsetzung der Mitgliedschaft der verdrängten Genossen im neuen Unternehmen. Die vom Gesetzgeber gewollte Freiheit jedes Genossen über seine weitere Mitgliedschaft frei zu entscheiden, sei ausreichend durch einen Anspruch auf Wiederaufnahme gewahrt[420]. Gegen einen solchen Anspruch spreche auch nicht die Privatautonomie des Verbandes -so aber das Gegenargument von *Lohlein*[421]- da dieses Argument ja auch dann nicht eingreife, wenn sich ein Gesellschafter gegen einen rechtswidrigen Ausschluß wehrt[422].
Ausschlaggebend für die Beantwortung dieser Streitfrage ist, ob die Beeinträchtigung der Mitgliedschaft durch einen Ausschluß mit dem verfassungsrechtlich gewährleisteten Schutz der Mitgliedschaft vereinbar ist, da das Mitgliedschaftsrecht auch als Vermögensrecht ausgestaltet ist und den Schutz von Art 14 GG genießt[423].
Das Bundesverfassungsgericht hat sich in seiner Entscheidung vom 7.8.1962[424] mit der Frage auseinandergesetzt, ob eine gesetzliche Regelung, aufgrund derer eine Mehrheitsumwandlung unter Ausschluß einer Minderheit zulässig ist, rechtmäßig sein kann. Die vorliegende Rechtsfrage unterscheidet sich von der Problematik die der Entscheidung des Bundesverfassungsgerichtes zugrunde lag insoweit , als der Gesetzgeber in den umwandlungsrechtlichen Bestimmungen des Landwirtschaftsanpassungsgesetzes und des Umwandlungsgesetzes nicht den Ausschluß von Gesellschaftern durch Entscheid der Gesellschaftermehrheit vorgesehen hat, sondern hier die Rechtsfolgen einer gesetzwidrig beschlossenen Umwandlung in Rede stehen. Dennoch liegt beiden Fällen die Problematik zu-

---

417 Schmidt ZIP 1998 / 181, 186.
418 So die Entscheidung des BGH vom 2.12.1994 WM 1995 / 434, 437.
419 Hommelhoff/Schubel ZIP 1998 / 537 ff..
420 Hommelhoff/Schubel ZIP 1998 / 537, 545.
421 Lohlein ZIP 94 / 1065, 1067 .
422 So Thum, Der fehlerhafte Formwechsel, Diss. Jena 2001, C. III. 3 b) cc).
423 Hierzu BVerfG vom 23.8.2000 NZG 2000 / 1214.
424 BVerfG vom 29.11.1962 BVerfGE 14 / 263, 283.

grunde, wie das Verhältnis zwischen den Mehrheitsgesellschaftern und den Minderheitsgesellschaftern verfassungsgemäß ausgestaltet werden kann.
Eine gesetzlich zulässige Umwandlung unter Ausschluß der Minderheitsgesellschafter ist deshalb gemäß der Entscheidung des Bundesverfassungsgerichtes nur zulässig, wenn sie die berechtigten Interessen, der zum Ausscheiden gezwungenen Mitglieder ausreichend gewahrt werden. Ihnen muß insbesondere ein wirksamer Rechtsbehelf gegen den Ausschluß zur Verfügung stehen und die wirtschaftlich volle Entschädigung für ihre Rechtsposition muß sichergestellt sein[425].
Die grundlegende Aussage der Entscheidung des Bundesverfassungsgerichtes ist damit, daß sich das Mitgliedschaftsrecht in einen gesellschaftsrechtlichen Auseinandersetzungsanspruch umwandeln kann und damit der rechtswidrige Eingriff in das Mitgliedschaftsrecht wirksam werden kann, wenn dem Mitglied ein effektiver Rechtsschutz gegen den rechtswidrigen gesellschaftsrechtlichen Akt möglich ist. Nutzt das rechtswidrig ausgeschlossene Mitglied diese Möglichkeiten nicht, wird der Ausschluß wirksam und dem Ausgeschlossenen steht ein Ausgleichsanspruch gegen die Gesellschaft zu. Für diesen Anspruch stellt sich anschließend die Frage, ob er ausschließlich auf Entschädigung in Geld gerichtet ist[426] oder das im Zuge der Umwandlung ausgeschlossene Mitglied grundsätzlich einen Anspruch auf Wiederaufnahme in den Verband hat[427]. Hierfür ist zwischen einer gesetzlich zulässigen mitgliederverdrängenden Umstrukturierung und der gesetzeswidrig nicht identitätswahrend beschlossenen Umwandlung zu unterscheiden. Hat der Gesetzgeber die Möglichkeit zum Ausschluß der Minderheit durch einen Beschluß der Mehrheit -wie beispielsweise im Fall der Eingliederung nach § 320 ff AktG- eröffnet, so ist diese gesetzliche Regelung wirksam, sofern sie die vom Bundesverfassungsgericht aufgestellten Grundsätze beachtet, d.h. dem betroffenen Mitgliederkreis ausreichende Rechtsschutzmöglichkeiten zur Verfügung stellt und eine Regelung zur wirtschaftlichen Entschädigung für den Eingriff in die Mitgliedschaft trifft[428]. Erfolgt der Ausschluß eines Mitgliedes auf Grundlage einer solchen Bestimmung, ergibt sich der Inhalt des Ausgleichsanspruches aus dem Gesetz und ist allein auf einen finanziellen Ausgleich des gesetzlich zulässigen Ausschlusses gerichtet. Wurde der wirksam gewordene[429] Ausschluß gesetzeswidrig im Rahmen einer nicht identitätswahrenden Umwandlung beschlossen, ist der Entschädigungsanspruch nicht per Gesetz auf einen Geldanspruch beschränkt, sondern richtet sich generell auf Kom-

---

[425] BVerfG vom 29.11.1962 BVerfG 14 / 263, 285.
[426] Kort, Fehlerhafte Strukturänderungen, Seite 275.
[427] Decher, in Lutter (Hrsg.), Umwandlungsgesetz, § 202 / 53.
[428] BVerfG vom 29.11.1962 BverfG 14 / 263, 285.
[429] Zu den Voraussetzungen hierfür s.o..

pensation des Eingriffes in das Mitgliedschaftsrecht, d.h. auf Wiederaufnahme[430].
Einen anderen Lösungsansatz vertritt Thum[431]. Ausgehend von der These, daß die formwechselnde Umwandlung grundsätzlich identitätsneutral sei, müsse der Beschluß eines nicht identitätswahrenden Formwechsels deshalb als die Summe aus formwechselnder Umwandlung und rechtswidrigem Ausschluß gesehen werden, was lediglich zu einer Teilnichtigkeit des Umwandlungsbeschlusses führe[432]. Die Rechtsfolgen des Ausschlusses des Gesellschafters bestimmen sich dann allein nach den Grundsätzen über den fehlerhaften Ausschluß von Gesellschaftern[433]. Obwohl diese Lösung im Vergleich zu anderen Lösungen bei fast allen Fallgestaltungen zu identischen Rechtsfolgen für das betroffene Mitglied führt, widerspricht die Abspaltung der Ausschlußklausel vom Umwandlungsbeschluß dem dogmatischen Grundverständnis des Formwechsels[434]. Danach ist die Identität der Mitgliedschaft ein materiell rechtlicher Grundsatz der formwechselnden Umwandlung. Ein Verstoß gegen den Grundsatz der Identität berührt deshalb die immer zugleich die Rechtmäßigkeit des beschlossenen Formwechsels. Die Rechtsfolgen der nicht identitätswahrenden Umwandlung bestimmen sich allein nach § 34 III LwAnpG bzw. § 202 III UmwG.
Grundsätzlich wird daher der im Rahmen der nicht identitätswahrenden Umwandlung beschlossene Ausschluß einzelner Mitglieder mit Eintragung der neuen Rechtsform wirksam, wenn dem ausgeschlossenen Mitglied im Gesetz effektive Rechtsschutzmöglichkeiten gegen den rechtswidrigen Ausschluß zur Verfügung standen. Als Rechtsfolge des wirksam gewordenen Ausschlusses ergibt sich für das betroffene Mitglied ein Anspruch gegen die Gesellschaft auf Wiederaufnahme.
Ob die im Landwirtschaftsanpassungsgesetz vorgesehenen Klagemöglichkeiten diesen Anforderungen genügen ist fraglich. Zwar wird die Möglichkeit einer Beschlußmängelklage in § 34 LwAnpG 1990 bzw. § 37 LwAnpG 1991 vorausgesetzt, doch fehlt jede konkrete Regelung zur Ausgestaltung des Klagerechtes. Erst im Jahr 1995[435] bzw. 1996[436] schloß der Bundesgerichtshof diese Regelungslücke des Gesetzes und entschied die entsprechende Anwendung der §§ 51 GenG und 241 ff AktG. Ungeachtet der Tatsache, daß zu diesem Zeitpunkt die gesetzlich Frist zur Anfechtung der Umwandlungsbeschlüsse, die gemäß § 69 III

[430] So zutreffend auch Hommelhoff/Schubel ZIP 1998 / 537, 545.
[431] Thum, Der fehlerhafte Formwechsel, Diss. Jena 2001, E.
[432] Thum, Der fehlerhafte Formwechsel, Diss. Jena 2001, D.
[433] Thum, Der fehlerhafte Formwechsel, Diss. Jena 2001, E.
[434] Hierzu s.o.
[435] BGH vom 2.3.1995 BGHZ 126 / 335, 338.
[436] BGH vom 26.2.1996 BGHZ 132 7 84 ff..

LwAnpG bis spätestens zum 31.12.1991 gefaßt sein mußten, abgelaufen war[437], hatten in den meisten Fällen die Registerrichter zu diesem Zeitpunkt bereits die neuen Rechtsträger im Register eingetragen. Die Umwandlung war damit wirksam. Als Folge der unzureichenden gesetzlichen Regelung und auch der Unerfahrenheit der LPG-Mitglieder mit den rechtsstaatlichen Prinzipien ist es in der Praxis des Landwirtschaftsanpassungsgesetzes nur in seltensten Ausnahmefällen zu Beschlußmängelverfahren gekommen[438]. Da den durch die Gesellschaftermehrheit ausgeschlossenen Mitgliedern somit keine ausreichenden Möglichkeiten zur Abwehr des Eingriffes in ihr Mitgliedschaftsrecht zur Verfügung standen, liegen die Voraussetzungen für ein Wirksamwerden des Ausschlusses nicht vor. Eine verfassungskonforme Auslegung des § 34 III LwAnpG gebietet es vielmehr allen Mitgliedern, ihr Mitgliedschaftsrecht zu erhalten[439]. Dies geschieht jedoch nicht auf dem von der Rechtsprechung[440] und Teilen der Literatur[441] vorgeschlagenen Weg, dem neuen Unternehmen den Genuß der Umwandlungsfolgen zu versagen. Richtigerweise sind mit Wirksamkeit der Umwandlung alle Mitglieder auch am neuen Unternehmen beteiligt[442].
Der Gesetzgeber des Landwirtschaftsanpassungsgesetzes verfolgte das Ziel, die frühere Zwangskollektivierung durch einen Entscheid der Genossen positiv zu überwinden. Hierfür waren die Entscheidungsfreiheit eines jeden LPG-Mitgliedes und die Chancengleichheit aller zentral bedeutsam. Diese Gleichheit ist im Fall des Ausschlusses einzelner Mitglieder nur gewahrt, wenn diese ihrem Ausschluß zustimmen oder ihnen wirksame Rechtsbehelfe gegeben sind. Da im Landwirtschaftsanpassungsgesetz die rechtlichen Möglichkeiten zum Schutz der Minderheitsrechte nur unzureichend geregelt waren, wäre die Wirksamkeit des Ausschlusses von Mitgliedern im Zuge der Umwandlung eine willkürliche Beeinträchtigung der Rechte der Minderheit durch die Mehrheit in der LPG. Umwandlungsvorgänge, in deren Rahmen die Zukunftschancen durch einen Teil der Mitglieder einseitig zu Lasten derÜbrigen usurpiert werden, widersprechen der Zielstellung des Gesetze eindeutig[443].
Hommelhoff/Schubel[444] betonen hierbei jedoch einseitig den Schutz der Entscheidungsfreiheit des Genossen. Dieser Argumentation ist zuzugeben, daß damit für die betroffenen Unternehmen größere Rechtssicherheit bestünde. Da

---

437 Hierzu BGH vom 26.2.1996 BGHZ 132 7 84 ff.; Hommelhoff/Schubel ZIP 1998 / 537, 544.
438 So auch die Einschätzung bei Hillmann ZGR Sonderheft 14 (1998) / 187; Wenzel, in Bayer (Hrsg.), 10 Jahre Landwirtschaftsanpassungsgesetz – eine Zwischenbilanz, Seite 17.
439 Lohlein in Anmerkung zu OLG Rostock vom 14.3.1994 ZIP 1994 / 1065, 1067.
440 Hierzu Fn. 30.
441 Wenzel AgrarR 1998 / 139, 141; Lohlein in Anmerkung zu OLG Rostock vom 14.3.1994 ZIP 1994 / 1065, 1067; Tombrink AgrarR 1996 / 358.
442 So auch Schmidt ZIP 1998 / 181, 186.
443 Zutreffend Hommelhoff/Schubel ZIP 1998 / 537, 545.
444 Hommelhoff/Schubel ZIP 1998 / 537, 545.

die Umwandlung mittlerweile fast 10 Jahre zurückliegt und unter Umständen viele ehemalige Mitglieder vom Ausschluß betroffen waren, birgt die automatische Mitgliedschaft dieser Personen erhebliche paktische Probleme. Die Genossen müßten ausfindig und in Kenntnis gesetzt werden. Zudem stellt sich die Frage, wie die zwischenzeitlich getroffenen kooperativen Entscheidungen zu bewerten sind. Für Praxis, Wissenschaft und Rechtsprechung entstehen dabei eine Fülle neuartiger Probleme. Die genannten praktischen Probleme, die sich bei Unwirksamkeit des Ausschlusses der Minderheit ergeben, relativieren sich jedoch, wenn man berücksichtigt, daß ein Großteil der betroffenen Minderheitsgesellschafter dem Umwandlungsbeschluß und damit ihrem Ausschluß zugestimmt haben. In diesen Fällen ist der Ausschluß wirksam geworden. Eine Zustimmung des Mitgliedes wird man auch bejahen müssen, wenn das am neuen Rechtsträger nicht beteiligte Mitglied den zumindest faktisch vollzogenen Ausschluß in der Weise akzeptiert hat, daß es Abfindungsansprüche gegenüber der Nachfolgegesellschaft geltend macht. In diesen Fällen widerspräche es dem Willen aller Beteiligten, von einer fortbestehenden Mitgliedschaft des abgefundenen Mitgliedes im neuen Rechtsträger auszugehen. In der Praxis hat sich daher nur die Mitgliedschaft jener -vermeintlich ausgeschiedenen- Mitglieder fortgesetzt, die weder durch ihre Abstimmung in der Umwandlungsversammlung noch durch ein sonstiges Verhalten dem rechtswidrigen Ausschluß zugestimmt haben. Hierzu zählen gänzlich passive Mitglieder, welche ihrem Ausschluß weder aktiv zugestimmt, noch entsprechende Abfindungsforderungen geltend gemacht haben[445].

Der vermeintliche Ausschluß kann in diesen Fällen auch nicht nach den Grundsätzen des fehlerhaften Ausschlusses als vorläufig wirksam angesehen werden[446], da ein Eingreifen dieser Grundsätze einen Willensakt der Beteiligten und den Vollzug des Ausschlusses, d.h. eine Mitwirkungshandlung des Ausgeschlossenen voraussetzt[447]. Liegt eine solche Mitwirkung vor, wird sie regelmäßig bereits eine Zustimmung zum Ausschluß darstellen.

Überträgt man diese Grundsätze zur Wirksamkeit einer nicht identitätswahrenden Umwandlung auch auf sonstige Verstöße gegen den Grundsatz der Identität der Mitgliedschaft, kann auch in diesen Fällen ein Mitglied, das der Beeinträchtigung seines Mitgliedschaftsrechtes nicht zugestimmt hat, nicht auf Entschädigungsansprüche verwiesen werden. Soweit die Vollversammlung der LPG im Umwandlungsbeschluß ein Treuhandmodell als Zwischenstufe des Anteilserwerbes der LPG-Mitglieder beschlossen hat und zwischenzeitlich die Anteile am

---

[445] Zum Fall des Ausschlusses im Zuge des Formwechsels ausf. Thum, Der fehlerhafte Formwechsel, Diss. Jena 2001, E. I.2..

[446] Zur Anwendbarkeit dieser Grundsätze auf den Ausschluß eines Gesellschafters: BGH vom 14.4.1969 NJW 1969 / 1483.

[447] Zu den Voraussetzungen Ulmer, in Münchener Komm. zum BGB, § 705 / 286; Schmidt, in Schlegelberger, HGB, § 105 / 221; Lutter/Hommelhoff, GmbHG, § 34 / 34.

neuen Rechtsträger vom Treuhänder auf die früheren LPG-Mitglieder übertragen wurden, sind die Mitgliedschaftsrechte bereits dadurch wieder vollständig hergestellt.

C. Zusammenfassung

Abweichend von der Rechtsprechung des Bundesgerichtshofes wird an dieser Stelle nicht einer Einschränkung des Anwendungsbereiches des § 34 III LwAnpG im Fall einer nicht identitätswahrend beschlossenen Umwandlung zugestimmt. Die Identität des Mitgliederbestandes ist entgegen der Rechtsprechung keine zwingende tatbestandliche Voraussetzung des Formwechsels. Vielmehr können die Mitglieder des formwechselnden Rechtsträgers unter Beachtung der Rechte der Minderheitsgesellschafter wirksam von diesem Grundsatz abweichen. Ist ein dementsprechender Beschluß unter Zustimmung aller ausgeschlossenen Mitglieder nicht wirksam gefaßt, ist die beschlossene Umwandlung wegen der Abweichung vom Grundsatz der Identität des Formwechsels nichtig. Mit Eintragung der neuen Gesellschaft wird die Umwandlung dennoch wirksam. Die Wirksamkeit des Ausschlusses einzelner LPG-Mitglieder im Zuge der Umwandlung beurteilt sich demgegenüber danach, ob das Mitglied seinem Ausschluß zugestimmt hat. Liegt keine Zustimmung vor, ist der Ausschluß unwirksam.
Für die Fallgruppen eines gänzlich fehlenden Umwandlungsbeschlusses und eines Verstoßes gegen den numerus clausus der zulässigen Umwandlungsmöglichkeiten ist dem Bundesgerichtshof dagegen zuzustimmen, daß die Anwendbarkeit des § 34 III LwAnpG einen Beschluß zu einer -im Zeitpunkt der Eintragung- zulässigen, wenn auch fehlerhaften Umwandlung voraussetzt.

Kapitel 3: Unwirksame Umwandlungen als stecken gebliebene Sachgründungen - rechtliche Ausgangslage und registerrechtliche Behandlung -

Eine entsprechend den von der Rechtsprechung aufgestellten Wirksamkeitsvoraussetzungen vorgenommene wissenschaftliche Untersuchung[448] aller Umstrukturierungen ehemaliger LPGen in den neuen Bundesländern nach 1989 hat einen 11 %igen Anteil gescheiterter Umwandlungen aufgedeckt[449]. Insgesamt blieben von 1719 durchgeführten Umwandlungen 189 Umwandlungen unwirksam, aus denen 198 neue Rechtsträger hervorgingen, die mit einem entsprechenden Umwandlungsvermerk im Register eingetragen worden sind. Unabhängig von einer hier abweichend vertretenen Auffassung zum Anwendungsbereich des § 34 III LwAnpG, ist Ausgangspunkt der weiteren Betrachtung die Rechtsprechung des Bundesgerichtshofes. Ziel dieser Arbeit ist es dabei, die Rechtsfolgen, die sich für die LPG, den eingetragenen neuen Rechtsträger und die Mitglieder aus dem Fehlschlagen der LPG-Umwandlung ergeben, darzustellen, sich ergebende Rechtsfragen zu erörtern und letztendlich für die Beteiligten eine Möglichkeit zur Lösung der Probleme aufzuzeigen.

I. Die fehlgeschlagene Umwandlung: Ausgangslage

Die grundlegende Frage, die sich für die betroffenen Unternehmen und deren Mitglieder oder ausgeschiedene Mitglieder stellt, ist, welche Rechtsfolge der Eintragung zukommt, sofern sie nicht zur Umwandlung der ehemaligen LPG geführt hat. Die vor nunmehr weit über 10 Jahren eingetragenen Unternehmen haben seitdem vielfach erfolgreich am Wirtschaftsleben teilgenommen, ihre Betriebe erweitert und Tochterunternehmen gegründet. Für sie stellt sich zunächst das Problem, ob ihre Gesellschaft und die von ihr gegründeten Tochtergesellschaften wirksam entstanden sind. Sofern man dies bejaht, ist weiter zu klären, ob dieser Bestand ein dauerhafter ist oder die Gesellschaft im Register gelöscht werden kann.
Das umgekehrte Problem entsteht für die LPG. Sie ist im Zuge der vermeintlichen Umwandlung im Register gelöscht wurden. Welche Folgen hat die gescheiterte Umwandlung für die LPG?

---

[448] Forschungsprojekt der Deutschen Forschungsgemeinschaft unter Leitung von Prof. Dr. Walter Bayer an der Rechtswissenschaftlichen Fakultät der Universität Jena mit dem Titel: „Restrukturierungen landwirtschaftlicher Unternehmen in den neuen Bundesländern nach 1989“.

[449] Hierzu Abicht, in Bayer (Hrsg.), Abschlußbericht zum Forschungsprojekt „Restrukturierungen landwirtschaftlicher Unternehmen in den neuen Bundesländern“ Kapitel 16.

Dieser Fragenkomplex soll in den beiden nächsten Abschnitten der Arbeit beantwortet werden.

A. Bestehende Gesellschaftsstruktur

Der Bundesgerichtshof und die Landwirtschaftsgerichte hatten in ihren Entscheidungen zur Wirksamkeit von Umwandlungen keinen Anlaß, auf die Rechtsfolgen dieser Feststellung einzugehen. Diese Analyse blieb damit den Beteiligten selbst und der Rechtswissenschaft überlassen. Seitens des Bundesgerichtshofes wurde bisher unproblematisch ein Weiterbestehen der nicht umgewandelten LPG bejaht[450], so daß damit die Debatte um die Wirkung einer Löschungseintragung im Register zugunsten der auch in der Literatur vorherrschenden Lehre vom Doppeltatbestand entschieden ist[451]. Die Löschung der LPG im Register führte daher nicht zur Beendigung des Rechtsträgers, da der materielle Tatbestand des Erlöschens durch Umwandlung nicht erfüllt ist[452]. Aufgrund des Ablaufes der gesetzlichen Frist zur Umwandlung befindet sich die LPG seit dem 1.1.1992 in Liquidation[453]. Die Löschung der LPG im Register hatte auf den Bestand der Gesellschaft keinen Einfluß[454], da die Eintragung im Register der LPG nur deklaratorischen Charakter hat[455].
Umstritten ist dagegen, welche Wirkungen die Eintragung der neuen Gesellschaft im Register hervorgerufen hat. Die Entscheidung des Bundesgerichtshofes im Fall Aschara[456], die KG sei nicht aus einer formwechselnden Umwandlung der LPG hervorgegangen, läßt erkennen, daß der Senat die eingetragene Kommanditgesellschaft als existent, den Vermerk über die Umwandlung dage-

[450] BGH vom 8.5.1998 (Blw 39) NZG 1998 / 643, 644; BGH vom 8.5.1998 BGHZ 138 / 371 ff..
[451] Schmidt, Gesellschaftsrecht, § 30 VI 3 und § 11 VI 6 a; Kraft, in Kölner Komm. zum AktG, § 273 / 34 ff.; Schulze-Osterloh, in Baumbach/Hueck, GmbHG, § 60 / 57; Lutter/Hommelhoff, GmbHG, § 64 / 6; so auch OLG Stuttgart vom 30.9.1998 AG 1999 / 280 f.; OLG Stuttgart vom 28.2.1986 ZIP 1986 / 647 f..
[452] Zum Streitstand Hüffer, in Münchener Komm. zum AktG, § 262 / 84 ff. und § 273 / 14 ff. jew. m.w.N..
[453] Wenzel AgrarR 1998 / 137, 142.
Wenzel AgrarR 1998 / 137, 142.
[454] Metz, in Lang/Weidmüller/Metz/Schaffland, Genossenschaftsgesetz, § 87 / 1; BayObLG vom 18.11.1982 DB 1983 / 170 zum Fall der Löschung einer Firma nach vorangegangener Liquidation.
[455] Zu den Rechtsfolgen einer Löschungseintragung für die GmbH BayObLG vom 18.11.1982 DB 1983 / 170; OLG Düsseldorf vom 13.7.1979 GmbHR 1979 / 227.
[456] BGH vom 7.11.1997 BGHZ 137 / 134 ff.

gen als unrichtig betrachtet hat[457]. Die Eintragung der Gesellschaft entfaltet im Ergebnis nicht die dingliche Umwandlungswirkung.
Die Mitglieder der ehemaligen LPG hatten ausdrücklich die Umwandlung ihrer LPG durch Teilung beschlossen[458]. Aus dem Wortlaut des Gesetzes ergibt sich, daß der Beschluß zur Teilung inhaltlich eine Neugründung und Übertragung des Vermögens auf die neuen Rechtsträger beinhaltet (§ 4 I LwAnpG). Insoweit ist die Teilung nach dem Landwirtschaftsanpassungsgesetz mit einer Aufspaltung zur Neugründung gemäß §§ 135 ff UmwG vergleichbar. Die aufgrund eines Teilungsbeschlusses angemeldeten Rechtsträger entstehen bereits durch den Teilungsplan und den Beschluß als Vorgesellschaften[459]. Insbesondere eine Kapitalgesellschaft als Zielgesellschaft einer solchen Umwandlung entsteht nicht uno actu mit ihrer Eintragung, sondern die Zielgesellschaft verwandelt sich durch die Eintragung lediglich aus der Vorgesellschaft in eine juristische Person. Damit geht der Akt der Gesamtrechtsnachfolge einher[460]. Im Unterschied zum Formwechsel handelt es sich hier um eine übertragende Umwandlung. Für diese Form der Umwandlung wird eine Differenzierung der Eintragungswirkung hinsichtlich des Bestandes der Nachfolgegesellschaft und des Vermögensüberganges vorgenommen: Im Rahmen der übertragenden Umwandlung, bei der im Zuge des Umwandlungsbeschlusses ein neuer Rechtsträger entsteht[461], haben Rechtsfehler im Umwandlungsvorgang keinen Einfluß auf die Existenz der errichteten Gesellschaft, sobald diese im Register eingetragen ist[462].
Ebenfalls klar ist die Rechtslage auch in den Fällen, in denen eine Umwandlung der LPG durch Übertragung des Vermögens auf eine bereits bestehende Gesellschaft beschlossen wurde. Auch in diesen Fällen der übertragenden Umwandlung -wobei im Gegensatz zur zulässigen Teilung das Gesamtvermögen auf eine neu zu gründende Gesellschaft im Wege der Einzelrechtsnachfolge übertragen werden sollte- ist mit Eintragung der neuen Rechtsform der neue Rechtsräger entstanden, unabhängig davon, daß der Vermögenstransfer unwirksam war.
Anders scheint die Situation beim Formwechsel. Im Gegensatz zur übertragenden Umwandlung wird hier stets die Identität des Rechtsträgers betont. Nach der Dogmatik des Gesetzes sei am Formwechsel nur eine Gesellschaft beteiligt, die lediglich ihr Rechtskleid wechsele, so daß eine neue Gesellschaft gerade nicht gegründet werde[463]. Rechtsprechung[464] und Literatur[465] behandeln den geschei-

---

[457] Der Umwandlungsvermerk der im Fall Aschara eingetragenen ADIB GmbH & Co. KG wurde in der Folge der Entscheidung des Bundesgerichtshofes vom Registergericht in Mühlhausen (Thür.) am 18.11.1997 von Amts wegen gelöscht.
[458] Zum Sachverhalt siehe ausführlich BGHZ 137 / 134 f..
[459] Lutter, in Lutter (Hrsg.), Umwandlungsgesetz, § 4 / 17.
[460] Schmidt ZIP 1998 / 181, 183.
[461] Schwarz, in Widmann / Mayer, Umwandlungsrecht, Einführung zum UmwG Rdn. 9.
[462] Stute VIZ 1994 / 381, 384.
[463] Decher, in Lutter (Hrsg.), Kölner Umwandlungsrechtstage, Seite 205.

terten Formwechsel als stecken gebliebene Sachgründung. Die Gesellschaft sei wirksam entstanden[466]. Bedenken gegen die Annahme einer Sachgründung begegnet *Wenzel* mit der Rechtsfigur der fehlerhaften Gesellschaft[467]. Diese Grundsätze seien zwar nicht auf die eingetragene Umwandlung als solche, wohl aber auf den eingetragenen Verband anzuwenden. Unabhängig davon, ob der Gründungsvorgang fehlerhaft oder gar nichtig war, greife der Schutz der fehlerhaften Gesellschaft zunächst ein.
Die von *Wenzel*[468] behauptete Beschränkung dieser Grundsätze auf den Bestand des neuen Rechtsträgers setzt voraus, daß eine Unternehmensgründung vorliegt, die zwar fehlerhaft war, aber in Vollzug gesetzte wurde. Die Lehre von der fehlerhaften Gesellschaft ist ein Musterbeispiel richterlicher Rechtsfortbildung[469] und spätestens seit der Entscheidung des Bundesgerichtshof im 55. Band Seite 5 ff. (8)[470] gesicherter Bestandteil des Gesellschaftsrechtes. Bevor jedoch ein Eingreifen dieser Grundsätze in Betracht gezogen werden kann, muß der Tatbestand der Gründung einer Gesellschaft und deren Vollzug erfüllt sein[471].
Unklar ist jedoch, worin Rechtsprechung und Literatur die Gründung einer Gesellschaft manifestieren. Ohne Vertragsgrundlage kann es keine stecken gebliebene Sachgründung und auch keine fehlerhafte stecken gebliebene Sachgründung geben. Insbesondere muß deshalb die Nicht–Gesellschaft oder Scheingesellschaft von der fehlerhaften Gesellschaft unterschieden werden[472]. Neben einer stecken gebliebenen Sachgründung käme im Fall der gescheiterten Umwandlung auch die Annahme einer eingetragenen Scheingesellschaft in Betracht[473].
Das Gesetz formuliert, daß mit der Eintragung der neuen Rechtsform in das Register "die LPG in der im Umwandlungsbeschluß bestimmten Rechtsform weiterbesteht" (§ 34 I LwAnpG) Nach der Konzeption des Gesetzes findet eine Rechtsnachfolge gar nicht statt[474]. Es stellt sich daher die Frage, ob sich die An-

---

464 BGH vom 7.11.1997 BGHZ 137 / 134 ff; BGH vom 8.5.1998 (Blw 39 und 18/97) NZG 1998 / 643, 644 und 644, 645; Thüringer OLG vom 19.3.2001 AgrarR 2001 / 354.
465 Schmidt ZIP 1998 / 181, 184; Wenzel AgrarR 1998 / 139, 142.
466 BGH vom 5.3.1999 NL-BzAR 1999 / 244, 246; Thüringer OLG vom 19.3.2001 AgrarR 2001 / 364.
467 Wenzel AgrarR 1998 / 139, 142, 143.
468 Wenzel AgrarR 1998 / 139, 142, 143.
469 BGH vom 28.11.1953 BGHZ 11 / 190, 191; BGH vom 24.10.1951 BGHZ 3 / 285, 288; BGH vom 12.5.1954 BGHZ 13 / 320, 321; BGH vom 6.2.1958 BGHZ 26 / 330, 336.
470 BGH vom 29.6.1970 BGHZ 55 / 5, 8.
471 Zu den tatbestandlichen Voraussetzung des Eingreifen der Grundsätze der fehlerhaften Gesellschaft siehe unter I. B.
472 Schmidt AcP 186 (1986) / 421, 440.
473 Thum, Der fehlerhafte Formwechsel, Diss. Jena 2001, D. II. 2. a) unter Verweis auf die fehlgeschlagenen Umwandlungen nach § 11 THG.
474 Hennrichs ZIP 1995 / 794, 795.

nahme einer stecken gebliebenen Sachgründung für das neu eingetragenen Unternehmen mit diesem Ausgangspunkt vereinbaren läßt?
An anderer Stelle dieser Arbeit wurde bereits herausgearbeitet, daß es sich bei dem Grundsatz der Identität des Formwechsels um ein Wertungsprinzip handelt, das dem Formwechsel zwingend zugrunde liegt, soweit dies gesetzlich verankert ist[475]. Daneben ist die Identität des Rechtsträgers aber zugleich die Regelungstechnik des Gesetzes, um beim Formwechsel die rechtliche und wirtschaftliche Kontinuität des Unternehmens zu gewährleisten[476]. In diesem Zusammenhang wurde bereits der Frage nachgegangen, inwieweit die Identität der Mitgliedschaft zwingende Voraussetzung für die Wirksamkeit des Formwechsels ist.
Für die Frage nach dem wirksamen Entstehen der eingetragenen Gesellschaft muß entschieden werden, ob das Prinzip der Identität -als die der Umwandlung zugrundeliegende Rechtstechnik- sich von jenem der übertragenden Umwandlung grundlegend unterscheidet oder der Formwechsel eine vom Gesetzgeber neben den sonstigen Umwandlungsformen geschaffene Möglichkeit zur Änderung der rechtlichen Strukturen eines Unternehmens ist. Bejaht man den dogmatischen Unterschied zwischen Identität einerseits und Kontinuität durch Gesamtrechtsnachfolge andererseits, stellt sich der Formwechsel lediglich als die Veränderung des rechtlichen Rahmens der Gesellschaft, als Änderung ihrer Satzung, dar. So verstanden wäre Identität nicht das dem Formwechsel zugrunde liegende Prinzip, sondern dogmatischer Ausgangspunkt des Formwechsels.
Interpretiert man die Vorschriften zum Formwechsel ausgehend von der Zielstellung, eine vollkommene Kontinuität des Unternehmens bei gleichzeitiger Diskontinuität des Rechtsträgers zu schaffen, liegt der Unterschied zur übertragenden Umwandlung in der rechtstechnisch fortgeschritteneren Methode des Formwechsels. Dann wird man den Formwechsel als gesellschaftsrechtlich vereinfachte Sachgründung[477], Umgründung[478] oder auch modifizierte Neugründung[479] begreifen können. Der Vorgang der Umwandlung wird hierdurch erheblich vereinfacht[480]. Probleme und Einzelfragen im Zusammenhang mit der Gesamtrechtsnachfolge, insbesondere steuerliche Hürden der Vermögensübertragung, entfallen[481].

---

[475] Siehe dazu Kapitel 2 III. B. 3.
[476] Siehe dazu Kapitel 2 III. B. 3.
[477] Mayer, in Widmann/Mayer, Umwandlungsrecht, Bd. IV § 197 UmwG / 3, Lohlein in Anm. zu BGH vom 5.3.1999 EWiR 1999 / 1021, 1022.
[478] Stengel, in Haritz/Benkert, UmwStG 1996, Einf. Rdn. 62.
[479] Bärwaldt/Schabacker ZIP 1998 / 1293, 1297,
[480] Hennrichs, Formwechsel und Gesamtrechtsnachfolge bei Umwandlungen, Seite 31.
[481] Zu den unterschiedlichen Behandlungen des Formwechsels im Bereich der Ertrags- bzw. Verkehrssteuern ausf. Schaumburg, in Lutter (Hrsg.), Umwandlungsgesetz, Anhang § 304.

Historisch war das Rechtsinstitut des Formwechsels systematisch von vornherein vom übrigen Umwandlungsrecht abgekoppelt[482]. Dementsprechend wurde der Formwechsel nur zwischen juristischen Personen zugelassen[483]. Eine Identität war nach historischem Verständnis nicht denkbar, sondern hätte den Wechsel des Rechtsträgers vorausgesetzt, was gegenüber der bloßen Satzungsänderung beim Formwechsel ein Mehr bedeutet hätte. Mit der Veränderung der gesellschaftsrechtlichen Diskussion um die Rechtsträgerschaft von juristischen Personen und Gesamthandsgesellschaften wurde dieses dogmatische Verständnis des Formwechsels zunehmend kritisiert.
So begründet *Hennrichs*[484], daß die angenommene Identität lediglich Fiktion sei. In Wirklichkeit genüge es nicht von einem Wechsel des Rechtskleides zu sprechen, man müsse dann auch einen Blick auf das werfen, was unter dem Kleid sei. Würde etwa eine GmbH in eine AG umgewandelt, so sei die AG nicht derselbe Rechtsträger wie die GmbH. Beide Gesellschaften seien zwar juristische Personen, gleichwohl aber ebenso zu unterscheidende Rechtssubjekte wie zwei verschiedene Menschen. AG und GmbH seien nicht verschiedene Rechtskleider derselben juristischen Person, sondern sie selbst seien diese juristische Person. Die juristische Person sei danach nicht Rechtsträger an sich, sondern in ihrer jeweiligen Gestalt. Richtigerweise wechsele deshalb auch bei der formwechselnden Umwandlung der Rechtsträger, nur verzichte der Gesetzgeber hier auf die Konstruktion der Gesamtrechtsnachfolge und fingiere statt dessen die umfassende Rechtskontinuität zwischen altem und neuen Rechtsträger[485].
Mit der Neuregelung des Formwechsels im UmwG 1995[486] hat sich der Gesetzgeber in einem symbolischen Akt gegen den klassischen Gegensatz und die Zweiteilung des deutschen Gesellschaftsrechtes in juristische Personen und Gesamthandsgemeinschaften entschieden[487]. Umwandlungsdogmatisches Relikt ist jedoch der historische Gegensatz zwischen Identität und Universalsukzession[488]. Die so historisch verstandene Dogmatik der Identität kann unter der aktuellen Gesetzeslage nicht mehr vertreten werden. Vielmehr muß der Formwechsel mit *Hennrichs*[489] aus den Höhen der Mystik herabgeholt und als das betrachtet werden, was er tatsächlich ist, nämlich eine Rechtstechnik zur Gewährleistung der

---

[482] Mertens, Umwandlung und Universalsukzession, Seite 230; Streck/Mack/Schwedhelm GmbHR 1995 / 161, 170; Laumann, in Goutier/Knopf/Tulloch, Umwandlungsgsesetz, § 190 / 3; Hennrichs ZIP 1995 / 794, 796; hierzu bereits unter Kapitel 2 III B. 3).
[483] Siehe hierzu die früheren Rechtsvorschriften: Art. 206 a ADHGB zum FW der KGaA in die AG, später in § 332 ff HGB 1987, zum FW zwischen Kapitalgesellschaften auch § 257 ff AktG 1937 und § 362 ff AktG 1965.
[484] Hennrichs, Formwechsel und Gesamtrechtsnachfolge bei Umwandlungen, Seite 33, 34.
[485] Hennrichs, Formwechsel und Gesamtrechtsnachfolge bei Umwandlungen, Seite 34.
[486] Umwandlungsgesetz vom 28.10.1994 §§ 190 ff..
[487] Lutter ZGR 1990 / 392, 395.
[488] Mertens, Umwandlung und Universalsukzession, Seite 238.
[489] Hennrichs ZIP 1995 / 794, 795.

Kontinuität des sich umwandelnden Unternehmens. Allein durch die wirtschaftliche Kontinuität des Unternehmens unterscheidet sich der Formwechsel von den übrigen Arten der Umwandlung. Das Vermögen des Rechtsträgers soll weder wie bei der Verschmelzung oder Vermögensübertragung mit einem anderen Unternehmensvermögen vereinigt noch wie in den drei Fällen der Spaltung in irgendeiner Weise aufgeteilt werden. Was sich durch den Formwechsel ändern soll ist allein die rechtliche Organisation des Unternehmensträgers. Daher muß der wirtschaftlichen auch die rechtliche Identität entsprechen[490]. Darüber hinaus ist auch der Formwechsel mit Änderungen verbunden, so daß bei Identität im Gegensatz zur Gesamtrechtsnachfolge wenigstens einzelne zentrale Merkmale des Rechtsträgers erhalten bleiben müssen. Der Regierungsentwurf nennt daher den Mitgliederbestand und die Vermögensausstattung als Eckpfeiler eines Rechtsformwechsels[491].

Im Übrigen ist der Formwechsel mit den anderen Umwandlungsarten durch eine Reihe systematischer Parallelen verbunden. Abgesehen von der gesetzlichen Technik zur Gewährleistung der Vermögenskontinuität entsprechen sich die Umwandlungsformen in ihrem Zweck und ihren wesentlichen Elementen. Unabhängig von der Ausgestaltung der einzelnen Umwandlungsart besteht die Funktion des Umwandlungsrechtes darin, Liquidation, Einzeleinbringung und Neugründung zu vermeiden, weshalb jede Umwandlung vom Urzustand her betrachtet, Züge einer vereinfachten Sachgründung oder Sachkapitalerhöhung trägt[492]. Das Vermögen des Ausgangsrechtsträgers geht bei dessen gleichzeitiger Auflösung vollständig und uno actu auf einen neuen Rechtsträger über. Die Mitglieder setzen ihre Mitgliedschaft in der neuen Beteiligungsform fort. Darüber hinaus sind für alle Umwandlungsarten, die zur Bildung bisher nicht vorhandener Gesellschaften führen, die jeweiligen Gründungsvorschriften anzuwenden[493]. Für den Formwechsel ergibt sich dies aus §§ 197 UmwG, 29 LwAnpG.

Die Anwendbarkeit der Gründungsvorschriften wird von einigen Autoren für unvereinbar mit dem Grundsatz der Identität beim Formwechsel angesehen[494]. Die Veränderung beim Formwechsel bestehe nicht in der Überführung des Vermögens, sondern in der Überführung eines bestehenden und mit Vermögen ausgestatteten Rechtsträgers aus seiner bisherigen Organisations- und Vermögensverfassung in eine andere[495]. Die Anwendung der Vorschriften diene daher le-

---

490 BegrRegE UmwG § 189 ff., abgedruckt in Ganske, Umwandlungsrecht, Seite 209.

491 Wiedemann ZGR 1999 / 568, 575; hierzu auch Graitzsch, Zur Umwandlung von Personengesellschaften in Kapitalgesellschaften, Seite 40.

492 Schmidt ZIP 1995 / 1385, 1386; Lohlein in Anm. zu BGH vom 5.3.1999 EWiR 1999 / 1021, 1022.

493 Beispielweise § 36 II 1 UmwG bzgl. Verschmelzung zur Neugründung; § 135 II 1 UmwG bzgl. Spaltung zur Neugründung.

494 Decher, in Lutter (Hrsg.),Kölner Umwandlungsrechtstage, Seite 201, 211.

495 Schmidt ZIP 1995 / 1385, 1389.

diglich dem Schutz vor Umgehung strengerer Vermögensvorschriften, durch Prüfung, ob der Vermögenszustand den veränderten Normativbestimmungen entspricht[496]. Bei einer umfassenden Anwendung der Normen würde entgegen dem Grundgedanken des Formwechsels quasi eine Neugründung erforderlich. Der hinter dieser Argumentation stehende Gedanke ist, daß es sich beim Formwechsel lediglich um eine Änderung der Verfassung des Rechtsträgers, um eine Satzungsänderung handelt[497]. Durch den entsprechenden Vermerk im Register würde die Gesellschaft eindeutig als durch Formwechsel entstandener neuer Träger des LPG–Vermögens gekennzeichnet. Die eindeutigen Registereintragungen seien nicht auslegungsfähig und könnten nicht in die konstitutive Eintragung einer Neugründung umgedeutet werden[498].
Diese simplifizierende Auffassung widerspricht der klaren gesetzgeberischen Vorstellung. Danach ist die Rechtsformänderung nicht lediglich Satzungsänderung, sondern geht wesentlich hierüber hinaus[499]. Die Kontinuität der Vermögenszuordnung ändert nichts an der Verschiedenheit zwischen der Gesellschaft in alter und neuer Rechtsform[500]. Die Möglichkeit, einen Rechtsträger durch Formwechsel umzuwandeln, soll eine sonst notwendige Liquidation und Neugründung ersparen. Daher sind die Gründungsvorschriften nicht uneingeschränkt anwendbar. Insbesondere die für eine Neugründung notwendigen Formalia sollen vermieden werden. Hieraus jedoch den umgekehrten Schluß zu ziehen, daß ein Formwechsel bloße Satzungsänderung ist, überbetont das Prinzip der Identität. Die Identitätsvorstellung taugt nicht als allgemeine Leitlinie zur Lösung der mit dem Formwechsel verbundenen Rechtsfragen. Sie erschöpft sich in der Verneinung der Liquidation und der Vermögensübertragung[501]. Eine Übertragung soll nicht stattfinden, und zwar auch nicht im Wege der Universalsukzession. Darin liegt die Bedeutung, aber zugleich auch die Grenze der Identitätsthese[502].
Im Formwechsel liegt damit nicht eine bloße Satzungsänderung. Vielmehr ist auch der Formwechsel die liquidationslose Auflösung der bisherigen Gesellschaft und gleichzeitige Errichtung einer Nachfolgegesellschaft, die nahtlos an die Stelle des alten Rechtsträgers tritt[503]. Entscheidender Publizitätsakt der Ein-

---

[496] Laumann, in Goutier/Knopf/Tulloch, Umwandlungsgesetz, vor § 197; Meister/Klöcker, in Kallmeyer, Umwandlungsgesetz, § 197 / 5.
[497] Decher, in Lutter (Hrsg.), Umwandlungsgesetz, § 197 / 23, 24; Meister/Klöcker, in Kallmeyer, Umwandlungsgesetz, § 197 / 1; Thum, Der fehlerhafte Formwechsel, Diss. Jena 2001, D. II 2. b).
[498] Dehne AgrarR 1998 / 208, 209.
[499] BegrRegE zum UmwG zu § 197, abgedruckt in Ganske, Umwandlungsrecht, Seite 220; Laumann, in Goutier/Knopf/Tulloch, Umwandlungsgesetz, vor § 197.
[500] Priester DB 1995 / 911, 912.
[501] Bärwaldt/Schabacker ZIP 1998 / 1293, 1297.
[502] Priester DB 1995 / 911, 912, Zöllner DB 1973 / 2077, 2078.
[503] Begr. UmwG BR-Drs. 75 / 90.

tragung ist entgegen der oben dargestellten Ansicht nicht der Umwandlungsvermerk. Der Gesetzgeber knüpft die Umwandlungswirkung vielmehr an die Eintragung des neuen Rechtsträgers; § 34 I LwAnpG. Bei Scheitern der Umwandlung liegt eine stecken gebliebene Sachgründung vor[504].
Die hier vertretene Auffassung wird auch durch die Rechtsprechung zur fehlerhaften Umwandlung nach § 11 Treuhandgesetz (TreuhG) belegt. Die dort vorgesehene gesetzliche Umwandlung erforderte gerade keinen rechtsgeschäftlichen Akt, sondern vollzog sich allein durch die Eintragung im Handelsregister. Erfolgte diese zu Unrecht -in § 11 III TreuhG waren bestimmte Betriebe von der Umwandlung ausgenommen-, konnte mit der Eintragung der GmbH i.G. die Gesellschaft nicht entstehen[505]. In diesen Fällen liegt kein Entstehungstatbestand vor. Die Eintragung im Register hat dann lediglich zu einer Scheingesellschaft geführt[506]. Derartige Scheingesellschaften haben rechtlich keinen Bestand und unterliegen der Amtslöschung nach § 142 FGG.[507]

B. Gründungsmängel und fehlerhafte Gesellschaft

Nach der hier vertretenen Ansicht führte damit die Eintragung zur Entstehung des Scheinrechtsnachfolgers. Unabhängig hiervon zu beurteilen ist die Frage, ob die Eintragung rechtmäßigerweise hätte vorgenommen werden dürfen. Mängel der Umwandlung und der Gründung hat der Registerrichter bzw. Rechtspfleger von Amts wegen zu beachten. Insoweit obliegt ihm eine formelle und materielle Prüfungspflicht, deren Verletzung zu Amtshaftungsansprüchen führen kann[508].
Für die entstandenen Gesellschaften und deren Gesellschafter stellt sich nunmehr die Frage, ob der Rechtsträger dauerhaften Bestand erlangt hat oder, ob es sich um eine wirksame aber fehlerhafte Gesellschaft handelt, die möglicherweise aufgelöst oder gelöscht werden kann.

---

[504] BGH vom 7.11.1997 BGHZ 137 / 134 ff; BGH vom 8.5.1998 (Blw 39 und 18/ 97) NZG 1998 / 643, 644 und 644, 645; so auch eindeutig Thüringer OLG vom 19.3.2001 AgrarR 2001 / 354.
[505] OLG Dresden vom 24.2.1999 NZG 1999 / 957, 960, Neye Anm. zu AG Charlottenburg vom 10.3.1992 EwiR 1992 / 387, 388.
[506] AG Charlottenburg vom 10.3.1992 ZIP 1992 / 520, 521.
[507] Neye Anm. zu KG vom 19.10.1992 EwiR 1993 / 397, 398.
[508] Zur Haftung des Registerrichters ausf. Klepsch, Prüfungsrecht und Prüfungspflicht der Registergerichte, Diss. Jena 2002, § 5 IV; Neixler AgrarR 1993 / 1,4.

1. Tatbestand

Tatbestand der fehlerhaften Gesellschaft ist die Entstehung einer Gesellschaft, die nach allgemeinen Grundsätzen anfänglich unwirksam oder anfechtbar wäre und deren tatsächliche Invollzugsetzung[509].
Für die erste Fallgruppe unwirksamer Umwandlungen, in denen ein Beschluß nicht gefaßt und somit auch keine neue Gesellschaft begründet wurde, liegt keine fehlerhafte Gesellschaft, sondern lediglich eine eingetragene Scheingesellschaft vor[510].
Wurde die Umwandlung der LPG von den Mitgliedern beschlossen, beinhaltete der Beschluß zur Teilung der LPG unzweifelhaft die Auflösung der LPG, die Neugründung der künftigen Gesellschaften und die Übertragung des geteilten Vermögens auf die entstehenden Rechtsträger, da die Umwandlung durch Teilung vom Gesetzgeber als rechtlich vereinfachte übertragende Umwandlung ausgestaltet wurde. Im Fall des Formwechsels einer LPG ist dagegen streitig, wie der Übergang des Vermögens auf die Nachfolgegesellschaft bewerkstelligt wird. Entgegen einer historisch begründeten Ansicht, daß es sich beim Formwechsel lediglich um eine Änderung des Rechtskleides bzw. der Satzung der bestehenden Rechtsperson handelt, wird hier vertreten, daß die formwechselnde Umwandlung die rechtlich erleichterte und umwandlungstechnisch modernste Möglichkeit der sonst notwendigen Auflösung und Sachgründung ist[511].
Der Beschluß der Mitgliederversammlung der LPG war somit in allen Fällen auf eine Rechtsnachfolge des neu gegründeten Rechtsträgers nach der LPG bzw. auf eine Identität gerichtet. Die Mitglieder wollten ihre Mitgliedschaft im neuen Unternehmen fortsetzen und dazu ihre Anteile an der LPG in Anteile an der neuen Gesellschaft überführen. Die bloße Neugründung einer Gesellschaft konnte diese Wirkungen nicht herbeiführen. Man kann daher unterstellen, daß -hätten die Mitglieder der LPG von ihrem Irrtum über die Wirksamkeit der von ihnen gewählten Umwandlungsform gewußt- sie eine Neugründung allein nicht gewollt und beschlossen hätten[512]. Dennoch wurde der Vertrag notariell beur-

---

[509] Vgl. die ständige Rechtsprechung BGH vom 28.11.1953 BGHZ 11 / 190, 191=LM zu § 105 HGB m. Anm. Fischer, m. Anm. Duden JZ 1954 / 240; BGH vom 24.10.1951 BGHZ 3 / 285, 288; BGH vom 12.5.1954 BGHZ 13 / 320, 321, 323; BGH vom 6.2.1958 BGHZ 26 / 330, 336.
[510] Zur Problematik BGH vom 28.11.1953 BGHZ 11 / 190, 191=LM zu § 105 HGB m. Anm. Fischer=JZ 1954 / 240 m. Anm. Duden.
[511] Zur Diskussion siehe unter I. A.
[512] Thum, Der fehlerhafte Formwechsel, Diss. Jena 2001, D II. 2.e. die hieraus jedoch den Schluß zieht, daß kein Gründungsakt, sondern lediglich eine Scheingesellschaft vorliegt.

kundet[513] und die Organe der neuen Gesellschaft bestellt. Die Gesellschaft wurde danach zur Eintragung im Register angemeldet und eingetragen[514].
Fehlerhaft ist der Gründungsakt der Gesellschaft auch insoweit, als die Parteien die Vorschriften über die Sacheinlagen bei Kapitalgesellschaften nicht beachtet haben[515]. Die Gründungsvorschriften für die jeweiligen Rechtsformen waren nach § 4 III, 29 LwAnpG für die Errichtung der Rechtsträger im Rahmen der Umwandlung nur entsprechend anzuwenden. Insbesondere die Bestimmungen über die Aufbringung des Gesellschaftskapitals wurden dabei von den umwandlungsrechtlichen Normen überlagert.
Aufgrund der angenommenen Umwandlungswirkung wurden daher in den Satzungen der Gesellschaften ausschließlich Bestimmungen über die Höhe der einzelnen Anteile getroffen. Die Aufbringung des dementsprechenden Kapitales sollte durch den Übergang des Vermögens der LPG, d.h. durch das landwirtschaftliche Unternehmen, erfolgen.
Konkret wurden die Anforderungen in §§ 5 IV GmbHG bzw. 27 AktG an eine Sachgründung nicht beachtet.
In den Fällen der Umwandlung in eine eingetragene Genossenschaft, bei der die Einbringung einer Sache als Einlageleistung auf den Geschäftsanteil unzulässig ist[516], fehlt es in der Satzung an der zwingenden Bestimmung über die Höhe und Fälligkeit des auf den Geschäftsanteil einzuzahlenden Anteiles nach § 7 GenG[517].
Zwar wird der Wille der Gesellschafter im Zweifel auf die Aufrechterhaltung des Gesellschaftsvertrages gerichtet sein, so daß bei fehlerhaften Gesellschaftsverträgen in der Regel nur von einer Teilnichtigkeit auszugehen ist[518]. Wegen der kausalen Verknüpfung der Neugründung mit der Umwandlung der LPG wird man jedoch davon ausgehen müssen, daß bei Scheitern der Umwandlung

---

[513] Die Beurkundungspflicht für die Satzung bei Umwandlung einer LPG ergibt sich aus § 6 I DVO zum LwAnpG vom 8.8.1990 abgedruckt in Schweizer, Das Recht der landwirtschaftlichen Unternehmen nach dem Landwirtschaftsanpassungsgesetz, Anhang I. 5..
[514] Entsprechend § 31 I 1 LwAnpG ist das neue Unternehmen zur Eintragung im zuständigen Register anzumelden, dessen Eintragung dann die in § 34 LwAnpG normierten umwandlungsrechtlichen Wirkungen hat.
[515] Zum Fall einer GmbH Thüringer OLG vom 4.9.1996 AgrarR 1997 / 287, 288.
[516] RG vom 23.2.1907 RGZ 65 / 223, 225; Beuthien, Genossenschaftsrecht, § 7 / 7; Hettrich/Pöhlmann, Genossenschaftsrecht, § 7 / 7.
[517] So zumindest in jenen Fällen, in denen der zur Unwirksamkeit führende Mangel der Umwandlung nicht die Wahl eine unzulässigen Umwandlungsart –übertragende Umwandlung- war, da in diesen Fällen die Errichtung der Genossenschaft, neben der Vermögensübernahme, typischerweise als Neugründung ausgestaltet ist und dementsprechend die Einzahlungspflichten nach § 7 GenG in der Satzung festgelegt sind. Ebenfalls finden sich derartige Regelungen, wenn die neu entstehende Genossenschaft auf die Aufnahme weiterer Genossen oder die spätere Zeichnung weiterer Anteile ausgelegt war.
[518] BGH vom 29.1.1962 WM 1962 / 462, 463 f.; Pörnig, Die Lehre von der fehlerhaften Gesellschaft“ § 2 I 2.

ein insgesamt nichtiges Rechtsgeschäft nach § 139 BGB vorliegt, da die Entstehung der neuen Gesellschaft nur für diesen Fall gewollt war[519]. Da es gerade nicht der Wille der Gesellschafter war, unabhängig von ihrer bisherigen Rechtsform eine neuen Gesellschaft ins Leben zu rufen; insbesondere die zur Gründung erforderlichen Mittel bereitzustellen, wäre bei strikter Anwendung des Bürgerlichen Gesetzbuches daher das Rechtsgeschäft insgesamt nichtig (§ 139 BGB).
Zweite Voraussetzung der fehlerhaften Gesellschaft ist die Invollzugsetzung des Rechtsträgers, wozu bei Kapitalgesellschaften[520] und eingetragenen Genossenschaften[521] bereits deren konstitutive Eintragung im Register genügt. Bei Personenhandelsgesellschaften, deren Entstehung als Rechtsträger nicht von ihrer Eintragung im Register abhängt, sind dagegen neben der Eintragung weitere Vollzugsakte nötig[522].
Dieses oft schwierig festzumachende Merkmal der fehlerhaften Gesellschaft kann in den hier zu behandelnden Fällen unzweifelhaft bejaht werden, da die betreffenden Rechtsträger seit Jahren am Rechtsverkehr teilnehmen.
Der Tatbestand, daß in dem Entstehungsakt einer Gesellschaft Fehler auftreten, die zur Nichtigkeit der Gesellschaft führen würden, wird in der Praxis entsprechend den Grundsätzen der fehlerhaften Gesellschaft nicht mit der Rechtsfolge der Nichtigkeit belegt, soweit die betroffene Gesellschaft im Register eingetragen und in Vollzug gesetzt worden ist[523]. In den hier zu untersuchenden Fällen sind die Rechtsträger im Register eingetragen und bereits seit Jahren werbend tätig. Die Voraussetzungen der fehlerhaften Gesellschaft sind daher erfüllt, so daß die Gesellschaften trotz fehlerhafter Satzung unter Durchbrechung der allgemeinen Rechtsgeschäftslehre als fehlerhafte Gesellschaften wirksam ins Leben getreten sind[524].

---

[519] Palmin, in Erman, BGB, § 139 / 10 ff; Mayer-Maly, in Münchener Kommentar zum BGB, § 139 / 12.

[520] BGH NJW 1996 / 659, 669; Ulmer, in FS Flume, Bd. II Seite 301, 311; Schmidt, Gesellschaftsrecht, § 6 I 3.

[521] Metz, in Lang/Weidmüller/Metz/Schaffland, Genossenschaftsgesetz, § 5 / 17; Hettrich/Pöhlmann, Genossenschaftsgesetz, § 6 / 2.

[522] BGH vom 8.11.1965 BGHZ 44 / 235, 236; Schmidt AcP 186 (1986) / 421, 429; Pörnig, Die Lehre von der fehlerhaften Gesellschaft, § 1 II. 5; Kort, Bestandsschutz fehlerhafter Strukturänderungen im Gesellschaftsrecht, § 3 A. III. 1; Baumbach/Hopt, Handelsgesetzbuch, § 105 / 8.

[523] S.a. Schmidt AcP 186 (1986) / 421, 441 und die ständige Rechtsprechung des Bundesgerichtshofes BGH vom 6.2.1958 BGHZ 26 / 330, 336; BGH vom 12.5.1954 BGHZ 13 / 320, 321 w.N. unter Kapitel 3 I. A.

[524] So auch Wenzel AgrarR 1998 / 139 / 143; Stute VIZ 1994 / 381, 383.

Diese Rechtsfolge wird lediglich dann begrenzt, wenn vorrangige Interessen der Allgemeinheit oder einzelner Personen entgegenstehen.[525] Hierbei kommt es entscheidend auf die konkreten Umstände des einzelnen Falles an. Ein vorrangiges Interesse der Allgemeinheit an der Nichtigkeit der neuen Gesellschaft wäre danach beispielsweise gegeben, wenn schutzwürdige Belange einzelner Mitglieder, ausgeschiedener Mitglieder oder Gläubiger betroffen oder zwingende Verbotsnormen durch die Anerkennung als fehlerhafte Gesellschaft verletzt würden[526].
Die Gründung der Gesellschaft stellt als solche keinen Verstoß gegen ein Verbotsgesetz im Sinne von § 134 BGB dar. Nach Ansicht *Wenzels*[527] ist die Anerkennung der fehlerhaften Gesellschaft hier auch nicht durch vorrangige Interessen der Allgemeinheit oder schutzwürdiger Personen begrenzt. Die schutzwürdigen Belange der LPG-Mitglieder sind bereits dadurch gewahrt, daß die LPG in Liquidation fortbesteht und damit eine Vermögensauseinandersetzung gewährleistet ist.
Die nicht ordnungsgemäß durchgeführte Vermögensauseinandersetzung wird im Rahmen der Liquidation der LPG nachgeholt. Das hierfür nötige Vermögen der LPG kann vom Liquidator der LPG von der Gesellschaft zurückgefordert werden[528]. Der Bestand der Gesellschaft steht dem nicht entgegen. Darüber hinaus ist auch ein schutzwürdiges Interesse einzelner Mitglieder an der Nichtigkeit der Gesellschaft ex tunc nicht erkennbar. Ihre vermögensmäßigen Interessen werden durch die Liquidation der LPG geschützt. Jene, die im Zuge der Umwandlung aus der neuen Gesellschaft gedrängt wurden, können hieraus ebenfalls kein schützenswertes Interesse herleiten. Durch das Fortbestehen der LPG i. L. stehen sie im Ergebnis ebenso, als wenn die übrigen Mitglieder das neue Unternehmen – zulässigerweise – ohne sie gegründet hätten[529].
Ebenso stehen auch die Interessen der Gläubiger der Anerkennung der fehlerhaften Gesellschaft nicht entgegen. Im Gegenteil dient die rechtliche Wirksamkeit der Entstehung der Gesellschaft, mit der sie in Geschäftsbeziehungen stehen, dem Schutz ihrer Gläubigerinteressen.

2. Rechtsfolge: Auflösung der Gesellschaft

Für die nach den Grundsätzen der fehlerhaften Gesellschaft entstandenen Rechtsträger und deren Gesellschafter stellt sich nunmehr die Frage, ob ihre Ge-

---

[525] BGH vom 29.6.1970 BGHZ 55 / 5, 9; BGH vom 25.3.1974 BGHZ 62 / 234, 241; BGH vom 24.9.1979 BGHZ 75 / 214, 217 f..
[526] BGH vom 30.4.1955 BGHZ 17 / 160, 167 f. für die Beteiligung Minderjähriger.
[527] Wenzel AgrarR 1998 / 139, 142; kritisch auch Schmidt AcP 186 (1986) / 421, 448.
[528] Siehe hierzu ausführlich unter Kapitel 8 und 9.
[529] Wenzel AgrarR 1998 / 139, 143.

sellschaft mit der Eintragung dauerhaften Bestand erlangt hat oder die Mängel der Gründung eine Auflösung ex nunc rechtfertigen können. Liegt ein Auflösungsgrund nicht vor, so hat dies zur Folge, daß das neue Unternehmen als ein mit der LPG nicht identischer Verband endgültigen Bestand erlangt. Die bisher fehlende Umwandlungswirkung tritt dagegen nicht ein[530].
Handelt es sich um eine Kapitalgesellschaft oder Genossenschaft, so kommt eine Auflösung durch Nichtigkeitsklage in Betracht. Wenn schwere Satzungsmängel vorliegen -wesentliche Satzungsbestimmungen fehlen oder nichtig sind-, kann nach §§ 275 ff AktG, 75 ff GmbHG, 94 ff GenG Klage erhoben werden mit dem Antrag, daß die Gesellschaft (Genossenschaft) für nichtig erklärt werde. Das Urteil wirkt rechtsgestaltend für die Zukunft und bringt die Gesellschaft zur Auflösung. Andere Nichtigkeitsgründe als die in den entsprechenden Normen aufgeführten können nicht geltend gemacht werden[531]. Die Normen haben den Zweck, den Rechtsverkehr vor sachwidriger, rückwirkender Nichtigkeit der Gesellschaft zu schützen. Dieser Schutz entspricht dem Grundgedanken des Rechtsinstitutes der fehlerhaften Gesellschaft, daß der einmal ins Leben getretene Verband tatsächlich und rechtlich besteht. Weitergehend sichern die abschließend aufgezählten Nichtigkeitsgründe den zukünftigen Fortbestand des Rechtsträgers trotz etwaiger Gründungsmängel, soweit diese nicht als Nichtigkeitsgründe Bedeutung erlangen[532].
Jene Nichtigkeitsgründe bestehen in ausgewählten Mängeln des Gesellschaftsvertrages der Gesellschaft, wobei allein die Nichtigkeit bestimmter wesentlicher Bestimmungen des Gesellschaftsvertrages und nicht bereits die Unwirksamkeit des Gesellschaftsvertrages nach allgemeinem bürgerlichen Recht einen Nichtigkeitsgrund darstellt.
So führen bei der Aktiengesellschaft und der GmbH allein fehlende oder nichtige Bestimmungen über die Höhe des Grundkapitals oder den Gegenstand des Unternehmens zur Auflösung der Gesellschaft. Beide Satzungsbestimmungen sind im Fall der stecken gebliebenen Sachgründung jedoch in den Gründungssatzungen vorhanden.
Im Unterschied zu den Kapitalgesellschaften ist im Genossenschaftsrecht die Bestimmung der Höhe der einzelnen Geschäftsanteile und die Bestimmung der Einzahlungspflichten auf die Geschäftsanteile, zu denen jeder Genosse verpflichtet ist, wesentliche Satzungsbestimmung[533]. Das Fehlen der Festlegungen nach § 7 GenG ist Nichtigkeitsgrund nach §§ 95 I, 94 GenG. Im Fall der Neu-

---

530 Wenzel AgrarR 1998 / 139, 143.
531 BGH vom 9.10.1956 BGHZ 21 / 378, 381; Schulze/Osterloh, in Baumbach/Hueck, GmbH-Gesetz, § 75 / 9
532 Hüffer, Aktiengesetz, § 275 / 2-4; Ulmer, in Staub Großkomm. zum HGB, § 105 / 327ff; Schaffland, in Lang/Weidmüller/Metz/Schaffland, Genossenschaftsgesetz, § 94 / 1.
533 Metz, in Metz/Schaffland, Genossenschaftsgesetz, § 7; Hettrich/Pöhlmann, Genossenschaftsgesetz, § 7 / 5.

gründung der Genossenschaft als Folge der gescheiterten Umwandlung ist zwar die Höhe der Geschäftsanteile bestimmt, jedoch fehlt es regelmäßig an der Festlegung der Einzahlungspflichten, da die Genossen insoweit davon ausgingen, daß ihre gezeichneten Geschäftsanteile in voller Höhe durch die Umwandlung der Anteile an der LPG erbracht werden[534]. Da dies nicht möglich war, fehlt es an der zwingenden Satzungsbestimmung nach § 7 Nr. 1 GenG. Insbesondere ergibt sich eine dahingehende Aussage auch nicht durch Auslegung der Satzung, was bei Fehlen einer ausdrücklichen Regelung ebenfalls zum Fortbestand der Genossenschaft genügt[535]. Den Gründungsmitgliedern kann nicht generell unterstellt werden, anstelle der gescheiterten Umwandlung eine Einzahlungspflicht in voller Höhe der Geschäftsanteile gewollt zu haben, da für den Fall des Scheiterns der Umwandlung bereits ein isolierter Gründungswille der Genossen abgelehnt werden muß. Daher liegt im Fall der im Rahmen der unwirksamen Umwandlungen eingetragenen und entstandenen Genossenschaften regelmäßig ein Auflösungsgrund nach § 95 I, 7 Nr. 1 GenG vor, der im Einzelfall positiv festgestellt werden muß. Aufgrund einer entsprechenden Klage, zu deren Erhebung jeder Genosse und jedes Mitglied des Vorstandes oder Aufsichtsrates (§ 94 GenG) berechtigt ist, kann die Genossenschaft für nichtig erklärt werden, sofern der Mangel nicht bis zur Rechtskaft des Urteiles durch Nachholung der fehlerhaften Satzungsbestimmung durch Beschluß der Generalversammlung geheilt wird[536]. Die Genossenschaft wäre dann in entsprechender Anwendung der Liquidationsvorschriften abzuwickeln.

Obwohl das Genossenschaftsgesetz keine Frist zur Erhebung der Nichtigkeitsklage bestimmt, ist die entsprechende Anwendung des § 275 III AktG gerechtfertigt. Das der Norm zugrundeliegende Interesse, den Bestand der Gesellschaft, die 3 Jahre tätig war, nicht mehr durch die Klage eines Gesellschafters in Frage zu stellen, ist auch für die eingetragene Genossenschaft zu bejahen[537]. Sofern dennoch im Einzelfall ein Interesse an der Löschung der fehlerhaften Gesellschaft bestünde, könnte dem durch ein Amtslöschungsverfahren genügt werden, das die Interessen aller Beteiligten umfassend abwägt. Eine derartige Fallgestaltung ist in der Praxis regelmäßig nicht vorstellbar.

Bei den übrigen Gesellschaftsformen, was vorliegend nur die Kommanditgesellschaft in Form der GmbH & Co. KG ist, kann das verbandsrechtliche Rechtsverhältnis nur durch Auflösung der Gesellschaft aus wichtigem Grund nach §

---

[534] Zu den Ausnahmen hiervon siehe bereits die Beispiele in Fn. 462.

[535] Schaffland, in Lang/Weidmüller/Metz/Schaffland, Genossenschaftsgesetz, § 95 / 3; Hettrich/Pöhlmann, Genossenschaftsgesetz, § 94 / 2; Beuthien, Genossenschaftsgestz, § 94 / 3; Müller, Genossenschaftsgesetz, § 95 / 3.

[536] Hettrich/Pöhlmann, Genossenschaftsgesetz, § 6 / 2; Metz, in Lang/Weidmüller/Metz/Schaffland, Genossenschaftsgesetz, § 6 / 62; Müller, Genossenschaftsgesetz, § 6 / 2.

[537] Beuthien, Genossenschaftsgesetz, § 96 / 1; Müller, Genossenschaftsgesetz, § 96 / 5.

133 I, 161 II HGB gelöst werden. Fraglich ist in diesem Zusammenhang, ob die Fehlerhaftigkeit der Gesellschaft bereits per se einen wichtigen Grund darstellt. Das Reichsgericht hatte dazu in einer grundlegenden Entscheidung erkannt, daß Mängel des Statutes gegenüber der in Vollzug gesetzten Gesellschaft als solche nicht geltend gemacht werden können, sondern nur in Form der Auflösung aus wichtigem Grund nach § 133 ff HGB Beachtung finden können[538]. Demgegenüber vertrat der Bundesgerichtshof[539] zunächst die Ansicht, daß allein die Gründungsmängel der Gesellschaft die nachträgliche Auflösung der Gesellschaft begründen, da es bei den Grundsätzen der fehlerhaften Gesellschaft allein darum geht, die rückwirkende Beseitigung des Gesellschaftsvertrages zu verhindern[540]. Nach anderer Ansicht muß dagegen der wichtige Grund von Fall zu Fall festgestellt werden. Danach erschöpft sich das Institut der fehlerhaften Gesellschaft nicht darin, daß aus einer Abwicklung ex tunc eine Abwicklung ex nunc wird. Es liegt vielmehr eine im Außen- und Innenverhältnis wirksam begründete Gesellschaft vor[541] und es ist zum jetzigen Zeitpunkt zu entscheiden, ob die Fehlerhaftigkeit der Gründung noch fortwirkt und nachträglich zur Auflösung der Gesellschaft führt[542]. Erkennt man die fehlerhafte Gesellschaft nicht nur als Faktum, sondern als die aufgrund des Gesellschaftsvertrages ins Leben getretene Gesellschaft an, ist die Einschränkung der Möglichkeit der nachträglichen Auflösung durch das Reichsgericht konsequent. Die Gegenmeinung schränkt demgegenüber die Geltendmachung der Gründungsmängel bei Rechtsmißbrauch oder Verletzung von Gesellschafterpflichten ein[543]. Der Bundesgerichtshof argumentierte in einer späteren Entscheidung[544], daß soweit der Gründungsmangel nur eine einzelne Vertragsbestimmung betrifft, im allgemeinen der Vertrag aufrecht erhalten bleibt und an die Stelle der mangelhaften Bestimmung die angemessene Regelung tritt. Darin liegt die folgerichtige Weiterführung des Grundsatzes, daß fehlerhafte Gesellschaftsverhältnisse nicht rückwirkend vernichtet werden können, sofern der geschaffene Zustand grundsätzlich Anerkennung verdient. Ohne die Ergänzung würde die Anwendung dieses Grundsatzes zu untragbaren Ergebnissen führen[545]. Insbesondere für die hier in Frage stehende Rechtsform der GmbH & Co. KG mit einer Vielzahl von Kommanditisten entschied der Bundesgerichtshof[546], daß an Stelle der Auflösung der Gesellschaft ein Ausscheiden des klagenden Gesellschafters in Betracht zu ziehen ist,

---

538 RG vom 13.11.1940 RGZ 165 / 193, 203; RG vom18.9.1934 RGZ 145 / 155, 158.
539 BGH vom 24.10.1991 BGHZ 3 / 285, 290, 291f
540 BGH vom 10.12.1973 BGHZ 62 / 20, 26; ebenso Hueck, Gesellschaftsrecht, § 13 III 2 b.
541 Kübler, Gesellschaftsrecht, § 25 III 1 a.
542 Schmidt AcP 186 (1986) / 421, 442.
543 So Flume, Die Personengesellschaft, § 2 III.
544 BGH vom 30.3.1967 BGHZ 47 / 293, 301.
545 BGH vom 30.3.1967 BGHZ 47 / 293, 301.
546 BGH vom 9.12.1974 BGHZ 63 / 345 ff..

was vor allem nach der Einführung des gesetzlichen Kündigungsrechtes in § 131 III Nr. 3 HGB[547] Vorrang vor der Auflösung der Gesellschaft hat.
Bezogen auf die im Zuge der vermeintlichen Umwandlung entstandenen Gesellschaften bedeutet dies, daß die fehlerhaften Bestimmungen über die Aufbringung des Gesellschaftskapitals nur dann einen Grund für die nachträgliche Auflösung der Kommanditgesellschaft nach § 133 I, 161 II HGB darstellen, wenn sie noch heute ein wichtiger Grund für die Auflösung sind[548]. Ein solcher ist anzunehmen, wenn der Gründungsmangel das Zusammenwirken der Gesellschafter zur Erreichung des Gesellschaftszweckes beeinträchtigt und die Fortführung unzumutbar ist.[549] Ob diese Situation gegeben ist, muß im einzelnen Fall untersucht werden. Beispielhaft nennt das Gesetz in § 133 II HGB die Nichterfüllung einer wesentlichen mitgliedschaftlichen Pflicht durch einen Gesellschafter oder die Unmöglichkeit der Erfüllung dieser Pflicht. Eine solche Nichterfüllung könnte hier vorliegen, da die gezeichneten Kommanditanteile bisher nicht erbracht worden sind. Allerdings handelt es sich hierbei nicht um die einseitige Pflichtverletzung eines Gesellschafters, sondern um die Rechtsfolge der bislang unerkannten Fehlerhaftigkeit der Gründung bzw. der Umwandlung.
Generell spricht auch gegen die Auflösung, daß die Gesellschaft seit mehreren Jahren werbend tätig ist. Zudem kann die Auflösung der Gesellschaft nur dann zulässig sein, wenn keine weniger einschneidenden Maßnahmen in Betracht kommen, wie die Kündigung der Mitgliedschaft des Gesellschafters nach § 161 II, 132, 131 III Nr. 3 HGB.

II. Löschung der Eintragungen

Nachdem im letzten Abschnitt die Struktur der mit der Eintragung entstandenen Rechtsträger untersucht worden ist, soll im weiteren der Frage nachgegangen werden, ob für die aufgrund der unwirksamen Umwandlung erfolgten Eintragungen eine Rechtsgrundlage zur Löschung besteht. Zu unterscheiden ist dabei zwischen den Eintragungen, die nicht der materiellen Rechtslage entsprechen, wie der Umwandlungsvermerk bzw. die Löschung der LPG im LPG-Register, und den Eintragungen der neuen Rechtsträger, die zwar die tatsächliche Situation richtig wiedergeben, aber dennoch häufig durch Anregungen zur Löschung an das Registergericht angegriffen wurden.
Bevor hinsichtlich der einzelnen Einträge im Register mögliche Rechtsgrundlagen für eine Löschung geprüft werden, soll zunächst herausgearbeitet werden,

---

[547] Möglichkeit zu Kündigung der Mitgliedschaft in der Kommanditgesellschaft eingefügt durch HRefG vom 22.6.1998 BGBl. I. Seite 1474.
[548] Schmidt, in Schlegelberger, Handelsgesetzbuch, § 133 / 11; Emmerich, in Heymann, Handelsgesetzbuch, § 105 / 96; Flume, Personengesellschaft, § 2 III; a.A. Ernsthaler, in GK zum HGB, § 105 / 24.
[549] Baumbach/Hueck, Handelsgesetzbuch, § 133 / 5.

welche Eintragungen nach dem Gesetz vorgenommen worden sein müßten und welche rechtliche Bedeutung ihnen jeweils zukam. Im Landwirtschaftsanpassungsgesetz sind zwei verschiedene Varianten der Umstrukturierung vorgesehen, deren Anmeldung und Eintragung jeweils gesondert geregelt ist. Dementsprechend werden zuerst die im Fall eines Formwechsels und anschließend die bei Teilung einer LPG erfolgten Eintragungen dargestellt.

A. Eintragungen bei formwechselnder Umwandlung

Im Fall des Formwechsels einer ehemaligen LPG bestimmen sich die Eintragungen im Register der LPG und im Register des neuen Rechtsträgers nach § 31 LwAnpG, der in seiner Ausgestaltung dem § 198 UmwG fast identisch nachgebildet ist. Maßgebende Eintragung ist danach die des neuen Rechtsträgers im zuständigen Register. Gemäß § 31 I 1 LwAnpG ist die neue Gesellschaft zur Eintragung anzumelden, wobei allein diese Eintragung die konstitutive umwandlungsrechtliche Wirkung nach § 34 I 1 LwAnpG erzeugt[550].
In Verbindung mit der Registrierung des neuen Rechtsträgers wurde zugleich ein Vermerk über dessen Entstehung durch Umwandlung aus einer ehemaligen LPG, ein sogenannter Umwandlungsvermerk, eingetragen[551].
Im Gesetz ist die Eintragung eines solchen Vermerkes nicht ausdrücklich vorgeschrieben[552]. Dennoch läßt die gesetzliche Formulierung in § 31 I 4 LwAnpG, wonach von Amts wegen der Tag der Eintragung der Umwandlung im Register des neuen Rechtsträgers dem LPG-Register mitzuteilen ist, den Schluß zu, daß der Gesetzgeber von einem auf die Umwandlung hinweisenden Vermerk im Register der neuen Gesellschaft ausging[553].
Abweichend vom allgemeinen Umwandlungsrecht, wo der Vorstand zugleich die Umwandlung der Gesellschaft im alten Register anzumelden hat und erst danach die Eintragung der neuen Gesellschaft zulässig ist[554], erfolgt die Eintragung der Umwandlung der LPG im LPG-Register von Amts wegen. Der Vorstand hat lediglich einen Hinweis auf die bevorstehende Umwandlung zum LPG-Register anzumelden, dessen Eintragung Voraussetzung für die Eintragung des neuen Unternehmens ist (§ 31 II LwAnpG). Nach der konstitutiv wirkenden Eintragung des neuen Rechtsträgers war auf entsprechenden Hinweis des Regi-

---

550 BGH vom 4.11.1994 AgrarR 1995 / 28 mit Anm. Neixler; Kallmeyer, Umwandlungsgesetz, § 198 / 21; a.A. Schweizer, Das Recht der landwirtschaftlichen Betriebe nach dem Landwirtschaftsanpassungsgesetz, Rdn. 268.
551 Der Umwandlungsvermerk entfaltet lediglich deklaratorische Wirkung. Wenzel AgrarR 1997 / 33, 36.
552 So auch OLG Brandenburg vom 29.3.1995 ZIP 1995 / 1457, 1459.
553 Bestätigt in BGH vom 4.11.1994 WM 1995 / 349, 350.
554 § 198 II 3 UmwG.

stergerichtes die erfolgte Umwandlung im LPG-Register einzutragen. Gemäß § 31 I 5 LwAnpG beinhaltet die Eintragung der Umwandlung im LPG-Register die Eintragung des Tages der Eintragung des Unternehmens neuer Rechtsform im Register. Soweit daher von einer Löschung der LPG gesprochen wurden ist, entspricht dies zwar dem in der Praxis zumeist gebrauchten Terminus, meint jedoch die Eintragung der Umwandlung im LPG-Register. Daß im Fall des Formwechsels gerade keine Löschung des formwechselnden Rechtsträgers erfolgt, ergibt sich auch aus dem bereits dargestellten Grundprinzip der Identität beim Formwechsel. Der Rechtsträger besteht in der neuen Rechtsform fort (§ 34 I Nr.1 LwAnpG). Der bereits zuvor eingetragene Hinweis auf die bevorstehende Umwandlung ist mit der späteren Eintragung der Umwandlung hinfällig. Sobald diese eingetragen wurde, hatte das LPG-Register alle die LPG betreffenden Unterlagen dem Register des Sitzes der neuen Rechtsform zu überstellen. Damit wurde das Registerblatt der vermeintlich formgewechselten LPG geschlossen[555]. Zusammengefaßt wurden somit im Regelfall in Bezug auf die vermeintliche Umwandlung der neue Rechtsträger im zuständigen Register, ein Vermerk auf seine bevorstehende Entstehung durch Umwandlung im LPG-Register und die erfolgte Umwandlung selbst im Register der ehemaligen LPG eingetragen.
In der registerrechtlichen Praxis wurde entgegen den beschriebenen Regelungen jedoch vereinzelt auch statt der Umwandlung die Löschung der LPG im LPG-Register eingetragen, obwohl das Register der vermeintlichen Nachfolgegesellschaft diese aufgrund des Umwandlungsvermerkes als durch Umwandlung aus der LPG entstanden ausweist[556].

B. Eintragungen bei Teilung

Im Gegensatz zum Formwechsel sind die gesetzlichen Bestimmungen im Landwirtschaftsanpassungsgesetz über die Eintragung der Teilung einer LPG nur sehr kurz, so daß allein aus dem Wortlaut des Landwirtschaftsanpassungsgesetzes eine Auslegung nur teilweise möglich ist. Wie im Fall des Formwechsels sind gemäß § 10 LwAnpG die neuen Unternehmen zur Eintragung in das Register anzumelden. Darüber hinaus bestimmt das Gesetz lediglich in § 11 I 1 LwAnpG, daß die Eintragung der Teilung im Register die im Folgenden geregelten Wirkungen hat. Offen läßt der Gesetzestext, welcher Eintrag mit dem Terminus „Eintragung der Teilung“ gemeint ist, da neben der Anmeldung der

[555] Hierzu Decher, in Lutter (Hrsg.), Umwandlungsgesetz, zum entsprechenden § 198 / Rdn. 5.

[556] Informationen hierüber basieren auf Einsichtnahmen in LPG-Registerblätter in Thüringen im Rahmen der rechtstatsächlichen Erhebungen des Forschungsprojektes von Prof. Dr. W. Bayer (Univ. Jena), „Rechtsprobleme der Restrukturierung landwirtschaftlicher Unternehmen in den neuen Bundesländern nach 1989“.

neuen Unternehmen keine weiteren Anmeldungen im Landwirtschaftsanpassungsgesetz normiert sind.
Wegen der Anlehnung der umwandlungsrechtlichen Normen im Landwirtschaftsanpassungsgesetz an das allgemeine Umwandlungsrecht kann auch im Fall der Teilung zur Auslegung auf die entsprechenden Bestimmungen im Umwandlungsgesetz zurückgegriffen werden. Die Teilung nach Landwirtschaftsanpassungsgesetz ist dabei der Spaltung nach den §§ 123 ff UmwG, insbesondere der Aufspaltung zu Neugründung (§ 135 ff UmwG), nachgebildet. Deren Anmeldung und Eintragung ist in §§ 137 und 131 I i.V.m. 135 I 1 UmwG näher geregelt[557]. Danach sind die neu entstandenen Rechtsträger im jeweils zuständigen Register zur Eintragung anzumelden. Gleichzeitig hat der Vorstand des übertragenden Rechtsträgers, was vorliegend die LPG wäre, nach § 137 II UmwG die Spaltung zur Eintragung in das Register des übertragenden Rechtsträgers anzumelden. Diese zweite Anmeldepflicht ist im Landwirtschaftsanpassungsgesetz nicht bestimmt. In Anbetracht der Vorschriften im Umwandlungsgesetz kann § 11 I 1 LwAnpG jedoch nur dahingehend ausgelegt werden, daß auch bei einer Teilung nach dem Landwirtschaftsanpassungsgesetz neben der Registrierung der neuen Unternehmen auch die Teilung im Register der LPG einzutragen ist[558]. Die Umwandlungsrechtliche Wirkung nach § 11 I LwAnpG wird dabei durch die Eintragung der Teilung bewirkt, d.h. daß im Unterschied zum Formwechsel nicht die Eintragung der neuen Gesellschaften, sondern erst der Eintrag im LPG–Register konstitutiv für die Gesamtrechtsnachfolge ist[559]. Dieser Unterschied, der ebenso im allgemeinen Umwandlungsrecht besteht, resultiert aus dem Bestreben des Gesetzgebers, für die Wirksamkeit der Maßnahme jeweils einen einheitlichen Zeitpunkt zu gewährleisten[560]. Beim Formwechsel kann stets nur ein Rechtsträger neu entstehen, während bei einer Teilung mindestens zwei neue Unternehmen aus der Umwandlung hervorgehen müssen, deren Eintragung im Normalfall zu verschiedenen Zeitpunkten erfolgt. Als einheitlicher Zeitpunkt für die Wirksamkeit der Teilung kann daher nur die Eintragung der Teilung im LPG–Register maßgebend sein[561].
Zusammengefaßt werden daher im Fall der Teilung die neuen Unternehmen eingetragen, deren Eintragung für ihre Entstehung konstitutiv ist. Daneben wird die Teilung im Register der LPG eingetragen, wodurch die LPG ohne eine weitere

---

[557] Hierzu Bayer/Wirth ZIP 1996 / 817 ff..
[558] Nies, in Clem, Vermögen und Investition in der ehemaligen DDR, Komm. zum LwAnpG, § 11 / Rdn. 1; Schweizer, in Kimme, Offene Vermögensfragen, Komm. zum LwAnpG, § 11 / Rdn. 1.
[559] Zur Spaltung OLG Düsseldorf vom 14.12.1998 NZG 1999 / 176, 177.
[560] Priester, in Lutter (Hrsg.), Umwandlungsgesetz, § 130 / Rdn. 4; Bayer/Wirth ZIP 1996 / 817, 821.
[561] Wirksamkeit bei Teilung mit Eintrag LPG-Register entsprechend der Regelung in § 131 I UmwG zur Aufspaltung.

Löschung erlischt und der Vermögens- und Anteilsübergang wirksam wird. Ebenso wie im Fall des Formwechsel wurden auch bei Teilungen im Register der neuen Unternehmen sogenannte Umwandlungsvermerke eingetragen, die auf die Entstehung der Gesellschaft aus einer ehemaligen LPG hinweisen. Auch hier hat dieser Vermerk ausschließlich deklaratorische Bedeutung.

C. Möglichkeit der Löschung der Eintragungen

In Anbetracht der gefestigten Rechtsprechung[562] zur Unwirksamkeit der Umwandlungen ehemaliger LPGen in den bereits dargestellten Fallgruppen wurden in den vergangenen Jahren verstärkt Anregungen zur Löschung vorhandener Registereinträge an die jeweiligen Register herangetragen. Dies führte meist dazu, daß die Registergerichte die Möglichkeiten der Löschung von Registereinträgen zumindest geprüft und teilweise entsprechende Verfahren eingeleitet haben[563]. Für den Fall der Unwirksamkeit der Umwandlung trotz Eintragung soll daher das registerrechtliche Schicksal der soeben dargestellten Registereintragungen untersucht werden. Soweit eine rechtliche Grundlage zur Änderung des Registers bzw. zur Löschung einzelner Einträge besteht, wird darüber hinaus erörtert, welchem Personenkreis ein Beschwerderecht gegen die Entscheidungen des Rechtspflegers und im Verfahren der freiwilligen Gerichtsbarkeit eingeräumt ist.

1. Löschung der eingetragenen Gesellschaft

Häufiges Begehren der Antragsteller an das Registergericht war die Löschung der im Zuge der Umwandlung entstandenen und eingetragenen Gesellschaft. Typischerweise handelte es sich hierbei um eingetragene Genossenschaften. Daneben entstanden aber auch Aktiengesellschaften, GmbH's und Kommanditgesellschaften; letztere ausschließlich als GmbH & Co. KG's. Für die Löschung einer Genossenschaft sind dabei die Vorschriften der §§ 147 II, 142, 143 FGG, für AG und GmbH die §§ 144, 142, 143 FGG einschlägig. Diese Gesellschaften entstehen im Gegensatz zu den Personengesellschaften erst durch die Eintragung im Register als juristische Personen. Der Gesetzgeber hat sich aus Gründen der Rechtssicherheit für die grundsätzliche Erhaltung der einmal getätigten Eintra-

---

[562] Vgl. für viele BGH vom 3.5.1996 BGHZ 132 / 353 ff mit Anm. Lohlein EWiR 1996 / 711 f., Drygala WuB 1996 / 1297, 1299; BGH vom 1.7.1997 BGHZ 137 / 134 ff mit Anm. Lohlein EWiR 1998 / 135 f., Drygala WuB 1998 / 239 f.; BGH vom 8.5.1998 BGHZ 138 / 371 mit Anm. EWiR 1998 / 659 f., Krüger JZ 1998 / 482f..

[563] Die Angaben basieren auf den im Rahmen des DFG-Forschungsprojektes durch Einsicht in die einschlägigen Registerakten gewonnenen Erkenntnisse.

gung entschieden und eine Löschung der Gesellschaften als nichtig nur unter den speziellen Voraussetzungen der §§ 144, 147 II FGG vorgesehen[564]. Die demgegenüber allgemeine Rechtsgrundlage zur Löschung von Registereintragungen in § 142 FGG ist für die Löschung der genannten Rechtsformen daher nicht anwendbar[565].

Gemäß § 147 II FGG kann eine Genossenschaft nach den Vorschriften der § 142, 143 FGG von Amts wegen als nichtig gelöscht werden, wenn die Voraussetzungen einer Nichtigkeitsklage gemäß § 94, 95, 6, 7, 119 GenG vorliegen. Ein solcher Grund wäre beispielsweise das Fehlen einer wesentlichen Bestimmung des Statutes, wie die Firma, der Unternehmensgegenstand oder die Höhe der Geschäftsanteile und die Einzahlungen auf diese.

Die genannten Voraussetzungen betreffen allesamt schwerste Mängel der Satzung, nicht jedoch Mängel der Umwandlung[566]. Soweit die im Rahmen der Beschlußfassung über die Umwandlung verabschiedete Satzung der neuen Gesellschaft an derart schwerwiegenden Nichtigkeitsgründen leidet, ist eine Nichtigkeitsklage nach § 94 GenG bzw. ein Amtslöschungsverfahren nach § 147 II FGG begründet[567]. Mängel der Umwandlung rechtfertigen demgegenüber nicht die Löschung der Gesellschaft als nichtig[568].

Gleiches gilt im Fall einer GmbH bzw. AG, in denen § 75 GmbHG bzw. § 275 AktG die Voraussetzungen der Nichtigkeit der Gesellschaft bestimmt, die Gründe für eine Löschung der Gesellschaft nach § 144 FGG sein können.

Solche Gründe für die Nichtigkeit der eingetragenen Kapitalgesellschaften wegen schwerer Satzungsmängel sind jedoch hier nicht ersichtlich. Soweit dennoch vereinzelt die Löschung der Gesellschaften im Register vorgenommen wurde, geschah dies im Wege einer erweiternden Auslegung der in den gesetzlichen Normen aufgezählten Nichtigkeitsgründen durch die Registergerichte[569]. Auch wenn dem Gesetzgeber bei der Konzeption der Regelungen die erst später geschaffene Möglichkeit des Formwechsels einer LPG nicht bekannt und deren mögliches Scheitern trotz Eintragung der Gesellschaft nicht vorhersehbar war, rechtfertigt sich hieraus allein nicht eine Erweiterung der spezialgesetzlich und abschließend aufgezählten Voraussetzungen, unter denen die Löschung einer Gesellschaft im Handels- oder Genossenschaftsregister zulässig ist[570]. § 144

---

[564] Burmiller/Winkler, Freiwillige Gerichtsbarkeit, Vorb. Zu §§ 144-144b Rdn. 2.

[565] Winkler in Keidel/Kuntze/Winkler, FGG, § 144 Rdn.1 und 2.

[566] OLG Rostock vom 14.3.1994 VIZ 1994 / 628, 629.

[567] siehe hierzu bereits unter I. B. 2.

[568] Neixler NL-BzAR 1993 / 2, 3; Schwarz in Rädler/Raupach/Bezzenberger, LwAnpG, Rdn. 75.

[569] Nies, in Clem, Vermögen und Investition in der ehemaligen DDR, LwAnpG, § 34 Rdn. 12, wohl auch Schweizer, in Kimme, Offene Vermögensfragen, Komm. zum LwAnpG, § 34 / 3.

[570] BGH vom 9.10.1956 BGHZ 21/ 378, 381; Schaffland, in Lang/Weidmüller/Metz/Schaffland, Genossenschaftsgesetz, § 95 / 2; Zimmermann, in Rowedder, GmbHG, § 75 / 6.

FGG wurde im Jahre 1898 als öffentlich-rechtliches Pendant zu den Nichtigkeitsklagen im Kapitalgesellschaftsrecht eingefügt. Damit ist die Löschung von Amts wegen für das Register, was für die Mitglieder die Nichtigkeitsklage ist[571]. Auch aus dieser Gegenüberstellung folgt, daß eine Erweiterung der Löschungsgründe für das Register gegenüber den Nichtigkeitsgründen, die seitens der Gesellschafter geltend gemacht werden können, nicht zulässig ist.
Demgegenüber ist eine Löschung der eingetragenen Genossenschaften im Wege eines Amtslöschungsverfahrens nach § 147 II, 142, 143 FGG i.V. § 94, 95 I, 7 Nr. 1 GenG grundsätzlich möglich, da ein Nichtigkeitsgrund (s.o.) gegeben ist[572]. Da das Gesetz hier lediglich formuliert, daß die Genossenschaft gelöscht werden kann, obliegt es letztlich dem Ermessen des Registerrichters, ob die Genossenschaft gelöscht wird. Bei dieser Entscheidung sind alle Umstände des Falles abzuwägen, insbesondere das öffentliche Interesse und die Bedeutung der Eintragung und ihrer Löschung für die Beteiligten zu berücksichtigen, so daß eine Löschung der Genossenschaft letztlich nur bei zweifelsfreier Sach- und Rechtslage in Betracht kommt[573]. Die Löschung ist zu verneinen, wenn die Heilung des Statutmangels durch einen ordnungsgemäßen Beschluß der Genossen möglich ist[574]. Nach Feststellung des Mangels wird regelmäßig bereits die Aufforderung des Registers an die Genossenschaft zur Beseitigung des Satzungsmangels unter Androhung der Löschung ausreichen, um die Genossenschaft zur Beseitigung des Mangels zu bewegen. Eine rechtmäßige Ausübung des Ermessens wird man daher erst bejahen können, wenn trotz einer solchen Aufforderung keine Behebung durch die Genossenschaft erfolgt[575].
Für die Löschung der im Handelsregister A eingetragenen GmbH & Co. KG fehlt eine gesetzliche Sonderbestimmung, da die Personenhandelsgesellschaft bereits vor ihrer Registrierung als Rechtsperson besteht und daher ein vergleichbares schutzwürdiges Vertrauen in den Bestand der Gesellschaft durch die Eintragung nicht begründet wird. Für Gesellschaften und deren Beschlüsse, die in Abteilung A des Handelsregisters eingetragen werden, gilt daher die generelle Norm des § 142 FGG[576]. Die Voraussetzungen der Löschung nach § 142 I 1 FGG sind, daß die Eintragung zur Zeit der Vornahme unzulässig war oder nachträglich unzulässig geworden ist, diese Unzulässigkeit auf einem wesentlichen Mangel beruht, der rechtlich zweifelsfrei zu erkennen ist und daß bei pflichtgemäßer Abwägung aller Umstände die Löschung angebracht erscheint[577]. Gegenstand der Eintragung war hier die Kommanditgesellschaft als

[571] Schmidt AcP 186 (1986) / 421, 428.
[572] zum Löschungsverfahren siehe unter II. D.
[573] Winkler, in Keidel/Kuntze/Winkler, FGG, § 147 / 7.
[574] Winkler, in Keidel/Kuntze/Winkler, FGG, § 147 / 11.
[575] Metz, in Lang/Weidmüller/Metz/Schaffland, Genossenschaftsgesetz, § 6 / 64 ff..
[576] Winkler, in Keidel/Kuntze/Winkler, FGG, § 142 / 6.
[577] Burmiller/Winkler, Freiwillige Gerichtsbarkeit, § 142 / 5.

durch Umwandlung aus einer ehemaligen LPG hervorgegangen. In diesem Kapitel[578] wurde bereits dargestellt, daß die formwechselnde Umwandlung die gesetzliche Vereinfachung der Auflösung einer Gesellschaft ohne Abwicklung und gleichzeitiger Sachgründung beinhaltet. Scheitert die gewollte Rechtsnachfolge, weil die beschlossene Umwandlung nichtig ist, ist die im Rahmen der Umwandlung gegründete Gesellschaft ebenfalls fehlerhaft. Die Gesellschaft ist nicht als Rechtsnachfolgerin der LPG entstanden und die nach der Satzung der Gesellschaft vorgesehene Aufbringung des Haftkapitals mit den umgewandelten Mitgliedschaftsanteilen ist unwirksam. Dennoch hat die Invollzugsetzung der Gesellschaft nach den Grundsätzen der fehlerhaften Gesellschaft zum Entstehen des Rechtsträgers geführt. Dieser ist, wenngleich fehlerhaft, ins Leben getreten. Insoweit entspricht die Eintragung der Kommanditgesellschaft als solcher der bestehenden Rechtslage, wenn die Gesellschaft bereits vor Eintragung unternehmerisch tätig war. Die Eintragung der Gesellschaft war dann nicht unzulässig, da die Entstehung der Kommanditgesellschaft sachlich richtig ist[579].
Erfolgte keine Invollzugsetzung der Kommanditgesellschaft im Vorfeld der Eintragung, was nur in Ausnahmefällen anzunehmen ist, hätte die nicht wirksam entstandene Gesellschaft aufgrund der Gründungsmängel nicht eingetragen werden dürfen. In diesen Fällen stellt sich heute die Frage, ob eine Löschung nach § 142 I FGG unter Berücksichtigung aller Umstände angebracht erscheint. Wie bereits zur Frage der Auflösung der Kommanditgesellschaft spricht auch gegen eine Löschung der Gesellschaft im Handelsregister ihre nunmehr fast 10 jährige unternehmerische Tätigkeit. Die zunächst fehlerhaft gegründete Gesellschaft ist mit Aufnahme ihrer Geschäftstätigkeit nach den Grundsätzen der fehlerhaften Gesellschaft wirksam geworden, so daß die Eintragung der Gesellschaft, die zunächst sachlich unrichtig war, zum jetzigen Zeitpunkt der tatsächlichen Rechtslage entspricht. Der Mangel der Eintragung besteht somit nicht mehr, so daß die Löschung der Gesellschaft nach § 142 I FGG abgelehnt werden muß[580].

2. Löschung des Umwandlungsvermerkes

Die zweite Eintragung, deren Löschung häufig diskutiert wurde, ist der Umwandlungsvermerk im Register der neuen Gesellschaft. Hierbei handelt es sich um eine deklaratorische Eintragung, aus der die vermeintliche Rechtsnachfolge des Rechtsträgers aus einer ehemaligen LPG hervorgeht. Denkbare Rechtsgrundlage für eine Löschung des Umwandlungsvermerkes ist allein die Generalnorm des § 142 I 1 FGG. Soweit hier auch an die Anwendung des § 144 II bzw. § 147 III FGG gedacht wird, spricht dagegen, daß der Zusatz lediglich der

---

[578] Siehe unter I. A.
[579] Burmiller / Winkler, Freiwillige Gerichtsbarkeit, § 142 / 10.
[580] Winkler, in Keidel/Kuntze/Winkler, Freiwillige Gerichtsbarkeit, § 142 / 11.

Klarstellung dient, nicht jedoch dazu führt, daß der Umwandlungsbeschluß eingetragen wird[581]. Darüber hinaus sind die genannten Normen auch nicht einschlägig, da der nichtige Beschluß zur Umwandlung nicht von der erst im Zuge der Umwandlung entstehenden Kapitalgesellschaft oder Genossenschaft, sondern von der Vollversammlung der LPG gefaßt wurde[582].

Die Löschung des Vermerkes kann nur erfolgen, wenn die Eintragung wegen Mangels einer wesentlichen Voraussetzung unzulässig war. In Betracht kommt hierbei allein die sachliche Unrichtigkeit des Vermerkes[583], da die eingetragene Gesellschaft gerade nicht der durch die Umwandlung der LPG entstandene Rechtsnachfolger ist[584].

Fraglich ist jedoch, ob der Mangel derart wesentlich ist, daß ein Fortbestehen der Eintragung Schädigungen Berechtigter zur Folge haben würde oder dem öffentlichen Interesse widerspräche[585]. Die Entscheidung zur Löschung obliegt hierbei allein dem Registergericht. Es ist zur Löschung berechtigt, nicht jedoch verpflichtet, muß aber nach pflichtgemäßem Ermessen entscheiden[586]. Dabei entspricht es in aller Regel dem öffentlichen Interesse, das Register von unrichtigen Eintragungen fernzuhalten, soweit einer Löschung keine anderweitigen berechtigten Interessen entgegenstehen[587].

Berechtigte sind hierbei zunächst die betroffene Gesellschaft und deren Anteilseigner. Da der Vermerk lediglich feststellenden Charakter ohne Auswirkungen auf die materielle Rechtslage besitzt, hat sein Fortbestehen keinen Nutzen, da er die Gesellschaft nicht vor den negativen Konsequenzen der unwirksamen Umwandlungen schützt. Ebenso hat der Vermerk auch für die Gläubiger der LPG keinerlei Wirkungen, da auch sie nicht aufgrund des Vermerkes auf das Vermögen der Gesellschaft zugreifen können. Demgegenüber besteht die Gefahr, daß Gläubiger der LPG in Ansehung des Vermerkes die Gesellschaft in Anspruch nehmen und möglicherweise hierdurch Nachteile erleiden[588]. Denn durch den Vermerk im Register wird zumindest der Anschein erweckt, daß die Gesellschaft oder Genossenschaft Rechtsnachfolger der LPG bzw. mit diesem Rechtsträger identisch ist.

Da somit keine berechtigten Interessen gegen eine Löschung bestehen, das Fortbestehen der Eintragung jedoch zumindest eine Täuschung des Rechtsverkehres bedeutet, überwiegt hier das öffentliche Interesse an der Richtigkeit des Regi-

---

581 Neixler NL-BzAR 1993 / 2, 3.

582 OLG Rostock vom 14.3.1994 VIZ 1994 / 628, 629.

583 Das Fehlen einer formellen Eintragungsvoraussetzung ist kein Löschungsgrund, da es sich beim Umwandlungsvermerk lediglich um eine deklaratorische Eintragung handelt.

584 OLG Düsseldorf vom 14.12.1998 NZG 1999 / 176, 177; Jansen, FGG, § 142 / 4.

585 BayObLG vom 17.4.1978 BayObLGZ 1978 / 87, 93.

586 Winkler, in Burmiller/Winkler, Freiwillige Gerichtsbarkeit, § 142 / 13, 18, 19.

587 OLG Naumburg vom 14.3.1996 AgrarR 1996 / 292, 294, 295.

588 OLG Naumburg vom 14.3.1996 AgrarR 1996 / 292, 294, 295.

sters. Die Löschung des Umwandlungsvermerkes bei fehlgeschlagenen Umwandlungen ist daher zulässig und auch geboten.

3. Löschungen der Eintragung im LPG-Register

Für Eintragungen und Löschungen im LPG-Register sind die Vorschriften des Gesetzes über die freiwillige Gerichtsbarkeit (FGG) ebenfalls anzuwenden, da die landwirtschaftlichen Produktionsgenossenschaften nach Art. 19 VIII Satz 1 RegVBG als eingetragene Genossenschaften im Sinne des Gesetzes über die Angelegenheiten der freiwilligen Gerichtsbarkeit gelten. Über die möglichen Rechtsgrundlagen zur Löschung der in diesem Register im Zuge der Umwandlung vorgenommenen Eintragungen gilt daher das bereits Gesagte. Wie dort kommt einerseits die Generalnorm des § 142 I FGG bzw. die speziellere Norm des § 147 IV FGG in Betracht.

Welche der möglichen Rechtsgrundlagen heranzuziehen ist, ist vor allem für die Eintragung bei teilenden Umwandlungen fraglich, da in diesen Fällen die Eintragung im Register der LPG konstitutive Wirkung für die Umwandlung entfaltet.

Für die Löschung einer eingetragenen Eingliederung bzw. Kapitalerhöhung einer Aktiengesellschaft wurde in der Rechtsprechung die Auffassung vertreten, daß obwohl nach dem Wortlaut des Gesetzes nicht der zugrundeliegende Beschluß, sondern die Eingliederung bzw. Kapitalerhöhung selbst eingetragen wird, auf die Löschung die speziellere Norm des § 144 II bzw. 147 IV FGG anzuwenden ist[589]. Ausgehend von dieser Rechtsprechung ist für die im Register der LPG eingetragene Teilung die Anwendbarkeit der allgemeineren Norm des § 142 I FGG fraglich. Begründet wurde die entsprechende Anwendung der strengeren Norm im Fall der Kapitalerhöhung einer Aktiengesellschaft mit dem engen sachlichen Zusammenhang der Eintragung des Erhöhungsbeschlusses einerseits und der konstitutiv wirkenden Eintragung der Kapitalerhöhung[590]. Da die Wirksamkeit der Kapitalerhöhung erst von ihrer Eintragung abhängt, könne diese Eintragung -gegenüber dem nach der strengeren Norm des § 144 FGG zu löschenden Eintragung des Beschlusses- nicht unter die einfacheren Regelungen in § 142 FGG fallen. Mit dem Zweck des § 144 FGG, die Löschung von Eintragungen mit weitreichender Bedeutung nur unter erschwerten Bedingungen zuzulassen, sei eine unterschiedliche Behandlung dieser inhaltlich zusammenhän-

---

589 OLG Karlsruhe vom 18.12.1985 ZIP 1986 / 711, 713; OLG Hamm vom 22.5.1979 BB 1981 / 259, 261; OLG Frankfurt a.M. vom 29.10.2001 BB 2002 / 374.

590 OLG Hamm vom 18.12.1985 ZIP 1986 / 711,713; OLG Frankfurt a.M. vom 29.10.2001 BB 2002 / 374.

genden und oft auch zeitgleich vorgenommenen Eintragungen nicht vereinbar[591]. Diese Argumentation a maiore ad minus begründet sich im Fall einer Kapitalerhöhung vornehmlich auf die Tatsache, daß hier neben der eigentlichen Erhöhung auch der zugrundeliegende Beschluß eingetragen wurde, so daß eine Übertragung dieser Argumente auf den Fall der eingetragenen Teilung einer LPG nicht angezeigt ist.
Die Anwendung des § 144 FGG ist demgegenüber auch für die Löschung der eingetragenen Eingliederung und Verschmelzung vertreten worden[592]. Zwar ist auch in diesen Fällen nach dem Wortlaut des Gesetzes nicht der eigentliche Beschluß einzutragen, doch hat nach dieser Rechtsprechung die Eintragung letztlich doch einen Gesellschafterbeschluß zum Gegenstand. Insoweit sei nicht die Wortwahl, sondern der sachliche Gehalt der Eintragung entscheidend[593]. Hintergrund dieser Rechtsprechung war jedoch vor allem die weitreichende Bedeutung der in Rede stehenden Eintragungen. Ihre nachträgliche Löschung hätte die mit der Eintragung hervorgerufene Rechtsfolge rückwirkend beseitigt. Demgegenüber trägt die Vorschrift des § 144 FGG dem Umstand Rechnung, daß Versammlungsbeschlüsse, wenn sie erst einmal eingetragen sind, vielfach weitreichende Folgen haben und nur schwer rückgängig zu machen sind[594]. Diesem Zweck stünde eine vereinfachte Löschung nach § 142 FGG entgegen. Ziel der entsprechenden Anwendung des strengeren § 144 FGG war es, vor allem die rückwirkende Beseitigung der umwandlungsrechtlichen Wirkungen weitestgehend zu vermeiden. Mit Einführung des § 34 III LwAnpG hat der Gesetzgeber die konstitutive Wirkung der Eintragung einer Umwandlung von der Wirksamkeit des zugrundeliegenden Beschlusses gelöst. Ob Mängel des Formwechsels oder der Teilung dessen Rechtswirkungen unberührt lassen, ist allein nach der Spezialvorschrift des § 34 III LwAnpG zu beurteilen. Für eine "Heilung" der Umwandlung nach § 242 II AktG ist daneben kein Raum. Zwar kann mit Ablauf dieser Frist der nichtige Umwandlungsbeschluß bestandskräftig werden, so daß Rechtsmittel gegen diesen Beschluß ausgeschlossen sind. Die Wirksamkeit der Umwandlung bestimmt sich jedoch weiterhin ausschließlich nach § 34 III LwAnpG. Die eingetragene Umwandlung wird unabhängig von der Wirksamkeit des Umwandlungsbeschlusses wirksam, wenn der Beschluß auf eine identitätswahrende Umwandlung im Sinne des Landwirtschaftsanpassungsgesetzes gerichtet ist. Liegt dieser Tatbestand nicht vor, kann dieser Mangel nicht durch

---

591 Lutter/Friedewald ZIP 1986 / 691, 693; Bokelmann in Anm. zu OLG Hamm vom 18.12.1985 EWiR 1986/ 367, 368.
592 OLG Hamm vom 22.5.1979 BB 1981 / 259, 260; Kammergericht vom 27.3.1930 JW 1936 / 1383.
593 BayObLGZ 1956 / 303, 310.
594 OLG Hamm vom 22.5.1979 BB 1981 / 259, 261.

den Ablauf der Frist des § 242 II AktG geheilt werden[595]. § 34 III LwAnpG stellt für den fehlerhaften Umwandlungsbeschluß eine Spezialregelung dar, nach der die Umwandlung wirksam wird. Sind dessen Voraussetzungen nicht erfüllt, kommt der Eintragung der Umwandlung keinerlei Rechtswirkung zu. Dementsprechend ist die konstitutive Wirkung der vorliegenden Eintragung unabhängig vom zugrundeliegenden Beschluß, so daß ihre Löschung nicht dem strengeren § 144 FGG unterfällt. Für die Löschung der Eintragungen im Register der LPG bei teilender Umwandlung gilt somit die generelle Norm des § 142 I FGG. Gleiches gilt auch für die Eintragungen bei formwechselnder Umwandlung der LPG, denen ebenfalls lediglich deklaratorische Bedeutung zukommt. Die inhaltlich unrichtige Eintragung im Register der LPG kann somit gemäß § 142 FGG gelöscht werden und die LPG als in Liquidation befindlich eingetragen werden[596].

D. Verfahren

Die Löschung bestehender Eintragungen im Register erfolgt im Rahmen eines Amtslöschungsverfahrens. Ein „Antrag" auf Amtslöschung der als unzulässig empfundenen Eintragungen ist hierbei der rechtliche Weg, die einmal erfolgte Eintragung zu beseitigen, da eine erfolgte und bekannt gemachte Eintragung nicht durch Aufhebung im Erinnerungs- oder Beschwerdeverfahren rückgängig gemacht werden kann. Eine dennoch unzulässig eingelegte Beschwerde ist dementsprechend in eine Anregung zur Einleitung eines Amtslöschungsverfahrens umzudeuten[597]. Da es sich beim Amtslöschungsverfahren um ein Amtsverfahren handelt, ist das Registergericht zur Vornahme einer Löschung nur berechtigt, nicht jedoch verpflichtet[598]. Dementsprechend besteht kein Löschungsanspruch. Das Registergericht kann von Dritten lediglich zur Einleitung eines solchen Verfahrens angeregt werden. Demzufolge darf eine solche Anregung von jedermann eingebracht werden. Auf eine rechtliche Betroffenheit kommt es nicht an. Neben den Mitgliedern der LPG i.L. oder ausgeschiedenen Mitgliedern der LPG kann die Anregung zur Löschung auch von dritter Seite kommen. Insbesondere die Ämter für Landwirtschaft oder auch die Ministerien für Landwirtschaft in den neuen Bundesländern haben auf diesem Weg die Möglichkeit, Mängel der Umwandlung geltend zu machen.

---

[595] BGH vom 8.5.1998 ZIP 1998 / 1161, 1163; Wenzel AgrarR 1998 / 139, 143; hierzu auch Bayer/Hoffmann Anm. zu BGH vom 7.6.1999 EWiR 1999 / 1019, 1020.
[596] So für die unberechtigte Löschung einer GmbH OLG Düsseldorf vom 13.7.1979 GmbHR 1979 / 227, 229; BayObLG 18.11.1982 DB 1983 / 170.
[597] BayObLG vom 12.3.1984 DNotZ 1985 / 168, 169/170; OLG Düsseldorf 14.12.1998 NZG 1999 / 176, 177.
[598] Winkler, in Keidel/Kuntze/Winkler, FGG, § 142 / 19.

Wird die Einleitung einer Löschung abgelehnt oder leitet das Registergericht – mit oder ohne vorherige Anregung durch Dritte- ein Amtslöschungsverfahren ein, gilt für die Beschwerde gegen die Entscheidung des Registerrichters der § 20 FGG. Ein Recht zur Beschwerde hat somit nur der durch die Ablehnung in seinem sachlichen Recht verletzte. Eine Beeinträchtigung rein wirtschaftlicher, ideeller oder sonstwie gearteter Interessen ist nicht ausreichend[599]. Ein Beschwerderecht steht damit zunächst der betroffenen Gesellschaft bzw. Genossenschaft zu, in deren Angelegenheit die Löschung beantragt wurde. Dem Gesellschafter steht ein Beschwerderecht dagegen regelmäßig nicht zu, da er seine Rechte in der Gesellschafterversammlung ausüben kann. Eine Ausnahme macht die Rechtsprechung im Fall der unzulässigerweise eingetragenen Kapitalerhöhung[600]. Grund dafür sind die weitreichenden Folgen der konstitutiven Eintragung der Kapitalerhöhung für die Rechte des einzelnen Aktionärs. Im vorliegenden Fall entfalten die Eintragungen keine vergleichbare Wirkung. Die tatsächliche Rechtslage ist vielmehr unabhängig vom Rechtsschein des Registers zu beurteilen, so daß die Rechte der Mitglieder nicht unmittelbar betroffen werden. Gleiches gilt auch für Dritte und ehemalige Mitglieder, die aus den Eintragungen keine positiven Ansprüche gegen die Gesellschaft herleiten können und auch keine direkte Beeinträchtigung ihrer Rechte gegen die Gesellschaft erfahren. Ein Beschwerderecht steht ihnen daher nicht zu. In der Praxis betrifft dies auch den Antragsteller, der meist ehemaliges Mitglied der LPG oder der Nachfolgegesellschaft ist, da derjenige, der ohne ein sachliches Recht eine Anregung zu bestimmten Maßnahmen an das Registergericht leitet, kein Recht hat, diese Anregung mit einer Beschwerde zu verfolgen[601].
Hat das Registergericht ein Verfahren zur Amtslöschung eingeleitet und den Beteiligten seine Löschungsabsicht gemäß § 142 II FGG mitgeteilt, steht diesen ein Widerspruchsrecht gegen die beabsichtigte Löschung nach § 141 III, IV FGG zu. Wiederspruchsberechtigter Beteiligter in diesem Sinne ist, wer durch die angekündigte Löschung unmittelbar in seinen Rechten beeinträchtigt würde[602]. Auch hier ist die Gesellschaft als Rechtsträger Beteiligte.
Außenstehende Dritte, wie Gläubiger oder auch ehemalige Mitglieder, sind demgegenüber nicht zum Widerspruch berechtigt. Ihnen zustehende Forderungen gegen die zu löschende Gesellschaft begründen lediglich ein rein wirtschaftliches Interesse; jedoch keine Beeinträchtigung ihrer Rechtsstellung[603].
In diesem Zusammenhang stellt sich die Frage, ob für das Registergericht eine generelle Pflicht angenommen werden kann, unrichtige Eintragungen im Register zu löschen. Insbesondere, ob das Gericht unabhängig von einer Antragstel-

---

599 Lutter/Friedewald ZIP 1986 / 691.
600 OLG Hamm vom 22.5.1979 BB 1981 / 259, 260.
601 Winkler, in Keidel/Kuntze/Winkler, FGG, § 20 / 14.
602 OLG Karlsruhe vom 18.12.1985 DB 1986 / 555 mit Anm. Bokelmann EWiR 1986 / 367 f..
603 OLG Naumburg vom14.3.1996 AgrarR 1996 / 292, 293.

lung durch Außenstehende die Voraussetzungen einer Löschung zu prüfen und gegebenenfalls ein Amtslöschungsverfahren einzuleiten hat?
Grundsätzlich setzt die Einleitung des Verfahrens allein voraus, daß die Eintragung zur Zeit der Entscheidung über die Löschung unzulässig ist und ihr Fortbestehen Schädigungen Berechtigter zur Folge haben würde. Das Registergericht ist somit nicht an eine Anregung durch Dritte gebunden, sondern kraft seines Amtes berechtigt und auch verpflichtet, nach pflichtgemäßem Ermessen ein Amtslöschungsverfahren einzuleiten[604]. Dies gilt insbesondere in dem hier dargestellten Fall, daß kein Dritter ein berechtigtes Interesse an der Löschung hat. Einen solchen Fall bildet beispielsweise die Löschung des Umwandlungsvermerkes. Seine Löschung betrifft allein die eingetragene Gesellschaft, dagegen sind die Gesellschafter selbst oder auch ausgeschiedene Mitglieder durch die Löschung nicht in ihren Interessen betroffen.
Auch in diesen Fällen ist das Registergericht somit zur Einleitung eines Amtslöschungsverfahrens verpflichtet, sofern der Sachverhalt eine hinreichende Grundlage für die Annahme bildet, daß die Voraussetzungen zur Löschung vorliegen, d.h. die Eintragung die tatsächliche Rechtslage falsch wiedergibt[605].
Ist die Beurteilung des rechtlichen Sachverhaltes nicht zweifelsfrei, entbindet dies das Registergericht nach einer Ansicht von seiner Verpflichtung, da dann die Klärung der Rechtsfragen den Betroffenen im Prozeßweg überlassen werden soll[606].
Hierbei wird jedoch übersehen, daß nicht in jedem Fall einer gescheiterten Umwandlung Mitglieder der LPG oder ehemalige Mitglieder ein Interesse an der gerichtlichen Feststellung der Unwirksamkeit der Umwandlung haben. In diesen Fällen käme es dann nicht zu einer Löschung des Umwandlungsvermerkes bzw. der Eintragung der Umwandlung im Register der LPG[607].
Bestehen daher Anhaltspunkte für eine mögliche Unwirksamkeit der Umwandlung, so daß der eingetragene Umwandlungsvermerk und die Eintragung der Umwandlung im LPG-Register unzulässigerweise erfolgt sind, deren weiteres Bestehen nicht dem öffentlichen Interesse an der Richtigkeit des Registers entspricht und möglicherweise zu Täuschungen des Rechtsverkehres und Schäden der an dem Rechtsträger Berechtigten Gläubiger führt, hat der Registerrichter bei pflichtgemäßer Ausübung seines Ermessens ein Amtslöschungsverfahren einzuleiten. Solche Anhaltspunkte können neben direkten Löschungsanregungen

---

[604] BayObLG vom 22.2.1979 BayObLG RPfleger 1979 / 212, 213; Schmid, Handbuch der freiwilligen Gerichtsbarkeit, Rn. 1744.
[605] Winkler, in Keidel/Kuntze/Winkler, Freiwillige Gerichtsbarkeit, § 142 / 17; Bumiller/Winkler, Freiwillige Gerichtsbarkeit, § 142 / 7.
[606] OLG Hamm vom 13.11.1970 DNotZ 1971 / 247; Schmid, Handbuch der freiwilligen Gerichtsbarkeit, Rn. 1744.
[607] Bumiller/Winkler, Freiwillige Gerichtsbarkeit, § 142 / 7; Bassenge RPfleger 1974 / 173, 176.

durch einzelne Mitglieder oder die Ministerien der Bundesländer auch Medienberichte oder anhängige Gerichtsverfahren, in denen die Wirksamkeit der Umwandlung angezweifelt wird, sein.

Voraussetzung der Löschung der genannten Eintragungen ist, daß die Sachlage einer unwirksamen Umwandlung zweifelsfrei gegeben ist[608]. Dann obliegt dem Registerrichter ein Ermessen, die unzulässige Eintragung zu löschen. Hierbei muß er die Interessen des Rechtsträgers, in dessen Angelegenheiten die Eintragung erfolgte, gegen die Interessen der am Unternehmen Berechtigten und das öffentliche Interesse am Schutz des Rechtsverkehres vor unrichtigen Registereintragungen abwägen. Entsprechend den obigen Ausführungen zu den Voraussetzungen der Löschung der jeweiligen Eintragungen werden im Fall der Unwirksamkeit der Umwandlung die Interessen Dritter und der Öffentlichkeit überwiegen, so daß eine ordnungsgemäße Ermessensausübung durch den Registerrichter stets zu einer Löschung führt.

Problematisch im Rahmen des Amtslöschungsverfahrens ist somit vor allem die zweifelsfreie Feststellung der Unwirksamkeit der Umwandlung. Handelt es sich um eine bereits höchstrichterlich entschiedene Sachverhaltsgestaltung, muß der Registerrichter von einer gefestigten Rechtsprechung ausgehen, die auch auf den von ihm zu beurteilenden Fall anzuwenden ist. Gleiches gilt auch bei entsprechenden Grundsatzentscheidungen des zuständigen Oberlandesgerichtes. Steht danach die Unzulässigkeit der Eintragung fest, ist der Registerrichter zur Löschung verpflichtet[609].

In der Praxis existieren für fast alle denkbaren Fallgruppen unwirksamer Umwandlungen höchstrichterliche und oberlandesgerichtliche Entscheidungen. Zweifelhafte Sachverhalte können sich für den Registerrichter somit nur ergeben, soweit unklar ist, wie die Umwandlung beschlossen und durchgeführt wurde. Dies kann der Fall sein, wenn dem Registerrichter bei Eintragung nicht die zur Beurteilung notwendigen Unterlagen vorlagen, die Eintragung also gar nicht hätte erfolgen dürfen.

Der Registerrichter muß dann im Rahmen seiner Amtsermittlungspflicht nach § 12 FGG die Vorlage der fehlenden Dokumente einfordern. Ebenso kann er im Rahmen des Amtslöschungsverfahrens die betroffenen Parteien zu einer Stellungnahme auffordern[610].

Gelangt das Registergericht danach zur Überzeugung von der Unwirksamkeit der Umwandlung, hat es die Löschung vorzunehmen.

---

[608] Winkler, in Keidel/Kuntze/Winkler, Freiwillige Gerichtsbarkeit, § 142 / 17; Bumiller/Winkler, Freiwillige Gerichtsbarkeit, § 142 / 7; Schmid, Handbuch der freiwilligen Gerichtsbarkeit, Rn. 1744.

[609] Schmid, Handbuch der freiwilligen Gerichtsbarkeit, Rn. 1745.

[610] Zum Ermittlungsumfang nach § 12 FGG Bumiller/Winkler, Freiwillige Gerichtsbarkeit, § 12 / 7 ff.; Schmid, Handbuch der freiwilligen Gerichtsbarkeit, Rn. 7.

Neben dem Registergericht ist auch das Landgericht für die Löschung von Eintragungen von Amts wegen zuständig. Nach § 143 I FGG kann es anstelle des Registergerichtes ein Löschungsverfahren einleiten und die Löschung verfügen. Werden beide Gerichte tätig, gebührt dem Registergericht der Vorrang. Unterläßt es das Registergericht jedoch, ein gebotenes Amtslöschungsverfahren einzuleiten, kann und muß gegebenenfalls das Landgericht die Angelegenheit an sich ziehen und an Stelle des Registergerichtes tätig werden.

Kapitel 4: Möglichkeiten der nachträglichen "Heilung" der unwirksamen Umwandlung

Ergibt die Überprüfung eine nicht wirksam vollzogene Umwandlung, ergeben sich für die betroffenen Unternehmen hieraus vielfältigste Probleme. Diese Fälle sind dadurch gekennzeichnet, daß neben dem neugegründeten Rechtsträger eine mit Ablauf des 31.12.1991 von Gesetzes wegen gemäß § 69 III 1 LwAnpG in das Liquidationsstadium eingetretene LPG fortbesteht. Das LPG–Vermögen ist rechtlich weiterhin der LPG i. L. zuzuordnen, wird aber faktisch vom vermeintlichen Nachfolgeunternehmen genutzt. Die Mitglieder der LPG sind in der Regel –soweit sie nicht wirksam aus dem Mitgliedschaftsverhältnis ausgeschieden sind– gleichzeitig Gesellschafter bzw. Genossen des "Nachfolgeunternehmens".
Vor allem die Mitglieder des Scheinnachfolgers müssen sich fragen, was zukünftig die finanzielle Grundlage ihrer Gesellschaft oder Genossenschaft bilden soll. Für das einzelne Mitglied bedeutet die fehlgeschlagene Umwandlung, daß die im Gesellschaftsvertrag vereinbarte Einlage nicht wie im Umwandlungsbeschluß angestrebt durch die Umgestaltung der LPG–Anteile erbracht ist und die Gesellschaft oder auch deren Gläubiger nunmehr Ansprüche auf Leistung der unerbrachten Einlage geltend machen können[611].

Regelmäßig wird daher bei der Mehrheit der Mitglieder der Wille, der gescheiterten Umwandlung nachträglich Geltung zu verschaffen, im Vordergrund stehen. Durch die Herbeiführung einer Gesamtrechtsnachfolge zwischen den Gesellschaften könnte die komplizierte Vermögensrückgabe an die LPG i.L. vermieden und ein unverändertes Fortbestehen des neuen Unternehmens gesichert werden.

Die andernfalls im Vordergrund stehende Liquidation der LPG, die zum 1.1.1992 gesetzlich aufgelöst wurde, bedeutet demgegenüber ein Damoklesschwert für die Betroffenen. Die Mitglieder des neu eingetragenen Unternehmens fürchten um die Existenz ihrer nunmehr fast 10 Jahre bestehenden Betriebe, wenn die Rechtsnachfolge und somit der Vermögensübergang endgültig unwirksam sind. Mit einer nachträglichen Anerkennung der Umwandlungswirkung oder gar einer nachträglichen Heilung der Mängel würden die mit der Rückabwicklung der faktisch vollzogenen Umwandlung verbundenen Probleme obsolet.

Bevor daher die Rechtsverhältnisse der stecken gebliebenen Umwandlung diskutiert werden, sollen zunächst Möglichkeiten ihrer "Heilung" oder nachträglichen Bewirkung untersucht werden.

---

[611] Zur Frage der Einlagenhaftung siehe unter Kapitel 7. I. A.

I. Möglichkeiten zur "Heilung" der Gesamtrechtsnachfolge

A. Anwendung der Grundsätze über die fehlerhafte Gesellschaft

Mit der Anwendbarkeit der Regeln über die fehlerhafte Gesellschaft bei fehlerhaften Strukturänderungen haben sich Rechtsliteratur und Rechtsprechung in der Vergangenheit wiederholt beschäftigt[612].
In einer Entscheidung aus dem Jahre 1995 hatte sich der Bundesgerichtshof mit der Wirksamkeit einer trotz fehlender Eintragung und bestehenden Mängel vollzogenen Verschmelzung zweier GmbH's zu befassen[613]. Er entschied, daß die Regeln über die fehlerhafte Gesellschaft zumindest vor Eintragung der unwirksamen Umwandlung nicht anwendbar seien, da der Vollzug der Verschmelzung erst in der Eintragung liege.
Dies entspricht auch der in der Literatur vertretenen Auffassung, wonach die Grundsätze der fehlerhaften Gesellschaft auch auf fehlerhafte Strukturänderungen grundsätzlich anwendbar sind[614]. Im Fall der fehlerhaft umgewandelten ehemaligen landwirtschaftlichen Produktionsgenossenschaft könnte man daher zunächst an die Anwendung dieser Grundsätze denken. Die unwirksame Umwandlung ist eingetragen und in Vollzug gesetzt worden.
Gegen die Anwendung der Regeln über die fehlerhafte Gesellschaft spricht jedoch die spezielle Regelung in § 34 III LwAnpG. Die ursprüngliche Diskussion der fehlerhaften Strukturänderung entstand vor der Normierung derartiger „Heilungsnormen„. So war es vor Einführung des § 352 a AktG a. F. herrschende Ansicht, daß die fehlerhafte Umwandlung auch nach ihrer Eintragung unwirksam blieb und damit rückabzuwickeln war[615]. Um den sich hieraus ergebenden praktischen Problemen zu begegnen wurde eine Übertragung der Grundsätze über die fehlerhafte Gesellschaft auch auf fehlerhafte Strukturänderungen erwogen[616]. Dieser Ansatz wurde 1982 zunächst für die aktienrechtliche Verschmelzung in § 352 a AktG a. F. gesetzlich normiert. Auch die entsprechende Norm im Landwirtschaftsanpassungsgesetz ist demzufolge Ausdruck der Anwendbarkeit dieser Grundsätze. Die Norm verwirklicht darüber hinaus, gegenüber den Regeln der fehlerhaften Gesellschaft, ein Konzept erweiterten Be-

---

[612] Zöllner AG 1993 / 68, 74; Kort ZGR Sonderheft (14) 1998 / 194, 196 f.; Krieger ZHR 158 (1994) / 35, 38; Ulmer BB 1989 / 10, 15; Kleindiek ZIP 1988 / 613 ff..
[613] BGH vom 18.12.1995 AG 1996 / 173.
[614] Hommelhoff ZHR 158 (1994) / 11, 31; Zöllner/Winter ZHR 158 (1994) / 59,60; Zöllner AG 1993 / 68, 74; Krieger ZHR 158 (1994) / 35, 38; Hüffer, Aktiengesetz, § 248 / 7 unter Bezug auf § 15 III HGB.
[615] Kreuznacht, Wirkungen der Eintragungen fehlerhafter Verschmelzungen von AG's und Gesell. Mit beschr. Haftung nach § 20 II UmwG, Seite 42.
[616] Zur fehlerhaften Kapitalerhöhung Kort ZGR 1994 / 291, 295; Zöllner AG 1993 / 68, 73.

standsschutzes[617]. Ist § 34 III LwAnpG jedoch nicht einschlägig, stellt sich die Frage, ob daneben auf die Anwendung der allgemeinen Grundsätze zur fehlerhaften Strukturänderung zurückgegriffen werden kann.
Soweit man die Anwendung dieser Grundsätze für die eingetragene LPG–Umwandlung befürwortet, wird dies den praktischen Problemen der unwirksamen Umwandlung gerecht. Zuzustimmen ist der Feststellung, daß die ex tunc Lösung, insbesondere im Hinblick auf die von der neuen Rechtsform über Jahre hinweg getätigten Rechtshandlungen, auch bei fehlgeschlagenen Umwandlungen von LPGen nicht praktikabel ist[618]. Dem jedoch mit den Grundsätzen der fehlerhaften Gesellschaft begegnen zu wollen, widerspräche den bisherigen Aussagen dieser Arbeit. Wenn in § 34 III LwAnpG ein Konzept erweiterten Bestandsschutzes auf Grundlage der Lehre von der fehlerhaften Gesellschaft in der Form verwirklicht wurde, daß für die fehlerhafte und eingetragene Umwandlung ein dauerhafter Bestandsschutz eingreifen soll, muß diese gesetzlich normierte Anwendung des Rechtsinstitutes der fehlerhaften Gesellschaft als abschließende Regelung verstanden werden. Greift die "Heilungsnorm" des § 34 III LwAnpG nicht ein, kann die dennoch eingetragene Umwandlung nicht über die Regeln zur fehlerhaften Gesellschaft vorläufigen Bestandsschutz erlangen[619].

B. Anwendung der Heilungsnorm in § 242 II AktG

Der Bundesgerichtshof hat in seiner Rechtsprechung zum Anwendungsbereich des § 34 III LwAnpG betont, daß diese Norm nicht die Heilung etwaiger Umwandlungsmängel zum Gegenstand hat[620]. Zweck der Norm ist danach lediglich, den Bestandsschutz der einmal eingetragenen Umwandlung auch dann sicher zu stellen, wenn der Umwandlungsbeschluß mangelhaft war. Im Unterschied zu einer Heilungsnorm sind deshalb etwaige Folgeansprüche, wie Ansprüche auf Schadensersatz[621] oder möglicherweise auch Restitutionsansprüche[622] nicht ausgeschlossen.
Mit der Eintragung der neuen Rechtsform tritt die umwandlungsrechtliche Wirkung ausschließlich nach Maßgabe des § 34 LwAnpG ein. Leidet der zugrundeliegende Umwandlungsbeschluß an derart gravierenden Mängeln, daß sie vom

---

617 Schmidt ZGR 1991 / 380, 381 auch AG 1991 / 136 und DB 1996 / 1859, 1860.
618 Dehne AgrarR 1998 / 208, 209.
619 So auch Schmidt DB 1996 / 1859, 1860; vgl. auch für die fehlerhafte Kapitalerhöhung Zöllner AG 1993 / 68, 73; Krieger ZHR 158 (1994) / 47 ff.
620 Der BGH verneinte eine heilende Wirkung des § 34 III LwAnpG im Urteil zu Aschara ausdrücklich. BGH vom 7.11.1997 BGHZ 137 / 134 ff..
621 Siehe hierzu bereits die Entscheidung des OLG Rostock vom 14.3.1994 ZIP 1994 / 1062,1065.
622 Zum diesbezüglichen Streit ausführlich Thum, Der fehlerhafte Formwechsel, Diss. Jena 2001, D II. 2 b).

Anwendungsbereich des § 34 III LwAnpG nicht erfaßt werden[623], könnte man daher an eine nachträgliche Heilung des Beschlusses nach § 242 II AktG denken. Damit würde der Umwandlungsbeschluß nachträglich wirksam. Die Eintragung des neuen Unternehmen könnte dann mit dem Zeitpunkt der Heilung die Wirkung des § 34 I LwAnpG nachträglich entfalten.
Gegen die Anwendung des § 242 II AktG auf die Wirksamkeit der Umwandlung hat sich der Bundesgerichtshof jedoch wiederholt geäußert[624]. Ob Mängel des Formwechsels dessen Rechtswirkungen unberührt lassen, ist allein nach der Spezialvorschrift des § 34 III LwAnpG zu beurteilen[625]. Für eine "Heilung" der Umwandlung nach § 242 II AktG ist daneben kein Raum.
Zwar kann mit Ablauf dieser Frist der nichtige Umwandlungsbeschluß bestandskräftig werden, so daß Rechtsmittel gegen diesen Beschluß ausgeschlossen sind, die Wirksamkeit der Umwandlung bestimmt sich jedoch weiterhin ausschließlich nach § 34 III LwAnpG. Die Umwandlung wird im Zeitpunkt der Eintragung des neuen Unternehmens unabhängig von der Wirksamkeit des Umwandlungsbeschlusses wirksam, wenn der Beschluß auf eine identitätswahrende Umwandlung im Sinne des Landwirtschaftsanpassungsgesetzes gerichtet ist. Liegt dieser Tatbestand nicht vor, kann dieser Mangel nicht durch den Ablauf der Frist des § 242 II AktG geheilt werden[626]. Die von dieser Norm erfaßten Mängel betreffen ausschließlich die Wirksamkeit des Beschlusses. § 34 III LwAnpG stellt dagegen eine Spezialregelung dar, nach der die Umwandlung wirksam wird.

C. Nachbesserung der fehlgeschlagenen Umwandlung

Zur Heilung mangelhafter Umwandlungen könnte man auch an eine Nachbesserung des Beschlusses denken. Zum 1.1.1992 wurde in § 69 III LwAnpG ein Satz 3 folgenden Inhaltes ergänzt: "Sind einer ordnungsgemäßen Umwandlung nicht alle erforderlichen Unterlagen beigefügt, gilt die Anmeldung als ordnungsgemäß, wenn diese Unterlagen unverzüglich bei dem für die Anmeldung zuständigen Gericht nachgereicht werden.".
Die Lektüre dieser Bestimmung legt den Schluß nahe, daß Mängel der Umwandlung, sofern diese nur fristgerecht angemeldet wurde, durch erneute Beschlußfassung auch nach dem 31.12.1991 und unverzügliche Nachreichung der Unterlagen, geheilt werden könne.

---

[623] Siehe dazu die gefestigte Rechtsprechung des Bundesgerichtshofes Fn. 1.
[624] BGH vom 8.5.1998 ZIP 1998 / 1161, 1163, BGH vom 7.11.1997 BGHZ 134 / 137 ff; BGH vom 7.6.1999 AgrarR 2000 / 132 mit Anm. Bayer/Hoffmann EWiR 1999 / 1019 f.; Veil WuB 2001 / 1 f..
[625] Ebenso für die Vorgängerregelung in § 37 II LwAnpG 1990.
[626] Wenzel AgrarR 1998 / 139, 143.

Es ist aber fraglich, ob der Gesetzgeber mit der Bestimmung eine Heilung der Umwandlungen ermöglichen wollte. Satz 3 muß im Zusammenhang mit den beiden vorangehenden Sätzen des Absatzes III der Vorschrift gesehen werden. Danach sind jene LPGen, die nicht bis zum Ablauf des Jahres 1991 umgewandelt wurden zum 1.1.1992 von Gesetzes wegen aufgelöst. Wegen der administrativen Schwierigkeiten bei den Registergerichten wird nach Satz 2 die Auflösung bereits durch die fristgerechte und ordnungsgemäße Anmeldung der Umwandlung verhindert[627]. Eine ordnungsgemäße Anmeldung setzt die Vorlage aller erforderlichen Unterlagen voraus. Aufgrund der schwierigen Bewertungsprobleme bei der Erstellung der Umwandlungsbilanz konnten in vielen Fällen Testate von Wirtschaftsprüfern oder Bescheinigungen des genossenschaftlichen Prüfverbandes nicht fristgerecht beigebracht werden. Die Umwandlung wäre daher in vielen Fällen wegen des Ablaufes der gesetzlichen Frist ohne Verschulden der LPG gescheitert. Der Gesetzgeber hat diese Problem erkannt und dem durch das Gesetz zur Änderung des Landwirtschaftsanpassungsgesetzes vom 20.12.1991 Rechnung getragen[628]. Entsprechend dem so eingefügten Satz 3 gilt die Anmeldung bereits dann als ordnungsgemäß, wenn nicht alle erforderlichen Unterlagen beigefügt sind. Die klare Regelung des § 69 III 1 LwAnpG wollte der Gesetzgeber damit nicht unterlaufen, d. h. § 69 III LwAnpG setzt auch in seiner geänderten Fassung eine ordnungsgemäße Umwandlung vor Ablauf des Jahres 1991 voraus[629]. Damit sind von der Norm ausschließlich Fälle fehlender Anmeldungsunterlagen erfaßt, deren Vervollständigung das Gesetz auch nach dem 31.12.1991 noch zuläßt. Die Vorschrift erlaubt es jedoch nicht, daß die LPG den Beschluß über die Umwandlung, der eine notwendige Voraussetzung für eine Anmeldung der Eintragung der neuen Rechtsform bildet, erst nach Ablauf der Frist faßt[630]. Eine zum Stichtag bestehende Unwirksamkeit der Umwandlung kann über § 69 III 3 LwAnpG nicht geheilt werden[631].

D. Umwandlung der LPG i.L.

Nachdem sich nunmehr gezeigt hat, daß die ursprünglich fehlgeschlagene Umwandlung selbst nicht geheilt werden kann und auch nicht die Möglichkeit besteht, ihr nachträglich Geltung zu verschaffen, verbleibt als letzte Variante die

---

627 Nies, in Clem, Vermögen und Investition in der ehemaligen DDR, Komm. zum Landwirtschaftsanpassungsgesetz, § 69 / 2.

628 BT-Drs. 12 / 1651 Seite 1, 2.

629 So auch Neixler AgrarR 1993 / 1, 5.

630 BT-Drs. 12 / 1709 Seite 3.

631 Zutreffend auch Nies, in Clem, Vermögen und Investition in der ehemaligen DDR, Komm. zum Landwirtschaftsanpassungsgesetz, § 69 / 4.

Gesamtrechtsnachfolge durch eine zweite Umwandlung der LPG herbeizuführen[632].

Eine solche Nachbesserung der fehlgeschlagenen Umstrukturierung zur Vermeidung unerwünschter wirtschaftlicher Folgen und zur Beseitigung von vielerlei Rechtsunsicherheiten durch erneute Umwandlung der in Liquidation befindlichen LPG ist von einem Teil der Literatur bereits frühzeitig als Mittel zur Heilung fehlgeschlagener Umwandlungen propagiert worden[633]. Durch die Beschlüsse des Bezirksgerichtes Erfurt[634] und des Oberlandesgerichtes Dresden[635] ist diese Variante der „Heilung„ fehlgeschlagener Umwandlungen aufgegriffen und bestätigt worden[636].

Das dabei diskutierte Modell sieht in der Verweisung des Landwirtschaftsanpassungsgesetzes in § 69 III und § 42 I auf den § 79 a GenG eine Nachfrist für die sich per Gesetz zum 1.1.1992 in Liquidation befindlichen LPGen. Die Anwendbarkeit des § 79 a GenG ermögliche der LPG i. L. die Umwandlung entsprechend den Vorschriften des Landwirtschaftsanpassungsgesetzes. Solange die Liquidationsgesellschaft noch nicht mit der Verteilung des Vermögens an die Mitglieder begonnen hat, könnte sie sich daher entsprechend dem numerus clausus des Gesetzes durch Formwechsel oder Teilung umwandeln.

In beiden Fällen entstünden neue Gesellschaften, die Rechtsnachfolger der LPG sind. Dem Willen der Mitglieder entspräche jedoch nur eine Rechtsnachfolge der durch die Eintragung bereits entstandenen Gesellschaft. Um diese Herbeizuführen, müßte das durch die erneute Umwandlung entstandene Nachfolgeunternehmen mit der schon bestehenden Gesellschaft verschmelzen.

Auf dieses Problem in der praktischen Umsetzung dieser Variante der nachträglichen „Heilung„ wurde bisher in Literatur und Rechtsprechung soweit ersichtlich nicht eingegangen. Den hierzu ergangenen und veröffentlichten Urteilen lagen stets Sachverhalte zugrunde[637], in denen die Eintragung der ursprünglichen Umwandlung abgelehnt wurde, die bestehende Liquidationslage der LPG für die Betroffenen deshalb offensichtlich war und diese eine erneute Umwandlung anstrebten.

---

632 Insbesondere in Reaktion auf die Entscheidung des Bundesgerichtshofes zur LPG in Aschara 1997 wurde in der Praxis diese Möglichkeit der Heilung befürwortet. Presseerklärung des DBV in NL-BzAR 1998 / 57.

633 Turner / Karst DtZ 1992 / 33 ff, Neixler AgrarR 1993 / 1, 6; Schweizer, Das Recht der landwirtschaftlichen Betriebe nach dem Landwirtschaftsanpassungsgesetz, Rdn. 180.

634 BezG Erfurt vom 22.3.1993 AgrarR 1993 / 192 ff.

635 OLG Dresden vom 26.11.1998 NL – BzAR 1999 / 112 ff.

636 Das OLG Dresden entschied zwar grundsätzlich gegen eine Möglichkeit zur nachträglichen Umwandlung, bejahte jedoch die umwandlungsrechtsliche Wirkung der Eintragung aufgrund des § 34 III LwAnpG.

637 Siehe die Entscheidungen des BezG Erfurt vom 22.3.1993 und des OLG Dresden vom 26.11.1998. (s.o.)

Eine direkte Umwandlung der in Liquidation befindlichen LPG nach dem Landwirtschaftsanpassungsgesetz auf das durch die Eintragung der unwirksamen Umwandlung bereits entstandene Unternehmen ist gemäß dem numerus clausus der Umwandlungsmöglichkeiten des Landwirtschaftsanpassungsgesetzes demgegenüber nicht möglich. Das Gesetz sieht neben Formwechsel und Teilung nur den Zusammenschluß von LPGen untereinander zum Zweck der Neustrukturierung vor. Im Wege des Formwechsels kann eine Gesamtrechtsnachfolge zwischen LPG i. L. und dem durch die Eintragung entstandenen Rechtsträger wegen des Prinzips der Identität , das dieser Umwandlungsform zugrundeliegt, nicht herbeigeführt werden. Diese Rechtsfolge könnte nach dem Landwirtschaftsanpassungsgesetz nur über den Zwischenschritt der Umwandlung mit anschließender Verschmelzung nach dem Umwandlungsgesetz 1995 herbeigeführt werden kann[638].
Ob und gegebenenfalls wie eine nachträgliche Umwandlung der LPG i. L. erfolgen kann, hängt somit direkt von einer richtigen Interpretation des gesetzgeberischen Willens ab. Stellt die Verweisung auf § 79 a GenG für die LPGen eine Nachfrist zur Umwandlung dar oder eröffnet der Verweis lediglich die Möglichkeit zur Fortsetzung der Gesellschaft unter bestimmten Voraussetzungen und damit nur mittelbar den Weg zu einer neuerlichen Umwandlung. Im Folgenden wird daher zunächst die Möglichkeit der Umwandlung der aufgelösten LPG aufgrund einer sondergesetzlichen Regelung untersucht. Wenn eine spezielle Rechtsgrundlage zur Umwandlung im Landwirtschaftsanpassungsgesetz verneint werden muß, wird anschließend auf die Möglichkeit einer Verschmelzung nach §§ 3 ff UmwG eingegangen.

1. Verweis auf § 79 a GenG als Nachfrist zur Umwandlung

Die Annahme einer vom Gesetz eröffneten Möglichkeit zum Umwandlung im Stadium der Liquidation gründet sich auf den in § 69 III 3 LwAnpG eingefügten Verweis auf § 42 LwAnpG. Danach gilt für die Abwicklung der von der gesetzlichen Auflösung betroffenen LPGen § 42 LwAnpG. Jene Norm wiederum bestimmt die Geltung des § 79 a GenG im Fall der Auflösung und Abwicklung der LPG.
Der Verweis auf § 79 a GenG in § 42 LwAnpG wurde im Zuge der Novellierung des Landwirtschaftsanpassungsgesetzes 1991 im Gesetz verankert. Damit sollte den in Auflösung befindlichen landwirtschaftlichen Produktionsgenossenschaften die Möglichkeit zur Rücknahme ihrer Entscheidung und nachfolgender Umwandlung gegeben werden.[639] In den Debatten des Bundestages wurde davon ausgegangen, daß durch bessere Beratung und die erweiterten Möglichkei-

[638] Zur Verschmelzung nach allgemeinem Umwandlungsrecht siehe unter I D 2.
[639] BT-Drs. 12 / 589 Seite 2.

ten der Umwandlung einige landwirtschaftliche Produktionsgenossenschaften nunmehr doch eine Möglichkeit zur Fortsetzung ihrer Gesellschaft sehen und das Auflösungsstadium wieder verlassen wollen. Die Vorschrift des § 79 a GenG ermöglicht einer durch Beschluß ihrer Mitglieder aufgelösten Genossenschaft die Fortsetzung der Gesellschaft zu beschließen, solange noch nicht mit der Verteilung des Vermögens an die Mitglieder begonnen wurde. Mit der entsprechenden Anwendung auf die Rechtsform der LPG konnten auch diese die Rückkehr zur werbenden Gesellschaft beschließen.
Dieses Verfahren wirft grundsätzlich keine Probleme auf, solange die jeweilige Gesellschaft ihre Fortsetzung in der bisherigen Rechtsform beschließen kann, was bei Auflösung durch Beschluß der Voll- oder Gesellschafterversammlung regelmäßig der Fall sein wird. Jedoch kommt eine Fortsetzung der bisherigen Rechtsform denknotwendig nicht in Betracht, wenn die bisherige Rechtsform von Gesetzes wegen nicht mehr existent und der Auflösungsgrund damit nicht reparabel ist[640]. Dieses Schicksal ist der Rechtsform der LPG durch § 69 I LwAnpG widerfahren. Nach dem 31.12.1991 war es dem Mitgliedern einer landwirtschaftlichen Produktionsgenossenschaft unmöglich, die Fortsetzung der Gesellschaft als LPG zu beschließen.
Es stellt sich daher die Frage, ob die in gesetzlicher Liquidation befindliche LPG ihre direkte Umwandlung, ohne den Zwischenakt der Fortsetzung, beschließen kann.
Daß die Umwandlung eines aufgelösten Rechtsträgers möglich ist, zeigen die Regelungen in § 2 UmwG a. F. und §§ 3 III, 124 II, 191 III UmwG 1995. Voraussetzung ist jedoch immer die theoretische Möglichkeit zur Fortsetzung der bisherigen Rechtsform. Tritt, wie im Fall der LPGen, die Auflösung ein, weil der Gesetzgeber eine Gesellschaftsform aus dem Typenkatalog des Gesetzes gestrichen hat, bedarf es einer sondergesetzlichen Regelung zur Ermöglichung der Umwandlung[641].
Eine solche soll nach einer Meinung in Literatur[642] und Rechtsprechung[643] durch die Verweisung des § 69 III 3 LwAnpG auf § 42 I LwAnpG i. V. m. § 79 a GenG gegeben sein. Da diese Norm für die Abwicklung der gesetzlich aufgelösten LPG auf § 42 LwAnpG und damit mittelbar auf § 79 a GenG verweist, eine Fortsetzung der Gesellschaft über den 31.12.1991 hinaus jedoch in keinem Fall mehr stattfinden konnte, bedeute die Verweisung, daß die Vollversammlung einer LPG auch nach dem Stichtag unter entsprechender Anwendung des § 79 a

---

[640] Schmidt, Gesellschaftsrecht, § 38 IV 5.
[641] So Lutter, in Lutter (Hrsg.), Umwandlungsgesetz, § 3 / 12; Lohlein AgrarR 1993 / 383, 384.
[642] Turner / Karst DtZ 1992 / 33 ff.; Hausmanns, in FS für Helmrich, Seite 943, 951; Steding, Produktivgenossenschaften in der ostdeutschen Landwirtschaft, Seite 26 f..
[643] BezG Erfurt vom 22.3.1993 AgrarR 1993 / 192, 193; im Ergebnis auch OLG Dresden vom 26.11.1998 NL-BzAR 1999 / 112, 114.

GenG die Umwandlung in eine eingetragene Genossenschaft, Personengesellschaft oder Kapitalgesellschaft beschließen kann[644].
Wenn der in Auflösung befindlichen LPG der Versuch einer Umwandlung ermöglicht werden sollte, dürfe dieser Weg nicht durch eine über das Ziel des § 69 LwAnpG hinausreichende, den Entscheidungszeitraum unnötig verkürzende Auslegung der Stichtagsregelung faktisch versperrt werden[645].
Zur Begründung seiner Interpretation des § 69 LwAnpG verweist das Bezirksgericht Erfurt auf die besonderen Verhältnisse der betroffenen Bevölkerungskreise und die komplizierte Sach- und Rechtslage. Wegen der Ernte und der anschließenden Winterbestellung der Felder im Jahr 1991 sei es den Mitgliedern der landwirtschaftlichen Produktionsgenossenschaften verwehrt gewesen, sich mit den für ihre Existenz sehr wichtigen Zukunftsfragen zu befassen[646]. Das gesetzliche Ziel des § 69 I LwAnpG, das LPG–Gesetz außer Kraft zu setzen, werde durch die Möglichkeit der direkten Umwandlung aus der Liquidation nicht gefährdet.
Die Regelung des § 69 III 1 LwAnpG beruht auf der Vermutung, daß eine LPG, die sich bis Ende 1991 nicht habe umstrukturieren können, handlungsunfähig sei und damit zur Auflösung kommen müsse[647]. Deswegen sei der Stichtag kein unumstößlicher Zeitpunkt, von dem an fest steht, ob eine frühere LPG sich der neuen Rechtslage durch Umwandlung angepaßt hat oder aufgelöst wird. Die durch den Verweis des Satzes 4 des dritten Absatzes der Norm ermöglichte Entscheidung widerlege vielmehr die zugrundeliegende Ausgangsvermutung[648].
Die Auffassung des Gerichtes wird vor allem von Rechtspraktikern geteilt[649]. Nach *Neixler*[650] scheint sich nun die Tendenz durchzusetzen, die wirtschaftlich sinnvollen Lösungen nicht an übertriebenem Formalismus scheitern zu lassen.
Um den rechtsdogmatischen Bedenken dieser Lösung zu begegnen, schlägt Dehne die Begrenzung der Umwandlungsmöglichkeiten vor[651]. Die der Anwendung der §§ 4 und 23 ff LwAnpG zugrundeliegende immanente Schranke, daß die Umwandlung bis zum 31.12.1991 erfolgen mußte, könne durch die Anwendung des § 79 a GenG nicht einfach übergangen werden. Ihr Vorschlag ist daher, den betroffenen LPGen wenigstens die Möglichkeit der Umwandlung in eine eingetragene Genossenschaft zu eröffnen.

---

[644] Turner/Karst DtZ 1992 / 33, 35 u.36; BezG Erfurt vom 22.3.1993 AgrarR 1993 / 192 f..
[645] So das BezG Erfurt in der Entscheidung vom 22.3.1993 AgrarR 1993 / 192, 194.
[646] BezG Erfurt vom 22.3.1993 AgrarR 1993 / 192, 194.
[647] BT-Drs. 12 / 161 Seite 12.
[648] BezG Erfurt vom 22.3.1993 AgrarR 1993 / 192, 194.
[649] Jeinsen AgrarR 1991 / 177, 179; Turner / Karst DtZ 1992 / 33; Dehne AgrarR 1993 Sonderheft 10 Seite 28.
[650] Neixler Anmerkung zu BezG Erfurt vom 22.3.1993 NL–BzAR 1993 / 6, 8.
[651] Dehne AgrarR 1993 Sonderheft 10 Seite 28.

Dieser Versuch einer Mittellösung ist in seiner Argumentation inkonsequent und daher abzulehnen. Stimmt man dem Auslegungsansatz zu, daß die Stichtagsregelung eine Entscheidung über die Zukunft der Unternehmen zwingend herbeiführen wollte, muß die Möglichkeit einer Umwandlung aus der Liquidation verneint werden.

Diese dogmatischen Bedenken werden auch im rechtswissenschaftlichen Schrifttum geteilt. Danach hatte die durch den Verweis in § 42 I 1LwAnpG eingeräumte Möglichkeit eines Fortsetzungsbeschlusses nur bis zum 31.12.1991 Bedeutung[652]. Zweck des § 69 III LwAnpG war die Bestimmung einer gesetzlichen Ausschlußfrist, deren Verstreichung die Auflösung und Abwicklung der noch bestehenden LPGen zur Folge haben sollte[653].

Entgegen *Turner* und *Karst*[654] handelt es sich nicht um eine hastige, konzeptionslose Gesetzgebung mit nur teilweise zu Ende gedachten Vorstellungen, deren Programmsatzcharakter erst der Ausfüllung durch Literatur und Rechtsprechung bedarf.

Auch der Verweis auf die in der ursprünglichen Fassung des Gesetzes vorgesehene automatische Umwandlung vermag diese Ansicht nicht zu untermauern. Die Volkskammer der DDR, als damaliger Gesetzgeber, glaubte bei der Erstfassung des Landwirtschaftsanpassungsgesetzes an ein großes Potential in den bestehenden Betriebsstrukturen, für dessen Förderung und Entwicklung der Gesetzgeber die gesetzlichen Grundlagen schaffen wollte[655]. Dementsprechend ging man in den Beratungen grundsätzlich davon aus, daß die Beteiligten ihre Neustrukturierung in der vorgegebenen Frist abgeschlossen haben würden. Die Regelung des § 69 III 1 LwAnpG a. F. sollte eine stabile Rechtsgrundlage zur Fortführung der Tätigkeit auch für jene LPGen bilden, die sich bis zum 31.12.1991 noch nicht in eine eingetragene Genossenschaft umgewandelt haben[656]. Trotz dieser grundsätzlich auf die Fortführung der Unternehmen ausgerichteten Regelung war auch in dieser ursprünglichen Fassung des Gesetzes die Auflösung der Gesellschaft für den Fall des Scheiterns der Umwandlungsbemühungen vorgesehen[657].

Die Novellierung des Gesetzes 1991 bekannte sich demgegenüber klar zur Freiwilligkeit der Umwandlung. Die gesetzliche Umwandlung in Genossenschaften im Aufbau wurde dementsprechend aus dem Gesetz entfernt. Der Vorstellung

---

[652] Schweizer, Das Recht der landwirtschaftlichen Betriebe nach dem Landwirtschaftsanpassungsgesetz, Rdn. 299.

[653] Siehe die umfassende Kritik bei Lohlein in Anmerkung zu BezG Erfurt vom 22.3.1993 AgrarR 1993 / 383, 384.

[654] Turner/Karst DtZ 1992 / 33, 37.

[655] Protokolle der Volkskammer Drs. 10 / 73 Seite 443.

[656] Protokolle der Volkskammer Drs. 10 / 73 Seite 450.

[657] Die gesetzliche Auflösung der zum 1.1.1992 entstandenen Genossenschaft war nach § 69 III 2 LwAnpG 1990 dann angeordnet, wenn nicht binnen eines halben Jahres die Erfordernisse zur Gründung einer e.G. erfüllt wurden.

des Gesetzgebers zufolge war eine LPG, die sich nicht bis zum Ende der Frist umwandeln konnte, offensichtlich nicht in der Lage, die erforderlichen unternehmerischen Entscheidungen zu treffen[658]. Aus diesem Grund ist die Auflösung der LPG angezeigt. Wenig sinnvoll sei es dagegen LPGen, die nicht mehr handlungsfähig sind, per Gesetz umzuwandeln, da die LPGen sich dann nur noch mehr verschulden und in Konkurs zu gehen drohen[659].
Auf Grund dieser Einschätzung des Gesetzgebers ist die in § 69 III 1 LwAnpG angeordnete Auflösung keine durch eine nachträgliche Umwandlung widerlegbare Vermutung, sondern Ausdruck des vom Gesetzgeber gewollten Zwanges der LPGen, die Vermögensaufteilung vorzunehmen und ihre Gesellschaft in eine neue Rechtsform zu überführen. Würde man dennoch eine Umwandlung über den Stichtag des 31.12.1991 hinaus zulassen, würde die Regelung des § 69 III LwAnpG damit völlig unterlaufen[660].
Die Annahme einer sondergesetzlichen Regelung zur Umwandlung der in Liquidation befindlichen LPGen läßt sich nicht auf § 69 III 4 LwAnpG i. V. m. § 42 I 1 LwAnpG stützen, der wiederum auf § 79 a GenG verweist. Im Wortlaut der Bestimmung wird ausdrücklich nur hinsichtlich der Abwicklung (Liquidation) auf § 42 LwAnpG und damit nur auf die Normen in § 42 LwAnpG, die die Abwicklung betreffen, verwiesen. § 79 a GenG bezieht sich dagegen ausdrücklich auf den Komplex "Auflösung der Genossenschaft"[661].
Für diese Auffassung spricht auch die Begründung zur Einfügung des § 79 a GenG durch die erste Novelle des Gesetzes. Den in Auflösung begriffenen LPGen sollte die Möglichkeit zur Rücknahme ihrer Entscheidung gegeben werden[662]. Da die Novellierung im Juli 1991 in Kraft getreten ist, konnten mit "den in Auflösung begriffenen" LPGen nur jene gemeint sein, die ihre Auflösung durch Beschluß selbst herbeigeführt hatten[663]. Hieraus den Schluß zu ziehen, daß die Auflösung von LPGen grundsätzlich umkehrbar sein soll, ist verfehlt[664].
Die Begründung in der Entscheidung des Bezirksgerichtes Erfurt, daß die nach der Novellierung verbleibende Frist zur Rückgründung und anschließender Umwandlung wegen der hohen Arbeitsbelastung in der Landwirtschaft zu knapp bemessen gewesen sei, kann ebensowenig als Argument fruchtbar gemacht werden. Zum einen kann eine klare gesetzliche Regelung nicht mit dem Hinweis auf praktische Schwierigkeiten außer Kraft gesetzt werden und zum anderen bestand der zeitliche Druck zur Umwandlung gleichermaßen für alle ehemaligen land-

[658] BT-Drs. 12 / 161 Seite 12.
[659] BT-Drs. 12 / 161 Seite 12.
[660] Schweizer, Das Recht der landwirtschaftlichen Betriebe nach dem Landwirtschaftsanpassungsgesetz, Rdn. 301
[661] OLG Dresden vom 26.11.1998 NL–BzAR 1999 / 112, 113.
[662] BT-Drs. 12 / 589 Seite 2.
[663] So auch Wenzel AgrarR 2000 / 349, 354.
[664] So aber die Argumentation des BezG Erfurt vom 22.3.1993 AgrarR 1993 / 192, 193.

wirtschaftlichen Produktionsgenossenschaften der DDR. Ein Grund für die zeitliche Besserstellung der per Beschluß oder aufgrund des Ablaufes der gesetzlichen Frist aufgelösten LPGen gegenüber allenÜbrigen bestand nicht.
Für den endgültigen Charakter der Auflösungswirkung zum 1.1.1992 spricht auch die Existenz der 2. Novelle zum Landwirtschaftsanpassungsgesetz. Wäre die Umwandlung einer LPG bzw. LPG i. L. auch nach dem Stichtag noch möglich gewesen, hätte es der speziellen Regelung über die ordnungsgemäße Anmeldung der Umwandlung in § 69 III 2, 3 LwAnpG nicht bedurft[665].
Obwohl auch nach Ansicht des Oberlandesgerichtes Dresden[666] keine rechtliche Grundlage für eine Umwandlung der aufgelösten LPGen nach dem 31.12.1991 mehr bestand, bestätigt das Gericht einer dennoch durchgeführten und eingetragenen Umwandlung die Wirksamkeit. Nach Meinung des Gerichtes ist auf den mangelhaften, eingetragenen Umwandlungsvorgang § 34 III LwAnpG anwendbar, sofern eine identitätswahrende Umwandlung vorliegt, die beschlossen wurde, bevor mit der Verteilung des Vermögens begonnen wurde[667].
Gegen die Anwendbarkeit dieser Norm spricht zunächst deren spezifischer Bezug auf die Eintragung des Formwechsels einer LPG gemäß §§ 23 ff LwAnpG. Diese Umwandlungsmöglichkeit bestand jedoch nur für die werbende LPG bis zum 31.12.1991[668].
Entgegen der früher nur im Aktienverschmelzungsrecht verankerten Bestimmung findet sich eine dementsprechende Norm nunmehr für jede Umwandlungsart im allgemeinen Umwandlungsrecht. Hieraus könnte man auf einen allgemeinen Grundsatz des Umwandlungsrechtes schließen, wonach jede eingetragene Umwandlung trotz ihrer Mängel wirksam wird. So verweist auch die Entscheidung des Oberlandesgerichtes Dresden auf die bereits in § 352 a AktG a. F. anerkannten Grundsätze und begründet somit die generelle Geltung von § 34 III LwAnpG für die Umwandlung von landwirtschaftlichen Produktionsgenossenschaften der ehemaligen DDR.
Gegen die umwandlungsübergreifende Institutionalisierung dieses Grundsatzes spricht jedoch, daß die einzelnen "Heilungsnormen" jeweils Bezug auf spezielle Umwandlungsformen nehmen und stets nur im Zusammenhang mit einer solchen gesetzlich verankert sind. Dies wird in der Rechtsprechung des Bundesgerichtshofes[669] zur fehlerhaften LPG–Umwandlung deutlich. Danach erfaßt die Bestimmung zwar im Grundsatz jedwede Mängel der Umwandlung, jedoch ist

---

[665] S. a. Lohlein Anmerkung zur Entscheidung des BezG Erfurt vom 22.3.1993 AgrarR 1993 / 383, 384.
[666] OLG Dresden vom 26.11.1998 NL – BzAR 1999 / 112 ff..
[667] OLG Dresden vom 26.11.1998 NL – BzAR 1999 / 112, 114.
[668] Zum Anwendungsbereich der Norm bei lediglich verspäteter Anmeldung siehe unter Kapitel 2 I. C. 5.
[669] BGH vom 2.12.1994 ZIP 1995 / 422, 425; BGH vom 3.5.1996 BGHZ 132 / 353, 360; BGH vom 8.5.1998 BGHZ 138 / 371, 375.

Voraussetzung für deren Anwendbarkeit, daß eine Umwandlung vorliegt, die dem gesetzlichen Leitbild entspricht. Der Grundsatz der Wirksamkeit der eingetragenen Umwandlung gilt somit nicht generell, sondern nur im Hinblick auf die gesetzlich zugelassene Umwandlung. Darüber hinaus ist § 34 III LwAnpG keine allgemein anwendbare Norm bei Umwandlungen.
Die Umwandlung einer LPG, die sich per Gesetz im Stadium der Liquidation befindet, findet daher im Landwirtschaftsanpassungsgesetz keine rechtliche Grundlage. Daher kann die Regelung des § 34 III LwAnpG auf die nach Ablauf der gesetzlichen Frist beschlossene und eingetragene Umwandlung keine Anwendung finden.

2. Verschmelzung der LPG i. L. mit dem neuen Rechtsträger

Nachdem nunmehr festgestellt wurde, daß die Verweisung des § 69 III 4 LwAnpG keine sondergesetzliche Regelung zur Umwandlung aufgelöster landwirtschaftlicher Produktionsgenossenschaften darstellt, ergibt sich die Frage, ob der LPG i. L. eine Umwandlung nach allgemeinem Umwandlungsrecht möglich ist.
Im Fall der eingetragenen und dennoch unwirksamen Umwandlung wäre eine direkte Verschmelzung der Liquidationsgesellschaft mit dem eingetragenen Rechtsträger eine gegenüber der nachträglichen Umwandlung mit anschließender Verschmelzung einfachere und interessengerechter Variante. Rechtsgrundlage hierfür könnten die Verschmelzungsvorschriften des Umwandlungsgesetzes sein. Mit dem Wirksamwerden der Verschmelzung erlischt die übertragende Gesellschaft liquidationslos gemäß § 20 I Nr. 2 UmwG. Gemäß § 3 III UmwG ist auch eine Verschmelzung mit bereits aufgelösten Rechtsträgern möglich, sofern deren Fortsetzung noch beschlossen werden kann.
Daß dieser technisch einfachere Weg bisher in der Literatur kaum angesprochen wurde, ist vor allem auf das Verständnis des Verweises auf § 79 a GenG im Landwirtschaftsanpassungsgesetz zurückzuführen. Dieser wird als gesetzliche Sonderregelung für die Umwandlung aufgelöster LPGen verstanden, die dem allgemeinen Umwandlungsrecht als lex specialis vorgeht.[670].
Nach § 3 III UmwG ist die Verschmelzung aufgelöster Rechtsträger möglich, sofern die Verteilung des Liquidationserlöses noch nicht begonnen wurde und die Gesellschaft ihre Fortsetzung beschließen könnte. Es wurde bereits dargestellt, daß die Möglichkeit zur Fortsetzung der LPG mit dem Verweis in § 42 I 1 LwAnpG auf § 79 a GenG zunächst eröffnet war. Mit dem Wegfall der Rechtsform LPG aus dem deutschen Gesellschaftsrecht zum 31.12.1991 bestand nach den vorangegangenen Erörterungen diese Möglichkeit der Fortsetzung als LPG

---

[670] OLG Dresden vom 26.11.1998 NL – BzAR 1999 / 112, 114.

nicht mehr, weshalb auch die Möglichkeit einer nachträglichen Umwandlung gemäß § 79 a GenG verneint werden mußte. Damit besteht für die aufgelöste LPG nicht die Möglichkeit nach den Vorschriften des allgemeinen Umwandlungsrechtes auf einen bereits bestehenden Rechtsträger zu verschmelzen.

II. Bereinigung der Rechtslage im Zuge der Liquidation

Die bisherigen Überlegungen haben gezeigt, daß es in den Fällen einer unwirksamen Umwandlung keine Möglichkeit gibt, nachträglich eine Gesamtrechtsnachfolge zwischen der LPG i.L. und dem durch Eintragung entstandenen Rechtsträger herzustellen. Der Grund hierfür ist der Wegfall des LPG–Gesetzes als Grundlage der Rechtsform der LPG. Nach der gesetzlichen Regelung sind die bis zum 31.12.1991 nicht umgewandelten LPGen unwiderruflich aufgelöst und müssen liquidiert werden. Die Besonderheit hierbei ist, daß der Fortbestand der LPGen nach dem 31.12.1991 und deren Auflösung in den meisten Fällen bisher unerkannt geblieben ist und das Vermögen von den vermeintlichen Nachfolgegesellschaften genutzt wird. Für die betroffenen Gesellschaften entstehen aus dieser vom Gesetzgeber nicht in Betracht gezogenen Situation manigfaltige Probleme. Neben der grundsätzlichen Frage, welche Gründe es gibt, noch heute die Unwirksamkeit der Umwandlung geltend zu machen und dadurch die Auflösung der LPG aufzudecken, sollen im zweiten Teil dieser Arbeit die möglichen Schritte bei der Abwicklung der LPG dargestellt und die rechtlichen Fragen bei ihrer Umsetzung erörtert werden.
Mit der Auflösung der Gesellschaft verläßt sie das Stadium eines werbenden Unternehmens. An die Stelle des bisherigen Zweckes der Gesellschaft tritt nunmehr der Liquidationszweck[671]. Die Liquidation als Verfahren führt zur Vollbeendigung der Gesellschaft, indem alle Rechtsbeziehungen des Rechtsträgers vollständig abgewickelt werden[672]. Dazu gehört die Beendigung noch bestehender Vertragsbeziehungen und Gerichtsverfahren, die Begleichung von Verbindlichkeiten und die Einziehung von Forderungen. Nach der Abwicklung der Rechtsbeziehungen zu Dritten erfolgt die Auseinandersetzung der Vermögensverhältnisse unter den Gesellschaftern. Um die aufgelöste LPG ordnungsgemäß zu liquidieren, ist es nötig, den Bestand ihres Vermögens zu erfassen, denn nur soweit Aktivvermögen vorhanden ist, kann liquidiert werden. Ist die Liquidationsgesellschaft dagegen überschuldet oder zahlungsunfähig, muß das Unternehmen Insolvenzantrag stellen. Um eine mögliche Überschuldung der LPG i.L. festzustellen, bedarf es zunächst der Bestellung eines Liquidators, der dann eine Vermögensaufstellung und Bilanz der LPG i.L. zu erstellen hat. Erst danach kann er das Vorliegen des Insolvenzgrundes Überschuldung feststellen und hat dann die Pflicht, als Vertreter der LPG i.L. den Insolvenzantrag zu stellen.

---

[671] BGH vom 6.7.1954 BGHZ 14 / 163, 168; BGH vom 23.5.1957 BGHZ 24 / 279, 286.
[672] Paura, Liquidation und Liquidationspflichten, Seite 22.

Für die weitere Liquidation entsprechend der gesetzlichen Vorstellung der Liquidation der eingetragenen Genossenschaft wäre darüber hinaus die Rückforderung des gesamten Vermögens der LPG, soweit es noch vorhanden ist, sowie die von der neuen Gesellschaft erlangten Surrogate, Nutzungen u.ä. nötig. In der Praxis entzöge eine solche Rückforderung dem neuen Unternehmen die wirtschaftliche Grundlage. Die oftmals erfolgreiche Fortführung des landwirtschaftlichen Unternehmens der LPG würde zerstört. Der Konkurs des Betriebes und der Verlust der Arbeitsplätze wären die Folge. Demgegenüber stünden die Liquidatoren der LPG vor der Aufgabe, das zurückerhaltene Sachvermögen bestmöglich zu verwerten. In der Praxis wird die Liquidationsgesellschaft im Interesse einer zügigen und finanziell günstigen Verwertung ihres Vermögens nicht an einer Zerschlagung des Betriebes, sondern vielmehr an einer Veräußerung des gesamten Unternehmens interessiert sein. Demgegenüber wird die vermeintliche Nachfolgegesellschaft zur Erhaltung ihrer Geschäftstätigkeit daran interessiert sein, die Rückübertragung des Vermögens zu vermeiden. Für beide Gesellschaften wäre daher der Abschluß eines Unternehmenskaufvertrages vorteilhaft.

Die bisherige Praxis bestätigt dieses Ergebnis, so daß die Variante einer vollständigen Rückübertragung des Vermögens als rein theoretisches Konstrukt zur Liquidation der LPG praktisch nicht relevant ist. Für die weiteren Darstellungen zur Liquidation der LPG wird daher grundsätzlich davon ausgegangen, daß die Abwicklung der unerkannt in Liquidation befindlichen LPG sinnvoll im Wege der finanziellen Auseinandersetzung zwischen der LPG i.L und dem neuen Rechtsträger erfolgt, deren Grundlage ein Kaufvertrag ist. Bevor jedoch auf die mögliche Ausgestaltung eines solchen Vertrages im Einzelnen eingegangen wird, werden zunächst die rechtliche Ausgangssituation und die damit verbundenen Probleme beleuchtet, um darauf aufbauend einen Vorschlag zur vertraglichen Regelung zwischen der LPG i.L. und der „Nachfolgegesellschaft" entwic??keln zu können.

Kapitel 5: Die Geltendmachung der unwirksamen Umwandlung

Die dargestellte Unwirksamkeit einer eingetragenen LPG–Umwandlung, sofern der Umwandlung schwerste Mängel anhaften, wirkt sich für die betroffenen LPGen nur aus, wenn Mitglieder oder auch das neue Unternehmen sich selbst auf sie berufen. Andernfalls bleibt die Unwirksamkeit der im Register eingetragenen und tatsächlich vollzogenen Umwandlung -möglicherweise für immer- unerkannt. Für die potentiell von der Beschränkung der konstitutiven Wirkung der Eintragung betroffenen LPGen bedeutet dies einen ständigen Quell der Unsicherheit, so sich doch jedes Mitglied der ehemaligen LPG und nach Ansicht des Bundesgerichtshofes[673] auch jedes ausgeschiedene Mitglied auf diese Unwirksamkeit berufen kann.

I. Gründe für die Geltendmachung

Mit der erfolgreichen Geltendmachung der Unwirksamkeit der Umwandlung würde der Weg zu einer Vermögensverteilung im Rahmen der Liquidation der betroffenen LPG eröffnet.
Den potentiellen Klägern geht es hierbei meist um finanzielle Ansprüche. Gerade jene LPGen, deren Anteilsberechnung und Umstellung im Rahmen der Umwandlung die Mitglieder der LPG gegenüber der gesetzlichen Anordnung in § 44 LwAnpG benachteiligte, so daß die Vermögensauseinandersetzung heute noch nicht als beendet betrachtet werden kann, müssen bis zum Ablauf der gesetzlichen Frist zur Geltendmachung von Abfindungsansprüchen nach § 44 I LwAnpG oder bis zur Beendigung des Rechtsstreites um die Abfindung mit dem jeweiligen Mitglied mit der Berufung auf die Unwirksamkeit der Umwandlung -insbesondere als Druckmittel- rechnen[674], da bei Unwirksamkeit der Umwandlung die fortbestehende LPG i.L. weiterhin Schuldnerin der Abfindungsansprüche ist.
Nachdem heute die Umwandlungen der ehemaligen landwirtschaftlichen Produktionsgenossenschaften durch Rechtsprechung und Rechtslehre weitgehend aufgearbeitet wurden und sich dabei gerade im Bereich der Vermögenszuordnung zum Teil gravierende Abweichung zum Nachteil der Mitglieder herausstellten, ist es gut vorstellbar, daß viele Betroffene sich rückblickend durch ihre LPG betrogen fühlen.

---

[673] Hierzu die Entscheidung im Fall Aschara, die sich mit dem Feststellunginteresse des aus der LPG ausgeschiedenen Klägers auseinandersetzt und diese bejaht. BGH vom 7.11.1997 BGHZ 137 / 134 ff.
[674] Nach § 3 b LwAnpG lief die gesetzliche Frist zur Geltendmachung fälliger Abfindungsansprüche bis zum 31.12.2001.

An dieser Stelle sei auf die Auswertung[675] der Registerakten der landwirtschaftlichen Unternehmen im Raum Thüringen verwiesen. Insbesondere die bei Anmeldung der Umwandlung beiliegenden Anteilsberechnungen und Abfindungsangebote in Verbindung mit den ebenfalls vorgelegten Abschlußbilanzen lassen erkennen, daß in einem Großteil der Fälle erhebliche Vermögensteile in gesetzlich nicht zulässige Rücklagen eingestellt wurden und nur Bruchteile des eigentlichen LPG–Vermögens personifiziert wurden. Sowohl jene, die mit diesem zu gering bemessenen Anteil in der neuen Gesellschaft verblieben, als auch die Mitglieder, die nach § 36 LwAnpG gegen Abfindung maximal in Höhe des Anteiles[676] ausschieden oder sogar im Zuge der Umwandlung aus der Gesellschaft gedrängt wurden, hätten rückblickend im Fall einer Auflösung der LPG mit anschließender Verteilung des gesamten Vermögens wahrscheinlich einen größeren Anteil erhalten. Durch die Unwirksamkeit der Umwandlung der LPG und die hierdurch entstandene Doppelmitgliedschaft in der LPG i.L. und dem neuen Rechtsträger hat sich den zunächst oder bis heute im Unternehmen verbliebenen Mitgliedern diese Möglichkeit ihren vollen Geschäftsanteil am LPG-Vermögen zu erhalten nachträglich wieder eröffnet, da ein späteres Ausscheiden aus dem neuen Rechtsträger die fortbestehende Mitgliedschaft in der LPG unberührt ließ[677].

Zu dem finanziellen Aspekt kommt in den meisten Fällen auch ein nicht unerheblicher Groll gegenüber der Geschäftsleitung des fortbestehenden landwirtschaftlichen Unternehmens, der die Betroffenen nicht selten veranlaßt, unabhängig von der Höhe ihrer noch ausstehenden Abfindungs- oder Liquidationsansprüche und oft unter Aufwendung erheblicher eigener finanzieller Mittel die Unwirksamkeit der Umwandlung aufzudecken und die Liquidation der LPG in Gang zu bringen. Daher wurden im Rahmen des Forschungsprojektes auch häufig auf Fälle bekannt, in denen die Kläger nicht allein aus persönlichem finanziellen Interesse die Unwirksamkeit der Umwandlung ihrer ehemaligen LPG geltend machen, sondern in denen vielmehr auch die endgültige Zerschlagung des landwirtschaftlichen Betriebes oder der „Kampf“ gegen einzelne Personen

---

[675] Zur Umfassenden Auswertung der Vermögenspersonifizierungen siehe Rzesnizek, in Bayer (Hrsg.), Abschlußbericht zum Forschungsprojekt „Rechtsprobleme der Restrukturierung landwirtschaftlicher Unternehmen in den neuen Bundesländern nach 1989“, Kapitel 5.

[676] Oftmals wurden von der LPG nur Anteile des berechneten LPG – Anteiles als Abfindung angeboten. Zur Begründung war in den Umwandlungsberichten oftmals zu lesen, daß andernfalls ein zu großer Kapitalabfluß zu befürchten sei, so daß die Umwandlung mangels Kapital der neuen Gesellschaft unmöglich würde. Bei der in diesem Fall notwendigen Liquidation der LPG müßten die Mitglieder mit noch geringeren Ausschüttungen rechnen. Mit diesem fast erpresserischen Argument wurde vielen Mitgliedern ihre Zustimmung zu geringeren als den gesetzlich nach § 44 LwAnpG vorgeschriebenen Abfindungen abgerungen.

[677] Hierzu auch Kapitel 6. II.

in der Leitung der Nachfolgebetriebe gewollt ist, um geschehenes und andauerndes Unrecht zu beseitigen[678].
Daneben zeigen die Entscheidungen des Bundesgerichtshofes aus den letzten Jahren, daß auch seitens der neuen Gesellschaften die Berufung auf die nicht wirksame Rechtsnachfolge zur Abwehr von Leistungsklagen ehemaliger Mitglieder oder gar zur Begründung einer bereicherungsrechtlichen Rückforderung bereits gezahlter Abfindungen herangezogen wird[679]. Zwei im Jahr 1999 dem Bundesgerichtshof[680] zur Entscheidung vorliegenden Fälle aus Sachsen waren beispielsweise Zahlungsklagen ausgeschiedener Mitglieder, die letztlich wegen der fehlenden Passivlegitimation der Antragsgegner zurückgewiesen wurden. Dabei war eine Berufung der neuen Rechtsträger auf die Unwirksamkeit der Umwandlung gar nicht nötig, da die Antragsteller selbst in einem zweiten Antrag die Feststellung der Unwirksamkeit der Umwandlung beantragten, wobei sich aus dem Erfolg des Feststellungsantrages zwingend eine Unbegründetheit der Klage aus Abfindungszahlung ergab[681].
Darüber hinaus forderte die Antragsgegnerin im Gegenantrag den Antragsteller zu Rückzahlung bereits gezahlter Beträge auf und berief sich hierfür auf ihre fehlende Rechtsnachfolge aufgrund der fehlgeschlagenen Umwandlung. Der Senat gab dem Gegenantrag statt. Der Antragsteller sei um die geleisteten Zahlungen ungerechtfertigt bereichert, da die neue Gesellschaft diese Zahlungen nicht als Dritte für die LPG, als eigentliche Schuldnerin, geleistet habe, sondern irrtümlich von einer eigenen Verpflichtung ausging.
Ein dritter Aspekt, der Beweggrund für die Geltendmachung der unwirksamen Umwandlung sein kann, sind die den Mitgliedern der LPG i.L. eingeräumten Sonderrechte, insbesondere das Vorkaufsrecht nach § 42 II LwAnpG. Ist beispielsweise die Kündigung einer LPG-Mitgliedschaft nach § 43 LwAnpG nicht wirksam erfolgt oder das Mitglied nach § 36 LwAnpG aus dem neuen Rechtsträger ausgeschieden[682], so besteht die Mitgliedschaft in der LPG i.L. fort und das Mitglied könnte das Vorkaufsrecht im Rahmen der noch durchzuführenden Liquidation der LPG geltend machen. Aus diesem Grund kann auch dies ein Anlaß sein, die unwirksame Umwandlung gerichtlich feststellen zu lassen, um hierdurch im Ergebnis die Liquidation der noch bestehenden LPG in Gang zu setzen.

---

678 Ähnlich auch Goette in Anm. zu BGH vom 17.5.1999 DStR 1999 / 1240.
679 BGH vom 8.5.1999 BGHZ 138 / 371 ff..
680 BGH vom 5.3.1999 ZIP 1999 / 840 ff; BGH vom 5.3.1999 (BLw 56/98) NL-BzAR 1999 / 244 f..
681 So in den Fällen BGH vom 5.3.1999 (BLw 57 / 98) NZG 1999 / 787 ff und vom 7.11.1997 BGHZ 137 / 134 ff.
682 Zur Frage nach den Mitgliedern der LPG i.L. siehe im Kapitel 6. II.

II. Rechtsschutzmöglichkeiten

Das folgende Kapitel ist deshalb der Frage gewidmet, wie Mitglieder und ehemalige Mitglieder der LPG den Nichteintritt der Umwandlungswirkung gemäß § 34 III LwAnpG gerichtlich geltend machen können, um somit letztlich die Notwendigkeit einer nachträglichen Liquidation ihrer LPG aufzudecken und deren Durchführung einzuleiten.

A. Anfechtungs- und Nichtigkeitsklage

Naheliegender Rechtsbehelf gegen einen Umwandlungsbeschluß sind zunächst die Anfechtungs- und die Nichtigkeitsklage.
Unabhängig von der Frist sind diese Klagearten für die hier zu klärende Frage nicht präjudiziell[683]. Durch sie kann zwar die Nichtigkeit bzw. Rechtswidrigkeit eines Beschlusses geltend gemacht werden, doch besagt diese Entscheidung nichts darüber, ob nicht trotzdem mit der Eintragung die fehlerhafte oder nichtige Umwandlung gemäß § 34 II LwAnpG wirksam geworden ist und Bestandsschutz erlangt hat. Die Frage nach der Wirksamkeit der Umwandlung ist nach ihrer Eintragung gerade unabhängig von der Rechtmäßigkeit des Beschlusses[684].

B. Allgemeine Feststellungsklage

Da gemäß § 34 III LwAnpG Mängel der Umwandlung die Wirkung der Eintragung unberührt lassen, ist nach Eintragung das Eingreifen dieser Norm für die Wirksamkeit der Umwandlung entscheidend. Daher erklärte der Bundesgerichtshof für die Klärung der Frage, ob das neu eingetragene Unternehmen mit der LPG identisch, weil durch Formwechsel aus ihr entstanden, ist, die allgemeine Feststellungsklage nach § 256 ZPO uneingeschränkt für zulässig. Sie wird durch die Beschlußmängelklagen nicht ausgeschlossen[685].
Daneben hat der Bundesgerichtshof die Feststellung der Wirksamkeit oder Unwirksamkeit der Umwandlung auch in Form der Zwischenfeststellung, in entsprechender Anwendung des § 256 II ZPO, im Verfahren der freiwilligen Gerichtsbarkeit für zulässig erklärt. Der entsprechende Antrag muß sich dabei nicht auf ein Rechtsverhältnis zwischen Antragsteller und Antragsgegner beschränken, sondern kann wie eine Klage nach § 256 I ZPO auch auf Feststellung gehen, daß zwischen der beklagten Partei und einem Dritten oder zwischen den beklagten Parteien untereinander ein Rechtsverhältnis bestehe oder nicht be-

---

683 So der BGH im Fall Aschara vom 7.11.1997 BGHZ 137 / 134, 136, 138.
684 BGH vom 17.5.1999 ZIP 1999 / 1126, 1127.
685 BGH vom 17.5.1999 ZIP 1999 / 1126, 1127.

stehe, wenn dies zugleich für die streitenden Parteien von Bedeutung, d. h. die Zwischenfeststellung für die Entscheidung in der Hauptsache präjudiziell ist[686]. In der zitierten Entscheidung des Bundesgerichtshofes[687] lagen vermögensrechtliche Ansprüche zugrunde. Antragsgegner waren hier der vermeintliche Rechtsnachfolger und die LPG i. L. als Gesamtschuldner. Für diese Ansprüche war inzident zu prüfen, ob der erste Antragsgegner als Rechtsnachfolger passivlegitimiert ist[688].

1. Rechtsweg

In den meisten Fällen war bzw. ist der Hauptantrag auf eine Leistung nach dem Landwirtschaftsanpassungsgesetz gerichtet, für den unzweifelhaft das Landwirtschaftsgericht nach § 65 I 1 LwAnpG zuständig ist. Hat der Antragsteller daneben die Feststellung der Wirksamkeit der Umwandlung begehrt, handelt es sich ausschließlich um eine Vorfrage für die Geltendmachung der Abfindungsansprüche. Für diese Fälle bejaht die Rechtsprechung die Annex-Zuständigkeit des Landwirtschaftsgerichtes[689].
Macht der Antragsteller die Wirksamkeit der Umwandlung zum Gegenstand einer Zwischenfeststellung nach § 256 II ZPO, wäre eine Zersplitterung des Rechtsweges mit der Folge, daß die Zuständigkeit teils beim Zivilgericht teils beim Landwirtschaftsgerichts läge, weder prozeßökonomisch noch im Interesse der Beteiligten[690].
Begehrt der Antragsteller jedoch ausschließlich die Feststellung der Unwirksamkeit der Umwandlung, muß die Zuständigkeit direkt nach der Rechtswegzuweisung in § 65 I LwAnpG beurteilt werden. Diese Norm ist eine Erweiterung der Zuweisungen an die Landwirtschaftsgerichte in § 1 LwVG mit der Besonderheit des Bundesgerichtshofes als Rechtsmittelgericht. Aus diesem Grund ist die Norm eng auszulegen[691] und verweist grundsätzlich nur die Rechtsstreitigkeiten aus den genannten Bestimmungen des Landwirtschaftsanpassungsgesetzes an die Landwirtschaftsgerichte mit dem Oberlandesgericht und dem Bundesgerichtshof als Rechtsmittelgerichte[692].

---

686 BGH vom 7.11.1997 BGHZ 137 / 134, 137.
687 BGH zu Aschara BGH vom 7.11.1997 BGHZ 137 / 134, 137 ff.
688 Auch OLG Dresden vom 10.8.2000 NL-BzAR 2001 / 443, 446.
689 BGH vom 5.3.1999 ZIP 1999 / 840 ff; OLG Brandenburg vom 13.1.1999 AgrarR 1999 / 194, 195.
690 OLG Brandenburg vom 13.1.1999 AgrarR 1999 / 194, 195.
691 BGH vom 4.12.1992 AgrarR 1992 / 204; BGH vom 21.1.1993 AgrarR 1993 / 188.
692 Nies, in Clem, Vermögen und Investition in der ehemaligen DDR, Komm. zum Landwirtschaftsanpassungsgesetz Rn. 5; Schweizer, Das Recht der landwirtschaftlichen Betriebe nach dem Landwirtschaftsanpassungsgesetz, Rn. 191.

So hat der Bundesgerichtshof beispielsweise für Anfechtungs- und Nichtigkeitsklagen gegen Umwandlungsbeschlüsse einer LPG auf Grundlage der bis 1994 geltenden Fassung des § 65 LwAnpG[693] die Zuständigkeit des Landwirtschaftsgerichtes verneint und die Zivilgerichte als zuständig angesehen, da die Norm nur auf Streitigkeiten anzuwenden sei, die ihre materielle Grundlage unmittelbar im Landwirtschaftsanpassungsgesetz haben[694].
Inhaltlich ist die Frage der Wirksamkeit der Umwandlung anhand der Vorschriften des Landwirtschaftsanpassungsgesetzes, insbesondere anhand der Bestimmung in § 34 III LwAnpG zu beantworten. Diese Norm ist jedoch von der Aufzählung der streitbefangenen Normen in § 65 I 1 LwAnpG nicht enthalten. Ausgehend von der Zielsetzung des Gesetzgebers, nur diejenigen Verfahren an die Landwirtschaftsgerichte zu verweisen für deren Klärung es auch landwirtschaftlichen Sachverstandes bedarf[695] und die in diesem Sinne vom Bundesgerichtshof entwickelten Auslegungsgrundsätzen, muß für eine isolierte Feststellungsklage die Zuständigkeit der Zivilgerichte bejaht werden und wurde auch in der bisherigen Praxis unproblematisch angenommen[696].

2. Feststellungsinteresse

Eine erste wichtige Voraussetzung der Zulässigkeit der generell zulässigen Feststellungsklage ist das sogenannte Feststellungsinteresse des Klägers, das in § 256 I ZPO als rechtliches Interesse an der Feststellung beschrieben wird. Das Feststellungsinteresse ergibt sich vorliegend in den meisten Fällen aus möglichen Folgeansprüchen einer unwirksamen Umwandlung aus § 42 LwAnpG gegenüber der dann fortbestehenden LPG i.L.. Es kann sich jedoch auch aus dem Bestehen von Ansprüchen bei Wirksamkeit der Umwandlung, seien es Abfindungsansprüche aufgrund des Ausscheidens aus der LPG nach § 44 I LwAnpG oder auch Ansprüche gegenüber der vermeintlichen Nachfolgegesellschaft, die aufgrund der umwandlungsrechtlichen Bestimmungen bestehen, ergeben[697]. Denkbar ist auch ein Feststellungsinteresse der vermeintlichen Nachfolgegesellschaft, wenn diese, wie in der Entscheidung der BGH vom 8.5.1999[698], die von

---

[693] In der ursprünglichen Fassung der Norm fehlte der durch die Gesetzesnovelle vom 31.3.1994 BGBl I 736 nunmehr ausdrücklich aufgenommene Verweis auf die §§ 25, 28 II LwAnpG, die den Umwandlungsbeschluß und dessen Anfechtung betreffen.
[694] BGH vom 2.3.1995 AgrarR 1995 / 240, 241; BGH vom 1.7.1994 AgrarR 1994 / 364 f..
[695] Begr. RegE zum 3. ÄndG zum LwAnpG vom 31.3.1994 BT-Drs. 12 / 5896 Seite 4.
[696] BGH vom 7.6.1999 BB 1999 / 2210 ff., vorhergehend OLG Brandenburg vom 2.9.1998 NZG 1999 / 222 ff; BGH vom 17.5.1999 ZIP 1999 / 1126 ff, vorhergehend OLG Brandenburg vom 18.8.1998 NZG 1999 / 219 ff..
[697] So denkbar im Falle, daß sich das Unternehmen auf die Unwirksamkeit beruft und damit z. B. Ansprüche auf bare Zuzahlung nach § 28 II LwAnpG abwehrt.
[698] BGH vom 8.5.1999 NL-BzAR 1999 / 324.

ihr gezahlte Abfindung nach § 44 I LwAnpG aufgrund der Unwirksamkeit der Umwandlung zurückfordert[699].
Von der Frage, ob die Antragsgegnerin die formgewechselte LPG ist, hängen Art und Umfang der vermögensrechtlichen Beziehungen der drei[700] Parteien untereinander ab[701].
Generell kann man daher sagen, daß solange die vermögensrechtliche Auseinandersetzung mit dem Mitglied nicht abgeschlossen ist ein Rechtsschutzinteresse für die Feststellung besteht, weil § 256 II ZPO verhindern soll, daß ein zwischen den Parteien ohnehin zu klärendes Rechtsverhältnis später nochmals Anlaß zu einem Rechtsstreit gibt. Bevor daher über ein vorhandenes Feststellungsinteresse entschieden werden kann, muß im Einzelfall beurteilt werden, ob die Vermögensauseinandersetzung mit dem Mitglied bereits abgeschlossen ist[702].
Dementsprechend lehnte der Senat ein Interesse an der Feststellung in einem Fall ab, in dem das Mitglied bereits Ende 1991, vor Eintragung der Umwandlung, wirksam aus der LPG ausgeschieden war[703]. Im Zuge seines Ausscheidens wurde mit ihm eine abschließende rechtswirksame Abfindungsvereinbarung geschlossen, so daß er im Falle einer Liquidation der LPG daher keine weitergehenden Ansprüche gegen die LPG i. L. zu beanspruchen gehabt hätte und ihm auch keine weiterreichenden Abfindungsansprüche gegen einen Rechtsnachfolger der LPG zustehen würden. Hieraus kann man allgemein die Aussage ableiten, daß ein ehemaliges Mitglied, welches aus der noch bestehenden LPG wirksam ausgeschieden ist[704] und mit dieser eine alle weiteren Ansprüche ausschließende wirksame Abfindungsvereinbarung getroffen und diese Abfindung auch erhalten hat, kein rechtliches Interesse an der Feststellung der Unwirksamkeit oder Wirksamkeit der Umwandlung geltend machen kann, da für ihn aus dieser Feststellung keine Ansprüche entstehen könnten[705].
Ein wirksamer Verzicht auf etwaige weitere Ansprüche kann jedoch nicht bereits aus der Zustimmung des Mitgliedes zum entsprechenden Vollversammlungsbeschluß gefolgert werden[706]. Die Stimmabgabe zu einem die Personifizie-

---

[699] Zur Verjährung dieser Rückforderungsansprüche siehe unter Kapitel 7.
[700] Dies sind die möglicherweise noch bestehende LPG i.L., die vermeintliche Nachfolgegesellschaft und das Mitglied/ehemalige Mitglied bzw. ein Gläubiger der LPG.
[701] A.A. insoweit Drescher NL-BzAR 1999 / 313, 319 Danach sei allein entscheidend, ob dem Antragsteller ein solventer Antragsgegner gegenübersteht, der den Anspruch dem Grunde nach anerkennt. In diesen Fällen bestünde für den Antragsteller kein Rechtsschutzinteresse.
[702] BGH vom 7.11.1997 BGHZ 137 / 134, 137.
[703] BGH vom 16.10.1997 NL – BzAR 1998 / 48.
[704] Hiervon muß das Ausscheiden aus dem neu errichteten Rechtsträger innerhalb von 2 Monaten nach dessen Eintragung gemäß § 36 LwAnpG oder die sonstige Beendigung dieser Mitgliedschaft unterschieden werden.
[705] Hierzu auch Thüringer OLG vom 14.3.2001 AgrarR 2001 / 364.
[706] So aber im Ergebnis Drescher NL-BzAR 1999 / 313, 319, der in diesen Fällen das Feststellungsinteresse verneinen will.

rung des LPG-Vermögens regelnden Beschluß ist ein organschaftlicher Akt aus dem nicht auf das Einverständnis des Mitgliedes hinsichtlich des sich aus dem Beschluß ergebenden individuellen Anspruches geschlossen werden kann[707].
Ebenfalls kein Interesse an der Feststellung der Unwirksamkeit der Umwandlung hat ein ausgeschiedenes Mitglied dessen Abfindungsansprüche nach § 44 I LwAnpG gegenüber der LPG i.L. nach § 3 b LwAnpG verjährt sind. Grundsätzlich galt für alle Abfindungsansprüche eine 10jährige Verjährungsfrist, so daß spätestens zum 31.12.2001 alle bis dahin nicht gerichtlich geltend gemachten Ansprüche verjährt sind.
Wurde die Unwirksamkeit der Umwandlung im Wege eines Zwischenfeststellungsntrages geltend gemacht, bleibt das Feststellungsinteresse des Antragstellers im Fall einer Zwischenfeststellung auch im isolierten Beschwerdeverfahren gegen den Feststellungsbeschluß erhalten. Im Fall Aschara[708] war eine Leistungsklage erhoben und ein Antrag auf Feststellung, daß die Antragsgegnerin nicht die Rechtsnachfolgerin der ehemaligen LPG ist, gestellt worden. Dem Feststellungsantrag wurde durch Zwischenfeststellung stattgegeben. Die weiteren Anträge wurden zurückgewiesen. Die Beschwerde der Antragsgegnerin richtete sich lediglich gegen den Feststellungsausspruch, wogegen die Abweisung der Leistungsanträge rechtskräftig wurde. Auch dort war das streitige Rechtsverhältnis unter den im Beschwerdeverfahren noch Beteiligten weiterhin präjudiziell, obwohl die auf den Feststellungsausspruch gestützte Abweisung der Leistungsanträge in der Hauptsache rechtskräftig geworden ist. Denn diese Entscheidung war auflösend bedingt, durch die Aufhebung des Feststellungsausspruches[709].

3. Zeitliche Beschränkung

Eine weitere Frage ist, ob die Feststellungsklage zeitlich uneingeschränkt geltend gemacht werden kann. Im Fall der Aschara GmbH & Co. KG ließ der Bundesgerichtshof diese Frage offen, da zumindest die Dreijahresfrist des § 275 III AktG gewahrt sei[710].
Der Gedanke an eine zeitliche Begrenzung der Feststellungsklage würde bedeuten, daß die unwirksame Umwandlung nach Ablauf einer Frist nicht mehr geltend gemacht werden kann. Folglich müssen für den Betroffenen auch alle

---

[707] BGH vom 5.3.1999 WM 1999 / 1120, 1124; insbesondere, da nach dem Gesetz auch die der Umwandlung nicht zustimmenden Mitglieder ihre Mitgliedschaft behalten und ihnen freigestellt wird ihre mit Eintragung entstehende umgewandelte Mitgliedschaft im neuen Rechtsträger nach § 36 LwAnpG zu beenden.
[708] BGH vom 7.11.1997 BGHZ 137 / 134 ff.
[709] BGH vom 5.3.1999 (BLw 56 / 98) NL – BzAR 1999 / 244, 246.
[710] BGH vom 7.11.1997 BGHZ 137 / 134, 139.

sonstigen Rechtsbehelfe und Möglichkeiten, die Unwirksamkeit geltend zu machen, entfallen.
Wollte man die Ausschlußfrist des § 275 III AktG daher auf die Geltendmachung der unwirksamen Umwandlung anwenden[711], so hätte der Fristablauf im Ergebnis die Veränderung einer bestehenden Rechtslage, Erlöschen der LPG und Wirksamkeit der Umwandlung, zur Folge[712]. Daher entschied der Bundesgerichtshof, daß die Ausschlußfrist für Klagen auf Nichtigerklärung von Aktiengesellschaften auf die negative Identitätsfeststellungsklage nicht anwendbar ist, da beide Klageziele nicht vergleichbar sind[713]. Bei der Klage gemäß § 275 III AktG handelt es sich um eine Gestaltungsklage, die im Erfolgsfalle dazu führt, daß die bisher trotz eines Nichtigkeitsgrundes rechtlich existierende, fehlerhafte Gesellschaft aufgrund der gerichtlichen Nichtigerklärung ex nunc aufgelöst wird[714]. Umgekehrt bewirkt der Ablauf der Ausschlußfrist keine Veränderung des bisherigen Rechtszustandes, sondern dessen Unanfechtbarkeit.
Demgegenüber berührt die Feststellungsklage nicht den Fortbestand der beklagten Gesellschaft und zielt ebenso nicht auf deren Auflösung durch Gestaltungsurteil. Gegenstand der Feststellung ist vielmehr die bestehende materiellrechtliche Lage, d. h. ob die bestehende Gesellschaft Rechtsnachfolgerin der früheren LPG ist oder ob die LPG nicht wirksam umgewandelt wurde und daher seit dem 1.1.1992 als Liquidationsgesellschaft fortbesteht[715].
Die Anwendung der Frist läßt sich auch nicht mit einem Verweis auf die für Anfechtungs- und Nichtigkeitsklagen gegen Beschlüsse der LPG–Vollversammlung geltenden Ausschlußfristen der §§ 246 I, 242 II AktG begründen. Die negative Feststellungsklage unterfällt diesen Fristen nicht, insbesondere ist die erfolgreiche Anfechtungs- oder Nichtigkeitsklage gegen den Umwandlungsbeschluß nicht Voraussetzung für die Klage. Ob die eingetragene Umwandlung Bestand hat, hängt allein von der Norm des § 34 III LwAnpG ab. Daher muß auch wenn der zugrundeliegende Umwandlungsbeschluß rechtlich bestandskräftig geworden ist, die Wirksamkeit der eingetragenen Umwandlung verneint werden[716]. Denn es geht hier nicht um die Gültigkeit des Beschlusses, sondern um die Frage, ob dieser nach seinem Inhalt geeignet war, zu der Umwandlungswirkung nach § 34 I LwAnpG zu führen, was voraussetzt, das der

[711] So OLG Brandenburg vom 18.8.1998 NZG 1999 / 219, 221 mit Anm. Zeidler.
[712] Goette in Anm. zu BGH vom 17.5.1999 DStR 1999 / 1240.
[713] BGH vom 17.5.99 DstR 1999 / 1238, 1239, bestätigt durch BGH vom 7.6.99 DstR 1999/ 1240, 1241 mit Anm. Bayer/Hoffmann EWiR 1999 / 1019 f..
[714] Bei begründeter Nichtigkeitsklage wird die Gesellschaft nach § 275 I 1 AktG für nichtig erklärt.
[715] Bayer/Hoffmann in Anm. zu BGH vom 7.6.1999 EWiR 1999 / 1019, 1020.
[716] Siehe hierzu bereits unter Kapitel 4. I. B.

Beschluß auf eine zulässige, identitätswahrende Umwandlung nach den Vorschriften des Landwirtschaftsanpassungsgesetzes abzielte[717].
Die Unwirksamkeit der eingetragenen Umwandlung kann daher grundsätzlich unbefristet geltend gemacht werden. Eine gesetzliche Frist mit deren Ablauf der Antrag auf Feststellung der Unwirksamkeit der Umwandlung nicht mehr zulässig ist, existiert nicht.
Seine Grenze findet das Recht zur Klage nur dann, wenn der Berechtigte durch eigenes Verhalten auf sein Klagerecht verzichtet oder dieses verwirkt[718].
Ein Klageverzicht ist die ausdrücklich oder stillschweigende rechtsgeschäftliche Erklärung des Berechtigten, sein Klagerecht zukünftig nicht mehr ausüben zu wollen[719]. Voraussetzung ist jedoch, daß das Verhalten als rechtsgeschäftliche Willensäußerung aufgefaßt werden kann, der ein Verzichtswille zugrunde liegt[720]. In der Praxis wird ein solcher Verzicht auf die Geltendmachung der Unwirksamkeit der Umwandlung nur sehr selten vorliegen. Den Beweis eines derartigen Rechtsverzichtes müßte die beklagte Gesellschaft erbringen.
Als weitere Möglichkeit bleibt nur eine Verwirkung des Klagerechtes gemäß § 242 BGB. Nach ständiger Rechtsprechung des Bundesgerichtshofes ist ein Recht verwirkt, wenn der Berechtigte es längere Zeit hindurch nicht geltend gemacht hat und der Verpflichtete bzw. der, in dessen Rechtskreis die Geltendmachung des Klagerechtes eingreift, sich nach dem gesamten Verhalten des Berechtigten darauf einrichten durfte und auch eingerichtet hat, daß dieser das Recht auch in Zukunft nicht mehr geltend machen werde[721]. Die Verwirkung ist damit eine zeitliche Grenze der Zulässigkeit der negativen Feststellungsklage wegen verspäteter Rechtsausübung[722]. Im Unterschied zum Verzicht ist hierbei nicht der Wille des Klägers oder gar dessen Kenntnis von seinem Klagerecht ausschlaggebend. Grund der Verwirkung ist der in der illoyalen Verspätung der Rechtsausübung liegende Verstoß gegen Treu und Glauben. Verwirkung ist damit ein typischer Fall der unzulässigen Rechtsausübung[723].
Der Tatbestand der Verwirkung erfordert neben einem zeitlichen Moment den weiteren Umstand, daß die späteren Kläger in irgendeiner Form zu erkennen gegeben haben, die Umwandlung anerkennen zu wollen. Zum einen muß der spätere Kläger während des für die Verwirkung erforderlichen Zeitraumes untätig gewesen sein, d.h. im vorliegenden Fall die Wirksamkeit der Umwandlung in keiner Weise in Zweifel gezogen haben. Daneben beinhaltet das Umstandsmo-

---

[717] BGH vom 17.5.1999 DstR 1999 / 1238, 1239.
[718] BGH vom 11.4.1984 BGHZ 91 / 62, 71; Werner, in Erman, BGB, § 242 / 84; Roth, in Münchener Komm. zum BGB, § 242 / 323 ff..
[719] Von Feldmann, in Münchener Komm. zum BGB, § 397 / 16.
[720] Palandt, BGB, § 242 / 89; Roth, in Münchener Komm. zum BGB, § 242 / 327.
[721] BGH vom 25.3.1965 BGHZ 43 / 292; BGH vom 16.6.1982 BGHZ 84 / 280, 282 f..
[722] Zuletzt BGH vom 7.6.1999 DB 1999 / 1800, 1801.
[723] BGH vom 27.6.1957 BGHZ 25 / 47, 51, BGH vom 20.10.1988 BGHZ 105 / 290, 298.

ment der Verwirkung, daß der spätere Beklagte sich wegen der Untätigkeit des Klägers darauf eingerichtet hat, daß dieser sein Recht auch zukünftig nicht geltend machen wird. So zum Beispiel, wenn das neue Unternehmen im Vertrauen auf die wirksame Umwandlung das Vermögen der ehemaligen LPG übernommen und deren Unternehmen als Eigenes weitergeführt hat[724].

Ausgeschlossen ist die Verwirkung jedoch dann, wenn der spätere Beklagte seinerseits nicht darauf vertrauen konnte, daß mit der Geltendmachung der Unwirksamkeit nicht mehr zu rechnen ist. Dementsprechend hat der Bundesgerichtshof in einem Urteil aus dem Jahre 1999[725] den Einwand der Verwirkung gegen die Klage eines ehemaligen Mitgliedes abgelehnt. Der Kläger war im Zuge der Umwandlung stiller Teilhaber der neu entstandenen GmbH geworden und hatte diese Beteiligung 1992 an die Gesellschaft und spätere Beklagte abgetreten. Der Auszahlungsbetrag wurde dem Kläger 1994 ausgehändigt. Drei Jahre später klagte das ehemalige Mitglied auf Feststellung, daß die beklagte GmbH nicht aus der Umwandlung einer früheren LPG entstanden ist. Obwohl die Beklagte bereits 1992 im Handelsregister eingetragen wurde, entschied der Senat, daß für den Kläger erst mit Auszahlung des Anteiles 1994 der Umwandlungsvorgang abgeschlossen war. Die Klageerhebung sei zwar erst drei Jahre später erfolgt, doch müssen hier zugunsten des Klägers die rechtlich komplizierten und undurchschaubaren Vorgänge beachtet werden[726].

Gerade wegen der unklaren rechtlichen Lage durfte auch die spätere Beklagte nicht darauf vertrauen, daß das Rechtsverhältnis mit dem Kläger mit Auszahlung des Geldbetrages 1994 abgeschlossen war.

Diese Entscheidung läßt deutlich eine restriktive Handhabung des Institutes der Verwirkung durch den Bundesgerichtshof erkennen[727]. Die Struktur des hier zu entscheidenden Falles ist typisch für viele Umwandlungsvorgänge[728], bei denen die Abfindung ausgeschiedener Mitglieder in Raten oder erst nach längerer Stundung erfolgte. Somit müssen die vermeintlichen Nachfolgeunternehmen auch 10 Jahre nach der Eintragung ihrer Umwandlung noch mit erfolgreichen Klagen seitens ehemaliger Mitglieder rechnen.

Die Verwirkung ist als rechtsvernichtende Einwendung durch das Gericht von Amts wegen zu prüfen, doch liegt die Beweislast für die Voraussetzungen der

---

[724] So auch Canaris, Vertrauenshaftung im dt. Privatrecht, Seite 258, 374, 388 f..

[725] BGH vom 7.6.1999 BB 1999 / 2210 ff. mit Anm. Bayer/Hoffmann EWiR 1999 / 1019 f..

[726] Siehe auch Goette in Anm. zu BGH vom 17.5.1999 DStR 1999 / 1242.

[727] A.A. Drescher NL-BzAR 1999 / 313, 319, der mit Verweis auf die Rechtsprechung des BGH zur mißbräuchlichen Ausübung des Anfechtungsrechtes im Aktienrecht BGH vom 15.6.1992 DB 1992 / 156 ff dem Kläger dann die Feststellungsklage versagen will, wenn der vermeintliche Rechtsnachfolger eine Zahlungspflicht anerkennt und der Kläger damit einen solventen Schuldner hat.

[728] Hierzu in Bayer (Hrsg.), Abschlußbericht zum Forschungsprojekt "Rechtsprobleme der Restrukturierung landwirtschaftlicher Unternehmen in den neuen Bundesländern nach 1989", Kapitel 5.

Verwirkung auf Seiten des beklagten Unternehmens[729]. In der Tendenz der Entscheidung des Bundesgerichtshofes wird dieser Nachweis nur schwerlich zu führen sein[730].

4. Entgegenstehende Rechtskraft

Der begehrten Feststellung könnten andere bereits in Rechtskraft erwachsene Gerichtsbeschlüsse entgegenstehen, wenn die Rechtsnachfolge der Antragsgegnerin in früheren Leistungsurteilen bereits Gegenstand einer inzidenten Prüfung war. Voraussetzung hierfür wäre zunächst, daß in beiden Verfahren Parteiidentität vorliegt, da die Feststellung stets nur Rechtskraft zwischen den Parteien des jeweiligen Verfahrens erlangt[731]. Abgesehen davon steht ein früherer Gerichtsbeschluß auf Zahlung von Ansprüchen nach dem Landwirtschaftsanpassungsgesetz gegen die jetzige Antragsgegnerin der späteren Feststellung der Unwirksamkeit der Umwandlung grundsätzlich nicht entgegen. Der Umfang der Rechtskraftwirkung ergibt sich aus der Entscheidung, die aus Tenor, Tatbestand und Gründen besteht[732]. Nicht in Rechtskraft erwachsen dagegen Tatsachen und präjudizielle Rechtsverhältnisse in den Entscheidungsgründen[733]. Die Feststellung der Rechtsnachfolge ist daher nur dann in Rechtskraft erwachsen, wenn bei der früher ausgesprochenen Zahlungsverpflichtung gegenüber der Antragsgegnerin der Rechtsgrund der Passivlegitimation streitig war und aufgrund eines Inzidentfeststellungsantrages nach § 256 II ZPO zwischen den Beteiligten seinerzeit in Rechtskraft erwachsen ist[734].

C. Weitere Rechtsschutzmöglichkeiten

Neben der allgemeinen Feststellungsklage sind auch noch weitere Möglichkeiten denkbar, mit denen das (ehemalige) Mitglied die Unwirksamkeit der Umwandlung, zumindest mittelbar, geltend machen kann. Über die bloße Behauptung hinaus kann der Betreffende zum Beispiel die Einsetzung eines Liquidators für die LPG in Liquidation beantragen[735]. Dem entscheidenden Registergericht

---

[729] zur Beweislastverteilung im Zivilprozeß Rosenberg/Schwab/Gottwald, Zivilprozeß, § 117 II.
[730] auch BGH vom 5.3.1999 WM 1999 / 1120, 1124.
[731] BGH vom 11.11.1994 NJW 1995 / 967 f. für den Zivilprozeß; Hartmann, in Baumbach/Lauterbach/Albers/Hartmann, ZPO, § 325 / 4.
[732] Zöller, ZPO, vor § 322 / 31 f.; Wenzel AgrarR 1998 / 69, 71.
[733] Rosenberg/Schwab/Gottwald, Zivilprozeß, § 153 zu § 322 I ZPO.
[734] Hierzu BGH vom 7.11.1997 (BLw 26/97) AgrarR 1998 / 21, 22.
[735] Hierzu ausführlich unter Kapitel 6. III. A.

obläge es dann, als Vorfrage, über die Wirksamkeit der Umwandlung zu befinden. Gleiches gilt auch für die Einleitung von Amtslöschungsverfahren[736]. Daneben wäre es grundsätzlich denkbar, ein in Liquidation befindliches Unternehmen, hier die LPG, im Wege der Leistungsklage auf Auszahlung des Liquidationsanteiles zu verklagen. Obwohl die LPG mit Eintragung der Umwandlung im Register normalerweise erlischt, tritt diese Wirkung in den hier behandelten Fällen nicht ein. Die Eintragungen im LPG-Register geben nicht die wahre Rechtslage wieder, so daß die LPG fortbesteht und Antragsgegnerin im gerichtlichen Verfahren sein kann. Wird gegenüber der vermeintlich erloschenen LPG der Antrag auf Auszahlung des Liquidationserlöses nach § 42 I i. V. m. § 44 I LwAnpG gestellt, muß das Landwirtschaftsgericht inzident die Wirksamkeit der Umwandlung als Vorfrage des Anspruches prüfen. Fraglich ist bei dieser Form der Geltendmachung der Unwirksamkeit der Umwandlung jedoch, ob der Antragsteller mit einem solchen Antrag seine rechtlichen Interessen effektiv durchsetzen kann, da eine Abwicklung der LPG bisher nicht erfolgt ist und das Landwirtschaftsgericht daher zwar generell das Bestehen eines solchen Anspruches feststellen kann, dessen Höhe jedoch nicht einschätzen kann. Zudem ist dieser Anspruch erst nach Abschluß der Liquidation fällig, so daß ein Rechtsschutzinteresse für einen Leistungsantrag nicht gegeben ist. Der Antragsteller könnte zunächst lediglich die Feststellung des Bestehens dieses Anspruches begehren.

---

[736] Siehe hierzu Kapitel 3. II. D.

Kapitel 6: Rechtsfragen der LPG in Liquidation

Wird in Bezug auf eine vermeintliche Nachfolgegesellschaft der ehemaligen LPG die Unwirksamkeit der Umwandlung geltend gemacht, stellen sich neben den bereits behandelten Rechtsfragen, eine Reihe von Rechtsproblemen, die vor allem in der Praxis bisher ungelöst sind. Der erste Schritt nach der Feststellung der Unwirksamkeit der Umwandlung ist die Bestellung von Liquidatoren. Diese haben dann die überaus schwierige Aufgabe die Liquidation der vermögenden aber besitzlosen LPG im Interesse deren Mitglieder durchzuführen. Unabhängig davon, auf welchem Wege die Abwicklung im Einzelfall erfolgt, muß generell der rechtliche Rahmen für die Liquidatoren der LPG bestimmt werden.

I. Anwendbares Recht

Die Liquidation einer landwirtschaftlichen Produktionsgenossenschaft in den neuen Bundesländern steht zunächst vor der generellen Frage nach den zugrundeliegenden Rechtsvorschriften[737]. Entsprechend der Ideologie in der DDR war der Fall einer Unternehmensauflösung nicht vorstellbar, so daß im LPG–Gesetz und in den Musterstatuten für die Produktionsgenossenschaften keine Regelung für diesen Fall getroffen war. Auch mit dem Landwirtschaftsanpassungsgesetz, insbesondere in seiner novellierten Fassung vom 3. Juli 1991, wurden für die Auflösung einer LPG lediglich die Vorschriften der §§ 41 und 42 LwAnpG eingeführt. Neben einem Verweis auf die besonderen Anforderungen an die Beschlußfassung über die Auflösung sowie einer Vorrangstellung der Mitglieder bei der Verwertung des Vermögens wurde mit diesen Bestimmungen zugleich ein Verweis auf explizit genannte, anzuwendende Bestimmungen des Genossenschaftsgesetzes aufgenommen. Hiernach sind für die Liquidation von LPGen ausdrücklich nur die §§ 78 II, 79 a und 82 bis 93 des Genossenschaftsgesetzes heranzuziehen[738]. Für eine globale Anwendung der Regelungen des Genossenschaftsgesetzes auf die LPG i. L. ist nach Rechtsprechung des Bundesgerichtshofes daneben kein Raum[739]. Die Abwicklung der landwirtschaftlichen Produktionsgenossenschaften ist spezialgesetzlich im Landwirtschaftsanpassungsgesetz geregelt. Daraus folgt, daß das Genossenschaftsgesetz nur dort subsidiär anzuwenden ist, wo dies so vorgesehen ist oder eine ungewollte Regelungslücke besteht[740].

---

[737] Zur Problematik bereits Abicht, in Bayer (Hrsg.), 10 Jahre Landwirtschaftsanpassungsgesetz – eine Zwischenbilanz, Seite 59, 64 f..
[738] Goette in Anm. zu BGH vom 17.5.1999 DStR 1999 / 1282, dort für die entsprechende Anwendung des GenG auf die Abwicklung einer kooperativen Einrichtung.
[739] BGH vom 9.6.93 NL–Bz AR Heft 7 / 1993 Seite 10.
[740] OLG Naumburg vom 9.2.1994 AgrarR 1994 7 205, 206.

Eine andere Frage ist, inwieweit die anwendbaren rechtlichen Bestimmungen durch die Regelungen im Statut der einzelnen LPG abbedungen werden können. So verweist § 87 I GenG auf die Vorschriften des II und III Abschnittes des Genossenschaftsgesetzes zur Abwicklung. Im dritten Abschnitt ist in § 43 GenG die Generalversammlung und das Stimmrecht der Genossen geregelt. Die dortige Regelung ist durch das Statut der jeweiligen Genossenschaft abdingbar. Für die LPG i. L. ist fraglich, ob deren Statut, trotz der Regelung in § 69 I LwAnpG, weiterhin Anwendung findet. Die Statuten der landwirtschaftlichen Produktionsgenossenschaften orientierten sich an den auf Grundlage des LPG–Gesetzes erlassenen Musterstatuten[741]. Diese waren nach § 7 I LPGG die rechtliche Grundlage für die Ausarbeitung des Statutes und der Betriebsordnung jeder LPG. Danach war beispielsweise die Vollversammlung der LPG beschlußfähig, wenn 2/3 ihrer Mitglieder anwesend waren. (Musterstatut LPG (P) Abs. X Nr. 62 III)[742]

Diese Vorschrift ist eine Verschärfung der Anforderungen gegenüber dem Genossenschaftsgesetz, die jedoch nur eingreift, wenn das individuelle Statut der LPG auch in der Liquidation anzuwenden ist.

Die Beantwortung dieser Frage hängt direkt mit der Außerkraftsetzung des LPG–Gesetzes und der Musterstatuten zum 31.12.1991 zusammen. Es ist fraglich, ob damit die Rechtsgrundlage für jegliches aus dem LPG–Gesetz abgeleitetes Recht entzogen wurde, insbesondere die Statuten der einzelnen LPGen unwirksam wurden. Vereinzelt wurde hierzu vertreten, daß mit der Außerkraftsetzung des LPG–Gesetzes die Grundlage für die LPG als juristische Person des Privatrechtes entfallen sei mit der Folge, daß die Abwicklungsgesellschaft mangels anderweitiger gesetzlich vorgesehener Rechtsformen als Gesellschaft bürgerlichen Rechtes anzusehen sei[743]. Nach anderer Auffassung hat der Gesetzgeber durch die in § 42 LwAnpG angeordnete Anwendung u. a. der §§ 82–93 GenG bestimmt, daß mit der Auflösung der LPG –in Übereinstimmung mit dem Typenzwang des Gesellschaftrechtes– nicht eine dem Gesetz unbekannte LPG i. L., sondern eine Genossenschaft in Liquidation entstehen sollte[744]. Hierfür spräche insbesondere auch die ursprüngliche Fassung des § 69 III LwAnpG 1990, wonach mit Wirkung zum 1.1.1992 aus nicht umgewandelten LPGen Genossen-

---

[741] Musterstatut LPG (P und T) vom 28.7.1977 GBl. der DDR I Seite 317 ff. in Schweizer, Das Recht der landwirtschaftlichen Betriebe nach dem Landwirtschaftsanpassungsgesetz, Anhang II.5..

[742] Abgedruckt in Schweizer, Das Recht der landwirtschaftlichen Betriebe nach dem Landwirtschaftsanpassungsgesetz, Anhang II 5..

[743] Nies, in Clem, Vermögen und Investition in der ehemaligen DDR, Komm. zum Landwirtschaftsanpassungsgesetz, § 69 / Rdn. 1.

[744] Wenzel noch in AgrarR 1998 / 139, 143, später aber wie hier vertreten Wenzel AgrarR 2000 / 349, 353.

schaften im Aufbau entstehen und die LPG damit rechtlich einer der möglichen Gesellschaftstypen zugeordnet werden sollte[745].
Insbesondere letzteres Argument spricht gegen die Einordnung der aufgelösten LPG als Genossenschaft i. L.. Die ursprünglich vorgesehene gesetzliche Umwandlung wurde aus dem Gesetz entfernt, da man nach einem Jahr Landwirtschaftsanpassungsgesetz zur Auffassung gelangt war, daß eine LPG, die bis zum vorgesehenen Stichtag ihre Neustrukturierung nicht beschlossen hatte, auch danach nicht mehr in der Lage sei, die notwendigen unternehmerischen Entscheidungen zu treffen[746]. Stattdessen entschied der Gesetzgeber die Auflösung aller nicht umgewandelten LPGen zum 1.1.1992. Hätte der Gesetzgeber hierbei deren Abwicklung als Genossenschaft in Liquidation anordnen wollen, wäre dies konsequenterweise durch einen generellen Verweis auf die Vorschriften des Genossenschaftsgesetzes möglich gewesen. Der Gesetzgeber entschied sich jedoch, die Liquidation der LPGen im Landwirtschaftsanpassungsgesetz zu regeln und nur auf einige Regelungen des Genossenschaftsrechtes Bezug zu nehmen. Darüber hinaus gelten die Vorschriften des Genossenschaftsrechtes nicht generell und subsidiär[747], sondern nur unter Berücksichtigung der strukturellen Unterschiede zwischen LPGen und eingetragenen Genossenschaften. Die Liquidation der LPG unterscheidet sich von der der Genossenschaft in wesentlichen Punkten. Ein Beispiel hierfür ist das Fehlen eines Aufsichtsrates in der LPG. Die dort statuierte Revisionskommission ist nur eingeschränkt mit dem Aufsichtsrat der eingetragenen Genossenschaft vergleichbar[748]. Daneben ist die vermögensmäßige Auseinandersetzung und die Frist zur Verteilung des Liquidationserlöses spezialgesetzlich in § 42 I LwAnpG geregelt. Den Mitgliedern der Liquidationsgesellschaft ist ein Vorkaufsrecht eingeräumt (§ 42 II LwAnpG). Abweichend vom Genossenschaftsrecht ist § 75 GenG auf die LPG i. l. nicht anwendbar, da dessen Zweck zu verhindern, daß sich einzelne Genossen ihrer Nachschußpflicht entziehen, bei der LPG ins Leere geht. Der insoweit in § 42 I LwAnpG aufgenommene Verweis auf § 87 a GenG ist auf die Liquidation der LPG nicht anwendbar.[749] Die genannten Beispiele zeigen, daß eine Gleichsetzung der LPG i. L. mit einer eingetragenen Genossenschaft i. L. in vielen Punkten nicht der geltenden Rechtslage entspricht.
Ebenso kann der Ansicht, die LPG i. L. sei als Gesellschaft bürgerlichen Rechtes zu qualifizieren nicht gefolgt werden. Wie aufgezeigt enthält das Landwirtschaftsanpassungsgesetz eine Reihe von Regelungen zur Abwicklung ehemali-

[745] Turner/Karst DtZ 1992 / 33, 34.
[746] BT – Drs. 12 / 161 Seite 12.
[747] BGH vom 9.6.1993 AgrarR 1993 / 261.
[748] Auf dieses Problem wird noch gesondert eingegangen.
[749] So zu Recht BGH vom 9.6.1993 NL–BzAR 7 / 1993 Seite 10, 12.

ger LPGen, so daß man nicht von einer fehlenden rechtlichen Grundlage sprechen kann[750].

Die Aufhebung des LPG–Gesetzes und der aus ihm abgeleiteten Rechtsgrundlagen hat nicht zu einem Wegfall der Rechtsträgerschaft bereits bestehender LPGen geführt[751]. Die Außerkraftsetzung des Gesetzes und gleichzeitige Auflösung hat lediglich bewirkt, daß der Zweck der LPG, werbend tätig zu sein, beendet ist. Aus der werbenden LPG wird unter Wahrung ihrer rechtlichen Identität eine Gesellschaft in Liquidation, deren Zweck nunmehr durch diese Liquidation bestimmt ist[752]. Diese Auffassung wird gestärkt durch die heute vorherrschende Theorie der Liquidation, wonach die Auflösung der Gesellschaft lediglich eine Beschränkung ihres Zweckes bewirkt. Nach dieser Identitätstheorie besteht die bisherige Gesellschaft auch während der Liquidation fort, ohne jedoch wie bisher werbend tätig zu sein[753]. Trotz der Außerkraftsetzung des LPG–Gesetzes ist die LPG i. L. eine juristische Person, die zwar der Rechtsform der eingetragenen Genossenschaft ähnelt, aber dennoch ein davon zu unterscheidender Rechtsträger ist. Danach ist auch die aufgelöste LPG als LPG und von ihrer inneren Verfassung nach ihrem registrierten Statut zu beurteilen[754].

Die Anwendbarkeit der Statuten kann jedoch nur unter der eingeschränkten Regelung des § 69 II LwAnpG erfolgen. Daß bedeutet, die Regelungen in der Satzung der LPG i.L. gelten nur insoweit, als sie in zulässiger Weise von den anzuwendenden Bestimmungen des Genossenschaftsgesetzes abweichen. Das betrifft zum Beispiel die Bestimmung Nr. 60 des Musterstatutes[755], wonach eine Minderheit von mindestens 1/3 der Mitglieder zur Einberufung einer Vollversammlung berechtigt ist. Die gemäß § 42 II LwAnpG i. V. m. §§ 87, 45 I GenG einschlägige Vorschrift billigt einer Minderheit von bereits 10 % der Mitglieder das Recht zu, die Einberufung der Vollversammlung zu fordern. Diese Vorschrift ist nicht zum Nachteil der Minderheit abdingbar[756], die anderslautende Regelung im Statut der LPG nicht anzuwenden.

---

[750] So aber Nies, in Clem, Vermögen und Investition in der ehemaligen DDR, Komm. zum Landwirtschaftsanpassungsgesetz, § 69 / 1.

[751] Siehe auch Hausmanns, in FS für Helmrich, Seite 943, 949.

[752] Ebenso Schweizer, Das Recht der landw. Betriebe nach dem Landwirtschaftsanpassungsgesetz, Rd. 305; Wenzel AgrarR 2000 / 349, 353 ders., in Bayer (Hrsg.), 10 Jahre Landwirtschaftsanpassungsgesetz –eine Zwischenbilanz-, Seite 17, 32.

[753] Hierzu auch Dauner, Die Auflösung der eingetragenen Genossenschaft, Seite 69.

[754] Wie hier Krüger NL–BzAR 1998 / 162, 163; Arlt/Schramm NJ 1992 / 60, 63; Barran AgrarR 2001 / 43.

[755] Musterstatut für landwirtschaftliche Produktionsgenossenschaften von 1977 abgedruckt in Schweizer, Das Recht der landwirtschaftlichen Betriebe nach dem Landwirtschaftsanpassungsgesetz, Anhang II.5..

[756] Der zwingende Charakter der Regelung wird in der Formulierung „muß berufen werden, ...“ deutlich.

Zulässige Abweichungen vom Recht der eingetragenen Genossenschaft enthalten die Satzungen der landwirtschaftlichen Produktionsgenossenschaften dagegen beispielsweise bei den Anforderungen an die Beschlußfähigkeit der Vollversammlung (Nr. 62 III des Musterstatutes LPG (P)) und der Beschränkung der Vertretungsbefugnis für Grundstücksgeschäfte (Nr. 61 II g des Musterstatutes LPG (P)). Für diese damit grundsätzlich anwendbaren Bestimmungen ist jedoch jeweils fraglich, ob sie auch im Fall der Liquidation der LPG eingreifen. Da die Auflösung der Genossenschaft nach der Vorstellung des Gesetzgebers der ehemaligen DDR undenkbar war, sind die Bestimmungen der Musterstatuten für die Situation der werbenden LPG konzipiert. Ob sie darüber hinaus auch allgemein die Rechtsbeziehungen der LPG zu ihren Mitgliedern regeln und auch nach Auflösung der LPG anzuwenden sind, wird für die Einzelbestimmungen jeweils an entsprechender Stelle der Erörterungen zu prüfen sein.

II. Mitglieder der LPG i.L.

Ein erster wichtiger Punkt ist die Frage, wer Mitglied der Liquidationsgesellschaft ist. Grundsätzlich hat die gescheiterte Umwandlung des Unternehmens auch die Unwirksamkeit des Anteilsüberganges zur Folge. Jene Personen, die Anteile im neuen Unternehmen zeichneten, finden sich nunmehr in der Situation, eine doppelte Mitgliedschaft zu besitzen. Zum einen sind sie Mitglieder der neuen Gesellschaft und daneben immer noch Mitglieder der LPG i. L.. Dabei muß die Mitgliedschaft in der LPG i. L. unabhängig von der Frage betrachtet werden, ob dem neuen Unternehmen wirksam beigetreten wurde. Zu letzterer Frage wird an entsprechender Stelle eingegangen[757]. Problematischer ist die Frage der Mitgliedschaft in der Liquidationsgesellschaft für jene Mitglieder, die die Umwandlung nicht mitgetragen haben und stattdessen gegen Abfindung vor oder anläßlich der Umwandlung ausgeschieden sind.
Die unter Geltung des LPG–Gesetzes statuierte Verknüpfung von Mitgliedschaft und Beschäftigungsverhältnis (§§ 29, 31 LPGG) behielt zunächst auch nach dem 2.10.1990 Geltung. Erst durch die Änderung des § 43 LwAnpG, der Einführung des § 43 a LwAnpG und der Aufhebung der §§ 29, 31 LPGG durch das Gesetz zur Änderung des Landwirtschaftsanpassungsgesetzes und anderer Gesetze vom 3.7.1991[758] hat der Gesetzgeber klargestellt, daß Beschäftigungsverhältnis und Mitgliedschaft unabhängig voneinander gelöst werden können. Mit dem Inkrafttreten des Gesetzes sind somit alle bestehenden Genossenschaftsverhältnisse ex nunc in Mitgliedschaftsverhältnisse nach LPGG n. F. und Arbeitsverhältnisse aufgespalten worden[759]. Die auf Grundlage des LPGG erlassenen Mu-

---

[757] Siehe hierzu Kapitel 7. I. B.
[758] BGBl. I, Seite 1418.
[759] Nies, in Clem, Vermögen und Investition in der ehemaligen DDR, Kommentar zum LwAnpG, § 43 / 1.

sterstatuten regelten jeweils unter Nr. 28[760] die Beendigung der Mitgliedschaft in der LPG. Danach endete diese bei einer mit dem Vorstand vereinbarten Aufnahme einer ständigen Tätigkeit in einem anderen Betrieb, durch einvernehmliche Aufhebung bzw. Austritt, Ausschluß oder Tod. Die erste Variante der Beendigung ist mit der rechtlichen Trennung von Arbeitsverhältnis und Mitgliedschaft außer Kraft getreten, da sie im Widerspruch zu den Regelungen des Landwirtschaftsanpassungsgesetzes (§ 69 II) steht. Eine einseitige Kündigung war auf Grundlage des LPGG nicht möglich. Die Möglichkeit der Kündigung der Mitgliedschaft wurde erst durch das Landwirtschaftsanpassungsgesetz geschaffen. Daneben konnte die Mitgliedschaft grundsätzlich auch weiterhin entsprechend den in den Musterstatuten geregelten Fällen beendet werden. Für die vier Varianten (Kündigung, Aufhebung, Tod, Ausschluß) soll nun untersucht werden, welchen Einfluß die unerkannt eingetretene Liquidation der LPG auf die Wirksamkeit des Ausscheidens hatte.

A. Kündigung der Mitgliedschaft

Häufigste Form der Beendigung des Mitgliedschaftsverhältnisses war die Kündigung der Mitgliedschaft durch einseitige Erklärung des Mitgliedes. Sie findet ihre Rechtsgrundlage in den speziellen Regelungen des § 43 LwAnpG. Jedes Mitglied der LPG konnte bis zum 30.9.1992 seine Mitgliedschaft durch Kündigung beenden[761]. Die Kündigungsfrist betrug 1990 einen Monat und in den Jahren 91/92 je drei Monate. Letztmalig konnte eine Kündigung danach zum 31.12.1992 wirksam werden. Aus dem Gesetzeswortlaut ergibt sich, daß der Gesetzgeber dem Mitglied auch nach der Beschlußfassung über die Umwandlung ein Recht zur Kündigung einräumen wollte[762]. Da die Umwandlung erst mit Eintragung der neuen Rechtsform im Register (§ 34 I LwAnpG) wirksam wird, liegt bis zu diesem Zeitpunkt ein Ausscheiden aus der LPG vor. Soweit die Kündigung vor Eintragung der Umwandlung wirksam wurde bestimmt sich das Ausscheiden daher nach § 44 LwAnpG[763]. Die Regelung des § 36 LwAnpG bestätigt dieses Ergebnis. Der Erwerb „seiner umgewandelten Anteile“ setzt das Entstehen der neuen Rechtsform voraus. Nach der Eintragung der neuen Rechts-

---

[760] Musterstatut für landwirtschaftliche Produktionsgenossenschaften von 1977 abgedruckt in Schweizer, Das Recht der landwirtschaftlichen Betriebe nach dem Landwirtschaftsanpassungsgesetz, Anhang II.5..

[761] Die Geltung des Kündigungsrechtes für jedes Mitglied wurde mit der Änderung der Überschrift zum 6. Abschnitt des Gesetzes in „ Ausscheiden aus der LPG „ im Zuge der ersten Gesetzesnovelle bekräftigt.BT-DrS 12 / 161 Seite 8.

[762] Letzter möglicher Umwandlungszeitpunkt gemäß § 69 III LwAnpG war der 31.12.1991.

[763] BGH vom 22.2.1994 DtZ 1994 / 211; BGH vom 24.11.1993 AgrarR 1994 / 124, 125; OLG Rostock vom 21.6.1993 AgrarR 1993 / 257.

form war ein Ausscheiden aus der LPG nicht mehr möglich. Stattdessen bestand für zwei Monate die Möglichkeit gegen Barabfindung aus dem neuen Unternehmen auszuscheiden[764].
Umstritten ist dagegen, ob die weitreichende Kündigungsmöglichkeit nach § 43 LwAnpG auch im Fall der Auflösung der LPG gegeben war. Ein modifiziertes Kündigungsrecht für den Fall der Auflösung der Produktionsgenossenschaft ist im Landwirtschaftsanpassungsgesetz nicht geregelt. Ebensowenig enthält § 42 LwAnpG, der die Liquidation von LPGen regelt, einen ausdrücklichen Verweis auf die diesbezüglichen genossenschaftsrechtlichen Bestimmungen in §§ 65 III 1 und 75 Satz 1 GenG. Hieraus ergeben sich zwei Fragestellungen. Ist die Kündigungsmöglichkeit mit einer Frist von drei Monaten gemäß § 43 II 1,2 LwAnpG auch nach der Auflösung der LPG gegeben und ist darüber hinaus die Regelung in § 75 GenG entsprechend anzuwenden, so daß eine Beendigung der Mitgliedschaft sechs Monate vor Auflösung als nicht erfolgt zu betrachten wäre.
Diese letzte Vorschrift ist vom Landwirtschaftsanpassungsgesetz nicht in Bezug genommen. Dennoch war in der Praxis streitig, ob § 75 GenG analog anzuwenden ist. Argument für die entsprechende Anwendung war vor allem, daß andernfalls die ausgeschiedenen Mitglieder eine gegenüber den verbliebenen schlechtere Rechtsposition innehätten, da die zu erstellende Liquidationsbilanz gleichzeitig die für ihren Abfindungsanspruch in der Höhe und Fälligkeit maßgebliche Bilanz sei[765]. Als ausgeschiedene Mitglieder hätten sie jedoch keine mitgliedschaftlichen Rechte mehr und würden gegenüber den verbliebenen Mitgliedern wegen der nur 50 prozentigen Personifizierung in § 44 I Nr. 3 LwAnpG einen geringeren Anteil erhalten[766]. Daneben diene § 75 GenG dem Schutz der Gläubiger, der auch im Fall der landwirtschaftlichen Produktionsgenossenschaft angebracht sei[767].
Dieser letzte Gedanke ist jedoch mit Blick auf die Abfindungsansprüche nach § 44 LwAnpG nicht überzeugend, weil das ausgeschiedene Mitglied lediglich einen Anspruch auf seinen Anteil am Eigenkapital hat[768]. Das ist wiederum aufgrund der Bilanz zu ermitteln, die die Verschuldung der LPG berücksichtigt[769]. Weiterer Zweck des § 75 GenG ist zu verhindern, daß sich einzelne Genossen ihrer Nachschußpflicht entziehen[770]. Bei der LPG gibt es jedoch weder Geschäftsanteil noch Nachschußpflicht. Soweit § 42 I LwAnpG hier pauschal auf

---

[764] BGH vom 24.11.1993 AgrarR 1994 / 124, 125.
[765] Krüger AgrarR 1992 / 293, 294.
[766] Im Fall der Personifizierung des Vermögens nach Abschluß der Liquidation wäre diese Rücklage nicht zu bilden.
[767] Krüger AgrarR 1992 / 293, 294.
[768] Hierzu der Wortlaut des § 44 I LwAnpG.
[769] Zur umstrittenen Ermittlung des verteilungsfähigen Eigenkapitals einer LPG Gschwendtner AgrarR 1998 / 34 ff. m.w.N.; Heller AgrarR 1998 / 50 ff, Kuchs AgrarR 1998 / 52 ff..
[770] Schaffland, in Lang/Weidmüller/Metz/Schaffland, Genossenschaftsgesetz, § 75 / 1.

§§ 82 bis 93 GenG verweist, muß angenommen werden, daß dieser Verweis im Hinblick auf § 87 a GenG als redaktionelles Versehen ins Leere geht, weil es bei der LPG an den für diese Bestimmung notwendigen Anknüpfungstatsachen fehlt[771]. Darüber hinaus entschied der Bundesgerichtshof, daß eine ungewollte Regelungslücke nicht besteht, sondern die speziellen Regelungen zu Kündigung im Landwirtschaftsanpassungsgesetz mit der Zielsetzung, Wiedereinrichter besonders zu fördern und ihr Vorhaben möglichst zu erleichtern, die Kündigungsrechte abschließend auch im Stadium der Liquidation regeln[772]. Eine Anwendung der Bestimmung würde dieser Zielsetzung, schnellstmöglich die Voraussetzungen für die Wiederherstellung leistungs- und wettbewerbsfähiger Landwirtschaftsbetriebe auf privatrechtlicher Grundlage zu schaffen, widersprechen. Im Fall der Unwirksamkeit des Ausscheidens kämen die Ansprüche auf Rückgabe von Flächen und Gebäuden (§§ 45, 47 LwAnpG) nicht mehr in Betracht. Bei der Liquidation erfolgt die Auseinandersetzung entsprechend § 44 LwAnpG. Die Mitglieder haben bei der Verwertung des Vermögens lediglich ein Vorkaufsrecht. Daneben wies der Bundesgerichtshof[773] in der Entscheidung darauf hin, daß keine von Rechts wegen zu mißbilligende Ungleichbehandlung kündigender mit durch Liquidation ausscheidenden Mitglieder besteht. Beiden stehen die Ansprüche nach § 44 LwAnpG zu. Daß die durch Liquidation ausscheidenden dadurch faktisch mehr erhalten können, daß nunmehr ohne Zwang zur Bildung oder Erhaltung von Rücklagen alles verteilt werden kann, rechtfertige keine andere Beurteilung. Alle Genossen werden im Ansatz gleich behandelt und erhalten ihren Anteil am Eigenkapital nach Maßgabe des § 44 LwAnpG. Die Verteilung im Rahmen des Liquidationsverfahrens ist lediglich an besondere Voraussetzungen gebunden. (§§ 90 I, 82 II 2 GenG, § 42 I 2 LwAnpG)

Den Argumenten des Bundesgerichtshofes ist in vollem Umfang zuzustimmen. Das Landwirtschaftsanpassungsgesetz wollte gerade eine zügige Umstrukturierung der Landwirtschaft ermöglichen und die Entscheidungsfreiheit des Einzelnen über sein weiteres Engagement im Unternehmen wieder herstellen. Mit dieser Zielsetzung ist die Anwendung des § 75 GenG nicht zu vereinbaren, der aus diesem Grund auch nicht Gegenstand der Verweisung in § 42 LwAnpG ist. Alle Mitglieder, die ihre Kündigung vor dem Liquidationsbeschluß bzw. der gesetzlichen Auflösung der LPG erklärt haben, scheiden gemäß § 43 I 1 LwAnpG aus der LPG aus und haben Anspruch auf Abfindung nach § 44 LwAnpG. Auf das Wirksamwerden[774] der Kündigung kommt es nicht an[775].

---

[771] BGH vom 9.6.1993 AgrarR 1993 / 261, 262.
[772] BGH vom 9.6.1993 AgrarR 1993 / 261, 262.
[773] BGH vom 9.6.1993 AgrarR 1993 / 261, 262.
[774] Die Kündigungsfrist nach § 43 II 2 LwAnpG betrug einen Monat 1990 und drei Monate 1991 und 1992.

Die zweite Frage ist die Wirksamkeit einer erst nach der Auflösung erklärten Kündigung. Das Oberlandesgericht Naumburg[776] entschied hierzu unter Hinweis auf die höchstrichterliche Rechtsprechung zu § 75 GenG, daß die Argumentation des Bundesgerichtshofes zu dieser Frage auch auf diese Fallgestaltung übertragen werden müsse. Die sehr ins einzelne gehende Festlegung von Kündigungsfristen im Landwirtschaftsanpassungsgesetz sich angesichts der Bestimmung in § 69 LwAnpG, nach der ab 1.1.1992 vermehrt mit in Liquidation befindlichen LPGen zu rechnen war, lasse sich nur dahin auslegen, daß die Kündigung einer LPG–Mitgliedschaft durch deren Liquidation nicht berührt werde und § 65 III GenG insoweit durch § 43 II LwAnpG ausgeschlossen sei.
Richtig ist hierbei, daß die Verweisung in § 42 LwAnpG lediglich auf § 87 GenG gerichtet ist, der seinerseits lediglich den zweiten und dritten Abschnitt des Genossenschaftsgesetzes in Bezug nimmt. § 65 GenG, der die Kündigung der Mitgliedschaft regelt befindet sich dagegen im fünften Abschnitt des Gesetzes. Nicht überzeugend ist jedoch die hieraus gezogene Schlußfolgerung des Gerichtes, denn auch auf § 43 LwAnpG wird in § 42 LwAnpG nicht verwiesen[777]. Entsprechend dem Wortlaut der Verweisungsnorm gelten für die Abwicklung der LPG ausschließlich die aufgeführten Bestimmungen. Eine Möglichkeit zur Kündigung ist nicht gegeben. Gemäß § 42 LwAnpG i. V. m. § 87 GenG ist ein Ausscheiden nicht mehr möglich und die erklärten Kündigungen sind unwirksam[778]. Ein Ausschluß der Kündigung im Liquidationsstadium entspricht darüber hinaus allgemeinen gesellschaftsrechtlichen Grundsätzen. Das LPG–Mitglied könnte sich ansonsten durch einseitige Erklärung eine Verbesserung der Rechtsposition verschaffen, der zu Lasten des Gläubigerschutzes ginge. Ein ausgeschiedenes Mitglied nimmt gegenüber der LPG eine Gläubigerstellung ein, so daß die haftende Vermögensmasse in der Liquidation durch eine wirksame Kündigung verkleinert würde. Eine Kündigung der Mitgliedschaft nach dem 31.12.191 ist daher ausgeschlossen[779].
Eine letzte Frage in Bezug auf die Wirksamkeit von Kündigungen ist, ob für wirksam ausgeschiedene Mitglieder die Möglichkeit besteht, ihre Kündigung rückgängig zu machen, um heute, nachdem die unerkannte Liquidation erkannt wurde, an dieser zu partizipieren. Die Kündigung als einseitige, empfangsbedürftige Willenserklärung wird mit ihrem Zugang wirksam und kann danach

---

[775] So auch BGH vom 24.11.1993 ZIP 1994 / 234 mit Bezug auf die Entscheidung BGHZ 120 / 349; BGH vom 24.11.1994 AgrarR 1994 / 123; BGH vom 24.11.1993 BGHZ 124 / 199, 201; Wenzel AgrarR 1998 / 69 und AgrarR 2000 / 349, 353.
[776] OLG Naumburg vom 9.2.1994 AgrarR 1994 / 205, 206.
[777] So auch Krüger NL-BzAR 1998 / 162, 165.
[778] So auch Schweizer, Das Recht der landw. Betriebe nach dem Landwirtschaftsanpassungsgesetz, Rdn. 343.
[779] Thüringer OLG vom 30.4.1998 AgrarR 1999 / 226; OLG Brandenburg vom 17.7.1997 AgrarR 1998 / 225, 226.

nicht mehr einseitig zurückgenommen werden. Die rechtlich einzig denkbare Möglichkeit wäre die Anfechtung der Erklärung. Ein denkbarer Grund hierfür könnte jedoch nur der Irrtum über die Wirksamkeit der Umwandlung sein. Entsprechend den Anfechtungsregeln der §§ 119 ff BGB ist ein solcher Irrtum als Motivirrtum jedoch unbeachtlich. Die wirksamen Kündigungen können von den ehemaligen Mitgliedern daher heute nicht mehr angefochten werden.

B. Einvernehmliche Aufhebung

Ebenso wie das Recht zur Kündigung der Mitgliedschaft kann auch eine einvernehmliche Aufhebung der Mitgliedschaft nach Auflösung der Produktivgenossenschaft nicht mehr wirksam vereinbart werden. Entsprechend den bisherigen Ausführungen sind die Bestimmungen des Statutes der LPG weiterhin anwendbar, soweit sie nicht den Bestimmungen des Landwirtschaftsanpassungsgesetzes entgegenstehen. Nach diesen Bestimmungen ist die Kündigung nach § 43 LwAnpG nach dem 31.12.1991 nicht mehr möglich. Würde man darüber hinaus die Aufhebung der Mitgliedschaft zulassen, entstünde ein Widerspruch. Die zwingende Fortsetzung der Mitgliedschaft während der Liquidation der Genossenschaft dient der Erhaltung der Haftungsmasse, da ausgeschiedene Mitglieder der LPG als Drittgläubiger gegenüberstehen. Der Anteil der verbliebenen Mitglieder am Eigenkapital dient dagegen vorrangig zur Deckung der Verbindlichkeiten. Durch die Aufhebung ihrer Mitgliedschaft durch Vereinbarung mit der LPG könnten sich einige Genossen daher ungerechtfertigte Vorteile gegenüber denÜbrigen verschaffen. Dies würde zur Benachteiligung der Gläubiger und zur Ungleichbehandlung unter den LPG–Mitgliedern führen. Eine Beendigung der Mitgliedschaft durch Aufhebung kann daher nach der Auflösung nicht mehr wirksam vereinbart werden.

C. Tod des Mitgliedes

Im Gegensatz zu den Regelungen des Genossenschaftsgesetzes, wonach der Erbe eines verstorbenen Mitgliedes zunächst in dessen Mitgliedschaft einrückt (§ 77 I GenG), bestimmt das Musterstatut der LPG (P) in Nr. 16 I e[780], daß die Mitgliedschaft mit dem Tod des Mitgliedes untergeht. Nach dem Tod eines Mitgliedes konnten dessen Erben nur unter den Voraussetzungen des § 45 III LPGG in dessen Rechtsposition eintreten. Andernfalls war mit dem Erben eine Abrechnung (Nr. 16 IV) durchzuführen[781]. Nach dem Tod des Mitgliedes stand

---

[780] Abgedruckt in Schweizer, Das Recht der landw. Betriebe nach dem Landwirtschaftsanpassungsgesetz, Anhang II. 5..
[781] Hierzu die Entscheidung des BGH vom 26.10.1999 NL-BzAR 2000 / 16, 17.

dem Erben somit grundsätzlich der Anspruch auf Auseinandersetzung nach § 44 LwAnpG zu. Fraglich ist jedoch, ob diese Regelung auch nach der Auflösung der LPG weitergalt. Unzweifelhaft kann nicht davon ausgegangen werden, daß nach Auflösung der LPG der Erbe an die Stelle des verstorbenen Mitgliedes trat. Die Statutregelung bezüglich des Unterganges der Mitgliedschaft galt auch nach dem 31.12.1991 fort. Da jedoch ein Ausscheiden des lebenden Mitgliedes gegen Abfindung nach § 44 LwAnpG nicht mehr möglich war, sondern alle Mitglieder der aufgelösten LPG nur den Anspruch auf Vermögensverteilung im Rahmen der Liquidation nach § 42 I 1 LwAnpG unter Beachtung des § 44 LwAnpG, kann auch nur dieser Anspruch auf den Erben übergehen.

D. Ausschluß

Die Regelung zum Ausschluß aus der LPG in Nr. 16 III des Musterstatutes sah als Gründe für den Ausschluß die Verletzung staatsbürgerlicher und genossenschaftlicher Pflichten vor. Mit der Einführung des § 69 II LwAnpG ist ein Ausschluß aufgrund der Regelung nicht mehr zulässig. Die darin zum Ausdruck kommende ideologische Ausrichtung der LPG ist mit der Zielstellung des Landwirtschaftsanpassungsgesetzes in § 3 LwAnpG vielfältig strukturierte und leistungsorientierte Landwirtschaftsbetriebe zu entwickeln nicht vereinbar. Motive für den Ausschluß aus einer Gesellschaft müssen ihre Grundlage im Interesse der Genossenschaft haben[782]. Dieser allgemeine Grundsatz im Gesellschaftsrecht findet auf die Rechtsform der LPG i.L. gleichermaßen Anwendung. Für die eingetragene Genossenschaft ist dieser Grundsatz in § 68 GenG niedergelegt, der von § 42 I LwAnpG jedoch ausdrücklich nicht in Bezug genommen wird, so daß eine gesetzlich Rechtsgrundlage für einen Mitgliederausschluß nach dem 31.12.1991 nicht mehr vorliegt. Ebenso fehlt es an einer wirksamen Satzungsbestimmung. Der Ausschluß eines Mitgliedes aus der bereits aufgelösten LPG war somit nicht möglich.

E. Mitgliederliste

Der Vorstand der landwirtschaftlichen Produktionsgenossenschaft hat während des Bestehens der Genossenschaft die Aufgabe, eine ständige Liste der Mitglieder zu führen, aus der die Genossen, Eintritte und Ausscheiden, sowie die Höhe der Anteile hervorgeht. Obwohl im Statut der LPG eine diesbezüglich explizite Regelung fehlt, ergibt sich diese Pflicht aus der vom Vorstand jährlich vorzu-

---

[782] Schaffland, in Lang/Weidmüller/Metz/Schaffland, Genossenschaftsgesetz, § 68 / 11 ff.; Beuthien, Genossenschaftsgesetz, § 68 / 1 f..

nehmenden Verteilung der Geld- und Naturaleinnahmen[783] entsprechend der geleisteten Arbeitseinheiten und des eingebrachten Bodens[784]. Mit der Auflösung der LPG werden die Pflichten der Liquidatoren gemäß den Bestimmungen des Genossenschaftsgesetzes neu bestimmt. Die Aufgaben der Liquidatoren ergeben sich nunmehr aus § 89 GenG, der die Pflicht zur Führung der Mitgliederliste (§§ 30-33) jedoch nicht in Bezug nimmt.

Grund dafür ist der nach Auflösung unveränderliche Mitgliederbestand, da weder der Beitritt neuer Mitglieder noch ein Ausscheiden vorhandener Mitglieder möglich ist[785]. Gleichzeitig ist die Erhöhung der Geschäftsanteile unzulässig. Die diesbezügliche Ausnahmeregelung in § 87 a GenG ist für die LPG i.L. wegen der fehlenden Nachschußpflicht nicht relevant. Nach der Vorstellung des Gesetzgebers bildet die zur Zeit der Auflösung aktuelle Mitgliederliste die Grundlage für die Festlegung der Liquidationsanteile der einzelnen Mitglieder (§ 91 I 1 GenG). In den Fällen der unerkannten Liquidation ist dies der 1.1.1992. Für die Liquidatoren der LPG ist der Mitgliederbestand zu diesem Stichtag Grundlage der Abwicklung. Soweit noch Mitgliederlisten der früheren LPG vorhanden sind, müssen diese deshalb dahingehend überprüft werden, inwieweit Veränderungen im Mitgliederbestand nach diesem Stichtag dokumentiert sind, um insoweit Berichtigungen vorzunehmen. Der Verweis in § 87 I GenG auf die Vorschriften des II. und III. Abschnittes des Genossenschaftsgesetzes belegt daher, daß auch soweit im Rahmen der Liquidation Änderungen des Mitgliederkreises auftreten können, die Führung einer aktuellen Liste mit den entsprechenden Angaben zu den jeweiligen Mitgliedern zu den Aufgaben der Liquidatoren gehört.

Ein praktisches Problem bei der Erstellung der Liste wird häufig sein, die unwirksam ausgeschiedenen Mitglieder ausfindig zu machen. Neben den Namen der einzelnen Mitglieder enthält die Liste vor allem auch deren Anschrift. Dies ist vor allem für eine ordnungsgemäße Ladung der Mitglieder zu den Vollversammlungen bedeutsam. Soweit die vermeintlich ausgeschiedenen Mitglieder nach Auflösung der LPG verstorben sind und der Liquidationsanspruch auf deren Erben übergegangen ist, sind die Liquidatoren ebenfalls gehalten, die Erben über die Abwicklung zu informieren.

---

[783] Nr. 41 ff des Musterstatutes für die LPG (P) vom 28.7.1997, bei Schweizer, das Recht der landwirtschaftlichen Betriebe nach dem Landwirtschaftsanpassungsgesetz, Anhang II. 5..

[784] Eine Verteilung aufgrund des eingebrachten Boden erfolgte nur bis Inkrafttreten der Musterstatuten LPG (P) und (T) 1977. Grundlage war das bis dahin geltende Musterstaut LPG Typ III (Nr. 53), ebenfalls bei Schweizer, Das Recht der landwirtschaftlichen Betriebe nach dem Landwirtschaftsanpassungsgesetz, Anhang II. 4..

[785] Hettrich / Pöhlmann, Genossenschaftsgesetz, § 87 / 2,3.

III. Die Organe der LPG i.L.

Im nächsten Abschnitt werden die einzelnen Organe der LPG i.L. mit ihren jeweiligen Rechten und Pflichten sowie die Stellung der Mitglieder während der Liquidation dargestellt. Neben einem generellen Überblick über die Abwicklung liegt der Schwerpunkt der Erörterungen auf denjenigen rechtlichen Besonderheiten, die sich aufgrund der mehrere Jahre unerkannt gebliebenen Auflösung und Fortführung des Betriebes durch den vermeintlichen Rechtsnachfolger und der für das deutsche Gesellschaftsrecht untypischen rechtlichen Struktur der landwirtschaftlichen Produktionsgenossenschaften ergeben.

A. Das Vertretungsorgan der LPG i.L.

Tritt die LPG aufgrund einer Beschlußfassung der Vollversammlung in das Stadium der Liquidation gelten für die Frage nach den Liquidatoren aufgrund des Verweises im Landwirtschaftsanpassungsgesetz die Bestimmungen des Genossenschaftsgesetzes. Mit der Auflösung der LPG ist der Vorstand beseitigt. Seine letzte Amtshandlung besteht in der Anmeldung der Liquidation gemäß § 78 II GenG. Die Vertretung der Gesellschaft obliegt nunmehr den Liquidatoren. Im Normalfall erfolgt die Liquidation durch den Vorstand. Dessen Funktion ändert sich bei Auflösung der Gesellschaft nach Maßgabe des § 88 GenG. Die Vorstandsmitglieder werden automatisch zu Liquidatoren. Eine Annahme des Amtes ist nicht erforderlich. Das Anstellungsverhältnis der Vorstandsmitglieder dauert fort und das Vorstandsmitglied ist während der Dauer des Anstellungsverhältnisses auch grundsätzlich zur Tätigkeit als Liquidator verpflichtet[786]. Neben dieser gesetzlichen Regel können die Liquidatoren auch durch die Generalversammlung oder auf Antrag durch das Gericht bestellt werden[787]. Eine Bestimmung der Liquidatoren in der Satzung der Gesellschaft, wie sie das Genossenschaftsgesetz ebenfalls kennt, ist im Fall der LPG nicht vorstellbar. Die früheren LPG–rechtlichen Bestimmungen (LPG–Gesetz, Musterstatuten) enthielten systembedingt keine Regelungen zur Liquidation einer LPG. Demzufolge findet sich in den Satzungen der landwirtschaftlichen Produktionsgenossenschaft auch keine Bestimmung über die Person des Liquidators. Der Vollversammlung der LPG stand es jedoch frei, mit dem Beschluß zur Auflösung nach § 83 GenG mehrheitlich Liquidatoren zu bestellen.
In den hier zu behandelnden Fällen der unerkannten Liquidation ist fraglich, ob der Vorstand der ehemals werbenden LPG auch in diesem Fall gesetzlicher Liquidator ist bzw. ob die Vollversammlung auch hier zur Wahl der Liquidatoren befugt ist. Die juristische Frage ist, ob die früheren Organe der LPG trotz der

---

[786] Schaffland, in Lang/Weidmüller/Metz/Schaffland, Genossenschaftsgesetz, § 83 / 2.
[787] § 83 I, III GenG.

fälschlicherweise erfolgten Löschung der LPG im Register fortbestehen. Abweichend von dem eben geschilderten Normalfall der Auflösung der Gesellschaft durch Beschluß der Gesellschafter oder durch Zeitablauf gemäß § 69 III 1 LwAnpG und anschließender Liquidation ist der vorliegende Fall der sich unerkannt in Liquidation befindlichen LPG vergleichbar mit dem gesetzlich geregelten Fall der sogenannten Nachtragsliquidation[788]. Der Begriff der Nachtragsabwicklung bzw. Liquidation beschreibt die Situation einer sich nach Löschung der Gesellschaft im Register herausstellenden Notwendigkeit weiterer Abwicklungsmaßnahmen[789]. Parallel zu der bereits geschilderten Diskussion um das Fortbestehen der im Register gelöschten Gesellschaft[790] wurde für den Fall der nachträglichen Liquidation gestritten, inwieweit die ursprünglichen Liquidatoren trotz Löschung der Gesellschaft im Amt geblieben sind und somit trotz Löschung die Organe der Gesellschaft weiterbestehen[791]. Durch die neu eingefügte Regelung in § 83 V GenG ist die herrschende Auffassung von Lehre[792] und Rechtsprechung[793] vom Gesetzgeber bestätigt wurden. Im Fall der nachträglichen Liquidation kann die Bestellung von Liquidatoren nur durch Antragstellung bei Gericht erfolgen. Die Regelung geht davon aus, daß trotz Löschung der Gesellschaft diese fortbesteht, ohne daß jedoch die früheren Organe weiterexistieren[794].

Die rechtliche und tatsächliche Ausgangssituation ist im Fall der Nachtragsliquidation und der unerkannten Liquidation insofern vergleichbar, als in beiden Fällen die Gesellschaft im Register gelöscht ist[795] und sich nachträglich herausgestellt hat, daß nicht sämtliche zur Abwicklung notwendigen Maßnahmen erfolgt sind bzw. eine Abwicklung überhaupt nötig ist. Im Unterschied zur unerkannten Liquidation ist jedoch bei der Nachtragsliquidation bereits vor der Löschung eine Abwicklung erfolgt. Die Löschung der Gesellschaft erfolgte danach

---

[788] § 83 V GenG.

[789] Zur Definition des Begriffes Buchner, in Harms/Stebut/Westermann (Hrsg.), Handels- und Gesellschaftsrecht, Amtslöschung, Nachtragsliquidation und masselose Insolvenz von Kapitalgesellschaften, § 5 I 1.

[790] Hierzu in Kapitel 3. I. A.

[791] OLG Rostock vom 24.8.1995 AgrarR 1996 / 201; BGH vom 23.2.1970 BGHZ 53 / 264; Wenzel AgrarR 1998 / 139, 143 ders. AgrarR 2000 / 349, 353; Buchner, Amtslöschung, Nachtragsliquidation und masselose Insolvenz von Kapitalgesellschaften,Seite 127.

[792] Hönn ZHR 138 (1974) / 72; Crisolli/Groschuff/Kaemmel, LöschG, § 2 / 17; Kirberger RPfleger 1975 / 341, 342.

[793] BGH vom 23.2.1970 BGHZ 53 / 264, 267; OLG Frankfurt vom 29.10.1969 GmbHR 1970 / 65; BayObLG vom 4.10.1955 BayObLGZ 1955 / 288, 291.

[794] LG Leipzig vom 14.3.2001 NL-BzAR 2002 / 38, 39; Wenzel AgrarR 1998 / 69, 70 ders., in Bayer (Hrsg.), 10 Jahre Landwirtschaftsanpassungsgesetz –eine Zwischenbilanz-, Seite 17, 32.

[795] Entsprechend den Ausführungen unter Kapitel 3. II. A. wird die LPG nicht gelöscht, vielmehr wird deren Umwandlung im Register der LPG eingetragen, was jedoch ebenso wie eine Löschung zur Schließung des entsprechenden Registerblattes führt.

aufgrund der Beendigungsanzeige der Abwickler. Inhalt dieser Anzeige ist die Erklärung der Liquidatoren, daß die Liquidation abgeschlossen sei, die Gesellschaft beendet ist und sie damit ihr Amt als beendet ansehen. Stellt sich nachträglich die Notwendigkeit weiterer Abwicklungsmaßnahmen heraus, könne den ursprünglichen Abwicklern daher nicht ohne weiteres der Wille unterstellt werden, ihr Amt wieder aufleben zu lassen[796]. Ausgehend von dieser Argumentation erscheint die Bestellung von Liquidatoren durch das Gericht im Fall der unerkannten Liquidation sogar zwingend, da in diesem Fall frühere Liquidatoren nicht vorhanden sind bzw. die Vorstandsmitglieder als geborene Liquidatoren in diesem Amt nie tätig waren[797]. Vielmehr erfolgte in unserem Fall die Löschung der LPG von Amts wegen aufgrund der Anzeige der Eintragung des neuen Rechtsträgers als durch Umwandlung aus der ehemaligen LPG entstanden. Auslöser für die Löschung war somit die Eintragung der neuen Gesellschaft. Vorausgehend war der Vorstand der LPG gemäß § 31 II 1 LwAnpG verpflichtet einen Hinweis auf die bevorstehende Umwandlung zur Eintragung in das Register der LPG anzumelden. Erst danach durfte die Eintragung der neuen Gesellschaft, die diesbezügliche Anzeige an das LPG–Register und die Löschung der LPG erfolgen. Im Vergleich zur Beendigungsanzeige durch die Abwickler einer Gesellschaft liegt auch in der Anmeldung eines Umwandlungshinweises durch den LPG–Vorstand die Erklärung der Vorstandsmitglieder, daß mit der Umwandlung der LPG diese beendet ist, eine Liquidation nicht stattfindet und somit ihr Amt als Vorstand mit Wirksamkeit der Umwandlung endet. Aufgrund der insoweit vergleichbaren Situation der Nachtragsliquidation und der vom Gesetz nicht geregelten unerkannten Liquidation ist es gerechtfertigt, auch in letzterem Fall die Regelungen zur Nachtragsliquidation entsprechend anzuwenden[798], d. h., daß für die unerkannt in Liquidation befindliche LPG gemäß § 83 V GenG i. V. m. § 42 II LwAnpG bei Bekanntwerden der Liquidation auf Antrag durch das Gericht Liquidatoren zu bestellen sind[799].

Gemäß dem Wortlaut des Gesetzes ist somit zunächst ein Antrag an das Gericht nötig. Für einen solchen Antrag an das Gericht ist nach der Regelung in § 83 V 2 GenG der Antrag eines Beteiligten ausreichend. Ebenfalls antragsberechtigt sind ehemalige Mitglieder der LPG i.L., sofern die Vermögensauseinandersetzung mit der LPG i.L. nicht durch wirksame Abfindungsvereinbarungen abge-

---

[796] BGH vom 23.2.1970 BGHZ 53 / 264, 267.

[797] Die Situation ähnelt der im früheren § 2 III 2. HS LöschG geregelten Liquidation einer wegen Vermögenslosigkeit gelöschten Gesellschaft. In einer zu dieser Regelung getroffenen Entscheidung des Bundesgerichtshofes vom 4.7.1957 in GmbHR 1957 / 151 legte das Gericht dar, daß die gerichtliche Bestellung zumindest dann zwingend ist, wenn für die gelöschte Gesellschaft frühere Liquidatoren nicht existieren.

[798] Wenzel AgrarR 1998 / 139, 143 ders., in Bayer (Hrsg.), 10 Jahre Landwirtschaftsanpassungsgesetz – eine Zwischenbilanz-, Seite 17, 32.

[799] Wie hier BezG Cottbus vom 1.9.1992 AgrarR 1993 / 25, 27.

schlossen ist und sie gegenüber der LPG i.L. eine Gläubigerstellung einnehmen[800].
Zuständig für die Bestellung ist das Registergericht am Sitz der LPG. Über die Anzahl der vom Gericht zu bestellenden Liquidatoren ist dem Wortlaut des Gesetzes nichts eindeutig zu entnehmen. Im früheren § 83 II GenG[801] war festgelegt, daß mindestens zwei Liquidatoren zu bestellen waren. Da auf dieses Erfordernis verzichtet wurde und das Gesetz nunmehr allgemein von der Bestellung von Liquidatoren spricht wird deutlich, daß die Anzahl der zu bestellenden Liquidatoren im Ermessen des Gerichtes liegt. Insbesondere der ausdrückliche Hinweis des Gesetzes in § 83 II GenG, wonach auch eine juristische Person Liquidator sein kann, spricht für diese Auslegung der Norm. Das Gericht entscheidet nach eigenem Ermessen über die Bestellung, wobei es nicht an die Vorschläge der Antragsteller gebunden ist[802]. Dabei werden solche Personen zu Liquidatoren zu bestellen sein, die über hinreichende Erfahrungen bei der Durchführung von Liquidationsverfahren verfügen, da es sich in diesem Fall um ein rechtlich und sachlich besonders komplexes Verfahren handelt, auch deshalb weil die fehlgeschlagene Umwandlung bereits ca. 8 bis 10 Jahre zurückliegt. Zudem wird zu beachten sein, daß der/die Liquidator/en Gewähr dafür bieten, die Liquidation unparteilich im Interesse aller Beteiligten -auch der Gläubiger der LPG i.L.- durchzuführen und über jeden Verdacht der Abhängigkeit vom „Nachfolgeunternehmen“ erhaben sind, da andernfalls ein Interessenkonflikt zwischen den Mitgliedern der LPG i.L. und den Interessen der neuen Gesellschaft und deren Gesellschaftern unvermeidbar ist[803]. Die Auswahl des Liquidators hat nicht das Ziel, jeder der verschiedenen Interessengruppen quasi einen Vertreter, zum Vertreter ihrer Interessen zu bestellen[804].
Im Rahmen seines pflichtgemäßen Ermessens ist das Registergericht verpflichtet, bei Vorliegen eines wichtigen Grundes überhaupt (einen) Liquidator/en zu bestellen. Ein solcher Grund für die Bestellung liegt bereits vor, wenn die Antragsteller ein Interesse an der Bestellung darlegen können[805]. Für die aufgelöste LPG ist ein solches Interesse immer anzunehmen, da zur Abwicklung der Genossenschaft und Verteilung des Erlöses an die Mitglieder eine Vertretung der LPG i.L. erforderlich ist.
Gegen die Entscheidung des Gerichtes steht jedem Mitglied der LPG i.L. ein Beschwerderecht nach § 148 I, 146 II 1, 20 FGG zu. Über die zulässig eingelegte Beschwerde hat dann das Landgericht (§19 II FGG) oder im Fall der wei-

---

800 Thüringer OLG vom 19.3.2001 NL-BzAR 2001 / 244, 246 unter Bezug auf § 273 AktG.
801 Bezug auf den Gesetzeswortlaut vor der Novellierung 1973.
802 BGH vom 23.2.1970 BGHZ 53 / 264, 269.
803 So auch Beschluß des Landgerichtes Mühlhausen vom 24.11.1998 Az. 1 HK (T) 7 / 98.
804 So ausdr. Thüringer OLG vom 24.6.1998 NZG 1998 / 207, 209
805 Schweizer, Das Recht der landw. Betriebe nach dem Landwirtschaftsanpassungsgesetz, Rdn. 309.

teren Beschwerde nach §§ 27 ff FGG das Oberlandesgericht zu befinden. Daneben kann ebenso wie die Bestellung auch die Abberufung auf Antrag gemäß § 83 IV 1 GenG i. V. m. § 42 I 2 LwAnpG durch das Registergericht erfolgen[806]. Hierfür müssen die Antragsteller ebenfalls einen wichtigen Grund glaubhaft machen[807]. Einen solchen wird man bejahen müssen, wenn der LPG durch die Handlungen ihres Liquidators Schaden droht oder bereits zugefügt worden ist oder das Verhalten des Liquidators sonstigen Anlaß zu Bedenken hinsichtlich seiner Unparteilichkeit gibt. Ausgehend von der Aufgabe der Liquidatoren, das Vermögen der LPG bestmöglich zu verwerten, liegt ein wichtiger Grund immer dann vor, wenn ohne das Eingreifen des Registergerichtes ein ordnungsgemäßer, reibungsloser und ungestörter Ablauf der Abwicklung ohne Benachteiligung eines der Beteiligten nicht gewährleistet ist und somit der Abwicklungszweck gefährdet ist[808]. Auch gegen die diesbezügliche Entscheidung steht der aufgezeigte Rechtsweg zur Verfügung.
Umgekehrt kann aber auch der Liquidator sein Amt niederlegen bzw. seine Bestellung durch das Gericht ablehnen. Die Niederlegung des Amtes ist jedoch an den Ablauf der Frist für die ordentliche Kündigung oder einer vereinbarten Frist gebunden. Sofortige Niederlegung ist nur bei Vorliegen eines wichtigen Grundes möglich. Entsteht hierdurch oder auch durch sonstige Umstände, z. B. plötzlich Krankheit, die Situation, daß der Liquidator gänzlich ausfällt, besteht nach § 29 BGB die Möglichkeit einen Notliquidator durch das Gericht zu bestellen. Voraussetzung ist das Fehlen eines Liquidators und ein dringender Fall der Abwicklung, was beispielsweise der Ablauf einer Frist sein kann. Die Notbestellung kommt in Betracht, wenn ein konkreter Schaden für die Gesellschaft oder ihre Mitglieder droht. Antragsberechtigt ist jeder, der durch das Fehlen einen Schaden erleidet oder zu erleiden droht[809]. Der Anstellungsvertrag mit den Liquidatoren gilt mit der gerichtlichen Bestellung und der Annahme durch den Bestellten als abgeschlossen.

1. Befugnisse des Gerichtes während der Liquidation

Im gesetzlichen Normalfall obliegt die Auswahl der Abwickler den Gesellschaftern. Während der Liquidation werden diese durch die übrigen Organe der Gesellschaft überwacht und gegebenenfalls aus dem Amt entfernt[810]. Nachdem vom Gericht Liquidatoren bestellt sind, stellt sich die weitergehende Frage, ob

---

806 Thüringer OLG vom 30.11.2000 NL-BzAR 2001 / 399, 401 auf § 273 AktG abstellend.
807 Schaffland, in Lang / Weidmüller, Genossenschaftsgesetz, § 83 / 11.
808 OLG Naumburg vom 23.11.1998 NL-BzAR 2000 / 132, 133 f..
809 So auch Schweizer, Das Recht der landw. Betriebe nach dem Landwirtschaftsanpassungsgesetz, Rdn. 316.
810 § 83 IV 2 GenG.

aufgrund der registergerichtlichen Bestellung auch während des Liquidationsverfahrens Eingriffsbefugnisse oder Kontrollrechte gegenüber den ernannten Liquidatoren bestehen. Das Gesetz ordnet zwar grundsätzlich die nachträgliche Abwicklung an, bestimmt jedoch für ihre Durchführung keine speziellen Regeln. Hieraus ergibt sich, daß auch im Fall der Abwicklung durch gerichtlich bestellte Liquidatoren die allgemeinen Bestimmungen Anwendung finden[811]. Somit kann das Gericht durch die Bestellung eine Liquidation der LPG ermöglichen, diese jedoch nicht erzwingen. Eine Rechts- und Zweckmäßigkeitskontrolle sieht das Gesetz gerade nicht vor[812]. Auch der gerichtlich bestellte Liquidator ist in seinen Entscheidungen nicht anders gebunden als der von den Gesellschaftern Berufene. Dem steht nicht entgegen, daß es dem Gericht vorbehalten ist, ihn auf entsprechenden Antrag der Gesellschafter abzuberufen. Insoweit sieht das Gesetz lediglich die Einschränkung von Kompetenzen der Gesellschafter vor, um – gerade bei Uneinigkeit über die Liquidatoren im Gesellschafterkreis– die Handlungsfähigkeit der LPG i.L. sicher zu stellen[813].

2. Die Aufgaben der Liquidatoren

Die Liquidatoren der LPG haben die Stellung eines gesetzlichen Vertreters. Sie treten an die Stelle des früheren Vorstandes und üben dessen Geschäftsführungs- und Vertretungsmacht aus. Aufgaben und Befugnisse der Liquidatoren sind speziell im 6. Abschnitt des Genossenschaftsgesetzes geregelt, auf den § 42 II LwAnpG fast vollständig auch für die Abwicklung der LPG verweist. Daneben haben sie die statutarischen Vorschriften zu beachten[814]. Allgemein ist die Aufgabe der Abwickler in § 88 GenG beschrieben. Sie haben laufende Geschäfte zu beenden, Verpflichtungen zu erfüllen, offene Forderungen einzuziehen und das Vermögen der Gesellschaft in Geld umzusetzen und danach den Liquidationserlös auf die Mitglieder zu verteilen. Richtig ist es, die Abwicklung ebenso wie die Leitung der werbenden Gesellschaft als unternehmerische Aufgabe zu begreifen, die durch das Ziel bestimmt wird, im Interesse der Gesellschaftsgläubiger und der Gesellschafter eine möglichst reichhaltige Liquidationsmasse zu bilden. Alle Maßnahmen, die diesem Ziel dienen sollen, liegen innerhalb des Geschäftskreises der Abwickler. Sie treffen die Auswahl unter verschiedenen Möglichkeiten, entscheiden über Angebote und bestimmen den zeitlichen Ab-

[811] Hüffer, Aktiengesetz, § 264 / 15; a.A. Buchner, Amtslöschung, Nachtragsliquidation und masselose Insolvenz von Kapitalgesellschaften, Seite 140 der auf die Regelungen zu Pflegschaft, Konkurs oder Vormundschaft zurückgreift im Ergebnis jedoch ebenfalls eine Kontrolle durch das Gericht ablehnt, da die Gerichte damit arbeitsmäßig überlastet würden.
[812] Schaffland, in Lang/Weidmüller/Metz/Schaffland, Genossenschaftsgesetz, § 83 / 9.
[813] Paura, Liquidation und Liquidationspflichten, Seite 140.
[814] Schaffland, in Lang/Weidmüller/Metz/Schaffland, Genossenschaftsgesetz, § 89 / 1.

lauf[815]. Die ihnen dabei zukommenden Rechte und Pflichten ergeben sich, soweit nicht in § 42 LwAnpG bzw. §§ 87 bis 93 GenG abweichende Regelungen getroffen sind aus dem 2. und 3. Abschnitt des Genossenschaftsgesetzes.

3. Vertretung und Geschäftsführung

Entsprechend der Regelung in § 76 I des Aktiengesetzes hat auch der Vorstand der eingetragenen Genossenschaft die Gesellschaft unter eigener Verantwortung zu leiten, wie sich aus der Verweisung in § 89 auf §§ 26,27 GenG ergibt. Unter Leitung ist hierbei die begriffliche Zusammenfassung dessen zu verstehen, was man im allgemeinen Gesellschaftsrecht unter Geschäftsführung einerseits und gesetzlicher Vertretung andererseits versteht[816]. Zur Erfüllung ihrer Aufgabe gibt das Gesetz den Liquidatoren grundsätzlich das Recht des Vorstandes zu Geschäftsführung und Vertretung der Gesellschaft.

Neben der Vertretung nach außen ist die Geschäftsführung die Hauptaufgabe der Liquidatoren. Beide Bereiche sind in der Praxis nur schwer voneinander zu trennen, da eine Vertretung der LPG i.L. auch immer zugleich eine Geschäftsführungsmaßnahme sein wird. Allgemein umschreibt das Gesetz die Geschäftsführungsbefugnisse in § 42 LwAnpG und im 6. Abschnitt des GenG (§§ 82 II, 84 I und III, 85, 88, 89, 90, 91, 92 und 93). Im Gegensatz zum Vertretungsrecht betrifft die Befugnis zur Geschäftsführung lediglich das Innenverhältnis zwischen Gesellschaft und Liquidator. Dementsprechend anerkennt das Gesetz in § 27 I 2 GenG die Beschränkung der Leitungsbefugnisse. Eine Überschreitung kann zur Haftung gegenüber der Gesellschaft nach § 42 II LwAnpG i. V. m. §§ 89, 34GenG führen[817].

Solche Einschränkungen können sich aus den Regelungen des Statutes, dem Gesetz oder auch aus allgemein anerkannten Grundsätzen im Gesellschaftsrecht bzw. Genossenschaftsrecht ergeben. Darüber hinaus sind weder die Vollversammlung der Genossen noch das Aufsichtsorgan der Genossenschaft befugt, dem Vorstand Weisungen zu erteilen, die Ausführung beschlossener Maßnahmen von einer Zustimmung abhängig zu machen oder selbst Leitungsbefugnisse des Vorstandes, nunmehr der Liquidatoren, zu übernehmen[818].

Gemäß der Satzungen der LPGen, die auf den Musterstatuten für LPGen (P) und (T)[819] aufbauen, ist in Nr. 70 II i.V.m. Nr. 61 II g eine Zustimmungspflicht der

---

[815] Hierzu Hüffer, in Geßler/Hefermehl/Eckardt/Kropff, Aktiengesetz, Bd. 5 § 268 / 3.
[816] Schaffland, in Lang/Weidmüller/Metz/Schaffland, Genossenschaftsgesetz, § 27 / 4.
[817] Hettrich/Pöhlmann, Genossenschaftsgesetz, § 88 / 6.
[818] Hettrich/Pöhlmann, Genossenschaftsgesetz, § 27 / 1.
[819] Musterstatuten für LPG (P) und (T) vom 28.7.1977 GBl. der DDR I Seite 317 ff., abgedruckt bei Schweizer, Das Recht der landwirtschaftlichen Betriebe nach dem Landwirtschaftsanpassungsgesetz, Anhang II. 5..

Vollversammlung bei Geschäften über Grund und Boden vorgesehen. Da die Statuten der LPGen den Fall der Auflösung und Abwicklung der LPG nicht regelten, galt die Bestimmung zunächst nur in der werbenden Gesellschaft. Mit Auflösung stellt sich nun die Frage, ob die Bestimmungen, bei deren Fassung der heute eingetretene Fall nicht bedacht war, trotzdem weiterhin Gültigkeit besitzen. Zur Beantwortung der Frage muß das Statut der LPG dahingehend ausgelegt werden, ob die Mitglieder bei Kenntnis von der Möglichkeit einer Liquidation, die Beschränkung der Geschäftsführungsbefugnis auch nach Auflösung der LPG hätten aufrecht erhalten wollen. Im Genossenschaftsrecht, was dem Recht der LPG in der ehemaligen DDR am nächsten ist[820], sind ausdrückliche Beschränkungen der Geschäftsführungsbefugnis zulässig und, wie bei allen Gesellschaftsformen, auch überaus häufig. Solche Regelungen dürfen den Grundsatz der eigenverantwortlichen Leitung durch die Vertretungsorgane nicht aushöhlen. Daher müssen die Fälle der Beschränkung im Einzelnen ausdrücklich und konkret in der Satzung benannt sein. In der Praxis werden gerade Geschäfte, die nicht alltäglich und nicht dem gewöhnlichen Geschäftsbetrieb zuzurechnen sind, der Zustimmung durch die Gesellschafterversammlung oder ein anderes Organ unterworfen[821]. Die Regelung im Statut der LPG betrifft konkret Grundstücksgeschäfte und wäre somit grundsätzlich eine zulässige Einschränkung der Geschäftsführungsbefugnis. Ursprünglicher Zweck der Bestimmung war der Erhalt der Produktionsgrundlage. Entscheidungen über den im landwirtschaftlichen Bereich überaus wichtigen Produktionsfaktor Boden und damit Entscheidungen, die den Betrieb des Unternehmens grundlegend beeinflussen können, waren an die Zustimmung der Genossenschaftsmitglieder gebunden[822]. Mit der Auflösung der LPG ist eine Fortführung des Betriebes durch die LPG nicht mehr möglich, so daß dieser Schutzzweck entfallen ist[823]. Nach Auffassung des Oberlandesgerichtes Brandenburg liegt die Entscheidung über die Rechte an Grundstücken nach dem 31.12.1991 daher allein bei den Liquidatoren der LPG[824].

Richtig ist zwar, daß die Entscheidung zur Veräußerung von Grundstücken nach Auflösung der LPG nicht mehr unternehmerisch bedeutsam ist. Wenn jedoch bei grundlegenden Entscheidungen die Gesellschafter als Teilhaber selbst die unternehmerischen Aktivitäten bestimmen sollten, bringt die Regelung vor allem zum Ausdruck, daß die Genossen der LPG bei diesen wirtschaftlich weitreichenden

---

820 Hierzu ausführlich Steding, Produktivgenossenschaften in der ostdeutschen Landwirtschaft, Seite 16 ff.; auch Steding NZG 2000 / 617, 619 f..

821 Schaffland, in Lang/Weidmüller/Metz/Schaffland, Genossenschaftsgesetz, § 27 / 12,13.

822 Diese Einschränkung der Geschäftsführungsbefugnis des Vorstandes hatte in der Praxis nur geringe Auswirkungen, da derartige Grundstücksgeschäfte regelmäßig bereits am grundsätzlichen Veräußerungsverbot in § 25 III LPGG scheiterten.

823 Krüger NL–BzAR 1998 / 162, 166.

824 OLG Brandenburg vom 17.4.1997 OLG Report 13 / 1997, 216.

Regelungen Einfluß nehmen konnten. Dieses Mitsprache- und Kontrollrecht bei wichtigen Fragen ist auch nach der Auflösung wichtig für die Gesellschafter, da auch die Abwicklung der Gesellschaft der Selbstverantwortung ihrer Mitglieder unterliegt. Es ist nicht anzunehmen, daß die LPG–Mitglieder für die Liquidation der LPG auf ihr Zustimmungsrecht bei Grundstücksgeschäften verzichtet hätten, vor allem um ihre vermögensmäßigen Interessen an der Veräußerung im Rahmen der Liquidation schützen zu können. Die satzungsmäßige Beschränkung der Geschäftsführungsbefugnis gilt daher zunächst auch nach der Auflösung der LPG. Der dieser Regelung unterliegende Liquidator hat jedoch in der Praxis die Möglichkeit durch eine ordnungsgemäß einberufene Vollversammlung der Mitglieder, diese Statutenregelung mit satzungändernder Mehrheit aufheben zu lassen[825].

Eine weitere Beschränkung der Geschäftsführungsbefugnis ergibt sich für den Vorstand der Genossenschaft aus dem Förderauftrag und dem Unternehmensgegenstand der Genossenschaft. Das bedeutet, daß die Leitung sich am Zweck der Genossenschaft, die wirtschaftliche Förderung ihrer Mitglieder, ausrichten muß. Alle Geschäfte müssen zumindest mittelbar vom satzungsmäßigen Unternehmensgegenstand erfaßt sein[826]. Nach Auflösung tritt der unternehmerische Zweck der Genossenschaft hinter dem Liquidationszweck zurück. Die Geschäfte der Liquidatoren müssen daher dem Zweck der Abwicklung und Beendigung der LPG dienen[827].

Darüber hinaus enthalten weder das Statut der LPG noch die anzuwendenden gesetzlichen Vorschriften weitere ausdrückliche Einschränkungen. Zu erörtern bleibt somit letztlich die Frage, inwieweit unabhängig von einer ausdrücklichen gesetzlichen oder satzungsmäßigen Bestimmung aus allgemeinen Grundsätzen des Genossenschafts- und Gesellschaftsrechtes gefolgert werden kann, daß bei wichtigen Entscheidungen ein Beschluß der Vollversammlung herbeizuführen ist. Diese Frage stellt sich vor allem im Hinblick auf die vorgeschlagene Übertragung des gesamten Vermögens der LPG i.L. auf die vermeintliche Nachfolgegesellschaft. Eine solche Verpflichtung des Vorstandes bzw. der Liquidatoren wird aus anerkannten genossenschaftlichen Grundsätzen, insbesondere dem Grundsatz der Selbstverwaltung und Selbstverantwortung der Mitglieder gefolgert. Diese Grundsätze leiten sich aus dem in § 1 I GenG festgeschriebenen genossenschaftlichen Merkmal der Selbsthilfe ab und finden ihren Ausdruck beispielsweise in § 43 und 87 a GenG[828].

---

[825] Die alleinige Zuständigkeit und Befugnis der Vollversammlung zur Abänderung der Satzung bleibt auch nach Auflösung bestehen, sofern die Änderung nicht dem Zweck der Liquidation zuwider läuft. s.a. unter B.

[826] Hettrich/Pöhlmann, Genossenschaftsgesetz, § 27 / 5.

[827] So zutreffend Paura, Liquidation und Liquidationspflichten, Seite 28 ff..

[828] Das Prinzip der Selbstverantwortung, d.h. die Verpflichtung der Genossen für die Verbindlichkeiten der Genossenschaft zum Beispiel durch Nachschüsse einzustehen, ist in

Der Grundsatz der Selbstverwaltung gilt auch im Recht der LPG. Dem entgegenstehende Regelungen im Recht der ehemaligen DDR sind gemäß § 69 II LwAnpG außer Kraft getreten[829]. Selbstverwaltung bedeutet dabei, daß die Genossen ihre Rechte im Hinblick auf die Gestaltung der Genossenschaft in der Vollversammlung ausüben und hierbei nicht an Weisungen Dritter gebunden sind[830]. Aus diesem Grundsatz folgt, daß bei allen Entscheidungen, die die Existenz des genossenschaftlichen Unternehmens nachhaltig beeinflussen können oder in anderer Weise den „Kernbereich" des genossenschaftlichen Förderunternehmens berühren die Generalversammlung der Mitglieder auch ohne entsprechende Satzungsbestimmung erwarten kann, daß die Liquidatoren in wesentlichen Fragen nicht ohne Rücksicht auf die Mehrheitsmeinung ihre Leitungsmacht ausüben[831]. Gleiches gilt bei geschäftlich besonders weitreichenden Entscheidungen, die der bisherigen Gesellschaft bzw. Genossenschaft eine andere Qualität geben und damit zumindest mittelbar in die Beteiligungs- und Vermögensinteressen der Gesellschafter bzw. Genossen eingreifen[832].
In der von Gesetzes wegen aufgelösten LPG hat die zu treffende unternehmerische Entscheidung für die Existenz des Unternehmens keine Bedeutung mehr, da nach der Auflösung der LPG deren Tätigkeit ohnehin auf die Einstellung der Rechtsgeschäfte gerichtet ist. Ein Zustimmungserfordernis der Vollversammlung zur Übertragung des Vermögens kann sich daher nur ergeben, wenn diese Entscheidung anderweitig den Kernbereich der Genossenschaft berührt und daher in die alleinige Kompetenz der Vollversammlung fällt. Zum Kernbereich der genossenschaftlichen Aufgaben gehört die Förderpflicht gegenüber den Mitgliedern. Zweck der Genossenschaft ist, im weitesten Sinne ökonomische Leistungen zu erbringen und diese an die Mitglieder zu verteilen. Diese Förderpflicht besteht auch nach Auflösung der Genossenschaft fort. Auch wenn der Zweck der Liquidation gerade auf die Abwicklung und Beendigung des Rechtsträgers und die Einstellung seiner Tätigkeit im Rechtsverkehr gerichtet ist, haben die Mitglieder insoweit ein Interesse am Fortbestehen ihrer selbstbestimmten Gesellschaft bis zu deren Vollbeendigung, als die ordnungsgemäße und die Vermögensinteressen der Mitglieder fördernde Abwicklung gefährdet ist. Auch die während der Liquidation vorgenommenen Rechtsgeschäfte können weitreichende Auswirkungen auf die Existenz der LPG i.L. dergestalt haben, daß auch

---

den Rechtsgrundlagen und Statuten der landwirtschaftlichen Produktionsgenossenschaften nicht verankert, so daß es für die weiteren Erörterungen außer Betracht bleibt.

829 Hierunter fallen insbesondere Regelungen zur Bindung der LPG an Beschlüsse der Partei und an die zentrale staatliche Planung.

830 Schaffland, in Lang/Weidmüller/Metz/Schaffland, Genossenschaftsgesetz, § 1 / 6.

831 Hettrich/Pöhlmann, Genossenschaftsgesetz, § 27 / 10; Schaffland, in Lang/Weidmüller/Metz/Schaffland, Genossenschaftsgesetz, § 27 / 19.

832 So auch Leinekugel, Die Ausstrahlungswirkungen des Umwandlungsgesetzes, Seite 72 f.; Lutter/Leinekugel ZIP 1998 / 225, 230; Priester ZHR 163 (1999) / 187, 195; Schmidt ZGR 1995 / 675, 681.

nach Auflösung eine Situation eintreten kann, die die Liquidatoren zur Stellung eines Insolvenzantrages verpflichtet.
Nach einer noch immer weit verbreiteten Auffassung in der Literatur ändert dagegen die Auflösung den den Verband konstituierenden Zweck. Der ursprüngliche Auftrag der Genossenschaft zur Förderung des Erwerbes oder der Wirtschaft ihrer Mitglieder mittels eines gemeinschaftlichen Geschäftsbetriebes wird danach nunmehr durch den Abwicklungszweck ersetzt[833]. Dieses Verständnis stößt in der neueren Literatur jedoch zunehmend auf Widerstand. Eine Gleichsetzung des Verbandszweckes mit dem Abwicklungszweck entspricht nicht der heute im Bereich der Vorgesellschaft anerkannten Identität. Das hierin zum Ausdruck kommende Denkmodell ist vielmehr in diesem Bereich überwunden. Die Gründungsgesellschaft verfolgt danach nicht einen vom späteren Gesellschaftszweck zu isolierenden Gründungszweck, sondern verfolgt bereits ihren satzungsmäßigen Zweck, wobei ihre Tätigkeit zugleich und vordergründig auf ihre Entstehung gerichtet ist. Entsprechend der Gründungsgesellschaft ist auch die aufgelöste Gesellschaft mit der noch werbenden identisch[834]. Der Gesellschaftszweck wird nicht durch den Zweck der Liquidation ersetzt, sondern durch diesen vielmehr überlagert und ergänzt. Hierfür spricht imÜbrigen auch die Rechtsprechung, die entgegen der noch herrschenden Meinung nicht von einem Austausch des Gesellschaftszweckes ausgeht, sondern dem Abwicklungszweck während der Liquidation lediglich Vorrang einräumt, als daß zum Beispiel Satzungsänderungen während der Liquidation ihm nicht entgegenstehen dürfen[835]. Richtig verstanden wird durch die Auflösung des Verbandes der Sinn ihres Daseins verändert, d.h. ihr verbandsmäßiger Zweck durch die in der Auflösung begründete Verneinung ihres Fortbestehens überlagert[836].
Neben der Abwicklung der bestehenden Vertragsbeziehungen und der Veräußerung des Vermögens ist daher auch die Förderung der Mitglieder weiterhin Zweck der in Liquidation befindlichen LPG. Der durch die Liquidation erzielte Erlös ist auf die Mitglieder zu verteilen, die dementsprechend ein Interesse an der bestmöglichsten und wirtschaftlich sinnvollsten Verwertung haben. Der vorgeschlagene Verkauf des Unternehmens als Ganzem oder weiterer Teile des vorhandenen Vermögens hat direkte Auswirkungen auf die Mitglieder bzw. deren Anteilshöhe. Wie bei einem noch werbenden Unternehmen der Verkauf oder die Ausgliederung wesentlicher Teile der Zustimmung der Vollversammlung

---

[833] Hüffer, in Geßler/Hefermehl/Eckardt/Kropff, AktG, § 262 / 4; Baumbach/Duden/Hopt, Handelsgesetzbuch, § 145 / 4; Wiedemann, Gesellschaftsrecht, § 3 I 1; Kraft, in Kölner Komm. zum AktG, vor § 262 / 11.
[834] So auch Schmidt ZHR 153 (1989) / 270, 281.
[835] BGH vom 6.7.1954 BGHZ 14 / 163, 168; so bereits auch das RG vom 8.6.1928 RGZ 121 / 246, 253.
[836] Paura, Liquidation und Liquidationspflichten, Seite 9.

unterliegen[837], bedarf auch der Verkauf im Rahmen der Abwicklung einer solchen Zustimmung. In beiden Fällen sind die mitgliedschaftlichen Interessen der Genossen in grundlegender und unwiederbringlicher Weise betroffen[838]. Der Zweck der Vermögensübertragung, die Abwicklung der Gesellschaft, ändert nichts daran, daß die Übertragung des Gesamtvermögens neben der Chance eines hohen Erlöses auch besondere Risiken birgt, vor denen der Gesellschafter geschützt werden soll[839].

Da nach Auflösung der Genossenschaft die vermögensrechtlichen Belange der Genossen gegenüber der Unternehmensführung in den Vordergrund treten[840], gehört die Übertragung des Vermögens zu dem Kernbereich der genossenschaftlichen Betätigung, der der Kompetenz der Vollversammlung vorbehalten ist[841].

Neben der Geschäftsführungsbefugnis ist auch der Umfang der im Außenverhältnis wirkenden Vertretungsmacht eine zentrale Frage der Liquidation der LPG.

Soweit im Normalfall der Auflösung die Mitglieder des Vorstandes zu Liquidatoren werden, verbleibt es bezüglich der Art ihrer Vertretungsmacht bei der bisherigen Regelung. Werden, wie vorliegend, durch das Gericht andere Personen zu Liquidatoren bestellt, kann bei der Bestellung eine von der gesetzlich vorgesehenen Gesamtvertretung abweichende Regelung getroffen werden. Von der durch das Gericht bestimmten Vertretungsmacht können zur Gesamtvertretung befugte Liquidatoren nicht dadurch abweichen, daß sie einzelne von ihnen zur Vornahme bestimmter Geschäfte ermächtigen[842]. Auch die Vollversammlung der LPG i.L. ist nur insoweit befugt die Regelung durch ihren Beschluß abzuändern, als sie zur Abberufung der Liquidatoren befugt ist[843].

Abgesehen von gesetzlichen Beschränkungen, wie die des § 181 BGB, die auch für Vorstände bzw. Liquidatoren gelten, ist die Vertretungsmacht unbeschränkt und regelt § 27 II GenG die Unwirksamkeit einer Beschränkung der Vertre-

---

[837] Grundlegend BGH vom 25.2.1982 BGHZ 83 / 122, 130 ff..

[838] Zur Beteiligung der Haupt- bzw. Gesellschafterversammlung bei grundlegenden Entscheidungen Lutter/Leinekugel ZIP 1998 / 225, 230; Schmidt ZGR 1995 / 675, 681; Priester ZHR 163 (1999) / 187, 194; Hommelhoff/Schubel ZIP 1998 / 537, 547; Karollus, in Lutter (Hrsg.), Kölner Umwandlungsrechtstage, Seite 194; Lutter, in Festschrift für Stimpel, 1985 Seite 825, 847.

[839] Hüffer, in Geßler/Hefermehl/Eckardt/Kropff, Aktiengesetz, Bd. V § 268 / 14.

[840] so für die Aktiengesellschaft Wiedemann, Großkomm. zum AktG, § 268 / 5.

[841] Für eine Stärkung des Minderheitenschutzes bei grundlegenden Strukturänderungen auch außerhalb des Umwandlungsrechtes Bayer ZIP 1997 / 1613, 1625; Schmidt ZGR 1995 / 675; Hüffer, Aktiengesetz, § 119 / 18; Henze BB 2000 / 209, 210; ausf. Leinekugel, Die Ausstrahlungswirkungen des Umwandlungsgesetzes, Seite 73 ff..

[842] Hettrich/Pöhlmann, Genossenschaftsgesetz, § 85 / 1.

[843] Schaffland, in Lang/Weidmüller/Metz/Schaffland, Genossenschaftsgesetz, § 85 / 4; zu den Befugnissen der Vollversammlung Punkt B.

tungsmacht gegenüber Dritten. Eine Beschränkung der Vertretungsmacht durch die Satzung der LPG i.L. hat nur Wirkung im Innenverhältnis. Daher ist die Kenntnis eines Dritten von einer derartigen Satzungsregelung bei Abschluß eines Rechtsgeschäftes mit der Gesellschaft grundsätzlich ohne Bedeutung. Eine Ausnahme gilt nur nach § 242 BGB, wenn Liquidatoren und Dritte sich bewußt zum Nachteil der LPG über die Beschränkung der Geschäftsführungsbefugnis hinwegsetzen und somit zum Nachteil der vertretenen LPG kollusiv zusammenwirken. In diesen Fällen ergibt sich die Unwirksamkeit der Vertretung im Außenverhältnis aus den allgemeinen Regeln des Vertretungsrechtes[844].

Da die Vertretungsmacht somit grundsätzlich unbeschränkt ist, stellt sich die Frage, ob im Fall der Vermögensübertragung, der in seiner wirtschaftlichen Tragweite und den potentiellen Gefahren für die beteiligten Minderheiten mit einer Ausgliederung oder Umwandlung nach dem Umwandlungsgesetz vergleichbar ist, der Schutz der Mitglieder allein über die Einschränkung der Geschäftsführungsbefugnis der Liquidatoren im Innenverhältnis oder aber weitreichender auch durch eine beschränkte Vertretungsmacht gegenüber Dritten wirken muß[845].

Für die Aktiengesellschaft ist im Fall der Übertragung des Vermögens der Gesellschaft ein Zustimmungserfordernis der Hauptversammlung ausdrücklich in § 179 a AktG, der dem früheren § 361 AktG a.F. nachgebildet ist, geregelt. Zweck der Bestimmung ist der Schutz der Aktionäre vor unangemessener Vertragsgestaltung[846], insbesondere bei Übertragung an den bisherigen Mehrheitsaktionär[847]. Zwar kennt das Genossenschaftsrecht nicht die beherrschende Stellung einzelner Genossen, dennoch ist die Situation in der LPG i.L. mit einer Übernahme durch den Mehrheitsaktionär vergleichbar. Die Gesellschafter der das Vermögen übernehmenden Gesellschaft sind zugleich auch Mitglieder der ehemaligen LPG, in der sie im Normalfall die Mehrheit der Mitglieder bilden. Ihre Interessen bei der Abwicklung konkurrieren daher mit ihrem wirtschaftlichen Interesse an der übernehmenden Gesellschaft, in der sie zukünftig ausschließlich unternehmerisch tätig sind.

Demgegenüber wird eine Minderheit der Mitglieder der LPG i.L., die meist nicht zugleich Mitglieder im neuen Unternehmen sind und durch entsprechende Klagen und Anträge die Liquidation erst in Gang gesetzt haben, ausschließlich an der bestmöglichsten Verwertung des LPG-Vermögens interessiert sein. Die Interessen der beiden Gruppen sind nicht gleichlaufend auf eine bestmögliche

---

844 Schweizer, Das Recht der landw. Betriebe nach dem Landwirtschaftsanpassungsgesetz, Rdn. 328.

845 Joost ZHR 163 (1999) / 164, 181; Lutter/Drygala, in FS für Kropff, Seite 193, 207.

846 Hüffer, Aktiengesetz, § 179 a / 1.

847 Zum Fall einer übertragenden Umwandlung und Übernahme des Vermögens durch den Mehrheitsaktionär BVerfG vom 23.8.2000 (Motometer) NZG 2000 / 1214.

Verwertung des Vermögens gerichtet[848]. Ein großer Teil der Mitglieder befindet sich aufgrund der doppelten Mitgliedschaft in der Verkäufer- und der Käufergesellschaft in einem Interessenkonflikt. Eben einem solchen, wie er der Regelung in § 179 a AktG zugrunde liegt. Vergleichbar dem Mehrheitsgesellschafter einer Aktiengesellschaft, der das Vermögen der Gesellschaft übernimmt, werden auch bei der Mehrheit der LPG-Mitglieder die vordergründigen Interessen auf Seiten der zukünftig wirtschaftenden Käufergesellschaft liegen.
Durch die Mitwirkungskompetenzen der Hauptversammlung in der Aktiengesellschaft wird vor allem die Minderheit der Gesellschafter gegenüber ihre Interessen schädigender Einflußnahme der Mehrheit auf die Geschäftsleitung geschützt. Die aufgrund der Mitwirkung der Vollversammlung gewährleistete Information aller Mitglieder über die beabsichtigte Maßnahme der Geschäftsführung ist ein effektiver Schutz der Rechte der Minderheit, die den von der Vollversammlung gefaßten Beschluß gerichtlich überprüfen lassen kann, um so einem Mißbrauch des Einflusses der Käufergesellschaft auf die Gesellschafter zu begegnen. Einen solchen Schutz bietet grundsätzlich auch die Befugnis einer Minderheit, die Abberufung der Liquidatoren beim Registergericht zu beantragen[849]. Gegenüber dem Anfechtungsrecht des einzelnen Genossen gegen rechtswidrige Vollversammlungsbeschlüsse bietet diese Befugnis jedoch nur begrenzten Schutz. Zunächst setzt ihre Wahrnehmung eine Kenntnis des Genossen von der beabsichtigten Maßnahme voraus. Um den Abschluß eines für die Mitglieder unvorteilhaften Vertrages zu verhindern, müßte diese Kenntnis noch vor Abschluß des Vertrages bestehen, wobei dann die Schwierigkeit bestehen wird, dem Registergericht eine derartige Absicht des Liquidators als Abberufungsgrund glaubhaft zu machen. Nach Abschluß des Vertrages wären die Mitglieder, wegen der Wirksamkeit der Abgeschlossenen Vertrages, auf Schadensersatzansprüche beschränkt, die unter Umständen wertlos sind.
Die Regelung des Aktienrechtes geht daher über die Beschränkung der Geschäftsführungsbefugnis hinaus und betrifft auch die gesetzliche Vertretungsmacht. Damit wird die grundlegende unternehmerische Entscheidung zum Verkauf des gesamten Unternehmens im Aktienrecht in die Hände derer gelegt, die unmittelbar die wirtschaftlichen Folgen zu tragen haben[850].
Obwohl eine dementspechende Regelung im Recht der eingetragenen Genossenschaft fehlt, muß aufgrund der gleichen Konfliktsituation auch im Genossenschaftsrecht ein vergleichbarer Minderheitenschutz gewährleistet werden[851].

---

[848] Zum Problem bei der Liquidation einer AG Lutter/Drygala, in FS für Kropff, Seite 193, 203.
[849] Hüffer, in Geßler/Hefermehl/Eckardt / Kropff, Aktiengesetz, § 265 / 15.
[850] So zutreffend Leinekugel, Die Ausstrahlungswirkungen des Umwandlungsgesetzes, Seite 75.
[851] So auch Bayer ZIP 1997 / 1613, 1625; für die Kommanditgesellschaft wurde diese Sichtweise vom BGH bestätigt. BGH vom 9.1.1995 NJW 1995 / 596.

Daher wird man entsprechend dem Rechtsgedanken der Vorschrift und dem Grundsatz der Selbstverwaltung neben einer Einschränkung der Geschäftsführungsbefugnis der Liquidatoren für die Übertragung des Vermögens der LPG auch einer analogen Anwendung des § 179 a AktG im Genossenschaftsrecht zustimmen müssen[852]. Diese Analogie ist methodisch zulässig, da Lücken in Genossenschaftsrecht nach allgemeiner Auffassung durch die Anwendung der Ausdifferenzierten Regelungen des Aktienrechtes geschlossen werden[853]. Dies gilt speziell auch für das Recht der LPG i.L.[854].
Bejaht man so eine Einschränkung der Vertretungssbefugnis des Liquidators zu einer Übertragung des Vermögens, kann jeder Genosse den dann erforderlichen Beschluß der Vollversammlung anfechten, den eventuell bereits abgeschlossenen Vertrag durch eine erfolgreiche Anfechtung rückwirkend vernichten und somit seine mitgliedschaftlichen Interessen effektiv schützen.

4. Pflichten der Liquidatoren

Es wurde bereits ausgeführt, daß die Liquidatoren in vollem Umfang jene Stellung einnehmen, die im Stadium der werbenden Gesellschaft dem Vorstand zukam. Die Liquidatoren sind Organ der Gesellschaft. Durch sie ist auch während der Liquidation die Handlungsfähigkeit der Gesellschaft sichergestellt. Für diese Organqualität unerheblich ist dabei die Art der Legitimation ihrer Vertretungsmacht durch gesellschaftsvertragliche Abrede, gerichtliche Entscheidung oder Gesetz[855]. Aus ihrer Organstellung folgt die Pflicht, die ihnen übertragenen Aufgaben zu erfüllen. Der Katalog dieser Aufgaben ist zum Teil im Gesetz explizit geregelt bzw. ergibt sich als allgemeine Pflicht des Vertretungsorganes der Gesellschaft. Daneben ergeben sich die Aufgaben der Liquidatoren inhaltlich unmittelbar aus dem Zweck der Liquidation. So haben die Liquidatoren gemäß § 88 GenG laufende Geschäfte zu beendigen, Verpflichtungen zu erfüllen, Forderungen zu begleichen und das Vermögen in Geld umzusetzen. Dabei steht es ihnen frei zu diesem Zweck neue Geschäfte einzugehen. Weiter besteht ihre Pflicht in der Verteilung des Erlöses an die Mitglieder. Eine besonders aufgeführte Pflicht ist die Erstellung der Liquidationseröffnungsbilanz und deren jährlicher Fortschreibung. Weitere Pflichten sind auch die Rechenschaftslegung gegenüber der Vollversammlung der LPG und die Pflicht zur Sorgfalt eines or-

---

[852] Zur analogen Anwendung der Norm auf den Fall einer übertragenden Umwandlung BVerfG vom 23.8.2000 NZG 2000 / 1214, 1215; gegen die entsprechende Anwendung gesetzlicher Schutzmechanismen noch BGH vom 1.2.1988 BGHZ 103 / 184, 189 ff..

[853] Ausführlich Bayer DStR 1999 / 1815 ff..

[854] BGH vom 2.3.1995 AgrarR 1995 / 240; BGH vom 7.11.1997 BGHZ 137 / 134, 134 (jeweils zu Beschlußmängelrecht).

[855] Paura, Liquidation und Liquidationspflichten, Seite 38,39.

dentlichen Geschäftsmannes, die zugleich Maßstab für eine Haftung des Liquidators ist.
Unter den nachfolgenden Punkten wird auf diese wesentlichsten Pflichten der Liquidatoren und das für die Liquidatoren bestehende Haftungsrisiko näher eingegangen.

a) Bilanzierungspflicht

Nach §§ 42 I 1 LwAnpG, 89 Satz 2, 3 GenG müssen die Liquidatoren einer landwirtschaftlichen Produktionsgenossenschaft sofort bei Beginn der Liquidation eine Liquidationseröffnungsbilanz und jährlich eine weitere Bilanz erstellen. Das Gesetz bezeichnet diese Bilanz ausdrücklich als Eröffnungsbilanz. Es bringt damit zum Ausdruck, daß der Vermögensbestand der Gesellschaft im Zeitpunkt der Auflösung ermittelt werden und die so gefertigte Bilanz Grundlage für die weitere Entwicklung der Gesellschaft im Abwicklungszustand sein soll[856]. Sie ist auf den Tag der Auflösung zu erstellen[857]. Die Auflösung der LPG trat per Gesetz am 1.1.1992 ein, so daß die Eröffnungsbilanz, trotz der damit verbundenen praktischen Schwierigkeiten, auf diesen Zeitpunkt abstellen muß.
Aufgrund der veränderten Rechtslage für die GmbH und AG durch das BilRiLiG, schließt die Eröffnungsbilanz dabei an die letzte ordentliche Bilanz der LPG, was in der Regel die Umwandlungsbilanz sein wird, an und unterliegt den allgemeinen Bestimmungen über den Jahresabschluß nach § 352 ff HGB. Die Liquidationseröffnungsbilanz ist damit nunmehr unter Beachtung des Prinzips der Bilanzkontinuität zu erstellen[858]. Im Genossenschaftsrecht besteht kein sachlicher Grund die Bilanzierung anderen Rechnungslegungsvorschriften zu unterwerfen[859]. Die Bewertung in der Liquidationseröffnungsbilanz der LPG i.L. hat daher grundsätzlich den Bewertungen in der bisherigen werbenden Gesellschaft zu entsprechen. Unabhängig vom Grundsatz der Bilanzkontinuität ist die Eröffnungsbilanz eine Vermögens- bzw. eine Vermögensverteilungsbilanz, so daß die Vermögensgegenstände mit ihrem wahren Wert anzusetzen sind[860]. Daher können alte Bilanzposten nur insoweit übernommen werden, als keine

---

[856] Wiedemann, in Großkomm. zum AktG, § 270 / 1.
[857] Hettrich / Pöhlmann, Genossenschaftsgesetz, § 89 / 3; für die LPG i.L. i.B. Steinebach NL-BzAR 2000 / 265, 278.
[858] Beuthien, Genossenschaftsgesetz, § 89 / 2, 3; Hüffer, in Münchener Komm. zum AktG, § 270 / 28 ff..
[859] Beuthien, Genosenschaftsgesetz, § 89 / 2.
[860] BGH vom 8.5.1998 BGHZ 138 / 371, 381 ff..

Über- oder Unterbewertungen bzw. stille Reserven vorliegen[861]. Notwendige Abweichungen sind nach § 36 DMBilG durchzuführen.
Die Erstellung dieser Bilanz ist eine grundlegende und elementare Verpflichtung der Liquidatoren[862]. Die aufgrund dieser Bilanz ermittelten Geschäftsanteile der einzelnen Mitglieder am Reinvermögen der LPG, der Saldo der Vermögenswerte und Verbindlichkeiten, sind als quotale Beteiligung Grundlage der Verteilung nach Abschluß der Abwicklung aller Rechtsgeschäfte. (§ 91 I GenG) Daneben dient die Liquidationseröffnungsbilanz den zur Abwicklung berufenen dazu, sich ein Bild über die Lage der Gesellschaft zu verschaffen[863]. Anhand des derart festgestellten Vermögensbestandes wäre im Normalfall einer Liquidation ein Konzept zur Abwicklung zu erarbeiten oder auch im Fall einer festgestellten Überschuldung Insolvenzantrag zu stellen.
Der hier zu behandelnde Fall hat jedoch die Besonderheit, daß der festgestellte Vermögensstatus zum 1.1.1992 mittlerweile erheblichen Veränderungen unterworfen war. Eine entscheidende Aufgabe des Liquidators wird somit darin bestehen, anhand des zum Zeitpunkt der Auflösung festgestellten Status den Verbleib und die Entwicklung des Vermögens nachzuforschen und -zu heutigen Werten- eine auf Grundlage der Eröffnungsbilanz aktualisierte Jahresbilanz zu erstellen. In der Praxis werden an die Stelle vieler Vermögensgegenstände Ausgleichsansprüche wegen Verkaufes oder Verlustes treten. Hinzu kommen Ansprüche gegenüber den vermeintlichen Rechtsnachfolger für die Nutzung des Vermögens oder auch Ansprüche auf Nutzungsherausgabe. Demgegenüber wird die neue Gesellschaft im Regelfall ebenfalls Ansprüche gegen die LPG i.L. für die Zahlung von Verbindlichkeiten und die Durchführung werterhaltender oder wertsteigernder Maßnahmen an den Vermögensgegenständen erworben haben. Alle diese Ansprüche können nur aufgrund des ursprünglichen Vermögensbestandes im Zeitpunkt der Auflösung genau bestimmt werden.
Eine in der Praxis sicher häufig anzutreffende Besonderheit wird zudem darin bestehen, daß viele Umwandlungen bereits vor dem Stichtag der Auflösung eingetragen und der tatsächliche Übergang des Vermögens zu diesem Zeitpunkt bereits vollzogen war. In diesen Fällen muß der Liquidator bereits bei Erstellung der Liquidationseröffnungsbilanz zum 1.1.1992 eben beschriebene Ansprüche einbeziehen[864].
Bei der Erstellung der Liquidationseröffnungsbilanz für die LPG ergibt sich in der Praxis ein weiteres Problem für die Liquidatoren. Um ihre Bilanzierungspflicht erfüllen zu können, müssen sie zunächst den Vermögensstatus der LPG

---

[861] So auch Wiedemann, in Großkomm. zum AktG, § 270 / 1; Steinebach NL-BzAR 2000 / 265, 277.
[862] Thüringer OLG vom 24.3.1999 NL-BzAR 1999 7 431, 434.
[863] Paura, Liquidation und Liquidationspflichten, Seite 85.
[864] Zu den Einzelnen denkbaren Ansprüchen und ihrer Subsumtion siehe in den Kapiteln 8 und 9.

zum Zeitpunkt der vermeintlichen Vermögensübertragung auf den neuen Rechtsträger und das Schicksal der einzelnen Vermögensgegenstände der LPG i.L. in Erfahrung bringen, um sich ausgehend von der letzten ordentlich erstellten Bilanz der LPG –was regelmäßig zugleich die Umwandlungsbilanz sein wird- einen Überblick über den aktuellen Vermögensstatus der LPG i.L. zu verschaffen. Dafür müssen sie zunächst erfahren, welche der übernommenen Vermögensgegenstände sich noch im Besitz des vermeintlichen Rechtsnachfolgers befinden bzw. welche zwischenzeitlich verbraucht, veräußert oder sonst zerstört worden sind. Auf der zweiten Stufe der Nachforschungen muß das ausfindig gemachte Vermögen der LPG i.L. mit ihrem jeweiligen Veräußerungswert bewertet werden. Hierbei sind neben den noch vorhandenen Vermögensgegenständen insbesondere auch die Ersatzansprüche aus dem Verbrauch, der Veräußerung oder wegen eines Eigentumverlustes aus sonstigen Gründen als Aktivposten in der Liquidationseröffnungsbilanz anzusetzen.
Im Unterschied zur "normalen" Liquidation eines Rechtsträgers ist für die Liquidatoren die Informationsbeschaffung problematisch. Ohne eine Kooperation mit dem neuen Rechtsträger, dessen Vertretungsorgane über diese Informationen verfügen, sind die Liquidatoren gezwungen, die Herausgabe der notwendigen Informationen gerichtlich einzufordern.
Hierbei ist zunächst der ursprüngliche LPG-Vorstand, der bis zum Zeitpunkt der Eintragung der Umwandlung im LPG-Register im Amt war, über die Vermögensverhältnisse bis zum Zeitpunkt der Vermögensübergabe auskunftspflichtig. Diese Auskunftspflicht gegenüber künftigen Vertretern der Gesellschaft ist Teil einer ordnungsgemäßen Geschäftsführung des Vorstandes und wirkt auch nach dem Ausscheiden aus dem Vorstandsamt nach. Trotz der langen Zeitspanne, die hier bis zur Einsetzung neuer Vertreter der LPG vergangen ist, ist eine Auskunftspflicht des alten Vorstandes gegenüber der LPG i.L. zu bejahen, zumal die unwirksame Umwandlung eine Folge des Handelns des ursprünglichen Vorstandes -ob schuldhaft oder nicht- war.
Informationen über den weiteren Verbleib des Vermögens können die Liquidatoren allein vom neuen Rechtsträger bzw. dessen Vertretungsorganen erhalten. Für sie besteht jedoch keine gesellschaftsrechtlich begründete Verpflichtung gegenüber der LPG i.L. zur Erteilung von Auskünften. Eine Auskunftsverpflichtung der neuen Gesellschaft ergibt sich jedoch aus dem zwischen ihr und der LPG i.L. bestehenden Rückabwicklungsverhältnis aus der fehlgeschlagenen Umwandlung. Aus der Unwirksamkeit der Umwandlung und damit verbunden der unwirksamen Vermögensübertragung[865] ergibt sich für die LPG i.L. unzweifelhaft ein Anspruch auf Herausgabe des Vermögens. Für den vorliegenden Fall, daß der grundsätzlich Berechtigte nicht selbst in der Lage ist, Umfang und Inhalt seines Anspruches selbst zu bestimmen, der Verpflichtete jedoch unschwer in

[865] Zu den Rechtsfolgen der fehlgeschlagenen Umwandlung siehe Kapitel 2 II.

der Lage ist die erforderlichen Auskünfte zu geben, bestimmt das Gesetz in § 260 I BGB eine Auskunftspflicht[866]. Inhalt dieser Pflicht ist die Erstellung eines Vermögensverzeichnisses über alle Vermögensgegenstände, die vom Herausgabeanspruch umfaßt werden bzw. Angaben über den Verbleib dieser Vermögensgegenstände[867]. Aus dem Zweck der Auskunftspflicht, die Durchsetzung des Anspruches auf Herausgabe zu ermöglichen, ergibt sich zudem für die LPG i.L. das Recht zur Nachprüfung der Auskunft die Geschäftsbücher des Schuldners durch einen unabhängigen Dritten prüfen zu lassen[868].
Voraussetzung des Auskunftsanspruches ist, daß zwischen den beiden Parteien eine Sonderbeziehung besteht, aus der sich ein Herausgabeanspruch der LPG i.L. dem Grunde nach ergibt[869]. Unzweifelhaft besteht für die LPG i.L. ein Anspruch auf Herausgabe ihres Vermögens. Dieses Vermögen umfaßt einen Inbegriff von Vermögensgegenständen im Sinne von § 260 I BGB, deren einzelne Bezeichnung der LPG i.L. aus eigenem Wissen unmöglich, für die neue Gesellschaft jedoch leicht möglich ist.
Dieser Anspruch muß im Zweifel gerichtlich geltend gemacht werden. Hat die LPG i.L. berechtigte Zweifel an der Richtigkeit der gegebenen Auskünfte –die sich insbesondere aus einer Weigerung des neuen Rechtsträgers ergeben können[870]- kann sie die eidesstattliche Versicherung durch die Gesellschaft -abgegeben vom Vorstand bzw. Geschäftsführer-[871] verlangen, daß die Auskünfte nach bestem Wissen vollständig erteilt wurden. Gibt der neue Rechtsträger die Versicherung freiwillig, ist gemäß § 261 I BGB das Amtsgericht des Ortes zuständig, an welchem die Verpflichtung zur Auskunftserteilung zu erfüllen ist. Im anderen Fall muß ein entsprechendes Urteil auf Abgabe einer eidesstattlichen Versicherung nach § 889 ZPO zwangsvollstreckt werden[872]. Wird die eidesstattliche Versicherung vom Vorstand oder Geschäftsführer des neuen Rechtsträgers falsch abgegeben, können der bzw. die Personen nach § 156 StGB wegen falscher Versicherung an Eides statt strafrechtlich verfolgt werden[873].
Bei Feststellung des aktuellen Vermögensstatus stellt sich zudem die Frage, inwieweit in diesem besonderen Fall neben der Erstellung der Eröffnungsbilanz auch eine Verpflichtung des Liquidators besteht, die Jahresbilanzen der letzten

---

[866] Keller, in Münchener Komm. zum BGB, § 260 / 4, 5.
[867] Kuckuk, in Erman, BGB, § 260 / 10; zu den vom Auskunftsanspruch umfaßten Unterlagen ausf. auch Keller, in Münchener Komm. zum BGB, § 260 / 51 ff..
[868] BGH vom 16.5.1960 BGHZ 32 / 302, 305.
[869] BGH vom 13.7.1985 BGHZ 95 / 285, 288; BGH vom 18.1.1978 NJW 1978 / 1002; BGH vom 6.6.1979 BGHZ 74 / 379, 381.
[870] OLG Frankfurt a.M. vom 16.9.1992 NJW RR 1993 / 1483; einschränkend für frühere Weigerung BGH vom 23.3.1966 NJW 1966 / 1117, 1118 f..
[871] BGH vom 8.12.1960 BB 1961 / 190.
[872] Keller, in Münchener Komm. zum BGB, § 260 / 67.
[873] Zu den Einzelheiten siehe Lenckner, in Schönke/Schröder, Strafgesetzbuch, § 156;

Jahre nachträglich zu erstellen. Das Gesetz schreibt dies in § 89 Satz 2 GenG vor. Hierbei ging der Gesetzgeber jedoch vom Normalfall einer Liquidation aus. Zweck der fortbestehenden Bilanzierungspflicht in der Liquidation ist in erster Linie die Information der Mitglieder über die Entwicklung der Gesellschaft[874]. Wenn man von einer Bilanzierung im oben beschriebenen Sinn ausgeht und unterstellt, daß die Erläuterungen und Anlagen zur ersten aktuellen Jahresbilanz nach Bestellung des Liquidators die Vermögensentwicklung zwischen Eröffnungsbilanz und aktueller Bilanz transparent machen[875], ist nicht ersichtlich, warum dennoch eine Verpflichtung zur nachträglichen Erstellung der fehlenden Jahresbilanzen bestehen sollte. Hierfür spricht auch, daß dies einen unverhältnismäßigen Arbeitsaufwand bedeuten würde und die Entwicklung einzelner Vermögenswerte auch anhand der veröffentlichten Bilanzen des vermeintlichen Rechtsnachfolgers verfolgt werden kann[876]. Ein begründbares Interesse der Mitglieder an der Information über den Vermögensstand der LPG i.L. zu einem bereits zurückliegenden Zeitpunkt ist nicht vorhanden. Im Unterschied hierzu haben die Mitglieder aber ein berechtigtes Interesse zu erfahren, wie die vermögensmäßige Situation zum heutigen Zeitpunkt bestellt ist und aufgrund welcher Berechnungen und Angaben die aktuellen Vermögensgegenstände bewertet wurden. Besonders bei Vermögenspositionen, die in der Vergangenheit mehrfach Veränderungen durchlaufen haben, ist in der Erläuterung zur aktuellen Jahresbilanz die Entwicklung ausgehend vom Stand der Eröffnungsbilanz aufzuzeigen.

b) Rechenschafts- und Informationspflichten in der Vollversammlung

Über die Verweisung in § 88 GenG, auf den wiederum in § 42 I 1 LwAnpG verwiesen wird, haben die Liquidatoren die Pflichten nach § 33 I GenG. Sie sind danach zur ordnungsgemäßen Buchführung und zur Rechenschaftslegung hierüber in der Vollversammlung der LPG i.L. verpflichtet[877]. Der Begriff ordnungsgemäße Buchführung erfaßt die Erstellung aller Bilanzen und Vermögensaufstellungen, die das Gesetz fordert und die erforderlich sind, um die Vermögenslage der Gesellschaft ersichtlich zu machen. Nach Auflösung der LPG

---

874 So auch Schweizer, Das Recht der landwirtschaftlichen Betriebe nach dem Landwirtschaftsanpassungsgesetz, Rdn. 337.

875 Hüffer, in Geßler/Hefermehl/Eckardt/Kropff, Aktiengesetz, Bd. V § 270 / 40; Hüffer, in Münchener Komm. zum AktG, § 270 / 58 f..

876 Ohne weitere Begründung a.A. Steinebach NL-BzAR 2000 / 265, 279.

877 Die entsprechende Pflicht ergibt sich auch aus Nr. 65 I des Musterstatutes der LPG (P) vom 28.7.1997 GBl. der DDR I Seite 317 ff., bei Schweizer, Das Recht der landwirtschaftlichen Betriebe nach dem Landwirtschaftsanpassungsgesetz, Anhang II. 5..

gehört hierzu die Erstellung der Liquidationseröffnungsbilanz und die jährlich aktuellen Jahresabschlüsse[878].
Nach Erstellung der jeweiligen Bilanz sind die Liquidatoren verpflichtet, diese dem Aufsichtsrat der LPG i.L.[879] unverzüglich zur Prüfung zuzuleiten. Anschließend muß die Bilanz mit der Stellungnahme des Aufsichtsorganes der Vollversammlung der LPG i.L. vorgelegt werden[880]. Diese Pflicht der Liquidatoren korrespondiert mit der alleinigen Befugnis der Vollversammlung nach § 48 I 1 GenG zur Feststellung des Jahresabschlusses.
Der Vorlage und Berichterstattung in der Vollversammlung durch die Liquidatoren kommt besondere Bedeutung zu, weil sie Grundlage der Entscheidung der Vollversammlung über die Feststellung der Bilanz und auch über die Entlastung der Organmitglieder sind.
Daher trifft die Liquidatoren neben der bloßen Vorlagepflicht auch eine umfassende Auskunftspflicht. Er hat der Versammlung vollständig und wahrheitsgemäß über seine Tätigkeit im Bilanzierungszeitraum Bericht zu erstatten und Fragen der Mitglieder zu beantworten[881]. Im Vorfeld der Versammlung sind die Bilanz, der Lagebericht der LPG i.L und die Stellungnahme des Aufsichtsorganes nach § 48 III GenG mindestens eine Woche zur Einsicht durch die Mitglieder auszulegen. Diese können eine Abschrift der jeweiligen Dokumente verlangen.
Zur Erfüllung der Rechenschafts- und Auskunftsverpflichtung gegenüber der Vollversammlung der LPG i.L. müßte der Liquidator nach Nr. 62 II des Musterstatutes mindestens 4 mal jährlich eine Vollversammlung einberufen. Diese Regelung wird vor dem Hintergrund verständlich, daß das ideologische Konzept der LPG auf einer Vermischung von Arbeitsverhältnis und Unternehmensbeteiligung beruhte und die Vollversammlung der LPG daher neben unternehmerischen Entscheidungen zugleich Arbeiterversammlung war. Dies zeigt sich insbesondere darin, daß die Teilnahme von Arbeitern und Genossenschaftsbauern an der Vollversammlung im Musterstatut unter Nr. 60, 61 ausdrücklich bestimmt ist. Wegen der umfassenden Aufgaben der Vollversammlung als Leitungsorgan der Genossenschaft und Betriebsversammlung war daher eine häufigere Einberufung notwendig. Mit der ausdrücklichen rechtlichen Trennung der Arbeitsverhältnisse der Genossenschaftsbauern von den genossenschaftlichen Beteiligungen in § 43 I 2 LwAnpG haben sich zugleich die Aufgaben der Vollversammlung verändert. Diese ist heute ausschließlich Leitungsorgan der LPG i.L. und durch die Verweisung auf das GenG in § 42 I 1 LwAnpG in ihrer rechtlichen Stellung der Generalversammlung der eingetragenen Genossenschaft

---

[878] Zur Bilanzierungspflicht der Liquidatoren im Einzelnen bereits unter III. A. 4 a).
[879] Zum Aufsichtsrat der LPG i.L. unter III. C..
[880] Hierzu auch Nr. 61 I b des Musterstatutes LPG (P), abgedruckt bei Schweizer, Das Recht der landwirtschaftlichen Betriebe nach dem Landwirtschaftsanpassungsgesetz, Anhang II. 5..
[881] Hierzu näher Metz, in Lang/Weidmüller/Metz/Schaffland, Genossenschaftsgesetz, § 48 / 5.

gleichgestellt. Die im Musterstatut bestimmte 4malige Einberufung im Jahr und die Beteiligung der Arbeiter an der Vollversammlung steht der Anwendung genossenschaftsrechtlicher Grundsätze entgegen, so daß die Bestimmungen nach § 69 II LwAnpG nicht mehr anzuwenden sind. An ihre Stelle treten die Bestimmungen des Genossenschaftsgesetzes. Danach hat der Liquidator zur Erfüllung seiner Rechenschafts- und Auskunftspflicht die Vollversammlung der LPG mindestens einmal jährlich einzuberufen. Zu laden sind allein die Mitglieder der LPG i.L..
Hinsichtlich der Form und der Frist der Ladung trifft das Statut der LPG keine Bestimmung. Über den Verweis in § 42 II LwAnpG findet daher Genossenschaftsrecht Anwendung. Dort bestimmt § 46 I GenG, daß die Berufung der Vollversammlung in der satzungsmäßig festgeschriebenen Weise zu erfolgen hat. Zur Regelung der Einberufung der Vollversammlung im Statut der Genossenschaft bietet § 6 Nr. 4 GenG die Möglichkeit einer direkten Ladung aller Genossen oder der Ladung durch Bekanntmachung in einem öffentlichen Blatt. Im Statut der LPG wird keine dieser beiden Möglichkeiten zur Einberufung der Vollversammlung bestimmt. Die fehlende Regelung im Statut der LPG ist mit der in Art. 2 VI des Gesetzes zur Änderung des GenG[882] geregelten Situation vergleichbar. Dort bestimmt das Gesetz für den Fall, daß die Bestimmung des Statutes unzulässig ist -weil nur die Bekanntmachung im Bundesanzeiger vorgesehen wird- oder die zur Bekanntmachung vorgesehenen Blätter derzeit nicht erscheinen, die Berufung der Versammlung der Genossen durch Bekanntmachung in einem anderen Blatt. Fehlt daher eine statuarische Regelung zur Berufung der Vollversammlung oder ist eine solche unzulässig bzw. unmöglich, genügt zur Einberufung die Bekanntmachung in einem öffentlichen Blatt[883]. Eine direkte Ladung der einzelnen Mitglieder ist darüber hinaus nicht erforderlich.

c) Sorgfaltspflichten und Haftung der Liquidatoren

Wie die Geschäftsführungsorgane der werbenden Gesellschaft sind die Liquidatoren zur sorgfältigen Ausführung ihrer Aufgaben verpflichtet.
Rechtliche Grundlage für die Haftung könnte über die Verweisung in § 42 II LwAnpG auf §§ 89 GenG die Regelung in § 34 GenG sein.
Neben dieser genossenschaftsrechtlichen Haftungsregelung bietet auch das Landwirtschaftsanpassungsgesetz eine Vorschrift zur Haftung des Vorstandes bzw. der Liquidatoren nach Auflösung der LPG. Die Haftung in § 3a LwAnpG ist weitergehend. Während im Genossenschaftsrecht die gesellschaftsrechtliche Organhaftung ausschließlich gegenüber der eingetragenen Genossenschaft be-

---

[882] Gesetz zur Änderung des GenG vom 20.12.1933 RGBl. I 1089.
[883] Hierzu auch Metz, in Lang/Weidmüller/Metz/Schaffland/Metz/Schaffland, Genossenschaftsgesetz, § 6 / 48; Beuthien, Genossenschaftsgesetz, § 6 / 11.

steht und das einzelne Mitglied Schäden nur nach allgemeinen Rechtsgrundlagen, wie § 823 BGB, geltend machen kann, besteht die Organhaftung nach dem Landwirtschaftsanpassungsgesetz gegenüber der Genossenschaft und gegenüber den Mitgliedern.
Ein weiterer Unterschied ist die im Landwirtschaftsanpassungsgesetz um 5 Jahre längere Verjährungsfrist für Ansprüche aus Fehlverhalten des Vertretungsorganes[884].
Übereinstimmend ist dagegen in beiden Vorschriften der Haftungsmaßstab der Liquidatoren auf die Sorgfalt eines ordentlichen und gewissenhaften Geschäftsmannes festgeschrieben. Fahrlässige und vorsätzliche Pflichtverstöße begründen die Haftung[885].
Da in § 42 I 1 LwAnpG für die Abwicklung der LPG generell auf die Vorschriften des Genossenschaftsgesetzes verwiesen wird, ist fraglich, welche Haftungsnorm für die Liquidatoren der LPG i.L. einschlägig ist[886].
Nachdem im Recht der LPG keine Haftung der Vorstandsmitglieder vorgesehen war hat der Gesetzgeber des Landwirtschaftsanpassungsgesetzes eine solche in §§ 3a und b begründet. Dabei hat er die Haftung zwar der genossenschaftlichen Haftung in § 34 GenG angenähert, diese jedoch nicht für die Vertretungsorgane der LPG übernommen.
Vielmehr weicht die Haftung in den genannten wesentlichen Punkten zugunsten der einzelnen Mitglieder der LPG von der Regelung in § 34 GenG ab. Der Grund hierfür ist der vom Gesetzgeber gewollte höhere Schutz der LPG-Mitglieder, wie die Debatte um die Verlängerung der ursprünglichen 5jährigen Verjährungsfrist auf 10 Jahre zeigt.
Die Mitglieder der LPG sollten nicht unter dem zeitlichen Druck einer baldigen Verjährung ihre Ansprüche überstürzt und unvorbereitet geltend machen müssen. Mit der Fristverlängerung wollte der Gesetzgeber Zeit für die oftmals schwierige Bewertung des LPG-Vermögens schaffen. Darüber hinaus konnten nur durch die Verlängerung der Frist die Ergebnisse der noch andauernden Prüfungen durch die Landwirtschaftsministerien nach § 70 III LwAnpG für die Betroffenen rechtliche Bedeutung erlangen[887].
Der mit der so ausgestalteten Haftungsregelung beabsichtigte Schutz der Interessen der LPG-Mitglieder ist auch in der aufgelösten LPG angezeigt. Obwohl das LwAnpG für die Abwicklung auf Vorschriften des GenG verweist, ergibt die teleologische Auslegung dieser Verweisung, daß die genossenschaftsrechtli-

---

[884] Verlängerung der ursprünglichen 5-jährigen Verjährungsfrist auf 10 Jahre durch Gesetz zur Änderung des LwAnpG vom 20.12.1996 BGBl I S. 2082 vom 31.12.1996.
[885] Zu einzelnen Beispielen Metz, in Lang/Weidmüller/Metz/Schaffland, Genossenschaftsgesetz, § 34 / 49 ff.; Beuthien, Genossenschaftsgesetz, § 34 / 7 ff..
[886] Wenzel, in Bayer (Hrsg.), 10 Jahre Landwirtschaftsanpassungsgesetz – eine Zwischenbilanz-, Seite 17, 32 für die Anwendung des § 34 GenG.
[887] Begründung zum Gesetzentwurf BT-Drs. 13 / 4950 Seite 4.

chen Regelungen nur anzuwenden sind, wenn keine Regelung im LwAnpG besteht und dies mit den Belangen der LPG vereinbar ist[888]. Soweit im spezielleren LwAnpG jedoch ausdrückliche Bestimmungen getroffen wurden, kommt ein analoge Anwendung der ungünstigeren Vorschriften des Genossenschaftsgesetzes nicht in Betracht[889].

Auch im Stadium der aufgelösten LPG bleibt es daher bei der Haftung der Liquidatoren nach § 3 a, b LwAnpG. Sie haften für die Sorgfalt eines ordentlichen und gewissenhaften Geschäftsleiters gegenüber der LPG i.L. und deren Mitgliedern. Aus dem dargestellten Zweck der umfassenden Haftung, insbesondere auch gegenüber den Mitgliedern der LPG, ergibt sich, daß auch bereits ausgeschiedene Mitglieder Ansprüche gegenüber der Geschäftsleitung geltend machen können, da ihre Vermögensinteressen in gleicher Weise schutzbedürftig sind[890]. Alle Ansprüche verjähren in 10 Jahren ab Entstehung des Anspruches.

Ein anspruchbegründendes Verhalten wäre beispielsweise zu bejahen[891], wenn eine Handlung des Liquidators nicht dem Abwicklungszweck der LPG i.L. dient, sondern genossenschaftsfremde Interessen anderer Unternehmen fördert. Ein solcher Fall wäre beispielsweise, wenn der Liquidator bei den Verhandlungen zur vertraglichen Vermögensübernahme mit dem neuen Rechtsträger unangemessene wirtschaftliche Zugeständnisse diesem gegenüber machen und dadurch bewußt die Interessen der LPG-Mitglieder an einer bestmöglichen Vermögensverwertung zugunsten des übernehmenden Rechtsträgers beeinträchtigen würde.

Ebenfalls haftungsbegründend ist ein Verstoß gegen gesetzliche Normen, wie zum Beispiel die Insolvenzantragspflicht nach § 99 I GenG, soweit dies zu einem Schaden für die LPG i.L. bzw. das einzelne Mitglied führt.

B. Aufgaben der Vollversammlung

Anders als der Vorstand der LPG blieb die Vollversammlung als geborenes höchstes Organ der Genossenschaft trotz der Löschung im Register der LPG bestehen, während an die Stelle der gewählten Vorstände nunmehr die gerichtlich bestellten Liquidatoren treten[892].

---

[888] So ist beispielsweise der § 87 a GenG, obwohl von der Verweisung in § 42 I 1 LwAnpG erfaßt, nicht anzuwenden.

[889] So auch Schweizer, in Kimme, Offene Vermögensfragen, Komm. zum LwAnpG, § 3 b / 3.

[890] Schweizer, in Kimme, Offene Vermögensfragen, Komm. zum LwAnpG, § 3 a / 3.

[891] Zu weiteren Beispielen: Schweizer, in Kimme, Offene Vermögensfragen, Komm. zum LwAnpG, § 3 b / 8 ff.; Metz, in Lang/Weidmüller/Metz/Schaffland, Genossenschaftsgesetz, § 34 / 48 ff..

[892] Barran AgrarR 2001 / 43, 44.

Allgemein ist gemäß dem Statut der LPG die Vollversammlung höchstes Organ der Genossenschaft. Als oberstes Willensbildungsorgan ist sie für alle Angelegenheiten zuständig, die nicht kraft Gesetzes einem anderen Organ zugewiesen sind[893]. Sie ist berechtigt, im Rahmen der gesetzlichen Bestimmungen und des Statutes in allen die Genossenschaft betreffenden Angelegenheiten, Beschlüsse zu fassen. (Nr. 61 des Musterstatutes der LPG (P)) Diese Regelung spiegelt den Grundsatz der genossenschaftlichen Selbstverwaltung wider. Die Vollversammlung hat daher unentziehbar und ausschließlich die Befugnis zur Abänderung des Statutes[894]. Insbesondere sind auch nach der Auflösung Satzungsänderungen, die dem Abwicklungszweck nicht entgegenstehen weiterhin zulässig[895]. Weitere zwingend der Vollversammlung zugewiesene Aufgaben finden sich im Genossenschaftsgesetz und dem Statut. Auch während der Liquidation der landwirtschaftlichen Produktionsgenossenschaft bleiben diese Regelungen anwendbar, soweit sich aus dem sechsten Abschnitt des Genossenschaftsgesetzes oder dem Wesen der Liquidation nicht anderes ergibt. Eine wesentliche Aufgabe im Fall der Liquidation ist daher nach § 48 I GenG die Beschlußfassung über die Entlastung der Liquidatoren. Daneben beschließt die Vollversammlung entsprechend § 48 I 2 GenG über die von der Liquidatoren zu erstellende Eröffnungsbilanz und die folgenden Bilanzen. Ein Beschluß über die Verwendung des Jahresüberschusses entfällt während der Liquidation, da die Verteilung des Liquidationserlöses nach Beendigung der Abwicklung gesetzlich geregelt ist und ein Jahresabschluß im Sinne des § 48 I 2 GenG in der Liquidation nicht zu erstellen ist.

Die Voraussetzungen der Beschlußfassung in der Vollversammlung regelt grundsätzlich der anwendbare § 43 GenG, soweit nicht die Satzung, hier das Statut der LPG, weiter Voraussetzungen bestimmt.

Nach der Bestimmung des Musterstatutes für die LPG (P)[896], die gemäß § 8 I LPGG 1982 verbindlicher Maßstab für die individuellen Statuten der LPGen war, ist die Vollversammlung der LPG nur bei Anwesenheit von 2/3 der Mitglieder beschlußfähig. Nach den Ausführungen unter I sind die Statuten der LPGen auch während der Liquidation anzuwenden. Da die Erfüllung dieser Voraussetzung aufgrund der geänderten äußeren Bedingungen und der besonderen Situation der unerkannten LPG i.L. in der Praxis häufig Schwierigkeiten bereiten wird, ist den Liquidatoren zu empfehlen, auf der ersten Vollversammlung der LPG i.L. eine Satzungsänderung der LPG beschließen zu lassen, wenn die hierfür erforderliche Beschlußfähigkeit und Mehrheit erreicht wird.

---

[893] Hettrich/Pöhlmann, Genossenschaftsgesetz, § 43 / 3.
[894] Metz, in Lang/Weidmüller/Metz/Schaffland, Genossenschaftsgesetz, § 43 / 3.
[895] RG vom 8.6.1928 RGZ 121 / 246, 253.
[896] Vom 28.7.1977 abgedruckt in Schweizer, Das Recht der landwirtschaftlichen Betriebe nach dem Landwirtschaftsanpassungsgesetz, Anhang II. 5..

Soweit das Erreichen einer beschlußfähigen Vollversammlung bereits im Vorfeld unwahrscheinlich ist, sollte in entsprechender Anwendung der Regelung in § 7 II 2 LwAnpG die Beschlußfassung in einer erneuten Vollversammlung eine Beschlußfassung auch ohne Erreichen der satzungsmäßigen Beschlußfähigkeit möglich sein. Mit dieser im Rahmen der Gesetzesnovelle von 1991 eingefügten erleichterten Beschlußfassung hat der Gesetzgeber bereits den Problemen der LPGen beim Erreichen der Beschlußfähigkeit in der Rechtspraxis abzuhelfen versucht[897]. Da diese Problematik auch für die nachträglich abzuwickelnden LPGen besteht, ist die entsprechende Anwendung der Regelung auch für diese Fälle angezeigt.

Die Beschlußfassung selbst bedarf nach dem Musterstatut der LPG (P) Nr. 61 III regelmäßig der einfachen Mehrheit der abgegebenen Stimmen. Dies betrifft insbesondere die Feststellung des Jahresabschlusses oder die Entlastung der Liquidatoren.

Größere Beschlußmehrheiten sind nur dann erforderlich, wenn dies gesetzlich oder durch das Statut der LPG bestimmt ist. Praxisrelevant ist hierbei insbesondere die zur Änderung des Statutes nach § 16 IV GenG grundsätzlich erforderliche ¾ Mehrheit, von der durch das Statut nicht zum Nachteil der Minderheit der Mitglieder abgewichen werden darf.

Eine wesentliche Entscheidung der Vollversammlung stellt auch der Zustimmungsbeschluß zur Vermögensübertragung in der Liquidation dar. In entsprechender Anwendung des § 179 a, 179 II 1 AktG ebenfalls eine ¾ Mehrheit bei der Abstimmung[898].

C. Aufsichtsorgan

Überwachung und mögliche Eingriffe in die Tätigkeit der Liquidatoren liegen bei der eingetragenen Genossenschaft in weitem Umfang im Aufgabenbereich des Aufsichtsrates.

Das dem Aufsichtsrat der eingetragenen Genossenschaft entsprechende Organ bei der LPG ist die Revisionskommission. Entsprechend dem Statut der LPG oblag ihr die Aufgabe, die Tätigkeit des Vorstandes zu überwachen und die Interessen der Genossen außerhalb der Vollversammlungen wahrzunehmen[899]. Ein Vergleich des Aufgabenbereiches zwischen Aufsichtsrat (§ 38 GenG) und Revisionskommission (Nr. 67 Musterstatut LPG (P)) zeigt eine fast vollständige

---

[897] BT-Drs. 12 / 161 Seite 8.

[898] Zur entsprechenden Anwendung der Normen siehe unter III. A. 3. Zur erforderlichen Mehrheit ausf. unter Kapitel 10 II.

[899] Trautmann, Lehrbuch LPG-Recht, Kapitel 5 Seite 163 ff..

Übereinstimmung der Aufgabenbereiche und Eingriffsbefugnisse beider Organe[900].
Der Aufsichtsrat behält auch nach der Auflösung seine Überwachungsaufgabe und bleibt zur Vertretung der Gesellschaft gegenüber den Liquidatoren berufen[901]. Da nach § 87 I GenG der 3. Abschnitt des GenG auch in der Liquidation die Rechtsverhältnisse innerhalb der Genossenschaft regelt, ist ein Aufsichtsrat als Kontroll- und Überwachungsorgan auch während der Abwicklung zwingend[902].
Fraglich ist, ob die gewählte Revisionskommission der LPG in der Nachtragsliquidation der LPG wieder auflebt oder entsprechend der Rechtslage betreffend das Vertretungsorgan der LPG i.L. das Amt der Kommission erloschen ist. Konsequenterweise ist Letzteres zu bejahen. Mit der Löschung der LPG im Register sind zugleich alle gewählten Organe untergegangen.
Für die heutige Situation der LPG i.L.bedeutet dies, daß die Vollversammlung befugt und verpflichtet ist, eine Revisionskommission zur Wahrnehmung ihrer Interessen in der Liquidation neu zu wählen[903]. Unerheblich ist dabei die Bezeichnung des Organs als Kommission, Beirat, Aufsichtsrat o.ä..

IV. Die Stellung der Mitglieder in der Liquidation der LPG

Das Verhältnis zwischen der LPG und ihren Mitgliedern wurde ursprünglich durch das LPG – Gesetz und die darauf beruhende Satzung der LPG bestimmt. Mit der Regelung in § 69 I, II des Landwirtschaftsanpassungsgesetzes waren nach der 1. Gesetzesnovelle bereits jene Bestimmungen in LPGG und Statut unanwendbar, die mit dem Grundgedanken der freien Marktwirtschaft und der Selbstbestimmung der Genossen nicht vereinbar waren. Nach der Außerkraftsetzung des LPGG zum 1.1.1992 wurde die Mitgliedschaft in der LPG durch die verbleibenden Bestimmungen des Statutes der LPG und den speziellen Normen des Landwirtschaftsanpassungsgesetzes geregelt. Für die aufgelöste LPG ergeben sich die Rechte und Pflichten der Mitglieder somit grundlegend aus der Satzung der Genossenschaft. Darüber hinaus wird das Verhältnis zwischen Genosse und Genossenschaft in § 42 LwAnpG, der auf die Normen des Genossenschaftsgesetzes verweist, gesetzlich geregelt. Durch den Verweis auf § 87 GenG finden insbesondere der zweite Abschnitt des Genossenschaftsgesetzes, sowie die §§ 43, 45 und 51 GenG Anwendung. Der Wortlaut des Genossenschaftsgesetzes

[900] Zum Vergleich der innergesellschaftlichen Strukturen zwischen LPGen und Genossenschaften ausführlich Steding, Produktivgenossenschaften in der ostdeutschen Landwirtschaft, Seite 17 ff..
[901] Paura, Liquidation und Liquidationspflichten, Seite 27.
[902] Metz, in Lang/Weidmüller/Metz/Schaffland, Genossenschaftsgesetz, § 36 / 1; Beuthien, Genossenschaftsgesetz, § 36 / 18.
[903] Wie hier auch Wenzel AgrarR 2000 / 349, 353; Barran AgrarR 2001 / 43, 44.

stellt in § 18 zwar die Satzung an die erste Stelle, aber wie sich aus Satz 2 ergibt, darf diese nur dann vom Gesetz abweichen, wenn dies ausdrücklich zulässig ist. Vom Genossenschaftsrecht abweichende Regelungen der individuellen Satzung der LPG i.L. sind daher lediglich dann anwendbar, wenn sie gemäß § 69 II LwAnpG diesem Gesetz nicht entgegenstehen und nicht in unzulässiger Weise vom Genossenschaftsgesetz abweichen[904].

A. Rechte der Mitglieder der LPG i.L.

Das Statut der LPG gewährte den Mitgliedern in Nr. 8-12 das Recht auf Arbeit in der Genossenschaft, Beteiligung an den genossenschaftlichen Einkünften und insbesondere das Recht auf Mitarbeit bei der Leitung und Verwaltung durch Teilnahme an den Vollversammlungen, Einbringung von Anträgen und Stimmabgabe. Daneben wurde den Mitgliedern das Recht auf eine eigene Hauswirtschaft zur Befriedigung der persönlichen Bedürfnisse und das Recht auf Unterstützung aus dem Hilfsfonds der LPG im Fall der Bedürftigkeit zugestanden. Mit der Trennung von Arbeits- und Mitgliedschaftsverhältnis in § 43 LwAnpG und der Möglichkeit der Kündigung des Arbeitsverhältnisses in § 43 a LwAnpG durch die Genossenschaft ist das satzungsmäßige Recht auf Beschäftigung hinfällig geworden. Die Rechte auf private Landwirtschaft und Unterstützung entsprachen der ideologischen Zielsetzung der ehemaligen DDR, wonach die LPGen als untrennbarer Bestandteil der entwickelten sozialistischen Gesellschaft der ständigen Verbesserung der Befriedigung der materiellen und kulturellen Bedürfnisse und der Versorgung des Volkes dienen sollten[905]. Dem entsprach die fast völlige Vergemeinschaftung der landwirtschaftlichen Fläche. Im Gegenzug zur Kollektivierung hatte die LPG vielseitige sozialpolitische Aufgaben und Fürsorgepflichten gegenüber ihren Mitgliedern und der dörflichen Gemeinschaft[906]. Mit Einführung der Marktwirtschaft und Schaffung der rechtlichen Rahmenbedingungen im Landwirtschaftsanpassungsgesetz ist die ideologische Zielstellung der Vergesellschaftung in der Landwirtschaft entfallen, so daß jene Satzungsbestimmungen, die unmittelbar Ausdruck der sozialistischen Wirtschaftsweise waren im Widerspruch zur Zielstellung des Landwirtschaftsanpassungsgesetzes, wie sie in § 3 des Gesetzes zum Ausdruck kommt, stehen und daher nicht mehr anwendbar waren.

Fortbestehend sind dagegen die Rechte des Mitgliedes an der Willensbildung der Genossenschaft durch Teilnahme an den Vollversammlungen, Antrags- und Rederecht, sowie sein Stimmrecht. Zur Wahrnehmung seiner Rechte steht dem

---

[904] Hettrich/Pöhlmann, Genossenschaftsgesetz, § 18 / 2.
[905] Hähnert/Richter/Rohde, LPG–Recht, Seite 28, 112 .
[906] Hähnert/Richter/Rohde, LPG–Recht, Seite 112.

Einzelnen ein umfassendes Informationsrecht hinsichtlich der Angelegenheiten der LPG zu[907].
In Nr. 65 II des Musterstatutes wird einer Minderheit von 1/3 der Mitglieder das Recht eingeräumt die Einberufung einer Vollversammlung zu fordern. Demgegenüber bestimmt das Genossenschaftsgesetz in § 45 I, daß bereits 10 % der Mitglieder dieses Recht haben. Da von dieser Vorschrift lediglich zu Gunsten der Mitglieder abgewichen werden darf, ist die entsprechende Satzungsbestimmung nach § 18 GenG, 134 BGB nichtig. Stattdessen ist das im Genossenschaftsgesetz statuierte Berufungsrecht der Minderheit auch für die LPG i.L. anzuwenden. Darüber hinaus hat jedes Mitglied zum Schutz seiner mitgliedschaftlichen Interessen das Recht, die Beschlüsse der Vollversammlung anzufechten. Für die Mitglieder der aufgelösten LPG ergibt sich die entsprechende Befugnis aus § 42 I 1 LwAnpG, 87, 51 GenG. Abweichend vom Genossenschaftsgesetz sind in § 42 LwAnpG noch einige spezielle Rechte der Mitglieder einer LPG i.L. festgeschrieben. So wird die in § 90 GenG festgeschriebene Sperrfrist zur Verteilung des Liquidationserlöses von einem Jahr auf 6 bzw. 3 Monate verkürzt. Die Verteilung des Vermögens richtet sich nach dem Maßstab des § 44 LwAnpG. Die Mitglieder der LPG i.L. haben gegen die aufgelöste LPG einen Anspruch auf Auseinandersetzung gemäß § 42 I 1, 44 LwAnpG. Hiermit im Zusammenhang steht auch das Recht auf Auskunft und Einsichtnahme während der Liquidation[908].
Neben den hier speziell genannten Rechten hat jeder Genosse das Recht auf Gleichbehandlung. Dies ergab sich zunächst aus § 1 II LPGG und entspricht dem allgemeinen Gleichbehandlungsgrundsatz im Genossenschaftsrecht. Weiterhin haben die Genossen auch sonstige im Genossenschaftsgesetz geregelte Rechte, soweit sie dem Zweck der Liquidation nicht entgegenstehen. Hilfsweise kommen daneben die Bestimmungen des Vereinsrechtes zur Anwendung.

B. Das Recht auf vorrangigen Erwerb und Vorkaufsrecht[909]

Ein spezielles Sonderrecht der Mitglieder einer landwirtschaftlichen Produktionsgenossenschaft ist in § 42 II LwAnpG normiert. Bei der Verwertung des Vermögens sind deren Kaufinteressen vorrangig zu berücksichtigen. Zudem ist ihnen darüber hinaus ein Vorkaufsrecht bezüglich der Vermögensgegenstände der LPG eingeräumt. Nach dem Zweck dieser Vorschrift sollen die im Zuge der Liquidation zu veräußernden Vermögensgegenstände auch nach der Auflösung

---

907 Hettrich/Pöhlmann, Genossenschaftsgesetz, § 18 / 7.
908 BGH vom 1.7.1994 (BLw 103/93) AgrarR 1994 / 365; BGH vom 8.5.1998 (BLw 41/97) AgrarR 1998 / 347, 348.
909 Hierzu bereits Abicht, in Bayer (Hrsg.), 10 Jahre Landwirtschaftsanpassungsgesetz – eine Zwischenbilanz, Seite 59, 72 ff..

der LPG in den Händen der Mitglieder verbleiben, soweit dies von ihnen gewünscht und der Erwerb ihnen wirtschaftlich möglich ist. Dieses Interesse der Mitglieder am Verbleib des ehemals genossenschaftlichen Eigentums in ihren Händen wird vom Gesetzgeber durch zwei Wege geschützt. Zunächst sind ihre Kaufangebote vorrangig zu berücksichtigen. Erfolgt dennoch ein Verkauf an Dritte, gewährt ihnen das Landwirtschaftsanpassungsgesetz ein Vorkaufsrecht. Ausgehend vom Gesetzeszweck besteht das Vorkaufsrecht jedoch nur gegenüber den Kaufangeboten von Außenstehenden, die nicht Mitglieder der LPG sind[910].

Rechtlich ergeben sich aus dieser zweistufigen Gestaltung des Gesetzes zwei grundlegende Fragen. Zunächst ist fraglich, wessen Kaufangebot der Liquidator vorrangig zu berücksichtigen hat, wenn eine Erwerberkonkurrenz zwischen mehreren Mitgliedern oder auch zwischen Mitgliedern und Dritten besteht. Zweitens ergibt sich das Problem, ob im Fall des Verkaufes einer Gesamtheit von Vermögensgegenständen an einen Dritten, das vorkaufsberechtigte Mitglied unter Durchbrechung des Akzessorietätsgrundsatzes des § 467 Satz 2 BGB, sein Vorkaufsrecht lediglich bezüglich der von ihm gewollten Sachen ausüben kann.

1. Die Auswahl zwischen mehreren Erwerbsinteressenten

Kaufangebote der Mitglieder sind vorrangig zu berücksichtigen. Diese gesetzliche Formulierung in § 42 II LwAnpG ist ein für den Liquidator zwingend vorgegebenes Entscheidungskriterium zugunsten des Bewerbers aus den „eigenen Reihen“. Darüber hinaus wird die Verkaufsentscheidung auch von wirtschaftlichen Gesichtspunkten beeinflußt. Das Gesetz beschränkt nach seinem Wortlaut zwar das Auswahlermessen des Liquidators, trifft darüber hinaus jedoch keine bindende Entscheidung. Dafür spricht auch, das auf der zweiten Stufe eingeräumte Vorkaufsrecht. Dessen Zweck ist es, gerade im Fall eines Verkaufes von Vermögenswerten an Außenstehende, den Mitgliedern eine letzte Möglichkeit zum Erwerb zu eröffnen. Dieser Zweck würde verfehlt, wenn man bereits bei der Auswahl des Käufers von einem gesetzlich gebundenen Ermessen zugunsten des Mitgliedes ausginge.

Treten mehrere Mitglieder als konkurrierende Kaufbewerber auf, gibt es keinen gesetzlichen Anhaltspunkt dafür, daß deren Kaufinteressen von vornherein nach bestimmten wertenden Gesichtspunkten unterschiedlich zu behandeln sind. Sonst müßte der Liquidator im Einzelfall eine Prüfung der persönlichen Gesichtspunkte des Bewerbers vornehmen, die dem Ziel der Liquidation, nämlich das Vermögen der LPG möglichst günstig, schnell und sicher in Bargeld zur abschließenden Verteilung an die Mitglieder umzusetzen, zuwiderliefe. Insbeson-

[910] AG Schwerin vom 23.6.1995 AgrarR 1995 / 335, 336.

dere der Gesichtspunkt des zuerst bestehenden Eigentums an einem Grundstück kann für den Verkauf der darauf befindlichen Gebäude nicht als ausschlaggebend herangezogen werden. Vielmehr streiten die gesetzlichen Regelungen, welche für die durch den Fortbestand des selbständigen Gebäudeeigentums begründete materielle Konfliktlage geschaffen worden sind, gerade nicht für den Eigentümer des Grundstückes[911]. In der Konfliktsituation zwischen mehreren kaufinteressierten Mitgliedern der Liquidationsgesellschaft muß der Liquidator seine Entscheidung daher am wirtschaftlichen Interesse der LPG und damit am Interesse aller Gesellschafter an einer günstigen Verwertung ausrichten. Die Kriterien für die Auswahl des Vertragspartners liegen somit nicht in persönlichen Merkmalen der Bewerber, sondern richten sich ausschließlich nach den Konditionen des Angebotes, wobei neben dem gebotenen Preis auch sonstige Leistungen der Erwerbers eine Rolle spielen können. So führte das Amtsgericht Schwerin in der bereits erwähnten Entscheidung bezüglich der Verkaufsentscheidung des Liquidators aus, daß diese aus rechtlichen Gesichtspunkten nicht zu beanstanden sei. Zwar war die ebenfalls kaufinteressierte Antragstellerin Mitglied der LPG i.L. und auch Eigentümerin des Grundstückes auf dem ein Teil der verkauften Gebäude standen, doch wollte sie ausschließlich jene Gebäude erwerben, die auf ihrem Grundstück standen. Der außenstehende Käufer war hingegen zum Kauf des gesamten und ausschließlich zum Erwerb des gesamten Gebäudekomplexes bereit. Unter Berücksichtigung der andernfalls angefallenen Entsorgungskosten für die verbleibenden Gebäude diente der Verkauf des Gesamtkomplexes an den Dritten daher den Interessen aller Mitglieder an einer möglichst günstigen Verwertung, an der letztlich auch die Antragstellerin partizipierte[912].

2. Die Ausübung des Vorkaufsrechtes bei Verkauf an Dritte

Neben den Ausführungen zum Erwerbervorrang des Amtsgerichtes Schwerin in der zitierten Entscheidung beschäftigte das Gericht vor allem das von der Antragstellerin geltend gemachte Vorkaufsrecht. Nach dem Sachverhalt des Falles umfaßte der Vertrag mit dem gesellschaftsfremden Dritten einen zusammenhängenden Gebäudekomplex. Die Antragstellerin war, wie bereits dargelegt, jedoch nur an bestimmten einzelnen Gebäuden interessiert und beabsichtigte ihr gesetzliches Vorkaufsrecht auch nur diesbezüglich geltend zu machen. Das Gericht lehnte ihren dementsprechenden Antrag auf Verpflichtung der Gesellschaft zur Auflassungsbewilligung mit der Begründung ab, die Entscheidung des Liquidators zu Gunsten des Mitbewerbers sei rechtlich nicht zu beanstanden. Obwohl der Entscheidung im Ergebnis zuzustimmen ist, vermischt sie in ihrer Begrün-

[911] AG Schwerin vom 23.6.1995 AgrarR 1995 / 335, 336.
[912] AG Schwerin vom 23.6.1995 AgrarR 1995 / 335, 336.

dung die wirksame Ausübung des Vorkaufsrechtes mit der zulässigen Verkaufsentscheidung des Liquidators. Denn unabhängig von der Verkaufsentscheidung des Liquidators, die das Gericht nicht beanstandete, wären bezüglich des ausgeübten Vorkaufsrechtes der Antragstellerin, was Grundlage des Antrages auf Auflassungsbewilligung war, dessen Voraussetzungen zu prüfen gewesen. Für das gesetzliche Vorkaufsrecht in § 42 II LwAnpG gelten ebenso wie für schuldrechtlich vereinbarte Vorkaufsrecht die Bestimmungen der §§ 463 ff BGB[913]. Bezüglich der von der Antragstellerin beanspruchten Gebäude besteht auch ein Vorkaufsrecht, was durch den rechtswirksamen Verkauf des Gebäudekomplexes an einen Dritten ausübungsreif geworden ist. Fraglich ist jedoch, ob das Vorkaufsrecht zulässigerweise nur über einen Teil der verkauften Gegenstände ausgeübt werden kann. Dabei wird man an die Bestimmung des § 467 BGB denken. Danach kann das Vorkaufsrecht auch ausgeübt werden, wenn zugleich mit dem belasteten Gegenstand weitere Gegenstände verkauft werden. Die Norm greift jedoch nur, wenn bezüglich der weiteren Sachen kein Vorkaufsrecht besteht. Im Fall des LPG–Mitgliedes besteht das Vorkaufsrecht jedoch für alle Vermögensgegenstände des LPG–Vermögens, so daß § 467 BGB nicht direkt einschlägig ist. Andererseits ähnelt die Situation der, wie sie dem Gesetzgeber von § 467 BGB vor Augen stand. Das Vorkaufsrecht des Mitgliedes besteht an jedem einzelnen Gegenstand aus dem Vermögen der LPG i.L., woran der Verkauf als Sachgesamtheit nichts ändert. Trotz des an einzelnen Gegenständen bestehenden Vorkaufsrechtes kann es für den Veräußerer unter Umständen wirtschaftlich sinnvoll erscheinen, eine Vielzahl von Gegenständen zusammen zu veräußern. Vor allem, wenn die Sachen in einem funktionalen Zusammenhang stehen und ihr Gesamtwert daher die Summe der Werte der einzelnen Gegenstände übersteigt. Räumt man dem Vorkaufsberechtigten in diesem Fall die Möglichkeit ein, den einzelnen Gegenstand aus dem Vertrag mit dem Dritten herauszunehmen, werden die Restsachen im Wert fallen und der Dritte wird häufig bestrebt sein, vom Vertrag loszukommen oder gar in Kenntnis des Vorkaufsrechtes von einer Vertragsunterzeichnung absehen. Hieraus entsteht ein Interessenkonflikt zwischen der LPG i.L. als Verkäufer und ihrem Mitglied, so daß abzuwägen ist zwischen den Interessen der vorkaufsverpflichteten LPG i.L., die Sache nur zu den Bedingungen abgeben zu müssen, die sie aus sachlichen Gründen wünscht und im Verhandlungswege mit dem Dritten durchsetzen kann und auf der anderen Seite den durch das Vorkaufsrecht geschützten Erwerbsinteressen des Mitgliedes[914]. Im Fall, daß die Gesamtheit der Gegenstände nur zum Teil mit einem Vorkaufsrecht belegt sind, mutet das Gesetz dem Berechtigten in § 467 Satz 2 BGB den Erwerb aller verkauften Sachen zu und verhindert somit, daß der Verkäufer auf den unter Umständen schwer verkäuflichen Restsachen sitzen

---

[913] Putzo, in Palandt, BGB, vor §§ 463 ff. / 1.
[914] Westermann/Klingberg, in FS f. Quack, Seite 545, 554.

bleibt[915]. Zwar schützt der Gesetzgeber den Vorkaufsberechtigten vor den vielfältigen Manipulationen des Veräußerers in §§ 465, 466 Satz 2 oder über § 138 BGB, die mit den Worten des Bundesgerichtshofes dazu angetan sind, dem Berechtigten den Erwerb zu versauern[916]. Dabei muß sich dieser Schutz jedoch an der Frage bewähren, ob er das Interesse des Verpflichteten wahrt, nach Verlust der völligen Freiheit in der Wahl seines Geschäftspartners, wenigstens in der wirtschaftlichen Verwertung seines Eigentums nicht gehindert zu werden[917]. Im dargelegten Sachverhalt, wenn objektiv die Gesamtveräußerung der Sachen die wirtschaftlich günstigste und für alle Beteiligten letztlich sinnvollste Variante ist bzw. ohne die Mitveräußerung eine Entwertung der Restgegenstände eintritt, bewertet der Gesetzgeber das Interesse des Eigentümers an der wirtschaftlichsten Verwertung höher als das Erwerbsinteresse des Vorkaufsberechtigten. Diese Wertung in § 467 BGB muß auch dem Fall zugrundegelegt werden, daß für sämtliche verkauften Gegenstände jeweils ein Vorkaufsrecht besteht und der Berechtigte nur partiell von seinem Recht Gebrauch machen möchte. Wie der Veräußerer gemäß § 467 BGB eine Erstreckung des Vorkaufes verlangen kann, kann sich das vorkaufsberechtigte LPG–Mitglied unter den gegebenen Voraussetzungen nicht auf Teile des Vertrages beschränken, sondern hat lediglich die Wahl hinsichtlich des Gesamtvertrages sein Vorkaufsrecht auszuüben oder von der Ausübung seines Rechtes abzusehen. Unter den genannten Voraussetzungen, daß im Fall des Einzelverkaufes eine Entwertung des Restes eintritt, sind Mißbräuche und Manipulationen des Vorkaufsrechtes kaum zu befürchten[918].

C. Mitgliedschaftliche Pflichten während der Liquidation

Wie die Rechte der Genossen, sind auch ihre im Statut geregelten Pflichten nur noch insoweit anwendbar, als sie dem Zweck des Landwirtschaftsanpassungsgesetzes und den Regeln des Genossenschaftsgesetzes nicht entgegenstehen. So ist zum Beispiel die Pflicht zum Schutz des staatlichen Eigentums, zur Entwicklung einer vorbildlichen sozialistischen Landwirtschaft und zur Pflichterfüllung gegenüber dem Arbeiter- und Bauernstaat überholt[919]. Relevanz besitzt dagegen die Pflicht zur Förderung und Treue gegenüber der Genossenschaft. In Übereinstimmung mit dem Genossenschaftsgesetz oblag auch in der ehemaligen DDR

---

[915] Westermann, in Münchener Kommentar zum BGB, § 508 BGB a. F. (jetzt § 467) / 1.
[916] BGH vom 25.1.1961 BGHZ 34 / 200, 205.
[917] Westermann/Klingberg, in FS f. Quack, Seite 545, 556.
[918] Grunewald, FS für Gernhuber, 1993 / 137, 144.
[919] Insbesondere im Vorwort zur Mustersatzung der LPG (P), (T) vom 28.7.1977, abgedruckt in Schweizer, Das Recht der landwirtschaftlichen Betriebe nach dem Landwirtschaftsanpassungsgesetz, Anhang II. 5..

dem Mitglied der Genossenschaft die Verpflichtung, die Interessen der Genossenschaft zu fördern und deren Interessen zu wahren[920].
Eine solche Förderpflicht gegenüber den Interessen der Genossenschaft begründet sich aus der allgemeinen Loyalitäts- bzw. Treupflicht des Mitgliedes gegenüber der LPG und gegenüber den übrigen Mitgliedern[921]. Durch die Auflösung der LPG endet diese Treuepflicht nicht[922]. Sie gebietet auch in dieser Phase der Gesellschaft die Belange der LPG i. L. zu beachten und verbietet, die Gesellschaft und die Mitgesellschafter durch rücksichtslose Verfolgung eigener Interessen zu schädigen. So kann die Treubindung des Mitgliedes dessen Entscheidungsfreiheit bei der Stimmabgabe beeinflussen und ihm in einigen Fällen die Abstimmung in bestimmter Weise gebieten[923].
Bedeutung kann die Treubindung vorliegend bei der Abstimmung über den Vertrag zur Vermögensübertragung erlangen. Soweit dieser für die Minderheit der Gesellschafter unzumutbar und wirtschaftlich benachteiligend ist, kann für die Mehrheitsgesellschafter eine Verpflichtung zur Ablehnung entstehen. Ein solcher Sachverhalt wäre beispielsweise vorstellbar, wenn die vertraglich vereinbarte Gegenleistung für die Vermögensübertagung in der Gewährung von Anteilen an der neuen Gesellschaft für jene Mitglieder der LPG besteht, die im Rahmen der vermeintlichen Umwandlung Anteile an diesem Rechtsträger zeichneten. Nach einem solchen Vertrag wäre die Verteilung des Liquidationserlöses auf alle Mitglieder der LPG i.L. nicht gegeben, wenn eine Minderheit keine Mitgliedschaft im neuen Unternehmen besitzt.

V. Insolvenz der LPG i.L.

Gemäß § 99 I GenG hat der Liquidator einer Genossenschaft bzw. der LPG ohne schuldhaftes Zögern die Pflicht, Antrag auf Eröffnung des Insolvenzverfahrens zu stellen, soweit die LPG i.L. zahlungsunfähig oder überschuldet ist. Wegen der besonderen Situation der LPG i.L., die nicht im Besitz ihres Vermögens ist und deren Vermögenssituation deshalb nur schwer festgestellt werden kann, sollen die einzelnen Insolvenzgründe und deren Prüfung durch den Liquidator zum Abschluß des Kapitels über die LPG i.L. erläutert werden.

A. Zahlungsunfähigkeit

Die Liquidationsgesellschaft ist nicht im Besitz ihres Vermögens. Alle Vermögensgegenstände und Barmittel befinden sich im Besitz der neu entstandenen

---

[920] Nr. 9 des Musterstatutes LPG (P); Hähnert/Richter/Rohde, LPG–Recht, Seite 120, 121.
[921] RG vom 6.4.1935 RGZ 147 / 257, 270; BGH vom 22.5.1958 BGHZ 27 / 297, 305.
[922] So auch Paura, Liquidation und Liquidationspflichten, Seite 100 f..
[923] Metz, in Lang/Weidmüller/Metz/Schaffland, Genossenschaftsgesetz, § 18 / 65.

Gesellschaft. Die LPG hat ihr gegenüber lediglich den Anspruch auf Rückgabe des Vermögens. Der Insolvenzgrund –Zahlungsunfähigkeit– ist für die LPG i.L. gegeben, wenn die Genossenschaft aus Mangel an flüssigen Mitteln dauernd unvermögend ist, ihre fälligen Geldschulden ganz oder im wesentlichen zu tilgen[924]. Nach dieser Definition der Zahlungsunfähigkeit besteht für die LPG i.L. keine Pflicht, Insolvenzantrag zu stellen. Zunächst werden im Regelfall keine aktuell fälligen Verbindlichkeiten bestehen, da sowohl die Mitglieder und Organe, als auch der Rechtsverkehr nichts von der Existenz der LPG i.L. wußten und diese in den vergangenen Jahren daher nicht im Rechtsverkehr aufgetreten ist. Soweit dennoch fällige Verbindlichkeiten der LPG i.L. bestehen, wie beispielsweise die fällige Vergütung für Liquidatoren, Gutachter oder Gerichtskosten, wird man im Normalfall nicht von einer dauernden Zahlungsunfähigkeit auszugehen haben. Soweit der neue Rechtsträger über liquide Mittel verfügt - und davon ist auszugehen so lange er nicht selbst Insolvenzantrag gestellt hatkann die LPG i.L. auch kurzfristig zumindest einen Teil ihres Vermögens zurückverlangen, um so die eigene Insolvenz abzuwenden. Im Interesse der Liquidationsgesellschaft besteht in diesem Fall eine dementsprechende Pflicht der Liquidatoren.

B. Überschuldung

Mittels der so erstellten Bilanz macht der Liquidator sich ein genaues Bild vom Vermögensstatus der abzuwickelnden Gesellschaft. Bevor er die eigentliche Abwicklungstätigkeit beginnt, hat er eine möglicherweise bestehende Überschuldung, Verhältnis von Aktiva zu Fremdkapital ohne Beachtung des vorhandenen Eigenkapitals, zu prüfen. Stellt sich die Überschuldung der LPG heraus, ist der Liquidator verpflichtet, auch während der Liquidation Antrag auf Eröffnung des Insolvenzverfahrens zu stellen. Die meisten landwirtschaftlichen Produktionsgenossenschaften der ehemaligen DDR waren und sind mit erheblichen Verbindlichkeiten aus Zeiten der sozialistischen Planwirtschaft, sog. Altschulden, belastet[925]. Für diese Verbindlichkeiten ergibt sich die Frage, in welcher Höhe sie heute noch bestehen, d. h. insbesondere ob die Übernahme eines Teiles dieser Altschulden durch die Treuhandanstalt auch im Fall der gescheiterten Umwandlung wirksam ist oder möglicherweise mit einer Rückforderung der

---

[924] BGH vom 27.11.1974 BGH WM 1975 / 6.

[925] Entsprechend Art. 9 III der Verfassung der DDR oblag dem Staat die Leitung und Planung der Volkswirtschaft, was beispielsweise durch die Abgabenordnung für Betriebe vom 10.5.1985 GBl. der DDR Sonderdruck 1111/6 zum Ausdruck kam, wonach die erwirtschafteten Gewinne abzuführen waren. Zugleich bestimmte die KreditVO vom 28.2.1982 GBl. der DDR I S. 126, daß die betriebsnotwendigen Mittel durch Aufnahme staatlicher Kredite durch die Betriebe erlangt wurden.

seitens der Treuhand gezahlten Beträge gegenüber der LPG i.L. gerechnet werden muß. Für die so festgestellten Schulden stellt sich weiterhin die Frage, ob möglicherweise eine wirksame Rangrücktrittsvereinbarung der LPG i.L. mit der Deutschen Genossenschaftsbank besteht, demzufolge die Verbindlichkeiten im Vermögensstatus nicht zu passivieren sind.
Von einigen Ausnahmen abgesehen wurden mit der Währungsumstellung 1990 sämtliche Verbindlichkeiten im Verhältnis 2:1 umgestellt[926]. Demgegenüber erfuhren die vorhandenen Sachwerte eine Neubewertung in der DM-Eröffnungsbilanz, die sich an den Verkehrswerten des westdeutschen Marktes orientierten. Ihre Abwertung war somit im Verhältnis zur Abwertung der Verbindlichkeiten erheblich höher, was zu einem wertmäßigen Auseinanderfallen von Verbindlichkeiten und dagegenstehendem Sachvermögen führte[927]. Diese Diskrepanz wurde für die volkseigenen Betriebe in § 24 ff DMarkBilG durch Ausgleichsforderungen der Unternehmen gegenüber der Treuhandanstalt gelöst. Im landwirtschaftlichen Bereich wurde eine solche generelle Übernahme von Defiziten nicht angeordnet. Da jedoch wegen der einschneidenden Umwälzungen auf dem Lande auch hier ein Bedürfnis bestand, die Sanierung der Unternehmen von staatlicher Seite zu unterstützen, fand sich die Treuhandanstalt bereit, auch den landwirtschaftlichen Betrieben Sanierungsbeihilfen zu gewähren. In der Praxis geschah diese Beihilfe zum einen durch eine befreiende Schuldübernahme seitens der Treuhand für einen Teil der Verbindlichkeiten[928]; zum anderen durch die im Zusammenhang damit stehende Vereinbarung eines Rangrücktrittes (sog. Besserungsschein) zwischen Bank und Unternehmen bezogen auf die nicht ausgebuchten Forderungen der LPG. Auf der Grundlage des Art. 25 III 3, 4 des Einigungsvertrages und des in dessen Anhang aufgenommenen Gesetzes über die Eröffnungsbilanz in Deutscher Mark und die Kapitalneufestsetzung (DMarkBilG) gab es nach der Wiedervereinigung grundsätzlich diese Möglichkeiten, die Belastung der landwirtschaftlichen Unternehmen durch die Altschulden, d. h., jene vor dem 1. Juli 1990 entstandene Verbindlichkeiten, zu mildern. Die Durchführung der Sanierungsmaßnahmen war in einer nicht publizierten Arbeitsanweisung des Bundesministeriums der Finanzen näher geregelt. Die Voraussetzung der Schuldübernahme war danach gegeben, wenn der vorgelegte Sanierungs- und Entwicklungsplan des Unternehmens erwarten ließ, daß das Unternehmen binnen 3 Jahren wettbewerbsfähig sein würde. Die bilanzielle Entlastung durch den Abschluß einer Rangrücktrittsvereinbarung nach § 16 III DMarkBilG konnte nur erfolgen, wenn das Unternehmen zum 1.Juli 1990 andernfalls überschuldet oder der Fortbestand sonst gefährdet wäre und ein Sanierung- und Entwicklungsplan vorgelegt wurde. Weitere Voraussetzung beider

[926] Zur Verfassungsmäßigkeit der Überleitung dieser Verbindlichkeiten BVerfG vom 8.4.1997 ZIP 1997 / 694, 705; sowie BGH vom 26.10.1993 NL-BzAR 94 / 12 ff..
[927] Behr/Hellwig AgrarR 1992 / 149.
[928] Nach Art,. 25 III 3 des Einigungsvertrages.

Maßnahmen war die Verpflichtung, sich durch die Veräußerung nicht betriebsnotwendigen Vermögens teilweise selbst zu entlasten.
Ausgeschlossen von der Entschuldung waren daher alle nicht sanierungsfähigen LPGen. Der gesetzlichen Regelung lag ein Transformationskonzept für die Überführung der sozialistischen Planwirtschaft in marktwirtschaftliche Verhältnisse zugrunde, daß nicht auf Kompensation von Folgen des früheren Systems gerichtet war. Zur Verwirklichung konnte der Gesetzgeber davon absehen, die begrenzten öffentlichen Mittel auf alle mit Altschulden belasteten LPGen zu verteilen, sondern durfte sie vielmehr auf die als überlebensfähig beurteilten konzentrieren[929]. Lagen die Voraussetzung der Entschuldung nicht vor, ist die dem Unternehmen gewährte Entschuldung unwirksam und die Treuhandanstalt kann die von ihr gezahlten Beträge vom Unternehmen zurückverlangen. Im Fall der gescheiterten Umwandlung ist die Sanierung der Genossenschaft fehlgeschlagen. Eine Fortführung der LPG findet nicht statt, sondern diese wurde zum 1.1.1992 aufgelöst. Den in den Jahren 1992 und 1993 diesen Unternehmen erteilten Entschuldungsbescheiden fehlte daher eine entscheidende Voraussetzung. Trotz dieser rechtlichen Beurteilung ist in der Praxis jedoch kein Fall bekannt, in dem bisher gezahlte Beträge seitens der Treuhandanstalt zurückgefordert worden sind.
Bedeutsamer für den insolvenzrechtlichen Status der LPG i.L. ist die rechtliche Einordnung des Teiles der Altschulden, die nicht Gegenstand der Entschuldung waren, da es sich hierbei um den Hauptteil der Verbindlichkeiten handelt. Anders als im Fall der Entschuldung setzt ein Rangrücktritt der Genossenschaftsbank, als Gläubigerin der Altverbindlichkeiten, eine vertragliche Vereinbarung zwischen der Deutschen Genossenschaftsbank und der LPG i.L. voraus. Geschlossen wurden die Rangrücktrittsvereinbarungen 1992/93. Zu diesem Zeitpunkt gingen die Beteiligten noch von einer wirksamen Rechtsnachfolge zwischen der LPG und dem neugegründeten Unternehmen aus, so daß Vertragspartner der Vereinbarung die vermeintliche Nachfolgegesellschaft war. Da diese Annahme sich nachträglich als falsch herausgestellt hat und die vertragsschließende Gesellschaft überhaupt nicht Schuldnerin der Verbindlichkeiten war, ist die mit ihr getroffene Vereinbarung gegenstandslos. Mit der LPG i.L. existiert demgegenüber keine Rangrücktrittsvereinbarung. Als Schuldnerin der somit uneingeschränkt fortbestehenden Altverbindlichkeiten hat sie diese bei Erstellung ihres Überschuldungsstatus in voller Höhe zu passivieren. Ergibt sich danach eine bilanzielle Überschuldung der LPG i.L., ist der Liquidator verpflichtet, Insolvenzantrag zu stellen.
Theoretisch bestünde die Möglichkeit auch zum heutigen Zeitpunkt, eine derartige Rangrücktrittsvereinbarung abzuschließen. Es widerspricht jedoch dem Zweck einer solchen Vereinbarung, durch die Vermeidung einer Überschuldung

---

929 BVerfG vom 8.4.1997 NL-BzAR 1997 / 138, 149.

bzw. deren Überwindung die Fortführung der Gesellschaft sicherzustellen und somit eine Möglichkeit zur Sanierung zu eröffnen, wenn die betroffene LPG zwangsweise liquidiert werden muß und eine Möglichkeit zur Fortsetzung bzw. Sanierung bereits aus rechtlichen Gründen ausscheidet. Während der Abwicklung der LPG besteht für die Gläubigerbank daher kein Anlaß mit ihren Forderungen hinter die übrigen Gläubiger zurückzutreten. Etwas anderes könnte sich lediglich für den Fall ergeben, daß im Rahmen der Übertragung der Vermögenswerte auf die neue Gesellschaft diese sich auch zur Übernahme der Altschulden verpflichtet. In diesem Fall kann der ursprüngliche Zweck einer solchen Vereinbarung eine Sanierungshilfe für das Unternehmen zu sein, wieder erreicht werden, da dann die LPG zwar nicht im rechtlichen Sinne fortgeführt wird, wirtschaftlich betrachtet jedoch durch die schuldrechtliche Übernahme der Aktiva und Passiva ein adäquates Ergebnis herbeigeführt wird. Aus diesem Grund hat der beschriebene Fall auch Beachtung in der Arbeitsanweisung des Bundesministeriums der Finanzen vom 15. Juni 1993 gefunden. Dem Fall der Neugliederung der LPG soll danach gleichgestellt sein, wenn und soweit im Fall der Liquidation auskehrbare Beträge nach § 44 LwAnpG zur unmittelbaren Eigenkapitalbildung von neugegründeten landwirtschaftlichen Unternehmen verwendet werden und diese die entsprechenden Verpflichtungen übernehmen und den sonstigen Auflagen einer Rangrücktrittsvereinbarung nach der Arbeitsanweisung unterwerfen. Praktisch würde im Ergebnis die mit der neuen Gesellschaft bereits abgeschlossene Vereinbarung nachträglich wirksam, wenn diese die Übernahme der Altschulden, bzw. des Teiles der Altschulden, die dem Wert der Aktiva des Unternehmens entsprechen, erklärt.

Kapitel 7: Rechtliche Fragen zum neuen Rechtsträger

Die gerichtliche Feststellung der Unwirksamkeit der eingetragenen Umwandlung stellt auch den im Zuge der fehlgeschlagenen Umwandlung wirksam neu entstandenen Rechtsträger vor eine Reihe von Fragen. Im Vordergrund steht dabei vor allem die Sorge um die wirtschaftliche Zukunft. Mit Aufdeckung der fehlgeschlagenen Umwandlung wird der Gesellschaft ihre vermeintliche vermögensmäßige Grundlage entzogen. Gläubiger der Gesellschaft, insbesondere Banken, werden in dieser Situation um die Rückzahlung ihrer Darlehen fürchten.

Neben der plötzlich unsicheren Liquidität des Unternehmens stellen sich auch viele rechtliche Fragen. So muß geprüft werden, ob Verfügungen über Vermögensgegentände wirksam wurden und welche Auswirkungen Zahlungen auf Verbindlichkeiten der LPG oder die sonstige Neugestaltung von Rechtsverhältnissen der LPG seitens der neuen Gesellschaft haben. Hiermit im Zusammenhang steht auch die Frage, wer aus den zwischenzeitlich geschlossenen Verträgen verpflichtet ist. Im Innenverhältnis der Gesellschaft muß darüber hinaus untersucht werden, in welcher Höhe Einlageforderungen gegen die Gesellschafter bestehen.

I. Innergesellschaftliche Rechtsfragen

Zunächst sollen dabei jene Fragen erörtert werden, die sich für die Mitglieder der Gesellschaft und ihre Stellung zur Gesellschaft ergeben. Welche Ansprüche die Gesellschaft gegenüber ihren Mitglieder hat, wie diese erbracht werden können und welche Haftungsrisiken über die vereinbarte Einlage hinaus für die Gesellschafter oder auch bereits ausgeschiedenen Gesellschafter bestehen.

A. Die Einlageverpflichtungen der Mitglieder des neuen Rechtsträgers

An anderer Stelle wurde bereits herausgearbeitet, daß der Formwechsel nicht bloße Änderung der Satzung des Ausgangsrechtsträgers, sondern eine rechtstechnisch vereinfachte Form der liquidationslosen Auflösung mit gleichzeitiger Neugründung und Vermögensübertragung ist[930]. Beinhaltet der Umwandlungsvorgang beim Formwechsel danach neben Auflösung und Vermögensübertragung zugleich eine modifizierte Neugründung, bedeutet dies für den fehlgeschlagenen Umwandlungsvorgang, daß er mit Eintragung zum wirksamen Entstehen der Gesellschaft führte. Anwendbar sind daher in vollem Umfang die je-

[930] Hierzu ausführlich im Kapitel 3. I. A.

weiligen Gründungsvorschriften der einzelnen Rechtsformen[931]. Aufgrund des unwirksamen Vermögensüberganges ist die Gründung gleichsam stecken geblieben, so daß das Scheitern der Umwandlung im Hinblick auf die Gesellschafter der neu entstandenen Gesellschaft vor allem bedeutet, daß diese ihre im Gesellschaftsvertrag der neuen Gesellschaft übernommenen Einlageverpflichtungen nicht wirksam durch die Umwandlung ihrer Anteile an der LPG erbracht haben. Vielmehr stehen ihnen diese Anteile immer noch als Anteile der nunmehr in Liquidation befindlichen LPG zu. Die neu gezeichneten Beteiligungen sind demgegenüber bei Eintragung der Gesellschaft nicht erbracht worden[932].
Wer für diese Einlageverpflichtungen letztlich aufkommen muß und in welchem Umfang Ansprüche bestehen, ist daher für die betroffenen Gesellschafter und Unternehmen eine zentrale Frage.
Generell muß bei der Aufarbeitung der Einlagenhaftung zwischen zwei Grundmodellen unterschieden werden. In den meisten aller beschlossenen Umwandlungen wurden die Mitglieder der LPG entsprechend den Festlegungen im Umwandlungsbeschluß direkt an der entstehenden Gesellschaft beteiligt[933]. Daneben gab es jedoch auch Fälle, die eine Beteiligung der Mitglieder an der neuen Gesellschaft über einen Treuhänder vorsahen, der an ihrer Stelle die Anteile zeichnete. Welche Besonderheiten sich im letzteren Fall ergeben, soll im Anschluß an die Darstellung der regelmäßig gegebenen Haftungssituation erörtert werden.

1. Art der Einlage

Zunächst muß generell festgestellt werden, welche Einlageverpflichtung die Gesellschafter des neu errichteten Rechtsträgers gezeichnet haben, da die Gründung der Gesellschaft im Rahmen einer Umwandlung gewollt war, bei der es naturgemäß an der Erbringung von Einlagen durch die Gesellschafter fehlt und daher die Vorschriften, welche sich auf Einbringungsvorgang und -akt beziehen auch nicht anzuwenden sind[934]. Die Satzungen der Gesellschaften sehen regelmäßig zwar die quotale Beteiligung der Mitglieder am Grundkapital (bei AG oder GmbH) bzw. die Anteile der Mitglieder entsprechend der Beteiligung am

[931] Eine Anwendung der Gründungsvorschriften nur in entsprechender Anwendung, wie in § 29 LwAnpG im Fall des Formwechsels vorgesehen, ist bei fehlschlagen der Umwandlung aus Gründen des Kapital- und Gläubigerschutzes nicht gerechtfertigt, da die Gesellschaft hier unabhängig von der LPG durch, wenn auch fehlerhafte, Neugründung entsteht
[932] BGH vom 8.5.1998 NZG 1998 / 644, 645; schon BGH vom 7.11.1997 BGHZ 137 / 134 ff; Thüringer OLG vom 4.9.1996 AgrarR 1997 / 287; s.a. Wenzel AgrarR 1998 / 139, 142, 143.
[933] Häufig fand sich auch eine Bestimmung im Beschluß, wonach jene Mitglieder, die ihre Beteiligung fortsetzen wollten, ihren Betritt erklären mußten. Siehe hierzu Kapitel 2. I. B. 1.
[934] Hierzu Decher, in Lutter (Hrsg.), Umwandlungsgesetz, § 197 / 36; Meister/Klöcker, in Kallmeyer, Umwandlungsgesetz, § 197 / 24, 25.

Vermögen der LPG durch Umwandlung der LPG-Anteile vor, ohne jedoch die Aufbringung des diesen Beteiligungen entsprechenden Vermögens zu regeln[935]. Entsprechend der umwandlungsrechtlichen Regelungen in § 29 II, § 34 I Nr. 1 und 2 Landwirtschaftsanpassungsgesetz sollte das diesen Beteiligungen entsprechende Vermögen durch den Übergang des Gesellschaftsvermögens, d.h. des landwirtschaftlichen Unternehmens der LPG gedeckt werden. Weil die den Mitgliedern zugeteilten Beteiligungen am neuen Rechtsträger sich aus deren Anteil am Vermögen der LPG ergeben, handelt es sich bei der vereinfachten Gründung im Rahmen des Formwechsels um eine modifizierte Sachgründung[936], die bei Unwirksamkeit der Umwandlung zu einer stecken gebliebenen Sachgründung wird, da die von den Gesellschaftern geschuldete Sacheinlage, das Unternehmen der LPG, nicht rechtswirksam eingebracht wurde[937]. Ein Inhaberwechsel von der LPG auf den neuen Rechtsträger im Zuge der Umwandlung scheiterte.
Die Erbringung dieser Sacheinlage durch die Mitglieder war zu keinem Zeitpunkt möglich, da Inhaber des Vermögens allein die LPG war und ist. Obwohl die Gesellschafter an ihrem Unvermögen zur Leistung des Unternehmens kein Verschulden trifft, befreit sie dieser Umstand nicht von der Leistungspflicht, die sich in diesem Fall unabhängig vom Willen des Gesellschafters in eine Bardec??kungspflicht umwandelt[938].
Als Rechtsgrundlage dieser Haftung bei Kapitalgesellschaften (GmbH und AG) ist § 9 GmbHG, der insoweit einen allgemeinen Grundsatz der Kapitalaufbringung bei Kapitalgesellschaften normiert[939], denkbar. Hiergegen spricht jedoch, daß diese Norm von einer zumindest teilweise erbrachten Sacheinlage ausgeht und lediglich eine sogenannte Differenzhaftung des Gesellschafters festschreibt. Gegen eine Anwendbarkeit der Norm im Fall einer vollständig nicht erbrachten Einlage spricht vor allem auch die kurze Verjährungsfrist für diesen Anspruch, die auf dem Gedanken beruht, daß die Wertfeststellung der eingebrachten Sache

---

935 Anders ist dies nur in einigen Fällen unwirksamer Umwandlungen, in denen die Neustrukturierung der LPG im Wege einer übertragenden Umwandlung beschlossen wurde, da dann der Übertragung eine gewöhnliche Neugründung durch die Mitglieder vorausgeht.
936 Dem steht nicht der Grundsatz der Bareinzahlung auf Geschäftsanteile (§ 7 GenG) bei eingetragenen Genossenschaften entgegen, da die Deckung der Einzahlungen durch Übernahme des Unternehmens im Rahmen einer Umwandlung geschehen sollte. Hierzu RG vom 23.2.1907 RGZ 65 / 223, 225.
937 Zu dieser Ausgangslage s.a. BGH vom 8.5.1998 (BLw 39 und 18 / 97) NZG 1998 / 643, 644 und 644, 645, Thüringer OLG vom 4.9.1996 AgrarR 1997 / 287; Wenzel AgrarR 1998 / 139, 142.
938 Zum Verschulden noch a.A. RG vom 25.1.1939 RGZ 159 / 321, 335 f = DR 1939 / 431mit Anm. Boesbeck ; anders jetzt BGH vom 14.3.1977 BGHZ 68 / 191, 196; s.a. Lutter, Kapital, Seite 281, Schmidt GmbHR 1978 / 5, 8 m.w.N..
939 Für die Aktiengesellschaft spricht der Bundesgerichtshof von einer „dem § 9 GmbHG entsprechenden Differenzhaftung", BGH vom 13.4.1992 BGHZ 118 / 83, 101; s.a. Hüffer, Aktiengesetz, § 27 / 28.

mit Zeitablauf erschwert wird und nach 5 Jahren Klarheit besteht, ob sich die Überbewertung zum Nachteil der Gläubiger ausgewirkt hat[940]. Eine Anwendung dieser Nachhaftungsregelung auf Fälle, in denen die Leistung der Einlage dem Gesellschafter unmöglich ist, würde dazu führen, daß zum Nachteil der Gläubiger die Gesellschaft nach Ablauf von nur fünf Jahren ihren Anspruch auf die versprochene Einlage gänzlich verliert. Die Vorschrift des § 9 GmbHG ist daher nicht anwendbar.

Kapitalgesellschaftsrechtliche Sonderregelungen für den Fall von Wirksamkeitsmängel oder Leistungsstörungen bestehen im Aktienrecht lediglich für den Fall der Unwirksamkeit einer Sacheinlagevereinbarung nach § 27 III AktG. Im Recht der GmbH existiert keine derartige Norm. Zur Lösung des Problems der Unmöglichkeit der Erbringung einer vereinbarten Sacheinlage muß daher auf allgemeine zivilrechtliche Regelungen zurückgegriffen werden. Gemäß der bis zum 1.1.2002 geltenden Fassung des Bürgerlichen Gesetzbuches war im Fall, daß die Erbringung der vereinbarten Sacheinlage ursprünglich unmöglich war, die entsprechende Sacheinlagevereinbarung im Gesellschaftsvertrag nach § 306 BGB nichtig[941]. Trotz der zwischenzeitlichen Rechtsänderung[942], wonach nunmehr nach § 311 a BGB n.F. auch der auf eine unmögliche Leistung gerichtete Vertrag wirksam ist und der Schuldner an Stelle der unmöglichen Leistung Schadensersatz zu zahlen hat, was für das Ergebnis der hier behandelten Rechtsfrage ohne Auswirkungen ist, wird die Sacheinlagevereinbarung gemäß Art. 229 § 5 EGBGB an der bis zum 31.12.2001 geltenden Gesetzeslage gemessen. Die Vereinbarung der Sacheinlage ist damit entsprechend § 306 BGB a.F. von Anfang an unwirksam gewesen. Diese zivilrechtlichen Rechtsfolgen werden dabei durch den Grundsatz der realen Kapitalaufbringung überlagert. Infolgedessen besteht in dieser Höhe eine anfängliche Bareinlageverpflichtung des Gesellschafters[943].

Für die eingetragene Genossenschaft ergibt sich die Verpflichtung zur Einzahlung auf den oder die gezeichneten Geschäftsanteile aus § 7 I GenG. Danach müssen Leistungen auf den Geschäftsanteil stets Barzahlungen sein[944].

---

[940] BegrRegE BT-Drucks. 8 / 1347 Seite 35.

[941] Lutter/Hommelhoff, GmbH-Gesetz, § 5 / 26; Scholz, GmbH-Gesetz, § 5 / 63; Baumbach/Hueck, GmbH-Gesetz, § 5 / 38; : Hüffer, Aktiengesetz, § 27 / 18; Pentz, in Münchener Komm. zum AktG, § 27 / 50 ff..

[942] Gesetz zur Modernisierung des Schuldrechtes vom 26.11.2000 BGBl. I 3138 ff..

[943] So auch BGH vom 2.5.1966 BGHZ 45 / 338, 345; Einzelheiten strittig: Hüffer, Aktiengesetz, § 27 / 18; Pentz, in Münchener Komm. zum AktG, § 27 / 50 ff.; Ulmer, in Hachenburg GmbHG § 5 / 80 ff.; Lutter/Hommelhoff, GmbH-Gesetz, § 5 / 26; Scholz, GmbH-Gesetz, § 5 / 63; Baumbach/Hueck, GmbH-Gesetz, § 5 / 38.

[944] Metz, in Metz/Schaffland, Genossenschaftsgesetz, § 7; Hettrich/ Pöhlmann, Genossenschaftsgesetz, § 7 / 10; Schaffland, in Lang/Weidmüller/Metz/Schaffland, Genossenschaftsgesetz, § 7 / 7.

In der Rechtsform der Kommanditgesellschaft muß zwischen der Einlageverpflichtung gegenüber der Gesellschaft und der vereinbarten Hafteinlage des Kommanditisten unterschieden werden[945]. Der Kommanditist haftet zunächst für die Einbringung der von ihm übernommenen Einlage gegenüber der Gesellschaft. Insoweit gilt der Grundsatz der Bardeckungspflicht nicht[946]. Ist ihm die Beitragsleistung unmöglich, ist eine Pflicht zur Leistung als Bareinlage im Unterschied zum Kapitalgesellschaftsrecht nur anzunehmen, wenn dies dem Willen der Beteiligten bei Vertragsabschluß entspricht[947].
Soweit allerdings die Sacheinlage enthaftende Wirkung haben soll, wobei in den hier behandelten Fällen die Haftsumme des Kommanditisten in gleicher Höhe wie die der Wert der zu erbringenden Sacheinlage besteht, kommt es auch bei der Kommanditgesellschaft auf die Vollwertigkeit der eingebrachten Leistung an. Auch bei der Kommanditgesellschaft als Personenhandelsgesellschaft gilt insoweit der Grundsatz der Kapitalaufbringung, so daß die objektive Wertdec??kung der erbrachten Hafteinlage Voraussetzung der Haftungsbefreiung im Außenverhältnis ist[948]. Um sich von der Haftung im Außenverhältnis zu befreien, muß der Kommanditist der Gesellschaft einen Vermögenswert zuwenden, dessen objektiver Wert der vereinbarten und im Handelsregister eingetragenen Hafteinlage entspricht.

2. Höhe der Einlagenforderung

Im umwandlungsrechtlichen Grundfall entspricht dabei die Summe des Grund- bzw. Stammkapitales, die Summe aller Geschäftsanteile bei der e.G., die Summe aller Kommanditbeteiligungen bei der GmbH & Co. KG dem Wert des von der LPG übernommenen Vermögens, dessen Höhe sich aus der Umwandlungsbilanz ergibt. Unter dieser Voraussetzung ergibt sich der Wert der geschuldeten Sacheinlage direkt aus der Satzung, gegebenenfalls unter Zuhilfenahme der Umwandlungsunterlagen[949]. Erfolgt die Umwandlung in eine Kapitalgesellschaft geht der Gesetzgeber in § 30 LwAnpG davon aus, daß im Regelfall das

---

[945] Zur Unterscheidung ausführlich von Falkenhausen in Münchener Handbuch des Gesellschaftsrechts Bd. II § 15 / 1 ff..
[946] Schmidt, Gesellschaftsrecht, § 20 III 4 b.
[947] Hierzu Baumbach/Hopt, HGB, § 105 / 47 f.; Schmidt, in Schlegelberger, HGB, § 105 / 159.
[948] Von Falkenhausen, in Münchener Handbuch des Gesellschaftsrechts Bd. II § 15 / 8; Baumbach/Hopt, Handelsgesetzbuch, § 171 / 6.
[949] Obwohl die Festsetzung der exakten Beteiligungssumme in der Satzung (GmbHG § 3 I, AktG § 23, GenG § 7, HGB § 161) zur Wirksamkeit erforderlich ist, haben die Erhebungen der Registerakten in Thüringen im Rahmen des DFG – Forschungsprojektes gezeigt, daß die Gesellschaften häufig die Neuverteilung der Beteiligungen nur im Umwandlungsbeschluß bzw. –bericht dargelegt haben.

Grundkapital der AG oder GmbH geringer ist als der Wert des Unternehmens und bestimmt für diesen Fall die quotenmäßig gleiche Beteiligung der Mitglieder. Der Wert der zu erbringenden Sacheinlage entspricht dann nicht dem Nennbetrag der erhaltenen Aktien bzw. der als Haftsumme ausgewiesenen Beteiligung an der GmbH, sondern entspricht dem wertmäßigen quotalen Anteil am Vermögenswert des als Sacheinlage geschuldeten landwirtschaftlichen Unternehmens der LPG.

Für die sich in diesem Fall ergebende Verpflichtung zur Leistung der gescheiterten Sacheinlage als Bareinlage bedeutet dies indes nicht, daß die Barzahlung in Höhe des Wertes der versprochenen Sacheinlage zu erfolgen hat. Vielmehr bestimmt sich die Summe der einzuzahlenden Bareinlage entsprechend der Höhe der übernommenen Stammeinlage an der GmbH bzw. nach dem Ausgabebetrag der übernommenen Aktien, der hier dem Nennbetrag ohne Aufgeld (§ 9 AktG) entspricht. Im Fall der KG ist eine Hafteinlage in Höhe der im Handelregister eingetragenen Einlage des Kommanditisten nach § 171 HGB zu erbringen.

Gegenüber der im Fall der AG, GmbH der KG klar zu bestimmenden Haftsumme der Gesellschafter ist die Haftung der Genossen einer eingetragenen Genossenschaft nach § 7 Nr. 1 GenG zweifelhaft. Die Satzungen der neu entstandenen Genossenschaften sehen danach zwar die Höhe der Geschäftsanteile vor, da jedoch die Gründung im Rahmen der Umwandlung der LPG erfolgen sollte, sind regelmäßig keine Bestimmungen über die Einzahlungspflicht auf die Geschäftsanteile getroffen. Nach § 7 Nr. 1 GenG muß das Statut einer eingetragenen Genossenschaft jedoch im Interesse eines Mindestförderkapitals für die Genossenschaft für alle Geschäftsanteile die in § 7 Nr. 1 Fall 2 GenG bestimmte Pflichteinzahlungsquote festlegen. Die gesetzliche Mindestforderung zur Einzahlung beträgt 1/10 des Geschäftsanteiles[950]. Über die Differenz von 90 % zum gesamten Geschäftsanteil muß die Satzung keine Regelung enthalten. Insoweit besteht dann keine Einzahlungspflicht[951]. Da im Fall der gescheiterten Umwandlung jegliche Festsetzung fehlt, ist fraglich, ob neben der zwingenden Einzahlungsverpflichtung von 10 % auf jeden Geschäftsanteil, weitere Zahlungsverpflichtungen der Genossen bestehen. Eine Verpflichtung zur Volleinzahlung der Anteile besteht nach der Satzung nicht. Die Mitglieder gingen bei Gründung der Genossenschaft grundsätzlich von keinen Zahlungsverpflichtungen aus, sondern wollten die Geschäftsanteile in vollem Umfang durch Umwandlung der LPG-Anteile bilden. Dies bedeutet, die Geschäftsanteile sollten nach Vorstellung der Gründer durch die Umwandlung voll eingezahlt sein. Ob hieraus jedoch auf den Willen zu einer über den Pflichtbetrag hinausgehenden Zahlungspflicht

---

[950] Beuthien, Genossenschaftsgesetz, § 7 / 6; Metz, in Metz/Schaffland, Genossenschaftsgesetz, § 7; Hettrich/Pöhlmann, Genossenschaftsgesetz, § 7 / 1.

[951] Schaffland, in Lang/Weidmüller/Metz/Schaffland, Genossenschaftsgesetz, § 7 / 24; Beuthien, Genossenschaftsgesetz, § 7 / 6; Hettrich/Pöhlmann, Genossenschaftsgesetz, § 7 / 1.

im Fall des Scheiterns der Umwandlung ausgegangen werden kann, ist fraglich. Vielmehr erfolgte die Volleinzahlung gerade unter der Voraussetzung der Anteilsumwandlung, eine Barzahlungspflicht entsprach nicht dem Willen der Genossen. Auch durch Auslegung des genossenschaftlichen Statutes läßt sich daher eine über die Pflichtzahlung hinausgehende Haftung nicht begründen.
Fraglich ist, ob durch Beschluß nach § 50 GenG weitere Zahlungspflichten der Genossen begründet werden können. Danach kann die Generalversammlung weitere Einzahlungen auf die Geschäftsanteile beschließen. Voraussetzung ist jedoch, daß die Satzung eine solche Zahlungspflicht dem Grunde nach enthält[952]. Dies muß ebenso wie eine Auslegung des Statutes zu weiteren Zahlungsverpflichtungen abgelehnt werden. Letztlich besteht daher für die Genossen der neu entstandenen Genossenschaft eine Zahlungspflicht nur in Höhe von 10 Prozent pro Geschäftsanteil.

3. Haftung für die Einlageverpflichtung

Soweit nach diesen Ausführungen eine Haftung der Gesellschafter auf Leistung der gezeichneten Einlage besteht, sind an dieser Stellen noch die Modalitäten der Leistung, die Nachhaftung ausgeschiedener Mitglieder und die Folgen des Ausfalles eines Gesellschafters zu erörtern.
Inhaber des Zahlungsanspruches ist grundsätzlich die Gesellschaft[953]. Eine Ausnahme hiervon bildet die Haftung des Kommanditisten. Neben der an die Kommanditgesellschaft zu leistenden Einlage besteht für den Kommanditisten eine direkte Außenhaftung in Höhe der eingetragenen Haftsumme nach § 171 I HGB[954]. Soweit Leistungen auf die Hafteinlage an die Gesellschaft oder Gläubiger erbracht werden, verringert sich die ausstehende Hafteinlage. Erfolgt die Leistung an einen Gläubiger der Kommanditgesellschaft, entfällt die Haftung gegenüber der Gesellschaft erst mit Aufrechnung des Regreßanspruches nach § 110 HGB gegen die Einlageforderung der Gesellschaft[955].
Schuldner der Einlage ist zunächst der augenblickliche Gesellschafter (§ 19 I GmbHG), Aktionär (§ 54 I AktG), Kommanditist (§ 171 I HGB) oder Genosse (§ 7 GenG).

---

[952] Schaffland, in Lang/Weidmüller/Metz/Schaffland, Genossenschaftsgesetz, § 50 / 2.
[953] Siehe § 9 II GmbHG, der vom Anspruch der Gesellschaft spricht; Hüffer, Aktiengesetz, § 54 / 3.
[954] Insoweit irreführend die Terminologie des Gesetzes, daß in § 171 I HGB von Einlage spricht, jedoch die nach Eintragung begrenzte Haftung des Kommanditisten gegenüber den Gläubigern meint.
[955] Von Falkenhausen, in Münchener Handbuch des Gesellschaftsrechts Bd. II § 15 / 13; Baumbach/Hopt, Handelsgesetzbuch, § 171 / 8.

Daneben haftet der ausgeschiedene GmbH-Gesellschafter neben dem Erwerber des Anteiles gesamtschuldnerisch für alle vor Anmeldung der Anteilsübertragung bei der Gesellschaft (§ 16 III GmbHG) fälligen Leistungen; hier insbesondere für bereits fällige rückständige Einlagepflichten[956].
Im Recht der Aktiengesellschaft ist die Einlagepflicht als nicht isolierbarer Teil der Mitgliedschaft ausgestaltet, so daß hier mit Übertragung der Aktie die Leistungspflicht des früheren Inhabers endet. Im Unterschied zum Recht der GmbH ist eine Nachhaftung des Veräußerers grundsätzlich nicht vorgesehen, da der Erwerber nach § 10 II AktG, wonach nicht voll eingezahlte Aktien auf Namen lauten müssen, in Normalfall vor unvorhergesehenen Haftungsfolgen geschützt ist. Problematisch ist die Haftung des Erwerbers jedoch, wenn unter Verstoß gegen § 10 II AktG Inhaberaktien ausgegeben werden bzw. in Namensaktien der Betrag der Teilleistungen nicht vermerkt ist. Nach herrschender Meinung haftet in diesen Fällen der bisherige Aktionär fort und der gutgläubige Erwerber ist nicht zur Leistung der ausstehenden Einlage verpflichtet[957].
Im Genossenschaftsrecht ist die Übertragung des Geschäftsanteiles eines Genossen grundsätzlich nicht möglich. Nach der Regelung in § 76 GenG kann ausschließlich das Geschäftsguthaben übertragen werden. Dieses setzt sich zusammen aus dem Betrag, den der Genosse auf den jeweiligen Geschäftsanteil tatsächlich eingezahlt hat und den Gutschriften auf den Anteil aus Gewinnanteilen[958]. Im Unterschied zu sonstigen Rechtsformen ist die Übertragung des Geschäftsguthabens nicht mit einer Übertragung der Mitgliedschaft gleichzusetzen. Der Übernehmer des Guthabens tritt vielmehr der Genossenschaft bei und zeichnet in Höhe des übernommenen Geschäftsguthabens neue Genossenschaftsanteile[959]. Der Veräußerer hingegen tritt ohne weitere Auseinandersetzung aus der Genossenschaft aus. Mit seinem Austritt erlöschen seine Geschäftsanteile, seine Einzahlungspflicht endet[960].

---

956 Hueck/Fastricht, in Baumbach/Hueck, GmbH-Gesetz, § 16 / 12, auch § 15 / 27; Zur Frage der Fälligkeit siehe im Folgenden.

957 RG vom 13.3.1934 RGZ 144 / 138, 145; Herfermehl/Bungeroth, in Geßler/Hefermehl, Aktiengesetz, § 54 / 12 ff; Lutter, in Kölner Komm. zum Aktiengesetz, § 54 / 7 ff; Hüffer, Aktiengesetz, § 54 / 4 und § 63 / 4.

958 Der Geschäftsanteil an der eingetragenen Genossenschaft ist nicht Inbegriff aller mitgliedschaftlichen Rechte und Pflichten, sondern lediglich Höchsbetrag, bis zu dem sich der Genossen mit Einlagen beteiligen kann; also bloße Rechengröße. Beuthien, Genossenschaftsgesetz, § 7 / 1; Hettrich/Pöhlmann, Genossenschaftsgesetz, § 7 / 1; Schaffland, in Land/Weidmüller, Genossenschaftsgesetz, § 76 / 3.

959 Der Betrag des übernommenen Guthabens gilt insoweit als Einzahlung auf die eigenen Geschäftsanteile des Übernehmers. Beuthien, Genossenschaftsgesetz, § 76 / 6; Hettrich/Pöhlmann, Genossenschaftsgesetz, § 76 / 5.

960 Hettrich/Pöhlmann, Genossenschaftsgesetz, § 7 / 11; Beuthien, Genossenschaftsgesetz, § 76 / 6, Müller, Genossenschaftsgesetz, § 76 / 16; Schaffland, in Lang/Weidmüller/Metz/Schaffland, Genossenschaftsrecht, § 76 / 21; a. A. insoweit Beuthien,

Entsprechend den bisherigen Ausführungen haben die Genossen bislang jedoch keine Einzahlungen auf ihre Geschäftsanteile erbracht. Soweit daher nicht sonstige Zuschreibungen auf die Anteile erfolgt sind, ist kein übertragbares Geschäftsguthaben vorhanden, so daß eine Übertragung nach dem eindeutigen Wortlaut des § 76 GenG ausgeschlossen ist[961]. Ist dennoch das scheinbar vorhandene Guthaben unter Zustimmung der Genossenschaft „übertragen" worden, muß der scheinbare Erwerber die Einzahlung auf die von ihm mit Eintragung in die Mitgliederliste nach § 15 GenG wirksam gezeichneten Anteile leisten. Der beigetretene Genosse haftet aufgrund seiner gegenüber der Gesellschaft abgegebenen Beitrittserklärung[962]. (§ 15 a GenG, 7 Nr. 1 GenG)
Auch für die Beteiligung eines Kommanditisten ist die Möglichkeit der rechtsgeschäftlichen Übertragung anerkannt[963], soweit die Zustimmung der anderen Gesellschafter vorliegt. Diese kann und wird bei größeren Gesellschaften häufig bereits im Gesellschaftsvertrag erteilt[964]. Mit der wirksamen Übertragung des Kommanditanteiles tritt der Erwerber uneingeschränkt in die Rechtsstellung des früheren Gesellschafters ein. Hinsichtlich noch ausstehender Einlagen liegt gegenüber der Kommanditgesellschaft eine befreiende Schuldübernahme vor[965].

4. Erfüllung der Einlagepflicht

Generell kann die Einlageschuld des Gesellschafters einer Kapitalgesellschaft nicht erlassen werden, wie sich aus § 66 I AktG, § 19 II GmbHG ergibt.
Die Bareinlage ist entsprechend dem Grundsatz der realen Kapitalaufbringung im Kapitalgesellschaftsrecht in bar oder durch Gutschrift auf ein Konto der Gesellschaft zu erbringen. Direkte Zahlungen der Gesellschafter an Gläubiger, auch wenn sie im Einverständnis bzw. auf Anweisung der Geschäftsführung erfolgen, können nur befreiend wirken, soweit es sich nicht um den bereits vor Anmeldung der Gesellschaft zu entrichtenden Anteil der Einlage handelt (§ 36 II, 54 III AktG, § 7 II, 8 II GmbHG), da durch die Zahlung dieser Mindestbe-

---

Genossenschaftsgesetz, § 76 / 7 wonach der ausscheidende Genosse bzgl. der bereits vor dem Ausscheiden fälligen Einzahlung weiter haftet.

961 Schaffland, in Lang/Weidmüller/Metz/Schaffland, Genossenschaftsgesetz, § 76 / 5; Hettrich/Pöhlmann, Genossenschaftsgesetz, § 76 / 5; a.A. Paulick, Das Recht der eingetragenen Genossenschaft, Seite 156 wonach der Geschäftsanteil als solcher bereits die Grundlage für zukünftige Buchungen ist und daher auch bei einem negativen oder Null-Stand übertragen werden kann, auch Beuthien, Genossenschaftsgesetz, § 76 / 2.

962 Zu diesem Sonderfall Schaffland, in Lang/Weidmüller/Metz/Schaffland, Genossenschaftsgesetz, § 76 / 20, 21 mit Bezug auf die Situation vor Einführung des § 76 GenG 1993 bzw. bezogen auf den Fall eines nach § 19 GenG abgeschriebenen Guthabens.

963 Grundsätzlich bereits RG vom 30.9.1944 WM 1964 / 1130 ff..

964 BGH vom 28.4.1954 BGHZ 13 / 179, 185.

965 BGH vom 25.4.1966 NJW 1966 / 1307, 1309.

träge zur freien Verfügung der Gesellschaft eine Haftungsgrundlage geschaffen werden soll, die allen Gläubigern gleichermaßen zur Verfügung steht. Obwohl in den vorliegenden Fällen die Eintragung bereits einige Zeit zurück liegt, ist dennoch bisher kein Haftungsfond seitens der Gesellschafter gebildet worden, so daß der strengen Bareinzahlungspflicht gegenüber der Gesellschaft bezüglich der Mindesteinzahlung auch zum jetzigen Zeitpunkt noch genügt werden muß. Weitergehende Zahlungen auf die Einlage können auf Veranlassung des Vorstandes bzw. Geschäftsführers auch durch Zahlung an Gläubiger der Gesellschaft erbracht werden, soweit die dadurch getilgte Forderung des Gläubigers fällig, vollwertig und liquide ist[966].

Da die Gesellschafter von ihrer Verpflichtung zur Bareinlage nicht befreit werden können (§ 19 II GmbHG, § 66 I AktG), ist auch die Einbringung des gegen die LPG i.L. gerichteten Anspruches auf den Liquidationserlöse keine befreiende Leistung i. S. d. § 362 BGB. Die Einlegung dieser Forderung anstelle der geschuldeten Bareinlage ist ausschließlich im Wege einer Sachgründung möglich[967]. Hierfür wäre eine entsprechende Satzungsänderung der AG bzw. GmbH notwendig[968], wonach die geschuldete Bareinlage nachträglich und unter Beachtung der Sacheinlagevorschriften in eine Sacheinlage umgewandelt würde. Insbesondere wäre hierzu ein Sachgründungsbericht erforderlich, worin der Wert der einzubringenden Forderung dargelegt und begründet werden muß.

Die Pflichteinzahlung der Genossen einer eingetragenen Genossenschaft muß dagegen immer in bar erbracht werden. (vgl. hierzu den klaren Wortlaut des § 7 Nr. 1 GenG) Sie soll der Genossenschaft tatsächlich zufließen, wobei insoweit auch im Genossenschaftsrecht der Grundsatz der realen Kapitalaufbringung gilt. Eine nachträgliche Umwandlung der Einzahlungspflicht in eine Sacheinbringungspflicht durch Änderung der Satzung ist nicht möglich[969].

Im Recht der Kommanditgesellschaft gilt der Grundsatz der tatsächlichen Wertzuführung. Grundsätzlich wird auch hier die Einlage durch Zahlung an die Gesellschaft oder an deren Gläubiger erbracht. Dabei ist die Bareinzahlung nicht

---

[966] BGH vom 25.11.1985 NJW 1986 / 989; OLG Naumburg vom 10.5.1999 GmbHR 1999 / 1037; OLG Hamburg vom 10.4.1981 GmbHR 1982 / 157; Hueck/Fastricht, in Baumbach/Hueck, GmbH-Gesetz, § 19 / 18 f.; Ulmer, in Hachenburg, GMBH-Gesetz, § 7 / 38, 49 und § 19 60 ff.; Lutter/Hommelhoff, GmbH-Gesetz, § 19 / 34; für strenge Barzahlungspflicht generell Hüffer, Aktiengesetz, § 54 / 12.

[967] Der Inhalt der Bareinlagepflicht kann nicht durch Vereinbarung einer Leistung an Erfüllung statt geändert werden. Lutter/Hommelhoff, GmbH-Gesetz, § 19 / 36; Hüffer, Aktiengesetz, § 66 / 4.

[968] Zugelassen durch BGH vom 4.3.1996 BGHZ 132 / 141, 145; Schmidt, Gesellschaftsrecht, § 29 II 1 b und § 37 II 4 b m.w.N.; Hueck/Fastricht, in Baumbach/Hueck, GmbH-Gesetz, § 5 / 51 b; Hüffer, Aktiengesetz, § 27 / 31; Lutter/Hommelhoff, GmbH-Gesetz, § 5 / 50; Priester DB 1990 / 1458 ff; Joost ZIP 1990 /549 ff...

[969] Hierzu RG vom 23.2.1907 RGZ 65 / 223, 225; Hettrich/Pöhlmann, Genossenschaftsgesetz, § 7 / 7, Müller, Genossenschaftsgesetz, § 7 / 10; Beuthien, Genossenschaftsgesetz, § 7 / 7.

zwingend. Der Kommanditist kann seine Einlage auch durch Einlegung seines Liquidationsanspruches gegen die LPG i.L. aufbringen. Dieser Anspruch ist jedoch mit seinem objektiven Zeitwert zur Zeit der Einlegung anzusetzen[970].
Die Fälligkeit der zu leistenden Einlage wird bei der Rechtsform der GmbH, mangels besonderer Festsetzungen im Gesellschaftsvertrag, durch einen Beschluß der Gesellschafter bestimmt. Mit diesem Beschluß konkretisiert sich die mit der Einlage übernommene Zahlungsverpflichtung und bildet damit die Voraussetzung für die Fälligkeit der Leistung. Mit der daraufhin erfolgten Anforderung der Einlage beim Gesellschafter durch die Geschäftsführer ist die Einlage fällig[971]. Im Bezug auf die Mindesteinzahlungspflicht nach § 7 II GmbHG ist ein solcher Beschluß unnötig und es genügt die entsprechende Anforderung[972].
Ab dem so bestimmten Zeitpunkt hat der Gesellschafter die Einzahlung bei nicht rechtzeitiger Zahlung gemäß § 20 GmbHG, § 246 BGB, zu verzinsen[973].
Im Recht der Aktiengesellschaft bedarf es zur Fälligkeit der Einlage nur der Aufforderung zur Zahlung durch den Vorstand gemäß § 63 I AktG. Die Zinspflicht beginnt ebenfalls mit Fälligkeit.
Die Fälligkeit der Einzahlungspflicht im Genossenschaftsrecht ergibt sich aus dem Statut der Genossenschaft, das nach § 7 Nr. 1 GenG eine diesbezügliche Bestimmung zumindest für die zu leistende Pflichteinzahlung enthalten muß. Grundsätzlich entsteht die Einzahlungspflicht mit Eintragung der Satzung, aus der sich die Regelung ergibt. Insbesondere Vereinbarungen von Ratenzahlungen, die Festlegung von Höhe und Fälligkeit der einzelnen Raten müssen eine Grundlage in der Satzung haben[974]. Ohne entsprechende Satzungsbestimmung ist daher davon auszugehen, daß die Einlage bei Eintragung der Genossenschaft zu erbringen ist. Obwohl danach die Pflichteinzahlungen der Genossen bereits seit mehreren Jahren fällig sind, wird man einen Zinsanspruch der Gesellschaft wegen Verzuges ablehnen müssen, da insoweit ein schuldhaftes Verhalten der Genossen, insbesondere ohne eindeutige Stellungnahme der Geschäftsführung, inwieweit Einlagen nachzuzahlen sind, nicht gegeben ist.
Die Fälligkeit der Einlage eines Kommanditisten gegenüber der Gesellschaft ist im Gesetz nicht explizit geregelt. Eine entsprechende Satzungsregelung wurde in den Fällen der fehlgeschlagenen Umwandlung ebenfalls nicht getroffen. Grundsätzlich ist der Einlageanspruch der Kommanditgesellschaft daher nach § 271 I BGB sofort fällig[975]. Auch hier liegen die Voraussetzungen des Verzuges

---

[970] BGH vom 8.7.1985 BGHZ 95 / 188, 195.
[971] BGH vom 29.6.1961 BB 1961 / 953; OLG München vom 1.2.1984 GmbHR 1985 / 56.
[972] Hueck/Fastrich, in Baumbach/Hueck, GmbH-Gesetz, § 19 / 6.
[973] Die Zinspflicht bedarf keiner gesonderten Einforderung, sondern beginnt automatisch mit Fälligkeit. Lutter/Hommelhoff, GmbH-Gesetz, § 20 / 5.
[974] Schaffland, in Lang/Weidmüller/Metz/Schaffland, Genossenschaftsgesetz, § 7 / 30.
[975] Von Falkenhausen, in Münchener Handbuch des Gesellschaftsrechts, Bd. II § 15 / 39.

nach § 286 I BGB regelmäßig nicht vor, so daß eine Verzinsung des Einlageanspruches nicht in Betracht kommt.
Wird der Kommanditist durch einen Gläubiger der Gesellschaft für eine Verbindlichkeit der Gesellschaft in Anspruch genommen, richtet sich die Fälligkeit nach dem der Verbindlichkeit zugrundeliegenden Rechtsverhältnis. Der Kommanditist hat die Rechte aus § 129 HGB.

5. Ausfall eines Gesellschafters und nachträgliche Haftungsbegrenzung

Ist ein Gesellschafter einer GmbH oder AG nicht in der Lage, seiner Einlageverpflichtung nachzukommen, besteht für die Gesellschaft die Möglichkeit die säumigen Gesellschafter im Verfahren nach § 21 GmbHG bzw. § 64 AktG aus der Gesellschaft auszuschließen. Der ausgeschlossene Gesellschafter haftet dennoch weiter für die unerbrachte Einlage. Im Aktienrecht sind danach an Stelle der für verlustig erklärten Aktien neue Urkunden nach § 64 IV AktG auszugeben. Um die Aufbringung des laut Satzung festgeschriebenen Stammkapitales zu sichern, haften in diesen Fällen neben den ausgeschlossenen Gesellschaftern, bzw. den Zeichnern der an Stelle der alten Aktien ausgegebenen Aktien, auch die Rechtsvorgänger des jeweils ausgeschlossenen Gesellschafters. (§ 22 GmbHG, § 65 AktG)
Im Gegensatz zum Aktienrecht, daß die Ausstellung neuer Anteilsscheine an Stelle der eingezogenen vorschreibt, fehlt eine solche Regelung im Recht der GmbH. Um dennoch ein gänzliches Ausfallen der Einlageleistung zu Lasten der Gläubiger zu verhindern, haften nach § 24 GmbHG alle übrigen Gesellschafter anteilig für den Fehlbetrag des Grundkapitals.
Fällt ein Genosse einer eingetragenen Genossenschaft mit der Leistung seiner Einlage aus, besteht für die Übrigen keine gesetzliche Verpflichtung, für die von ihm geschuldete Einlage aufzukommen. Die Folge der Nichtzahlung ist hier vor allem, daß ein entsprechendes Geschäftsguthaben nicht entsteht, insbesondere auch die Gewinn- oder Verlustverteilung erfolgt unter Berücksichtigung der Höhe der geleisteten Einzahlungen.
Im Personengesellschaftsrecht gilt grundsätzlich die persönliche Haftung der Gesellschafter, die bei der Kommanditgesellschaft mit der Handelsregistereintragung auf die Hafteinlage begrenzt werden kann. Da der Schutz der Gesellschaftsgläubiger hier durch die persönliche Haftung der Gesellschafter neben der Haftung der Gesellschaft gesichert wird, sind die strengen Kapitalaufbringungsgrundsätze des Kapitalgesellschaftsrechtes nicht anzuwenden. Ist ein Kommanditist nicht in der Lage, die gegen ihn gerichteten Ansprüche zu erfüllen, haften die übrigen Gesellschafter nicht für die von ihm übernommene Hafteinlage.

Trotz der dargestellten strengen Haftungsgrundsätze, vor allem im Bereich der Kapitalgesellschaften, bietet das Gesetz den Gesellschaftern einer Kapitalgesellschaft die Möglichkeit, ihre Einlageverpflichtung betragsmäßig bis zur Höhe des Mindestgrundkapitales durch eine Herabsetzung desselben zu beschränken. Voraussetzung dieser Begrenzung nach § 19 III GmbHG, § 66 III AktG i. V. m. den entsprechenden Vorschriften zur Herabsetzung des Kapitales ist jedoch, daß das derzeitige Grundkapital mehr als 25 T€ bei der GmbH bzw. 50 T€ bei der AG beträgt.
Auch bei der eingetragenen Genossenschaft besteht für die Genossen die Möglichkeit durch entsprechenden Satzungsbeschluß nach §§ 22, 16 IV GenG die Höhe der Geschäftsanteile oder die auf sie zu leistenden Einzahlungsbeträge herabzusetzen.
Bei der Kommanditgesellschaft ist der Erlaß bzw. die nachträgliche Herabsetzung der im Handelsregister eingetragenen Hafteinlage durch die Gesellschaft nach § 172 III HGB nicht zulässig.

6. Besonderheiten bei Gründung durch Treuhänder

Zum Schluß dieser Ausführungen möchte ich noch auf einen mehrfach aufgetretenen Sonderfall der gescheiterten Umstrukturierung ehemaliger LPGen in Ostdeutschland eingehen. Manche Umwandlungsvorgänge sahen danach die Gründung der Nachfolgegesellschaft durch Treuhänder vor, die an Stelle der Mitglieder die Anteile zeichneten und erst später, zumeist nachdem die Frist des § 36 LwAnpG abgelaufen war und damit endgültig feststand welche ehemaligen LPG-Mitglieder im neuen Rechtsträger verblieben, diese Mitgliedschaften auf die Mitglieder der LPG übertrugen. Entsprechend dem oben gesagten, haften heute grundsätzlich allein die Inhaber der Anteile für die Aufbringung des Gesellschaftskapitals. Eine eigene Einlagenhaftung des Treuhänders gegenüber der Gesellschaft ist daneben nicht gegeben.
Im Fall der GmbH scheitert seine Nachhaftung, da die Einlageforderung zur Zeit der Übertragung der Anteile noch nicht fällig war. Im Aktienrecht gibt es grundsätzlich keine Nachhaftung und ein Ausnahmefall ist ebenfalls abzulehnen, da es im Verhältnis des Treuhänders zu seinen Treugebern, den LPG-Mitgliedern, an einem schützenswerten Anteilserwerb im Rahmen eines Verkehrsgeschäftes fehlt. Im Genossenschaftsrecht kommt es ebenfalls zu keiner Nachhaftung, des bei Übertragung des, hier nur scheinbar vorhandenen, Geschäftsguthabens ausgeschiedenen Treuhänders. Auch mit der Übertragung der Kommanditanteile wurde die Haftung des Treuhänders beendet.
Darüber hinaus scheitern eventuelle Rückgriffsansprüche der heutigen Gesellschafter gegen den Treuhänder, da dieser im Innenverhältnis im Auftrag seiner Treugeber die Geschäftsanteile zeichnete und dabei für deren Rechnung handelte.

B. Rechtsstellung der Mitglieder

Für die von dieser ungewollten Haftungsfolge betroffenen Gesellschafter stellt sich unter Umständen die Frage, welche Möglichkeiten für sie bestehen, die Gesellschaft zu verlassen, die Zeichnung der Gesellschaftsanteile rückwirkend zu beseitigen oder möglicherweise Schadensersatzansprüche gegenüber dem ehemaligen Vorstand der LPG geltend zu machen.
Der sicherlich unkomplizierteste Weg, die Gesellschaft zu verlassen, ist der Verkauf der Beteiligung. Soweit dies nach der Satzung zulässig bzw. das Einverständnis der Gesellschaft erteilt wurde und ein Dritter zur Übernahme der Anteile und der damit verbundenen Einlagepflicht bereit ist. Die noch unerfüllte Einlageverpflichtung könnte jedoch der Übertragung des Anteiles entgegenstehen und potentielle Käufer veranlassen ihre Absichten neu zu überdenken.
Eine weitere Möglichkeit, die jedoch nur Gesellschaftern einer Personenhandelsgesellschaft und Genossen einer eingetragenen Genossenschaft offensteht, ist das Recht zur Kündigung der Mitgliedschaft. Das Gesetz geht dabei in §§ 132, 161 II HGB und § 65 I GenG grundsätzlich von der ordentlichen Kündigungsmöglichkeit aus. Sie ist lediglich an die Einhaltung der gesetzlichen bzw. die im Statut bestimmte Frist gebunden. Die im Gesetz bei der Kommanditgesellschaft und der Genossenschaft gegebenen Möglichkeit zum Austritt jeweils zum Ende eines jeden Geschäftsjahres unter Einhaltung einer Kündigungsfrist von 6 (KG) bzw. 3 Monaten wird jedoch im Normalfall durch die jeweilige individuelle Satzung der Gesellschaft erheblich erschwert, so daß dieser Weg des Ausscheidens aus der Gesellschaft für die Mitglieder oft nicht lukrativ ist und auch keine Haftungsbefreiung bedeutet.
Ein Recht zur außerordentlichen Kündigung der Mitgliedschaft ist im Handelsgesetzbuch dagegen nicht vorgesehen und wird auch nach allgemeinen Erwägungen zu Dauerschuldverhältnissen abgelehnt[976]. An dieser Stelle steht dem Gesellschafter einer Personenhandelsgesellschaft die Auflösungsklage nach § 133 HGB zur Verfügung. Bei Vorliegen eines wichtigen Grundes kann der Gesellschafter danach die Auflösung der Gesellschaft durch das Gericht beantragen[977]. Auch im Fall der Auflösung der Gesellschaft bleibt es für die Gesellschafter jedoch bei der übernommenen Haftung, so daß die vom Gesellschafter bei Errichtung der Gesellschaft nicht gewollte und irrtümlich nicht angenom-

---

[976] Die anderslautende Entscheidung des BGH vom 19.12.1974 BGHZ 63 / 338, 345f., die dem Kommanditisten einer Publikumsgesellschaft das Recht zum außerordentlichen Austritt gibt, basiert auf der Rechtslage vor der Reform des HGB 1998, die lediglich die Auflösungskündigung vorsah. Aufgrund der nunmehr generell gegebenen Möglichkeit zum ordentlichen Austritt wäre diese Entscheidung heute mit Sicherheit nicht mehr zu erwarten.
[977] Zur Möglichkeit einer Auflösungsklage wegen Gründungsmängeln der Kommanditgesellschaft nach § 133 HGB siehe bereits im Kapitel 4 I B.

mene Haftung keinen wichtigen Grund für die Auflösung der Kommanditgesellschaft darstellt.
Das Genossenschaftsrecht sieht dagegen in § 65 II 4 GenG die Möglichkeit einer außerordentlichen Kündigung vor, soweit ihm die im Statut festgelegte längere Kündigungsfrist der ordentlichen Kündigung aus persönlichen oder wirtschaftlichen Gründen nicht zugemutet werden kann. Diese Möglichkeit ist indes eng auszulegen, da die Kündigungsregelung in § 65 I GenG als speziellere Bestimmung die allgemeinen Regelungen zur Beendigung von Dauerschuldverhältnissen aus wichtigem Grund ohne Bindung an eine Frist als lex specialis ausschließt[978]. Ihre Voraussetzungen sind daher nur in Ausnahmefällen, deren Vorliegen vom Mitglied zu beweisen sind, gegeben. Beispielsweise wäre die Gefährdung der wirtschaftlichen Existenz des Mitgliedes bei einem weiteren Verbleib in der Genossenschaft ein Grund für die außerordentliche Kündigung[979]. Eine solche wäre anzunehmen, wenn ihn die entsprechend dem Statut der Genossenschaft treffende Nachschußpflicht wirtschaftlich gefährden würde.
Letztlich ist die Möglichkeit der ordentliche Kündigung daher die im Normalfall einzige Möglichkeit, die Mitgliedschaft zu beenden. Mit dem Austritt des Genossen endet für ihn die Haftung auf ausstehende Einlagen. Seine vermögensrechtlichen Beziehungen zur Genossenschaft werden allein nach § 73 GenG abgewickelt[980].
Der ausscheidende Kommanditist bleibt dagegen den Gläubigern der Gesellschaft trotz des Ausscheidens nach § 160, 161 II HGB verhaftet.
Für die Gesellschafter einer Kapitalgesellschaft besteht demgegenüber neben der Veräußerung ihrer Beteiligung keine Möglichkeit, ihre Mitgliedschaft durch Kündigung gegenüber der Gesellschaft zu beenden.
Daneben stellt sich für die Gesellschafter, die ohne eigenes Verschulden Gesellschafter der durch Neugründung, anstatt im Rahmen einer Umwandlung, entstandenen Gesellschaft geworden sind, die Frage, ob ihr Beitritt zur Gesellschaft in der Annahme die Einlageleistung durch Umwandlung ihres LPG-Anteiles zu erbringen, aufgrund dieses Irrtums anfechtbar ist, so daß er als von Anfang an als nichtig zu betrachten wäre. Die Zulassung des Anfechtungsrechtes würde im Gegensatz zu den auf den fehlerhaften Gründungsvorgang anwendbaren Grundsätzen über die fehlerhafte Gesellschaft stehen, wonach gerade die Unwirksamkeitsgründe und Anfechtungstatbestände des allgemeinen bürgerlichen Rechtes

---

[978] BGH vom 8.2.1988 BGHZ 103 / 219, 227; OLG Frankfurt vom 28.9.1989 ZfG 1992 / 359, 363 ff.; OLG Düsseldorf vom 25.11.1977 MDR 1978 / 319; Müller, Genossenschaftsgesetz, § 65 / 16.
[979] BGH vom 8.2.1988 DB 1988 / 1265; Beuthien, Genossenschaftsgesetz, § 65 / 11; Schaffland, in Lang/Weidmüller/Metz/Schaffland, Genossenschaftsgesetz, § 65 / 20, Beuthien/Isenberg ZfG 1981 / 59, 64.
[980] Siehe hierzu bereits die Ausführungen unter I. A. 3. in diesem Kapitel.

ausgeschlossen werden sollen, sobald der Verband als solcher ins Leben getreten ist[981].

Ebenso unterliegen auch Betritte weiterer Gesellschafter nach der Gründung den Regeln über die fehlerhafte Gesellschaftsverhältnisse[982]. Eine Lösung des mitgliedschaftlichen Verhältnisses mit Wirkung ex tunc scheidet damit generell aus[983]. Zur Beendigung der Mitgliedschaft verbleiben den Gesellschaftern allein die dargestellten Möglichkeiten -Veräußerung der Beteiligung, Kündigung (nur KG und e.G.) und Auflösungsklage aus wichtigem Grund (nur KG)-, soweit deren Voraussetzungen im Einzelfall gegeben sind.

Zum Ausgleich des ihnen durch die ungewollte Haftung entstehenden Schadens kommt für die Mitglieder des neuen Rechtsträgers nur die Haftung der im Zeitpunkt der Umwandlung tätigen Vorstände in Betracht. Nach § 3 a des Landwirtschaftsanpassungsgesetzes hatten die Vorstände bei ihrer Arbeit die Sorgfalt eines ordentlichen und gewissenhaften Geschäftsleiters anzuwenden. Verletzen sie diese Pflichten vorsätzlich oder fahrlässig, sind sie der LPG und den einzelnen Mitgliedern zum Ersatz des entstandenen Schadens verantwortlich. Falsch wäre es jedoch anzunehmen, daß im Fall einer gescheiterten Umwandlung generell eine zumindest fahrlässige Pflichtverletzung des Vorstandes vorliegt. So wird man in den Fällen einer übertragenden Umwandlung regelmäßig keine Sorgfaltspflichtverletzung annehmen können, da die Rechtsfrage, ob eine solche Umwandlungsvariante zulässig ist, zunächst umstritten war und erst durch die klarstellende Entscheidung des Bundesgerichtshofes im Jahr 1998[984] entschieden wurde. Ebenso wird man auch die Teilung zur Bildung einer GmbH & Co. KG beurteilen müssen. Eine fahrlässige oder gar vorsätzliche Sorgfaltspflichtverletzung ist dagegen in all jenen Fallgestaltungen wahrscheinlich, in denen die Umwandlung nach dem Landwirtschaftsanpassungsgesetz unzweifelhaft gegen die gesetzlichen Vorgaben verstieß. Dies ist beispielsweise der Fall, wenn Mitglieder im Zuge der Umwandlung aus dem Unternehmen gedrängt wurden oder entgegen § 34 I LwAnpG die Mitglieder nicht am neuen Rec htsträger beteiligt waren, sondern die Anteile zunächst durch einen Treuhänder gehalten wurden.

Haben die Vorstände der LPG ihre Geschäftsführungspflichten verletzt, schulden sie den Mitgliedern der LPG und der LPG selbst Ersatz des dadurch entstandenen Schadens. Welcher Schaden für die Mitglieder durch die aufgrund der fehlerhaften Pflichterfüllung des Vorstandes gescheiterte Umwandlung entstan-

---

[981] Zur Anwendung dieser Grundsätze auf die stecken gebliebene Sachgründung bei unwirksamer Umwandlung bereits in Kapitel 4 I B.

[982] BGH vom 8.11.1965 BGHZ 44 / 235, 236; BGH vom 19.10.1991 NJW 1992 / 1501; Flume, Personengesellschaft, § 2 III m.w.N.; BGH vom 19.12.1974 BGHZ 63 / 338, 345=Jus 1975 / 531 m. Anm. Schmidt; bereits auch RG vom 30.6.1880 RGZ 2 / 130, 132.

[983] Hierzu BGH vom 8.5.1998 (BLw 41/97) AgrarR 1998 / 347, 348.

[984] BGH vom 8.5.1998 ZIP 1998 / 1207; BGH vom 5.3.1999 ZIP 1999 / 840 ff. mit Anm. Lohlein EWiR 1999 / 1021 f., Hartung NZG 1999 / 790 f., Drescher WuB 1999 / 841 f..

den ist, ergibt sich durch einen Vergleich der Vermögenssituation der Mitglieder im Einzelfall. Im Normalfall einer wirksamen Umwandlung wäre der Anteil des Mitgliedes in eine Beteiligung am neuen Rechtsträger überführt worden, wobei die auf die neuen Beteiligung zu leistende Einlage durch die Umwandlung erbracht gewesen wäre. Die im Fall einer gescheiterten Umwandlung festgestellte Haftung für die noch ausstehende Einlage im neuen Rechtsträger stellt sich daher als Vermögensschaden für das einzelne Mitglied dar, wenn der Einlagenverpflichtung kein gleichwertiger gegen die LPG i.L. gerichteter Liquidationsanspruch gegenübersteht.
Soweit man den Tatbestand einer Haftung bejahen kann, ergibt sich das Problem der Verjährung des Haftungsanspruches. Nach § 3 b LwAnpG beginnt die Verjährungsfrist mit der Entstehung des Anspruchs, d.h. mit der Pflichtverletzung, und dauert 10 Jahre. Da die Umwandlungsfrist am 31.12.1991 endete, war der 31.12.2001 der letzte Termin für eine mögliche Verjährung der Ansprüche. Möglicherweise war die Verjährung der Haftungsansprüche gegen die handelnden Vorstandsmitglieder der LPG jedoch wegen der Unkenntnis der anspruchsberechtigten LPG-Mitglieder vom Scheitern der Umwandlung und der damit verbundenen Pflichtverletzung des LPG-Vorstandes gehemmt. Grundlage einer Verjährungshemmung könnte § 206 BGB sein, wonach der Lauf der Verjährung eines Anspruches solange gehemmt ist, wie der Berechtigte durch höhere Gewalt an der Geltendmachung des Anspruches gehindert ist. Grundsätzlich ist die Rechtsunkenntnis des Gläubigeres nicht als höhere Gewalt zu qualifizieren[985]. Eine Ausnahme gilt jedoch dann, wenn der Berechtigte auch bei sorgfältiger Prüfung –auch unter Zuhilfenahme anwaltlicher Beratung- keinen Aufschluß über die wirkliche Rechtslage erlangen konnte[986]. Ob die vom LPG-Vorstand vorgeschlagene Umwandlung nach dem Landwirtschaftsanpassungsgesetz mit Eintragung des neuen Rechtsträgers wirksam werden konnte oder ein schwerer Verstoß gegen umwandlungsrechtliche Grundsätze ein Wirksamwerden der Umwandlung verhinderte, wurde durch die Rechtsprechung des Bundesgerichtshofes erstmals 1994[987] für bestimmte Mängel der Umwandlung herausgearbeitet. Im Verlauf der folgenden Jahre festigte der Bundesgerichtshof seine Rechtsprechung und es bildeten sich einzelne Fallgruppen unwirksamer Umwandlungen. Die Vielzahl der Umwandlungen ehemaliger LPGen und die häufigen Mängel dieser Umwandlungen boten der Rechtsprechung erstmals die Gelegenheit sich mit der Reichweite der "Heilungsnorm" in § 34 III LwAnpG zu

---

985 BGH vom 17.4.1957 BGHZ 24 / 134, 136; BGH vom 10.4.1968 NJW 1968 / 1381, 1382; BGH vom 16.6.1982 FamRZ 1982 / 917, 918.

986 BGH vom 6.7.1994 NJW 1994 / 2752, 2753; BGH vom 28.4.1995 BGHZ 129 / 282, 289; BGH vom 7.5.1997 NJW 1997 / 3164.

987 Die erste Entscheidung des BGH zur Reichweite des § 34 III LwAnpG BGH beschäftigte sich mit Verstößen gegen den Grundsatz der Identität der Mitgliedschaften bei Umwandlungen vom 2.12.1994 ZIP 1995 / 422 ff..

beschäftigen. Erst diese Rechtsprechung ermöglichte den Betroffenen und ihren anwaltlichen Beratern eine rechtliche Beurteilung der Umwandlung ihrer LPG. Für die ähnlich gelagerten Fälle der Schadensersatzansprüche der Kreispachtgeschädigten gegenüber den früheren LPGen entschied der Bundesgerichtshof daher unter Hinweis auf die in ihrer Fülle und Komplexität kaum noch zu überschauenden Rechtsverhältnisses, daß die Verjährung dieser Ansprüche bis zum klärenden Urteil des Senates[988] gehemmt war, da von den Berechtigten auch bei äußerster Sorgfalt kein Aufschluß über die wirkliche Rechtslage zu erlangen war[989]. Ebenso muß auch für die Haftungsansprüche gegen die früheren LPG-Vorstände im Fall der fehlgeschlagenen Umwandlung entschieden werden.
Soweit der den Mitgliedern des neuen Rechtsträgers aus ihrer fortbestehenden LPG-Mitgliedschaft gebührende Liquidationsanspruch nicht zur Erfüllung der Einlageverpflichtung gegenüber dem neuen Rechtsträger ausreicht, haften gegenüber dem neuen Rechtsträger die Anteilsinhaber für die Aufbringung des Gesellschaftskapitals. Daneben kommt jedoch im Einzelfall auch eine Haftung des ehemaligen LPG-Vorstandes gegenüber den LPG-Mitgliedern und der LPG i.L. auf Ersatz des aufgrund der unwirksamen Umwandlung entstandenen Schadens.

C. Ansprüche nach § 36 und 28 II LwAnpG

Wurde die LPG wirksam umgewandelt, hatten die Mitglieder des übernehmenden Rechtsträgers das Recht, innerhalb von 2 Monaten nach dessen Eintragung gegen Barabfindung aus der umgewandelten Gesellschaft auszuscheiden. Hierzu hatte bereits die LPG in ihrem Umwandlungsbeschluß ein Barabfindungsangebot nach § 36 I LwAnpG zu unterbreiten. Darin wurde den Mitgliedern der künftigen Gesellschaft der Erwerb ihrer umgewandelten Anteile durch den neuen Rechtsträger bzw. soweit ein solcher Erwerb nicht möglich war, eine Barabfindung für den Fall ihres Austrittes aus der Gesellschaft angeboten.
Ist die Umwandlung jedoch gescheitert, so daß der neue Rechtsträger nicht aus der Umwandlung hervorgegangen sondern durch Neugründung entstanden ist, ist fraglich, ob ein in der Annahme einer wirksamen Umwandlung erfolgte Anteilserwerb durch die neue Gesellschaft wirksam ist und, ob die Gesellschaft Ansprüche auf Rückzahlung der geleisteten Abfindung hat.
Die erste Frage ist das wirksame Ausscheiden aus der neuen Gesellschaft in den ersten 2 Monaten nach deren Registereintragung. § 36 I LwAnpG gibt den Mitgliedern der umgewandelten LPG ein solches Austrittsrecht. Grund hierfür sind die nicht unerheblichen Auswirkungen, die ein Wechsel der Rechtsform auf die Mitgliedschaftsrechte hat, so daß dem einzelnen Mitglied die Umwandlung

---

[988] BGH vom 4.11.1995 BGHZ 127 / 297 ff..
[989] BGH vom 28.4.1995 BGHZ 129 / 282, 289.

seines Anteiles nicht gegen seinen Willen zugemutet werden kann[990]. Das zu diesem Zweck noch von der LPG im Umwandlungsbeschluß unterbreitete Abfindungsangebot wirkt mit Wirksamwerden der Umwandlung gegen den neuen Rechtsträger als Gesamtrechtsnachfolger der LPG.
Wird die Umwandlung jedoch nicht wirksam, liegt seitens des neuen Rechtsträgers kein Abfindungsangebot vor. Ebenso besteht in diesem Fall kein gesetzliches Austrittsrecht, da ohne die Umwandlung der Anteile die beschriebene Interessenbeeinträchtigung der Gesellschafter nicht vorliegt.
Hat ein Gesellschafter daher unter Berufung auf seine Rechte nach § 36 LwAnpG sein Ausscheiden aus der Gesellschaft erklärt, bestand hierfür keine rechtliche Grundlage. Das Ausscheiden aus einer eingetragenen Genossenschaft oder einer GmbH & Co. KG ist nur unter Beachtung der gesetzlich oder satzungsmäßig eingeräumten Kündigungsmöglichkeiten möglich. Der Erwerb eigener Anteile einer GmbH nach § 33 GmbHG oder einer Aktiengesellschaft nach § 71 AktG ist nur in den dort beschriebenen Fällen zulässig.
Dennoch sind faktisch zahlreiche Mitglieder aus der Gesellschaft ausgeschieden bzw. wurden ihre Anteile von der Gesellschaft erworben. Daß ein tatsächlich vollzogener Austritt aus einer Gesellschaft trotz seiner Fehlerhaftigkeit wirksam ist, begründet die Lehre von der fehlerhaften Gesellschaft[991]. Obwohl ursprünglich am Beispiel der Gesellschaftsgründung entwickelt, ist sie heute allgemeines Rechtsinstitut und betrifft alle verbandskonstituierenden Akte[992]. Für den unzulässigen Erwerb eigener Anteile einer Aktiengesellschaft ist die dingliche Wirksamkeit des unzulässigen Erwerbes in § 71 IV 1 AktG bestimmt[993]. Hat ein Gesellschafter daher sein Ausscheiden unter Berufung auf § 36 LwAnpG erklärt, ist die Beendigung seiner Mitgliedschaft wirksam geworden.
Anschließend stellt sich die Frage, ob die seitens der Gesellschaft aus Anlaß des Ausscheidens gezahlte Abfindung von der neuen Gesellschaft zurückgefordert werden kann. Rechtlich handelt es sich bei einem Ausscheiden innerhalb von 2 Monaten nach Eintragung des neuen Rechtsträgers gemäß § 36 LwAnpG um ein Ausscheiden aus der mit Eintragung entstandenen neuen Gesellschaft auf die die Beteiligung an der mit Eintragung umgewandelten LPG übergegangen sind, so daß sich die Höhe der Abfindung nach der Höhe der Beteiligung an diesem Rechtsträger richten muß. Entsprechend den gesetzlichen Vorgaben hatte sich die Höhe der Barabfindung nach § 36 LwAnpG an den Maßstäben des § 44 I LwAnpG zu orientieren. Die gesetzliche Abfindungssumme entsprach damit der

---

[990] Vollrath, in Widmann/Mayer, Umwandlungsrecht, Bd. II, § 29 / 1; Grunewald, in Lutter (Hrsg.), Umwandlungsgesetz, § 29 / 2.
[991] Bestätigt durch BGH vom 14.4.1969 NJW 1969 / 1483; BGH vom 13.3.1975 WM 1975 / 512, 514; BGH vom 17.2.1992 NJW 1992 / 1501, 1503, 1504.
[992] Schmidt, Gesellschaftsrecht, § 6 IV 1.
[993] Hüffer, Aktiengesetz, §71 / 24.

Höhe der Beteiligung an der LPG, was im Fall einer ordnungsgemäßen Umwandlung aufgrund der Anteilsumwandlung gerechtfertigt gewesen wäre.
Scheiterte die Umwandlung jedoch, entspricht der Anteil am neuen Rechtsträger nicht dem Anteil an der früheren LPG, da eine wirksame Umwandlung der Beteiligung gerade nicht vorliegt.
Wie sich aus den Erörterungen zur Aufbringung des Gesellschaftskapitals in diesem Kapitel ergibt, lag eine wertmäßige Beteiligung am neuen Rechtsträger nicht vor. Die Gesellschaft wurde vielmehr irrtümlich ohne eigenes Vermögen gegründet.
Eine gesetzliche Rechtsfolgenregelung für den Fall unzulässiger Zahlungen bietet das Aktienrecht. Der dort geltende strenge Grundsatz der Kapitalaufbringung gebietet es, eine Gefährdung der Gläubiger durch ungerechtfertigte Zahlungen an Aktionäre zu verhindern. Obwohl daher der dingliche Erwerb der Aktien durch die AG nach § 71 IV AktG wirksam ist, bleibt das schuldrechtliche Rechtsgeschäft nichtig (§ 71 IV 2 AktG). Hat die Gesellschaft dennoch einen Erwerbspreis für die übernommenen Aktien gezahlt, liegt hierin eine verbotene Einlagenrückgewähr, die nach § 62 I 1 AktG vom Aktionär, auch dem zwischenzeitlich Ausgeschiedenen, zurückzuzahlen ist[994]. Die Besonderheit dieses aktienrechtlichen Rückzahlungsanspruches gegenüber den allgemein einschlägigen § 812 ff BGB liegt in der Unmöglichkeit des Schuldners sich auf eine Entreicherung nach § 818 III BGB berufen zu können. Bei Unmöglichkeit, persönlichem Unvermögen oder Verzug der Rückzahlung gelten daher die strengeren allgemeinen Vorschriften des BGB[995]. Die Gutgläubigkeit der Gesellschaft und des Aktionärs bei Zahlung bleiben unbeachtlich. Anders als bei einer Rückabwicklung nach bereicherungsrechtlichen Grundsätzen verjährt der Anspruch der Gesellschaft jedoch in 5 Jahren nach seinem Entstehen nach § 62 III AktG. In den hier angesprochenen Fällen ist der Anspruch daher bereits verjährt, soweit die verboten Auszahlung länger als 5 Jahre zurückliegt. Wurde die Barabfindung in Raten an das ausgeschiedene Mitglied gezahlt, bestimmt sich die Verjährung der Rückgewähransprüche hinsichtlich der einzelnen Raten nach dem Zeitpunkt der jeweiligen Zahlung. Eine subsidiäre Anwendung des Bereicherungsrechtes ist wegen der spezielleren aktienrechtlichen Regelung ausgeschlossen[996].
Für das Recht der GmbH verbietet § 33 I GmbHG den Erwerb eigener Anteile durch die GmbH, sofern diese -wie im Fall der fehlgeschlagenen Umwandlung- nicht vollständig geleistet wurden. Hat die GmbH im Zuge der vermeintlichen Umwandlung daher eigene Anteile erworben, um den vermeintlich bestehenden

---

994 Hüffer, Aktiengesetz, § 71 / 24, § 62 / 7; Barzin, in Großkomm. zum AktG, § 62 / 2.
995 Bayer, in Münchener Kommentar zum AktG, § 62 / 42 ff.; Hüffer, Aktiengesetz, § 62 / 9.
996 Hefermehl/Bungeroth, in Geßler/Hefermehl/Eckardt/Kropff, Aktiengesetz, § 62 / 26; Barzin, in Großkomm. zum AktG, § 62 / 15; Bayer, in Münchener Kommentar zum AktG, § 62 / 7.

Anspruch des Mitgliedes nach § 36 I LwAnpG zu erfüllen, verstieß der Erwerb gegen § 33 I GmbHG. Aufgrund des Verstoßes gegen das gesetzliche Verbot war der Erwerb des Anteiles durch die GmbH gemäß § 134 BGB schuldrechtlich und dinglich unwirksam[997]. Der Gesellschafter bleibt in diesen Fällen auch weiterhin GmbH-Gesellschafter und Schuldner der betreffenden Einlage[998].
Eine dem Aktienrecht entsprechende gesetzliche Regelung zur Rückgewähr der empfangenen Leistung -hier der gezahlten Barabfindung- im GmbH-Recht besteht nicht. Grundsätzlich ergäbe sich der Rückzahlungsanspruch der GmbH daher aus dem bereicherungsrechtlichen Anspruch in § 812 I 1, 1. Alt. BGB mit der Möglichkeit des Schuldners sich auf eine Entreicherung nach § 818 III BGB zu berufen[999].
Vorrangig ergibt sich eine Haftung des Gesellschafters jedoch aus § 31 I GmbHG, wenn durch die Auszahlung eine Unterdeckung bei der GmbH herbeigeführt wurde. Eine Unterdeckung nach § 30 I GmbHG liegt vor, sobald das Aktivvermögen der GmbH abzüglich aller Verbindlichkeiten in seinem rechnerischen Wert unter die Ziffer des Stammkapitals sinkt[1000]. Maßgeblich ist dabei der Zeitpunkt der tatsächlichen Auszahlung an den Gesellschafter[1001]. Im Fall der fehlgeschlagenen Umwandlung entstand die neue Gesellschaft mit ihrer Eintragung zunächst vermögenslos, da ein Vermögensübergang von der LPG auf den vermeintlichen Rechtsnachfolger nicht stattgefunden hat. Soweit ein Gesellschafter von seinem vermeintlich bestehenden Austrittsrecht nach § 36 I LwAnpG innerhalb von 2 Monaten nach Eintragung der neuen GmbH Gebrauch gemacht hat und seine Barabfindung erhalten hat, liegt darin regelmäßig eine verbotene Auszahlung nach § 30 I GmbHG. Dabei wird der Empfänger hinsichtlich der Wirksamkeit der Umwandlung und damit auch des Vorhandenseins eines gedeckten Stammkapitals gutgläubig gewesen sein, so daß der Rückgewähranspruch nach § 31 II GmbHG nur insoweit besteht, als die Erstattung zur Befriedigung der GmbH-Gläubiger erforderlich ist. Im Unterschied zu einem bereicherungsrechtlichen Anspruch der GmbH[1002] kann sich der Gesellschafter gegenüber dem spezielleren Rückerstattungsanspruch aus § 31 GmbHG nicht

---

997 BGH vom 9.12.1954 BGHZ 15 / 391, 393; Lutter/Hommelhoff, GmbH-Gesetz, § 33 / 5; Hueck/Fastrich, in Baumbach/Hueck, GmbH-Gesetz, § 33 / 3, 6.
998 Lutter/Hommelhoff, GmbH-Gesetz, § 33 / 5; Hueck/Fastrich, in Baumbach/Hueck, GmbH-Gesetz, § 33 / 3, 6; Westermann, in Scholz, GmbH-Gesetz, § 33 / 15.
999 Lutter/Hommelhoff, GmbH-Gesetz, § 33 / 5; Hueck/Fastrich, in Baumbach/Hueck, GmbH-Gesetz, § 33 / 6.
1000 Zum Nebeneinander beider Ansprüche ausf. Westermann, in Scholz, GmbH-Gesetz, § 33 / 16 und § 31 / 4; Lutter/Hommelhoff, GmbH-Gesetz, § 30 / 2; Hueck/Fastrich, in Baumbach/Hueck, GmbH-Gesetz, § 30 / 7.
1001 Für alle Lutter/Hommelhoff, GmbH-Gesetz, § 31 / 26.
1002 Ausf. zu Rechtsnatur des Anspruches als körperschaftsrechtlicher Anspruch Westermann, in Scholz, GmbH-Gesetz, § 31 / 1; auch Lutter/Hommelhoff, GmbH-Gesetz, § 31 / 26; Hueck/Fastrich, in Baumbach/Hueck, GmbH-Gesetz, § 31 / 4.

auf seine Entreicherung berufen. Wie im Aktienrecht verjährt der Anspruch jedoch auch innerhalb von 5 Jahren vom Zeitpunkt der Auszahlung[1003].
Für Auszahlungen von Geschäftsguthaben an Genossen einer eingetragenen Genossenschaft normiert § 22 IV GenG das Verbot der Auszahlung vor Ausscheiden des Genossen. Vorliegend ist jedoch der Genosse rechtswirksam aus der eingetragenen Genossenschaft ausgeschieden, so daß die Auszahlung seines Geschäftsguthabens an ihn zulässig war. Nach seinem Ausscheiden steht er dabei einem dritten Gläubiger insoweit gleich, als Überzahlungen des Geschäftsguthabens nicht dem Verbot des § 22 IV GenG unterfallen. Vielmehr enthält das Genossenschaftsgesetz keine Regelung für den Fall einer Zuvielzahlung an den ausgeschiedenen Genossen, so daß sich der Rückzahlungsanspruch allein aus den Vorschriften über die ungerechtfertigte Bereichung ergibt. Danach muß der ehemalige Genosse hier den insgesamt erhaltenen Betrag zurückgewähren, da aufgrund der gescheiterten Umwandlung kein wirksames Geschäftsguthaben zu seinen Gunsten entstanden war.
Im Recht der Kommanditgesellschaft sind ebenfalls keine gesellschaftsrechtlichen Rückgewähransprüche bei ungerechtfertigten Zahlungen an Gesellschafter verankert. Insoweit muß hier ausschließlich auf die allgemeinen Regelungen zur ungerechtfertigten Bereicherung in §§ 812 ff BGB zurückgegriffen werden[1004]. Die Gesellschaft kann danach die bezahlte Abfindung wegen fehlender rechtlicher Grundlage zurückverlangen. Hiergegen steht dem ausgeschiedenen Gesellschafter jedoch die Einrede der Entreicherung zu.
Eine andere Beurteilung ergibt sich für jene Fälle, in denen der Gesellschafter seinen Barabfindungsanspruch gerichtlich geltend gemacht hat und das Landwirtschaftsgericht in seiner Entscheidung die Gesellschaft zur Barabfindungszahlung verpflichtet hat[1005]. Die materielle Rechtskraft einer Entscheidung ist grundsätzlich zu respektieren und darf nicht durch materielle Ausgleichsansprüche unterlaufen werden. Das der Klage auf Leistung einer angemessenen Barabfindung stattgebende Urteil ist Rechtsgrund für die Zahlung im Sinne des § 812 BGB[1006]. Die Rechtskraft der Entscheidung des Landwirtschaftsgerichtes wird nicht durch die falsche Beurteilung des zugrundeliegenden Rechtsverhältnisses durchbrochen, auch wenn die Wirksamkeit des Ausscheidens nicht von der Rechtskraft der Entscheidung umfaßt ist. Vielmehr müssen zur Restitution der Entscheidung weitere Gründe hinzutreten. Ein solcher wäre eine Änderung der Sachlage, schwerste Verfahrensmängel oder andere strafbare Handlungen mit

---

[1003] Hierzu Lutter/Hommelhoff, GmbH-Gesetz, § 31 / 26; Westermann, in Scholz, GmbH-Gesetz, § 31 / 33.
[1004] Zur Verjährung gilt das unter § 8 V Gesagte.
[1005] Zur materiellen Rechtskraft der Entscheidung: Jauernig, Zivilprozeßrecht, § 63 III.
[1006] BGH vom 17.2.1982 BGHZ 83 / 278, 280; Mühl, in Soergel, Bürgerliches Gesetzbuch, § 812 / 229; Rosenberg/Schwab/Gottwald, Zivilprozeßrecht, § 162; Gaul Jus 1962 / 1, 7 ff..

Bezug zur Entscheidung[1007]. Dabei bedeutet die Aufdeckung der stecken gebliebenen Umwandlung allein keine veränderte Sachlage, da mit der diesbezüglichen Gerichtsentscheidung nur die bereits bestehende Rechtslage festgestellt wurde.

Auch für Ansprüche nach § 28 II LwAnpG auf bare Zuzahlung bestand im Fall der fehlgeschlagenen Umwandlung keine gesetzliche Grundlage. Hintergrund des Anspruches ist der Ausgleich für den Rechtsverlust durch ein zu geringes Umtauschverhältnis der Anteile bei der Umwandlung. Hier lag jedoch keine Umwandlung, sondern eine Neugründung vor. Ein Anspruch auf bare Zuzahlung für die übernommenen Anteile bestand nicht. Geleistete Zahlungen sind daher ebenfalls grundsätzlich nach Bereicherungsrecht zurückzugewähren, soweit nicht eine gerichtliche Entscheidung Rechtsgrund der Zahlung ist. Eine Ausnahme bildet wiederum das Aktienrecht, wo sich der Anspruch der Gesellschaft auf Rückzahlung allein aus der strengen Kapitalerhaltungsnorm in § 62 AktG ergibt. Bei Zahlungen an den Gesellschafter einer GmbH besteht wiederum der speziellere Anspruch aus § 31 I GmbHG.

II. Rechtsverhältnisse der Gesellschaft gegenüber Gläubigern

Dieser zweite Fragenkomplex betrifft die Rechtsbeziehungen der Gesellschaft nach außen. Da alle Beteiligten mit Eintragung des Umwandlungsvermerkes von einer wirksamen Rechtsnachfolge ausgingen, hat die Gesellschaft in der Vergangenheit in der Regel zahlreiche Verbindlichkeiten der LPG als eigene angesehen und entsprechende Auszahlungen getätigt. Hierfür stellt sich die Frage, ob trotz der gescheiterten Umwandlung ein Anspruch der Gläubiger gegenüber der Gesellschaft bestand bzw. ob die Gesellschaft noch anstehende Forderungen begleichen muß. Neben den Haftungsfragen ist auch die Kreditwürdigkeit und die Wirksamkeit bestellter Sicherheiten für bereits ausgereichte Kredite eine für die betroffenen Unternehmen bedeutsame Frage.

A. Haftung der Gesellschaft für Verbindlichkeiten der LPG

Hinsichtlich der Haftungsfolgen der stecken gebliebenen Umwandlung muß zunächst zwischen Altverbindlichkeiten der LPG und den neuen Verbindlichkeiten unterschieden werden. Hierbei gilt der Grundsatz, daß bis zur Eintragung des neuen Rechtsträgers, wodurch die Umwandlungswirkung hätte herbeigeführt werden sollen, die LPG Rechtsträger des landwirtschaftlichen Unternehmens

---

[1007] BGH vom 17.2.1982 BGHZ 83 / 278, 280; Jauernig, Zivilprozeßrecht, § 64.

war, so daß alle im Zusammenhang mit dem Unternehmen getätigten Rechtsgeschäfte die LPG berechtigen und verpflichten. Nach der Eintragung trat allein die eingetragene Gesellschaft als Inhaberin des Unternehmens auf, so daß unzweifelhaft alle nach der Eintragung abgeschlossenen Verträge ausschließlich im Namen und zu Lasten der handelnden Gesellschaft wirken. Rechtlich fraglich ist daher nur, ob die vermeintliche Nachfolgegesellschaft auch im Fall des Scheiterns der Umwandlung für die Altverbindlichkeiten der LPG haftet.

Obwohl der Begriff Altverbindlichkeiten nach dem eben Gesagten alle bis zur Eintragung vorgenommenen Rechtshandlungen umfaßt, ist es doch anzunehmen, daß ein Teil dieser Verbindlichkeiten bereits als Gesamtverbinlichkeiten der LPG und der in Gründung befindlichen Gesellschaft entstanden sind. Gemeint ist hierbei der Zeitraum zwischen dem Beschluß über die Umwandlung, der Anmeldung zum Register und der Eintragung der Gesellschaft. Vor allem wenn die Zeitspanne bis zur Eintragung sehr lang war, wurden regelmäßig bereits vor Eintragung die Geschäfts- und Unternehmensführung auf den „Rechtsnachfolger" übertragen[1008]. Obwohl Träger des Unternehmens noch die LPG war, trat die neu gegründete Gesellschaft dann nach außen als Inhaberin des landwirtschaftlichen Betriebes auf. Nach dem Grundsatz vom unternehmensbezogenen Handeln[1009] wird zwar grundsätzlich der tatsächliche Unternehmensträger aus einem Handeln namens des Unternehmens verpflichtet. Fehlt es jedoch an einer solchen eindeutigen Zuweisung, weil der für das Unternehmen Handelnde nicht Vertreter des Unternehmsträgers ist, führt dies zur gesamtschuldnerischen Haftung beider Gesellschaften[1010].

Soweit im Folgenden die Haftung für Altverbindlichkeiten erörtert wird, sind daher lediglich jene Altverbindlichkeiten gemeint, die durch Vertreterhandlungen der Vorstände der LPG als alleinige Verbindlichkeiten der LPG entstanden sind.

Nicht in die nachfolgenden Ausführungen einbezogen werden öffentlich-rechtliche Verbindlichkeiten, wie beispielsweise Steuern oder Sozialversicherungsbeiträge. Für diese Verbindlichkeiten ergibt sich aufgrund der wirtschaftlichen Betrachtungsweise im Steuerrecht möglicherweise eine abweichende Beurteilung, auf die im Rahmen dieser Arbeit nicht eingegangen wird[1011].

[1008] Darüber hinaus fand sich in vielen Beschlüssen eine Klausel, wonach ab einem bestimmten Zeitpunkt die Geschäfte als namens der Rechtsnachfolgegesellschaft getätigt gelten sollen, unabhängig von einer bis dahin getätigten Eintragung.

[1009] BGH vom 28.1.1992 DB 1992 / 727, 728; mit anderer Begründung dieses Grundsatzes noch BGH 3.2.1975 BGHZ 64 / 11, 14 f..

[1010] Schmidt, Handelsrecht, § 8 II 1 c; auch Schmidt DB 1996 / 1859, 1861; Canaris, Handelsrecht, § 7 I 2 e.

[1011] Hinzuweisen ist hier lediglich auf § 41 AO oder auch § 613 a BGB, soweit dieser für den faktischen Betriebsübergang gilt.

1. Haftung aus Vermögensübernahme

Eine Haftung des neuen Unternehmens könnte sich aus § 419 BGB[1012] ergeben. Diese Norm wurde gegenüber den entstandenen Rechtsträgern bereits mehrfach als Rechtsgrundlage in Anspruch genommen. Der Bundesgerichtshof entschied jedoch gegen eine Haftung, weil eine Vermögensübernahme seitens des neuen Unternehmens gerade nicht wirksam stattgefunden hat. Der Übergang des Vermögens der LPG auf das neu gegründete Unternehmen ist rechtlich unwirksam. Eine Haftung käme nur dann in Betracht, wenn die fehlgeschlagene Umwandlung gemäß § 140 BGB in einen Vermögensübernahmevertrag umgedeutet werden könnte, da der Bundesgerichtshof in Anlehnung an die Motive der BGB die Haftung aus § 419 BGB bereits mit Abschluß des Kausalgeschäftes und dem Vorliegen des subjektiven Tatbestandes beginnen läßt[1013].
Sinn und Zweck der Vorschrift des § 140 BGB besteht darin, den von den Parteien erstrebten wirtschaftlichen Erfolg auch dann zu verwirklichen, wenn das rechtliche Mittel, das sie dafür gewählt haben, unzulässig ist, jedoch ein anderer, rechtlich gangbarer Weg zur Verfügung steht, der zum annähernd gleichen wirtschaftlichen Ergebnis führt[1014]. Die Umdeutung dient der Berücksichtigung wirklicher oder anzunehmender Zielsetzungen der an einem gescheiterten Rechtsgeschäft Beteiligten und steht somit in engem Zusammenhang mit den Paragraphen 133, 139 und 157 BGB. Eine Umdeutung darf nicht zu einer Auslegung gegen den erklärten oder mutmaßlichen Willen der Beteiligten, zu einer Bevormundung der Parteien führen.
Entsprechend der Begründung des Bundesgerichtshofes sind danach ein Vertrag zur Übertragung des Vermögens und ein Beschluß zur Umwandlung einer LPG oder auch der Vertrag über die Verschmelzung zweier Unternehmen[1015] Verträge unterschiedlichen Inhaltes[1016].
Aus der Tatsache, daß die Gesellschaft selbst von einer wirksamen Rechtsnachfolge ausgeht und die von ihr angenommene Wirksamkeit der Umwandlung verteidigt, kann nicht auf ein Angebot zum Schuldbeitritt geschlossen werden, sofern sich herausstellt, daß keine wirksame Gesamtrechtsnachfolge vorliegt[1017].

[1012] § 419 BGB käme allerdings nur bis zum 31.12.1998 als Anspruchsgrundlage in Betracht, da die Norm durch Art 33 EGInsO vom 5.10.1994 zum 1.1.1999 aufgehoben wurde.
[1013] BGH vom 19.2.1976 BGHZ 66 / 217, 225; BGH vom 20.3.1986 NJW 1986 / 1985, 1987; Mugdan, Die gesamten Materialien zum BGB, Bd. II 1899, S 83.
[1014] Mayer–Maly, in Münchener Komm. zum BGB, § 140 / 1.
[1015] Hierzu bereits BGH vom 18.12.1995 ZIP 1996 / 225, 226.
[1016] So auch Schmidt DB 1996 / 1859, 1861.
[1017] BGH vom 26.10.1999 NL-BzAR 2000 / 113, 115.

2. Fortführung des Handelsgeschäftes

Nachdem eine vertragliche Übernahme der Verbindlichkeiten nur im Zusammenhang mit der wirksamen Rechtsnachfolge gewollt war und eine Umdeutung der fehlgeschlagenen Umwandlung daher nicht in Betracht kommt, ist neben der bereits abgelehnten gesetzlichen Haftung aus § 419 BGB auch eine Haftung nach § 25 HGB aufgrund der Fortführung des Handelsgeschäftes[1018] der LPG zu prüfen. Voraussetzung der Haftung ist nach dem Wortlaut des Gesetzes der Erwerb des Geschäftes und dessen Fortführung unter der bisherigen Firma bzw. auch bei Beifügung eines Nachfolgezusatzes. Es kommt daher auf den Übergang der Unternehmensträgerschaft an, wobei weder die Wirksamkeit des Verpflichtungsgeschäftes noch die des Verfügungsgeschäftes notwendig ist[1019]. Abzustellen ist allein auf die Unternehmensfortführung durch den Erwerber. Daneben ist die Fortführung der Firma erforderlich. Die alleinige Unternehmensfortführung reicht nicht[1020]. Eine wort- und buchstabengetreue Fortführung der Firma ist jedoch nicht notwendig. Entscheidend ist allein, ob der Verkehr die neue Firma noch mit der alten identifiziert[1021]. Legt man diesen Tatbestand zugrunde, wäre eine Haftung der scheinbaren Nachfolgeunternehmen bei fehlgeschlagenen Umwandlungen im Regelfall zu verneinen, da fast alle landwirtschaftlichen Unternehmen in der ehemaligen DDR im Zuge der Umwandlung die Firma der LPG änderten.

Auch die Ausnahmeregelung in § 25 III HGB, der eine Haftung auch ohne Firmenfortführung vorsieht, wenn die Übernahme der Verbindlichkeiten in handelsüblicher Weise bekannt gemacht wurde, ist nicht einschlägig, da eine derartige Bekanntmachung nicht gegeben ist.

Eine Haftung der vermeintlichen Nachfolgegesellschaft ließe sich daher nur begründen, wenn nach dem Zweck der Norm das haftungsauslösende Merkmal allein die Kontinuität des Unternehmens ist, wobei die Beibehaltung der Firma Indiz, jedoch nicht zwingende Voraussetzung ist. Ob dem § 25 HGB ein Regelungskonzept zugrunde liegt, und wenn ja, wie dieses Konzept beschaffen ist, bildet den Gegenstand lebhaften, auch praktisch bedeutsamen Meinungsstreites, dessen Wurzeln bis in die Zeit vor dem ADHGB zurückreichen[1022]. Vom Grundverständnis der Norm ist die haftungsrechtliche Behandlung von Unternehmensfortführungen, insbesondere bei nicht firmenfähigen Unternehmen oder bei Änderung der Firma abhängig.

[1018] Das Vorliegen eines Handelsgeschäftes ergibt sich aus § 3 II i.V.m. § 2 Satz 1 HGB, da das landwirtschaftliche Unternehmen unter seiner Firma im LPG-Register eingetragen ist.

[1019] Oetker, Handelsrecht, § 4 D II 1 b; BGHZ 22 / 234, 239.

[1020] BGH vom1.12.1986 NJW 1987 / 1633; Baumbach/Hopt, HGB, § 25 / 6.

[1021] BGH vom 4.11.1991 NJW 1992 / 911, 912.

[1022] Hüffer, in Staub Großkomm. zum HGB, § 25 / 3.

Der traditionelle Deutungsversuch ist die Erklärungstheorie. Seit Inkrafttreten des HGB fußt die höchstrichterliche Rechtsprechung weitgehend auf ihr. Rechtsgrund der Haftung nach § 25 HGB bildet danach die in der Fortführung des Geschäftes unter der Firma liegende, an die Öffentlichkeit gerichtete Erklärung des Erwerbers[1023], für die bisherigen Geschäftsschulden haften zu wollen[1024]. In § 25 HGB werde typisches soziales Verhalten, nämlich die Übernahme des Unternehmens mit Firma, durch eine zwingende Auslegungsregel stabilisiert[1025].

Im Gegensatz zu diesem Ansatz steht die allein auf objektivrechtliche Gesichtspunkte abstellende, dem § 419 BGB zugrunde liegende Haftungsfondtheorie. Ihr widerspricht jedoch die von § 25 HGB angeordnete grundsätzlich unbegrenzte Haftung und das die Voraussetzungen des § 25 HGB an die Weiterführung des Unternehmens anknüpfen. Wer nach dieser Theorie ein Unternehmen erwirbt, um es sogleich zu zerschlagen, haftet nicht nach § 25 HGB und wer es mit neuem Vermögen fortführt, haftet trotzdem. Die Haftungsfondtheorie vermag die Haftung nach § 25 HGB nicht zu erklären.

In einigen seiner Entscheidungen hat der Bundesgerichtshof zur Deutung der Haftungsnorm neben der Erklärungstheorie auch entscheidendes Gewicht auf den von der Fortführung der Firma vermeintlich ausgehenden Rechtsschein gelegt[1026].

Wer das Unternehmen mit Firma fortführt, veranlasse den Rechtsschein der Unternehmenskontinuität, da es gerade die Firma ist, die im Rechtsverkehr den Eindruck erweckt, das Unternehmen existiere unabhängig vom Wechsel des Unternehmensträgers fort[1027]. Diese Wirkung ist vom Erwerber bei Fortführung der Firma gewollt[1028].

[1023] Kritisch dazu auch Canaris, Handelsrecht, § 7 I 2 a: Erklärung ist reine Fiktion und entspricht nicht dem Willen des Erwerbers. Für ihn besteht kein Anlaß die Vollstreckungsmasse der Altgläubiger des Veräußerers durch eine eigene unbegrenzte Haftung im Außenverhältnis zu mehren; ebenso Hüffer in Staub, Großkomm. zum HGB, § 25 / 13: Denn das in der Fortführung des Unternehmens mit oder ohne Firma liegende Verhalten weist auch vom Standpunkt der betroffenen Dritten als der potentiellen Erklärungsempfänger aus nicht die erforderliche Eindeutigkeit auf, so daß auch die Lehre vom Empfängerhorizont den Vorwurf der Willensfiktion nicht entkräften kann.

[1024] BGH vom 16.9.1981 NJW 1982 / 577, 578; ausführlich auch Säcker ZGR 1973 / 261, 275.

[1025] Ausschlaggebend für diese Auslegung ist die Begründung des Entwurfes der Haftungsnorm vgl. Hahn-Mugdan, Die gesamten Materialien zu den Reichs-Justizgesetzen, Bd. VI, 1987, Seite 219, die allerdings für ihre verschiedenartigen Gedankengänge vielfach kritisiert wurde, siehe Schricker ZGR 1972 / 121, 128 m.w.N..

[1026] BGH vom 13.10.155 BGHZ 18 / 248, 250; BGH vom 29.11.1956 BGHZ 22 / 234, 239; BGH vom 1.12.1958 BGHZ 29 / 1, 3

[1027] Oetker, Handelsrecht, § 4 D I; ausführlich auch Schricker ZGR 1972 / 121, 131 ff..

[1028] Kritisch dazu Hüffer, in Staub, Großkomm. zum HGB, § 25 / 14: Dieser Ansatz vermeidet jegliche Willensfiktion, indem sie der Haftung des Erwerbers eine gesetzliche statt

Die Kritiker dieser Theorie wenden dagegen ein, daß damit ein Vertrauen in eine falsche Rechtsansicht, nämlich daß die Firma Träger der Rechte und Pflichten sei, geschützt würde[1029]. Unabhängig aller Unterschiede der einzelnen Ansätze wird dabei jedoch das Merkmal der fortgeführten Firma einhellig als zwingende Voraussetzung der Haftungsfolge verstanden.
Abweichend hiervon sieht *Karsten Schmidt*[1030] in der Vorschrift den Kern eines Unternehmensverkehrsrechtes mit der Folge einer zwingenden Haftungskontinuität, die vom Gesetzgeber jedoch nur unzureichend und dadurch irreführend geregelt wurde. Ausgehend davon entfällt die Grundlage für einen Haftungsausschluß durch bloße Firmenänderung oder Registereintragung und Bekanntmachung[1031].
Wäre in unserem Privatrecht das Unternehmen als Rechtssubjekt anerkannt, so bestünde kein Zweifel daran, daß alle zum Unternehmen gehörenden Rechte, Verbindlichkeiten und Rechtsverhältnisse immer dem „Unternehmen„ zustünden, gleichgültig, in wessen Hände das Unternehmen übergeht. Nach geltendem Recht ist das Unternehmen jedoch nicht Rechtssubjekt in diesem Sinne[1032]. Das Unternehmen ist vielmehr seinem Inhaber zugeordnet, dem sogenannten Unternehmensträger, so daß de lege lata diese Konzeption nicht mit der geltenden Gesetzesfassung vereinbar ist.
Nach herrschender Meinung ist § 25 HGB eine Ausnahmeregelung[1033], die auf der Kontinuität der Firma und dem daran anknüpfenden Vorstellungen des Rechtsverkehres anknüpft. Maßgeblich erscheint die Kontinuität des Unternehmens nach außen, die sich in der Fortführung des Handelsgeschäftes und der Firma erweist[1034]. Das Gesamtkonzept des Gesetzes stelle gerade nicht das Unternehmen als solches, sondern den Unternehmer in den Vordergrund, wodurch das Schicksal der Rechte und Verbindlichkeiten nach außen auch nur als Folge

---

einer rechtsgeschäftlichen Basis gibt. Nicht erklärbar ist jedoch, daß selbst der Nachfolgezusatz den vermeintlichen Rechtsschein fortdauernder Inhaberschaft nicht ausräumt.

1029 Canaris, Handelsrecht, § 7 I 2 e.

1030 Dazu Schmidt ZHR 145 (1981) / 2ff; ZIP 1989 / 1025, 1028; auch DB 1996 / 1859, 1862 worin der Verfasser selbst den Erfolg einer auf diese Lehre gestützten Gläubigerklage bezweifelt.

1031 Grundlegende Kritik hieran bei Canaris ZIP 1989 / 1161, 1162f m.w.N., der vor allem eine damit verbundene Einschränkung der Privatautonomie und eine Kollision der weitreichenden Haftung nach Schmidt mit Art. 12 und 14 GG thematisiert.

1032 Zum Streitstand ausf. Schmidt, Handelsrecht, § 4 IV.

1033 BGH vom 29.11.1956 BGHZ 22 / 234, 236, Die auf § 25 HGB beruhende Haftung des Erwerbers eines Handelsgeschäftes für die im Betrieb des Veräußerers begründeten Verbindlichkeiten ohne die der Regelung in § 419 BGB entsprechende Möglichkeit der Beschränkung der Haftung auf das übernommene Vermögen ist eine Ausnahmeregelung. Sie knüpft an ganz bestimmte Voraussetzungen an und kann nur dann Platz greifen, wenn alle diese Voraussetzungen erfüllt sind.

1034 Baumbach / Hopt, HGB, § 25 / 1.

des nach außen gerichteten Unternehmerverhaltens, eben der Firmenfortführung, begriffen werden kann[1035].
Trotz fortwährender wissenschaftlicher Diskussion muß nach derzeitiger vorherrschender Auffassung und gemäß ständiger Rechtsprechung eine Haftung der scheinbaren Nachfolgegesellschaft aufgrund der Firmenfortführung nach § 25 HGB abgelehnt werden.

3. Haftung aus Rechtsschein

Ist auch die Rechtscheintheorie als Grundlage der Haftung in § 25 HGB abzulehnen, kann doch eine Haftung des neu entstandenen Unternehmens aus § 15 III HGB und allgemeinen Rechtsscheingrundsätzen zu bejahen sein.
§ 15 HGB will das rechtsgeschäftliche Vertrauen in das Register schützen. Ein Dritter kann sich deshalb auf den Schutz dieser Bestimmung nur berufen, soweit er eine Rechtsposition geltend macht, die er aufgrund einer rechtsgeschäftlichen Betätigung im Vertrauen auf die registerliche Verlautbarung erlangt hat[1036]. Voraussetzungen für die Anwendung des § 15 III HGB ist eine eintragungspflichtige Tatsache[1037]. Ob eine solche vorliegt, ergibt sich aus den gesetzlichen Bestimmungen. Diese muß unrichtig bekannt gemacht worden sein. Die gleichzeitige Falscheintragung schließt den Tatbestand nicht aus[1038]. Die eingetragene und bekannt gemachte Tatsache, an die der mögliche Rechtsschein anknüpft, ist der Umwandlungsvermerk. Seine Eintragung auf dem Registerblatt der neuen Gesellschaft ist vom Gesetzgeber jedoch nicht ausdrücklich angeordnet[1039]. Der Umwandlungsvermerk ist daher eine lediglich eintragungsfähige Tatsache, der keine konstitutive Bedeutung für die Wirksamkeit der Umwandlung hat[1040].
Darüber hinaus ließe sich auch bei Bejahung des Tatbestandes des § 15 III HGB keine Haftung der neuen Gesellschaft für die Altverbindlichkeiten der LPG begründen. Diese wurden zwischen dem Gläubiger und der LPG eingegangen, ohne daß der Gläubiger bei dem Rechtsgeschäft auf den Rechtsschein des Umwandlungsvermerkes vertraute.
Aus diesem Grund scheitert auch eine Haftung aus allgemeinen Rechtsscheingrundsätzen[1041]. Auch danach kann nur derjenige von einem gutgläubigen Drit-

---

[1035] Hüffer, HGB, § 25 / 2 der an gleicher Stelle (Rn. 27 ff) ausführt, daß die Norm dem Schutz bestimmter Verkehrserwartungen dient, wobei die Firmenfortführung eine wesentliche aber nicht tragende Bedeutung hat, sondern lediglich Aufgreifkriterium für die typische Fallgestaltung ist, die der Gesetzgeber regeln wollte.
[1036] BGH vom 26.10.1999 NL-BzAR 2000 / 113, 115.
[1037] Sonnenschein/Weitemeyer, in Heymann, Handelsgesetzbuch, Bd. I § 15 / 6, 23.
[1038] Sonnenschein/Weitemeyer, in Heymann, Handelsgesetzbuch, Bd. I § 15 / 6, 25.
[1039] So auch Kapitel 3 II. A.
[1040] Hierzu bereits unter Kapitel 3 II. A.
[1041] Hierzu Canaris, Vertrauenshaftung im dt. Privatrecht, § 14 III..

ten an einer von ihm veranlaßten Eintragung im Register festgehalten werden, wenn diese kausal für ein rechtsgeschäftliches Handeln des Dritten gewesen ist[1042].

Im Ergebnis ergibt sich daher kein rechtlicher Grund für eine Haftung des neuen Rechtsträgers gegenüber den Gläubigern der LPG. Hat der neue Rechtsträger daher in der Annahme als Gesamtrechtsnachfolger der früheren LPG zur Erfüllung der offenstehenden Verbindlichkeiten der LPG verpflichtet zu sein, die Gläubiger der LPG befriedigt, bestand zwischen dem jeweiligen Gläubiger und dem neuen Rechtsträger kein Schuldverhältnis. Die Leistung des neuen Unternehmens erfolgte auf die vermeintlich eigene Schuld und nicht als Drittzahlung im Sinne des § 267 BGB[1043]. Für die Leistung bestand daher kein rechtlicher Grund, so daß für den scheinbaren Rechtsnachfolger gegen den Gläubiger ein Anspruch auf Rückgewähr der rechtsgrundlos erlangten Leistung aus § 812 BGB besteht[1044]. Neben Zahlungen an Geschäftspartner der früheren LPG, deren offene Forderungen vom neuen Rechtsträger befriedigt wurden, gehören insbesondere auch die an ausgeschiedene Mitglieder der früheren LPG nach § 44 I LwAnpG gezahlten Abfindungen zu den rechtsgrundlos erbrachten Leistungen. Die ursprünglich gegebene 30jährige Verjährungsfrist für bereicherungsrechtliche Ansprüche wurde durch Inkrafttreten des Schuldrechtsreformgesetzes[1045] zum 1.1.2002 auf nunmehr 3 Jahre in Abhängigkeit von der Kenntnis des Berechtigten über die anspruchsbegründenden Voraussetzungen reduziert. Für alle bis zum 1.1.2002 bereits entstandenen Forderungen regelt Art. 229 § 6 I 1, IV EGBGB den Beginn der neuen Verjährungsfrist zum 1.1.2002. Frühester Verjährungszeitpunkt ist danach der 31.12.04. Soweit das berechtigte Unternehmen erst nach diesem Zeitpunkt Kenntnis von dem bestehenden Anspruch erhält verschiebt sich der Verjährungsbeginn nach § 199 I BGB. Das Ende der Verjährung tritt nach § 199 IV BGB spätestens jedoch mit Ablauf des 31.12.2011 ein.

B. Solvenzprüfung

Eine für die betroffenen Unternehmen besonders brisante Frage ist, welche Auswirkungen die festgestellte Rechtslage auf die wirtschaftliche Situation der vermeintlichen Nachfolgegesellschaft hat. Die Gesellschaft wird daher nicht umhin können, alsbald nach Kenntnis vom Fehlschlagen der Umwandlung einen Überschuldungsstatus zu erstellen, um auf dieser Grundlage eine möglicher-

---

[1042] BGH vom 29.11.1956 BGHZ 22 / 234, 238; RG vom 13.10.1933 RGZ 142 / 98, 104 f..
[1043] Zur nachträglichen Änderung der Tilgungsbestimmung und möglichen Rückgriffsansprüchen gegen die LPG i.L. siehe unter Kapitel 9 IV.
[1044] BGH vom 5.3.1999 Nl-BzAR 1999 / 288, 291.
[1045] Gesetz zur Modernisierung des Schuldrechtes vom 26.11.2000 BGBl. I 3138 ff..

weise gegebene Insolvenz festzustellen. Ergibt die Prüfung eine Überschuldung des Unternehmens sind die Vertreter der AG nach § 92 I AktG, GmbH nach § 64 I 2 GmbHG, e.G. nach § 99 I 2 GenG oder GmbH & Co. KG nach § 177 a, 130 a HGB zur Stellung eines Insolvenzantrages über des Vermögen des neuen Rechtsträgers verpflichtet. Ein Verstoß gegen die Insolvenzantragspflicht des Vorstandes/Geschäftsführers ist eine strafbare Handlung und kann mit Freiheitsstrafe bis zu drei Jahren oder Geldstrafe gemäß § 401 I Nr. 2 AktG, § 84 I Nr. 2 GmbHG, § 148 I Nr. 2 GenG oder § 177 a, 130 b I HGB geahndet werden.
Daher hat der Vorstand bzw. die Geschäftsleitung des neuen Rechtsträgers zu prüfen, ob -das LPG-Altvermögen hinwegegdacht- das durch das Vermögen des Rechtsträgers, wozu auch mögliche Ansprüche gegenüber der LPG i.L. gehören, seine Verbindlichkeiten gedeckt werden oder er andernfalls überschuldet ist. Alle von der LPG übernommenen Vermögensgegenstände, soweit sie noch vorhanden sind, können dabei nicht als Aktiva übernommen werden. Umgekehrt sind aber auch die Verbindlichkeiten der LPG, deren Altschulden und etwa noch bestehende Abfindungsansprüche nach § 44 LwAnpG gegenüber ausgeschiedenen Mitgliedern, nicht zu passivieren[1046]. Ebenso hat das zwischen der LPG i.L. und der Gesellschaft bestehende Geflecht von wechselseitigen Ansprüchen aufgrund der tatsächlichen Übernahme des Vermögens, dessen Nutzung und Erhaltung großen Einfluß auf die Erstellung des Vermögensstatus[1047].
Eine wesentliche Rolle bei der Bewertung der wirtschaftlichen Situation eines Unternehmens spielen darüber hinaus deren Verbindlichkeiten, wobei hiermit an dieser Stelle allein die vom neuen Rechtsträger im eigenen Namen aufgenommenen Bankdarlehen gemeint sind. Üblicherweise werden diese Kredite mit Vermögenswerten des Unternehmens besichert. Dies kann einmal durch die Übereignung sicherungshalber von einzelnen Gegenständen des betrieblichen Vermögens oder durch die Belastung unternehmenseigener Grundstücke geschehen. Stellt sich nach Abschluß des Kreditvertrages die Unwirksamkeit der vereinbarten Sicherheit heraus, ist die kreditgebende Bank normalerweise berechtigt, den Vertrag aufzukündigen und die Kreditsumme sofort fällig zu stellen. Folge einer solchen Entwicklung wäre wohl in der Regel die Zahlungsunfähigkeit des Unternehmens oder diese wären zumindest gezwungen, andere Vermögenswerte zu verkaufen. Problematisch ist dabei einmal die Feststellung der Gegenstände, die die Gesellschaft berechtigterweise als Eigentümerin verwerten darf und zum anderen, daß mit dem Verkauf betriebsnotwendiger Vermögenswerte die weitere unternehmerische Tätigkeit des Betriebes gefährdet wird.
Nach Bekanntwerden der ersten Fälle unwirksamer Umwandlungen gab es bei den betroffenen Unternehmen viele Unsicherheiten. Daher sollen an dieser Stelle die Sicherungsübereignungen von Gegenständen und die Belastungen von

---

[1046] So auch Neixler NL-BzAR 2000 / 352, 354.
[1047] Genaue Darstellung dieser Ansprüche in Kapitel 8 und 9.

Grundstücken, die nicht im Eigentum der kreditnehmenden Gesellschaft stehen, auf ihre Rechtswirksamkeit geprüft werden[1048].

1. Sicherungsübereignung an beweglichen Sachen

Neben der Sicherungsübereignung von Maschinen, Fahrzeugen und Anlagen sind hier auch die Verfügungen über das selbständige Gebäudeeigentum nach § 27 LPGG zu prüfen, daß gemäß Art. 233 § 2b II 1 EGBGB i.V.m. Art. 231 § 5 I EGBGB übergeleitet wurde. Mit der Einführung des Art. 233 § 2b VI EGBGB am 21.7.1992 bestimmte der Gesetzgeber die Anwendung der grundstücksbezogenen Vorschriften des BGB. Vor dieser gesetzlichen Klarstellung wurde nach verbreiteter Ansicht in diesen Fällen Mobiliarsachenrecht angewandt. Die Neufassung des Gesetzes trägt dem in den Absätzen V und VI der Vorschrift Rechnung, wonach diese Übereignungen grundsätzlich wirksam bleiben[1049], der Sicherungsgeber jedoch nun die Bestellung eines Grundpfandrechtes am Gebäude Zug um Zug gegen die Rückübereignung verlangen kann.
Für die Bewertung der Wirksamkeit der Sicherungsübereignung gelten somit die Regelungen in §§ 929 ff BGB, soweit es sich um bewegliche Sachen oder vor dem 21.7.1992 als bewegliche Sache übertragenes Gebäudeeigentum handelt.
Die wirksame Übereignung setzt nach dem Grundtatbestand in § 929 I BGB die Einigung, Übergabe und die Verfügungsberechtigung des Verfügenden voraus. Letztere ist Inhalt des Eigentums an der Sache. Soweit die neue Gesellschaft Vermögensgegenstände oder einzelne Gebäude im Rahmen der vermeintlichen Umwandlung von der LPG übernommen hat, ist sie nicht wirksam Eigentümerin geworden. Folglich besaß sie keine Berechtigung, die vermeintlich ihr gehörenden Vermögensgegenstände als Sicherheit für Bankkredite zur Verfügung zu stellen und hierzu das Eigentum an die Bank zu übertragen.
Das Gesetz läßt dennoch eine wirksame Übereignung zu, sofern die Voraussetzungen des gutgläubigen Erwerbes nach den §§ 932 ff BGB erfüllt sind. Die Zulässigkeit des gutgläubigen Erwerbes knüpft nach dem Gesetz an die Verschaffung des unmittelbaren Sachbesitzes an, sofern der Übereigner, wie vorliegend die Gesellschaft, selbst im Besitz der Sache ist[1050]. Dies ist bei Sicherungsübereignungen an die kreditgebende Bank jedoch regelmäßig nicht der Fall, da die zur Sicherheit übereigneten Gegenstände oder Gebäude zur Führung des landwirtschaftlichen Unternehmens gebraucht werden. Daher wird zwischen der Bank und dem Kreditnehmer ein Besitzkonstitut nach § 930 BGB vereinbart.

[1048] Auf eine spezifische Darstellung der Eigentumsverhältnisse wird an dieser Stelle verzichtet, da dies im Rahmen des Eigentumsherausgabeanspruches nach § 985 BGB erfolgen wird. Hierzu Kapitel 8.
[1049] Von Oefele, in Münchener Komm. zum EGBGB, Art. 233 § 2 b / Rdn. 17 ff..
[1050] Michalski, in Erman, BGB, § 932 / 1; Baur/Stürner, Sachenrecht, § 52 A. II.

Gemäß § 933 BGB setzt ein gutgläubiger Erwerb durch Besitzkonstitut die Übergabe der Sache voraus. Hieran scheitert in diesen Fällen die wirksame Besicherung des Kredites.
Das für das Gebäudeeigentum der LPGen nach § 27 LPGG aufgrund Art. 233 § 2 b II 1 EGBGB[1051] anzulegende Gebäudegrundbuch hatte auf die hier behandelten Übereignungen keinen Einfluß.

2. Verfügungen über Grundstücke und Gebäude nach dem 21.7.1992

In der Praxis werden zur Besicherung von Krediten häufig Grundstücke des Kreditnehmers verwandt. Als Verfügungen über Grundstücke und selbständiges Gebäudeeigentum kommen hier neben der Übereignung vor allem auch Grundschuld- und Hypothekenbestellungen im Rahmen von Kreditverträgen in Betracht.
Allgemein werden die Voraussetzungen derartiger Verfügungen in § 873 I BGB umschrieben[1052]. Neben der Einigung der Parteien und der Eintragung der Rechtsänderung oder Belastung ist auch hierbei der Verfügungsbefugnis der verfügenden Vertragspartei erforderlich[1053]. Wie im Fall der Mobilien ergibt sich diese aus dem Eigentum am Grundstück bzw. Gebäude.
Auch hierbei ist die vermeintliche Nachfolgegesellschaft nicht Eigentümerin der LPG eigenen Grundstücke und Gebäude geworden. Soweit sie die betreffenden Immobilien nicht im eigenen Namen durch Rechtsgeschäft erworben hatte, handelte sie damit als Nichtberechtigte.
Eine Wirksamkeit dieser Verfügungen könnte sich jedoch aus § 892 I 1 BGB ergeben, sofern die neue Gesellschaft bei Stellung des Antrages auf Eintragung im Grundbuch als Eigentümerin eingetragen war. Hinsichtlich der LPG eigenen Grundstücke war ursprünglich die LPG als Eigentümerin im Grundbuch eingetragen. Nach Umwandlung der LPG wurde auf Antrag der neuen Gesellschaft die Eintragung im Grundbuch berichtigt. Die für den Eintragungsantrag notwendigen Unterlagen beschränkt § 12 I Grundbuchbereinigungsgesetz auf eine Bescheinigung des Registers des neuen Rechtsträgers. Obwohl die Umwandlung in einzelnen Fällen unwirksam war, wurde eine solche Bescheinigung erstellt, da das Registergericht, wie auch die Beteiligten, von der Wirksamkeit der Um-

---

[1051] Eingefügt durch 2. Vermögensrechtsänderungsgesetz vom 14.7.1992 BGBl. I Seite 1257 vom 22.7.1992.
[1052] Neben Veräußerungen gelten die Bestimmungen auch bei der Hypothekenbestellung § 1138 BGB, bei Übertragung einer Hypothek § 1155 BGB und bei der Bestellung von Grundschulden § 1192 BGB.
[1053] Auf weitere Voraussetzungen der einzelnen Rechtsgeschäfte wird nur insoweit eingegangen als diese vorliegend problematisch sein können.

wandlung nach Eintragung der Gesellschaft ausgingen. Soweit die Umschreibung des Grundbuches im Zeitpunkt der Besicherung des Kredites bereits erfolgt war, konnte eine Grundschuld oder Hypothek zugunsten des Kreditinstitutes wirksam bestellt werden.
Im Unterschied hierzu existierten für das selbständige Gebäudeeigentum der LPG nach § 27 LPGG zunächst keine Gebäudegrundbucheintragungen. Nachdem § 18 LPGG als rechtliche Grundlage des Gebäudeeigentums durch Gesetz vom 28.6.1990 ersatzlos aufgehoben worden war, bestimmte nunmehr Art 233 § 2 b II 1 EGBGB, daß die Gebäude und Anlagen landwirtschaftlicher Produktionsgenossenschaften unabhängig vom Eigentum am Grundstück Eigentum der LPG bleiben. Auf Antrag des Nutzers war nach Art. 233 § 2b II 1 EGBGB ein Gebäudegrundbuchblatt anzulegen. Zur Anlegung und Führung des Gebäudegrundbuches gilt die Gebäudegrundbuchverfügung (GGV)[1054]. Dort befaßt sich § 4 II GGV mit dem Nachweis des Gebäudeeigentums nach Art. 233 § 2 b II 1 EGBGB. Der Nachweis ist grundsätzlich vom Antragsteller in der Form des § 29 GBO zu erbringen[1055]. Auch hier gilt die Erleichterung nach § 12 GrundBBerG. War ein eindeutiger Nachweis des Gebäudeeigentumes nicht möglich, konnten die Rechtsfragen durch ein Feststellungverfahren nach dem Vermögenszuordnungsgesetz[1056] geklärt werden. Nach Art. 233 § 2 b III EGBGB ist dabei das Eigentum am Gebäude durch einen Bescheid des Präsidenten der Oberfinanzdirektion festzustellen, in dessen Bezirk das Gebäude liegt[1057].
Soweit hier wirksames Gebäudeeigentum der LPG entstanden war und die Umwandlungswirkung vom zuständige Register bestätigt wurde, ist auch die Anlegung des Gebäudegrundbuches regelmäßig erfolgt. Gleichzeitig erfolgte von Amts wegen die Eintragung des selbständigen Gebäudeeigentums im Grundbuch des Grundstückes (Art. 233 § 2 b II 3 EGBGB). Lagen beide Eintragungen zugunsten der vermeintlichen Nachfolgegesellschaft vor, konnte auch das selbständige Gebäudeeigentum wirksam zur Kreditbesicherung eingesetzt werden.

III. Ausgründung und erneute Umwandlung

Im Zusammenhang mit der Rechtswirksamkeit der Übertragung von Vermögensgegenständen ergibt sich auch die Frage, ob von der vermeintlichen Nachfolgegesellschaft der LPG gegründete Tochterunternehmen wirksam entstanden sind.
Häufig wurden im Verlauf der letzten Jahre einzelne Betriebsteile auf neue Unternehmen ausgegliedert oder Tochterfirmen zu Weiterverarbeitung oder Ver-

---

[1054] Vom 15.7.1995 BGBl. I Seite 1606.
[1055] Von Oefele, in Münchener Komm. zum BGB, Anhang EGBGB Art. 233 § 2 b / 9.
[1056] Vom 22.3.1991 BGBl. I Seite 766, 784.
[1057] Hartmann, in Soergel Komm. zum BGB, Anhang EGBGB Art. 233 § 2 b / 34 f..

trieb der landwirtschaftlichen Produkte gegründet. Hierzu errichtete der neue Rechtsträger neue Gesellschaften, die meist als GmbH entstanden. Als Gründer der Tochterunternehmen war der neue Rechtsträger alleiniger Gesellschafter und haftete für die Aufbringung des Gesellschaftskapitals. Soweit einzelne Betriebsteile ausgegliedert wurden, erfolgte die Aufbringung durch Übertragung von Unternehmensteilen, d.h. einzelne Vermögensgegenstände wurden auf die Tochtergesellschaft übertragen.

Sollte die Tochtergesellschaft eine zusätzliche unternehmerische Aufgabe übernehmen, ist auch eine Bargründung denkbar, bei der der vermeintliche Rechtsnachfolger der LPG die Mittel zur Errichtung der Gesellschaft durch Barzahlung der Einlagen aufbringt.

Fraglich ist, ob das Gesellschaftskapital wirksam an den Rechtsträger geleistet wurde.

Die Ausführungen zur Wirksamkeit der Besicherung von Krediten haben gezeigt, daß dieses Problem nur entsteht, wenn der Rechtsträger zur Besicherung bzw. zur Einlageleistung über Vermögensgegenstände verfügt, die noch im Eigentum der LPG stehen und er daher nicht verfügungsberechtigt ist. Es ist somit auch hier zu prüfen, ob die neu gegründete Tochtergesellschaft gutgläubig Eigentum an den eingebrachten Einlagen erlangen konnte. Obwohl in diesen Fällen der Tatbestand des § 932 BGB mit Einigung und Übergabe der Vermögensgegenstände bzw. bei Grundstücken die Eintragung im Grundbuch vorlag[1058], scheitert die Übertragung von Vermögen aus dem Eigentum der LPG an die Tochterfirma des neuen Rechtsträgers. Anders als bei der Besicherung der Kredite gegenüber dem Kreditinstitut liegt in dieser Konstellation kein Verkehrsgeschäft vor. Vorraussetzung jedes gutgläubigen Erwerbes ist danach die Übertragung des Nichtberechtigten an einen Dritten im Rahmen eine Verkehrsgeschäftes[1059]. Die Übertragung an die 100%ige Tochterfirma erfüllt diesen Tatbestand nicht. Hier liegt lediglich ein Insichgeschäft des vermeintlichen Rechtsnachfolgers vor, der zugleich Leistender der Einlage und alleiniger Gesellschafter der Tochtergesellschaft ist[1060].

Die geleisteten Vermögensgegenstände wurden deshalb nicht wirksam an die Tochtergesellschaft übertragen, sondern stehen noch immer im Eigentum der LPG.

Diese Grundsätze gelten auch für die Übertragung von Geld, das nach der Legaldefinition des § 90 BGB eine bewegliche Sache ist. Die Besonderheit bei der Leistung einer Bareinlage besteht jedoch in der Wahrscheinlichkeit des späteren Eigentumserwerbes der Tochterfirma. Gemäß § 948 I BGB hat die Tochterfirma

---

[1058] Zu den Voraussetzungen des gutgläubigen Erwerbes siehe unter II. B.

[1059] Lutter AcP 164 (1964) / 122, 159 ff.; Quack, in Münchener Komm. zum BGB, § 932 / 18; Mühl, in Soergel, BGB, § 932 / 5; Baur/Stürner, Sachenrecht, § 52 A. I. 5.

[1060] BGH vom 15.12.1928 BGHZ 123 / 52, 56 (vorweggenommene Erbfolge); BGH vom 6.3.1930 BGHZ 127 / 341, 346 (Treuhandverhältnis).

das Eigentum an den gezahlten Einlagen erworben, sobald sie das Geld im Rahmen ihres Geschäftsbetriebes mit eigenen Geldern vermischt hat, so daß eine Individualisierung des von der Muttergesellschaft erhaltenen Betrages nicht mehr möglich ist. Hierfür ist es unerheblich, ob das Geld als Bargeld in der Geschäftskasse oder als Gutschrift auf dem Konto verwaltet wurde[1061].
Eine andere Beurteilung des gutgläubigen Erwerbes ergibt sich, wenn die vermeintliche Nachfolgegesellschaft sich neben anderen an einer Dritten Gesellschaft beteiligt. Hier ist sie nicht alleinige Inhaberin der Gesellschaft. Zum Schutz der unbeteiligten dritten Gesellschafter muß für die Leistung der Einlage ein Verkehrsgeschäft bejaht werden. Das Eigentum der LPG ist dann wirksam auf die Gesellschaft übertragen worden.
Ein letzter Punkt ist die Auswirkung einer erneuten Umwandlung des vermeintlichen Rechtsnachfolgers. In vielen Fällen haben sich die aus den ehemaligen LPGen entstandenen Unternehmen im Verlauf der letzten Jahre für eine Neustrukturierung durch erneuten Formwechsel oder auch Verschmelzung mit einem anderen landwirtschaftlichen Unternehmen entschieden oder wurde einzelne Unternehmensteile durch Ausgliederung nach den Vorschriften in § 123 II des Umwandlungsgesetzes auf Tochterunternehmen übertragen[1062]. Der Übergang des Vermögens im Rahmen einer Umwandlung nach dem UmwG erfolgt im Wege der gesetzlich bestimmten Gesamtrechtsnachfolge. Es findet keine rechtsgeschäftliche Übertragung auf den künftigen Rechtsträger statt. Dieser tritt an die Stelle der sich umwandelnden Gesellschaft und in deren Rechtsstellung. Eine erneute Umwandlung des vermeintlichen Rechtsnachfolgers hat daher keine Auswirkung auf seine vermögensrechtlichen Beziehungen zur weiterbestehenden LPG.

IV. Wirksamkeit von Bodenneuordnungsverfahren und Sachenrechtsbereinigung

Zum Abschluß der Ausführungen stellt sich die Frage, ob die vom neuen Rechtsträger mit ausgeschiedenen Mitgliedern der LPG durchgeführten Bodenneuordnungsverfahren nach § 53 ff LwAnpG wirksam sind.
Mit ihrem Ausscheiden aus der LPG erhielt das ehemalige Mitglied gemäß § 45 LwAnpG das volle Verfügungsrecht und den unmittelbaren Besitz über die von ihm zur Nutzung in die LPG eingebrachten Grundstücke zurück. Oftmals bereitete diese Rückgabe große praktische Problem, weil die betroffenen Grundstücke mitten in den sonstigen genossenschaftlichen Flächen eingebettet waren

---

[1061] Simitris AcP 159 (1960/61) / 406, 462 f.; Medicus Jus 1983 / 897, 900 f.; Hefermehl, in Ermann, BGB, § 98 / 4.

[1062] Siehe hierzu die Auswertungen Abicht, in Bayer (Hrsg.), Abschlußbericht zum Forschungsprojekt "Rechtsprobleme der Restrukturierung der landwirtschaftlichen Unternehmen in den neuen Bundesländern nach 1989" Kapitel 3.

und die einheitliche landwirtschaftliche Fläche der LPG durch die Rückgabe unterbrochen und damit unwirtschaftlich würde. Auch für das ausscheidende Mitglied, das künftig eine eigene Landwirtschaft auf dem Boden betreiben wollte, war die Rückgabe einer solchen Fläche regelmäßig ungünstig, wenn beispielsweise die Zufahrt nur über die Flächen der Genossenschaft möglich war.
Das Landwirtschaftsanpassungsgesetz hat daher für die Fälle, in denen der LPG die Rückgabe der Flächen aus objektiven, wirtschaftlichen oder rechtlichen Gründen nicht möglich war, die Möglichkeit des Landtausches geschaffen. Hierfür und auch für alle Fälle der Wiederherstellung der Einheit von selbständigem Gebäudeeigentum und Eigentum an Grund und Boden[1063] und die sonstigen in § 53 LwAnpG genannten Sachverhalte bot das Gesetz ein Verfahren zur Feststellung und Neuordnung der Eigentumsverhältnisse.
Grundsätzlich sollte die Neuordnung durch einen freiwilligen Landtausch der Beteiligten erfolgen. War eine Einigung der Beteiligten unmöglich, war unter Leitung der zuständigen Flurneuordnungsbehörde ein Bodenneuordnungsverfahren nach § 56 LwAnpG durchzuführen in dessen Verlauf ein Plan zur Bodenneuordnung erarbeitet wurde.
Obwohl die neue Gesellschaft nur fälschlicherweise als Eigentümerin der LPG-eigenen Grundstücke und Gebäude im Grundbuch eingetragen war, wurde sie aufgrund dieser Eintragungen rechtmäßig als Beteiligte nach § 63 LwAnpG i.V.m. § 10 FlurBerG im freiwilligen Verfahren bzw. § 57 LwAnpG beim behördlichen Verfahren behandelt.
Die rechtliche Neuverteilung des Bodens zwischen den Parteien wurde in beiden Verfahren durch die letztliche Ausführungsanordnung der Behörde wirksam. (§ 55 II, § 61 I LwAnpG) Hierbei handelt es sich um einen anfechtbaren Verwaltungsakt aufgrund dessen unmittelbar die neue Rechtslage eintritt. Aufgrund der Ausführungsanordnung erwirbt der Begünstigte das Eigentum am Boden durch staatlichen Hoheitsakt (§ 61 II LwAnpG). Die anschließende Grundbuchberich-

---

[1063] Grundsätzlich ist die Wiederherstellung der Einheit von Bodeneigentum und selbständigem Gebäudeeigentum Gegenstand des Sachenrechtsbereinigungsgesetzes. § 2 III SachenRBerG bestimmt für den landwirtschaftlichen Bereich jedoch ausdrücklich den Vorrang des dort geregelten Bodenneuordnungsverfahrens.

tigung hat allein deklaratorische Bedeutung[1064]. Die wirksam gewordene Bodenneuordnung wirkt daher auch gegen die LPG i.L..

[1064] Nies, in Clem, Vermögen und Investition in der ehemaligen DDR, Komm. zum LwAnpG, § 55 / 13,14 und § 61 / 3, 4.

Kapitel 8: Die Ansprüche der LPG i.L. auf Rückgabe ihres Vermögens

Ein zentrales Problem der stecken gebliebenen Umwandlung sind die vermögensrechtlichen Beziehungen zwischen der neuen Gesellschaft und der LPG i.L.. Nach der Eintragung der Gesellschaft und des Vermerkes über die vermeintliche Umwandlung im Handels- bzw. Genossenschaftsregister hat die neu entstandene Gesellschaft in der Annahme einer wirksamen Umwandlung mit dem Vermögen der ehemaligen LPG als deren Rechtsnachfolger gewirtschaftet. Dabei wurden Verbindlichkeiten der ehemaligen LPG gegenüber Gläubigern beglichen und Abfindungen nach § 44 I LwAnpG an aus der LPG ausgeschiedene Mitglieder gezahlt. Daneben hat das Unternehmen eigene Geschäfte abgeschlossen, sich am Markt betätigt und eigenes Vermögen in das landwirtschaftliche Unternehmen investiert. Zudem wurden anfallende Verbindlichkeiten aus dem übernommenen Vermögen der LPG beglichen.

Nachdem im vorhergehenden Kapitel die Wirksamkeit von Verfügungen über Vermögen der LPG zugunsten Dritter gegenüber der LPG untersucht wurde, stellt sich die Frage, welche gegenseitigen Ansprüche zwischen den Beteiligten bestehen. Diese Aufarbeitung dient der Darstellung der bestehenden Ausgangslage zwischen den Parteien, um auf dieser Grundlage einen Weg der vermögensrechtlichen Auseinandersetzung herauszuarbeiten. Dabei liegt eine Rückabwicklung der unwirksamen Vermögensübertragung im Normalfall nicht im Interesse der Beteiligten. Vielmehr wird man versuchen, die gegenseitigen Ansprüche ohne Rückgabe des Unternehmens finanziell aufzurechnen. Um in der Praxis eine vertragliche Vereinbarung treffen zu können, ist es jedoch unerläßlich, die bestehenden gegenseitigen Ansprüche zu prüfen, deren rechtliche Grundlage und wertmäßigen Umfang festzustellen.

Unabhängig davon ist es auch denkbar, daß die in dieser Arbeit[1065] angedachte gütliche Lösung zwischen der LPG i.L. und der neuen Gesellschaft auf vertraglichem Wege scheitert. In diesem Fall könnte die LPG i.L. ihre Rückgabe- und Ausgleichsansprüche gegen die Gesellschaft geltend machen, die dann ihrerseits Gegenforderungen erheben wird.

Systematisch werden im Folgenden zunächst die Ansprüche der LPG i.L. auf Rückgabe ihres Vermögens und Ersatzansprüche wegen Verlust, Verbrauch oder Beschädigung der Vermögensgegenstände untersucht und im Anschluß daran weitergehende Ansprüche auf Herausgabe von Nutzungen, sowie im nächsten Kapitel die Gegenansprüche der neuen Gesellschaft geprüft.

Zunächst soll grundlegend untersucht werden, welche denkbaren Ansprüche die LPG i. L. gegenüber der neu entstandenen Gesellschaft auf Rückgabe der damals übernommenen Vermögenswerte hat. Dabei kann wegen der langen Zeit-

---

[1065] Hierzu Kapitel 10.

spanne und der generell grundlegenden Veränderungen in der ostdeutschen Landwirtschaft in den letzten Jahren mit hoher Wahrscheinlichkeit davon ausgegangen werden, daß nur noch ein sehr geringer Teil des übernommenen Vermögens in seiner ursprünglichen Form vorhanden ist.

I. Rechtsgrundlage der vermögensrechtlichen Bereinigung zwischen LPG i.L. und neuem Rechtsträger

Ausgangspunkt der Erörterungen zu den Ansprüchen der LPG i.L. auf Rückgabe des Vermögens ist die Frage, auf welche rechtliche Grundlage sich diese Ansprüche stützen.
Zunächst sind vertragliche Ansprüche für die Vermögensrückgabe an die LPG nicht gegeben, da die neue Gesellschaft das Vermögen nicht aufgrund eines Rechtsgeschäftes mit der LPG erlangt hat. Als Anspruchsgrundlage sind daher ausschließlich gesetzliche Ansprüche in Betracht zu ziehen.
Für die Rückabwicklung der gescheiterten Umwandlung könnte man an Rückgewähransprüche aus ungerechtfertigter Bereicherung denken. Dabei bereitet die in den vergangenen Jahren erfolgte Umgestaltung des landwirtschaftlichen Unternehmens große Schwierigkeiten. Zunächst wäre umstritten, ob die LPG i.L. überhaupt noch einen Anspruch auf Herausgabe des umgestalteten Unternehmens hätte oder lediglich Ersatz des Wertes des übernommenen Vermögens nach § 818 II BGB verlangen könnte[1066]. Bejaht man eine Herausgabepflicht unter Verweis auf die Subsidiarität des Wertersatzes, stellt sich die Frage des Aufwendungsersatzes für die neue Gesellschaft. Hierzu aufgewandte Mittel könnten nur im Rahmen des § 818 III BGB berücksichtigt werden. Darüber hinaus hätte die neue Gesellschaft grundsätzlich nur die noch bei ihr vorhandenen Vermögensvorteile herauszugeben und könnte sich ansonsten auf Entreicherung berufen[1067]. Zu Recht wird im Schrifttum die einseitige Auferlegung dieses Risikos auf die Mitglieder und Gläubiger der LPG i.L. abgelehnt[1068].
Ebenso besteht zwischen der LPG i.L. und der vermeintlichen Nachfolgegesellschaft eine offensichtliche Vindikationslage, was zu einer Rückabwicklung über die Regelungen des Eigentümer-Besitzer-Verhältnisses führt. Hierdurch würde die Anwendung des Bereicherungsrechtes grundsätzlich ausgeschlossen. Eine vermögensrechtliche Rückabwicklung nach den § 985 ff BGB beinhaltet neben den Herausgabeansprüchen der LPG i.L. auch Gegenansprüche der neuen Ge-

---

[1066] Zum verwandten Problem der bereicherungsrechtlichen Rückabwicklung fehlgeschlagener Unternehmenskäufe Lieb, in Münchener Kommentar zum HGB, Anh. § 25 / 43 ff..
[1067] Zumindest soweit keine verschärfte Haftung nach §§ 819, 818 IV BGB vorläge; hierzu unter Kapitel 8 V.
[1068] Wenzel AgrarR 2000 / 350, 354; Schubel, in Bayer (Hrsg.), 10 Jahre Landwirtschaftsanpassungsgesetz –eine Zwischenbilanz-, Seite 46, 56.

sellschaft für von ihr gemachte Verwendungen, so daß durch die Anwendung dieser Normen eine umfassende Bereinigung der vermögensrechtlichen Beziehungen zwischen beiden Beteiligten erfolgen könnte.

Teilweise wird dagegen in der Rechtswissenschaft die Anwendung des spezielleren § 90 GenG vorgeschlagen, um zum einen den Einwand der Entreicherung nach § 818 III BGB abzuschneiden und andererseits auch sich aus möglichen Gegenansprüchen des neuen Rechtsträgers ergebende Zurückbehaltungsrechte nach § 1000 Satz 1 BGB nicht eingreifen zu lassen[1069].
Eine Auszahlung an einzelne Genossen unter Verstoß gegen § 90 GenG ist dabei mit der nach § 22 IV GenG verbotenen Auszahlung des Geschäftsguthabens vergleichbar, da beide Normen gleichermaßen den Schutz der Gläubiger der Genossenschaft vor unzulässigen Auszahlungen von Geschäftsguthaben einmal bei der webenden Genossenschaft bzw. im anderen Fall bei der Liquidationsgesellschaft schützen[1070]. Aufgrund dieser Parallelität ist es folgerichtig, die im Hinblick auf einen Verstoß gegen das Auszahlungsverbot des § 22 IV GenG entwickelten Rechtsfolgen, auch auf den Verstoß gegen das entsprechende Auszahlungsverbot des § 90 GenG im Liquidationsverfahren zu übertragen[1071].
Zahlungen entgegen dem Verbot des § 22 IV GenG begründen nach herrschender Auffassung einen körperschaftlichen Rückgewähranspruch der Genossenschaft gegen den Genossen[1072], der sich, da diesbezügliche Regelungen im Genossenschaftgesetz fehlen, in entsprechender Anwendung der §§ 31 I GmbHG und 62 I 1 AktG ergibt[1073].
Konsequenterweise begründet somit auch ein Verstoß gegen das Verteilungsverbot in § 90 GenG einen ebensolchen körperschaftlichen Rückgewähranspruch der Gesellschaft in entsprechender Anwendung der § 31 GmbHG, § 62 AktG[1074].
Hiergegen könnte die vermeintliche Nachfolgegesellschaft nicht den Einwand der Entreicherung erheben. Ebenso wäre die Aufrechnung mit ihren Ansprüchen gegen die LPG i.L. oder ein Zurückbehaltungsrecht wegen solcher Ansprüche ausgeschlossen.

[1069] Wenzel AgrarR 2000 / 349, 354; Schubel, in Bayer (Hrsg.), 10 Jahre Landwirtschaftsanpassungsgesetz –eine Zwischenbilanz-, Seite 46, 57.
[1070] BGH vom 17.5.1999 BB 1999 / 1621, 1623 mit Anm. Henze.
[1071] BGH vom 17.5.1999 BB 1999 / 1621, 1623 mit Anm. Henze.
[1072] BGH vom 10.03.1997 (II ZR 338/95) ZIP 1997 / 928; ebenso BGH vom 10.03.1997 (II ZR 339/95) ZIP 1997 / 927; BGH vom 17.5.1999 BB 1999 / 1621, 1623.
[1073] Schaffland in Lang/Weidmüller/Metz/Schaffland, Genossenschaftsgesetz, § 22 / 13.
[1074] BGH vom 17.5.1999 BB 1999 / 1621, 1622 mit Anm. Henze; Bayer DStR 1999 / 1816 ff.; Röhrich, in Hettrich/Pöhlmann, Genossenschaftsgesetz, § 90 / 4; Müller, Genossenschaftsgesetz, § 90 / 15; a.A. noch Schaffland, in Lang/Weidmüller/Metz/Schaffland/Metz/Schaffland, Genossenschaftsgesetz, § 90 / 11, der auf § 812 ff BGB verweist.

Problematisch ist bei der Anwendung der Bestimmung zunächst, daß die vermeintliche Nachfolgegesellschaft als Empfängerin des Vermögens gerade nicht Mitglied der LPG war und somit grundsätzlich nicht zum Kreis der Verpflichteten nach § 90 GenG zählt. Erweiterungen werden jedoch zugelassen, wenn der Dritte, der die unzulässige Leistung erhält, in enger Beziehung zu einem oder mehreren Mitgliedern der Genossenschaft steht, so daß diese als mittelbare Empfänger -als Hintermänner- anzusehen sind[1075]. Im vorliegenden Fall haben die Mitglieder der neuen Gesellschaft, die zugleich Mitglieder der LPG i.L. sind, tatsächlich von der Übernahme des Vermögens durch die Gesellschaft profitiert. Obwohl diese rechtlich unwirksam war und die Einlagen der Gesellschafter im neuen Rechtsträger dadurch nicht erbracht wurden, waren sie bis jetzt wirtschaftlich mittelbar durch ihre Gesellschaft, die das Vermögen im Besitz hatte und in der Vergangenheit wie eigenes Vermögen nutzte, in gleicher Weise begünstigt, als ob die Umwandlung und Vermögensübertragung wirksam geworden wäre. Die vermeintliche Nachfolgegesellschaft kommt somit als Schuldnerin des Anspruches aus § 90 GenG in Betracht[1076].

Demgegenüber ist bei der vorgeschlagenen Anwendung der Norm auf den Sachverhalt der stecken gebliebenen Umwandlung der Umfang des Anspruches problematisch. Grundfall des Rückgewähranspruches ist die vorzeitige Ausschüttung von Gesellschaftsvermögen in der Liquidation. Durch die körperschaftsrechtliche Natur des Rückgewähranspruches aus § 90 GenG wird eine Gefährdung der Gläubiger der Genossenschaft verhindert. Wie auch bei den Ansprüchen nach § 31 GmbHG und § 62 AktG soll die Wiederherstellung des den Gläubigern vor der unzulässigen Auszahlung zur Verfügung stehenden Gesellschaftsvermögens sicher gestellt werden, ohne daß der Gesellschafter, dem die Leistung zugewandt wurde, die erwähnten Einwendungen und Einreden erheben kann. Der Anspruch dient somit ausschließlich dem Schutz der Genossenschaftsgläubiger[1077]. Wollte man die Norm im gegebenen Sachverhalt anwenden, wäre aus diesem Zweck der Bestimmung die erhaltene Zuwendung nur in Höhe des zur Befriedigung noch vorhandener Gläubiger erforderlichen Betrages an die LPG i.L. zurückzugewähren[1078]. Diese Beschränkung ergibt sich auch aus der entsprechenden Anwendung des § 31 II GmbHG, da die neue Gesellschaft als Schuldner des Anspruches das Vermögen der LPG i.L. in gutem Glauben an die Wirksamkeit der Umwandlung übernommen hat.

[1075] So auch Hueck, in Baumbach/Hueck, GmbH-Gesetz, § 31 / 11, 12; Hüffer, AktG, § 62 / 5.

[1076] Schubel, in Bayer (Hrsg.), 10 Jahre Landwirtschaftsanpassungsgesetz –eine Zwischenbilanz-, Seite 46, 57.

[1077] BGH vom 17.5.1999 BB 1999 / 1621, 1622 zur Gleichsetzung mit unzulässige Auszahlungen auf Geschäftsanteile; Meier/Meulenberg/Beuthien, Genossenschaftsgesetz, § 90 / 2; Müller, Genossenschaftsgesetz, § 90 / 2, 15.

[1078] So BGH vom 17.5.1999 BB 1999 / 1621, 1622; Schmidt ZIP 1981 / 1,6.

Stützt man den Anspruch der LPG i.L. auf Herausgabe ihres Vermögens gegen die neue Gesellschaft auf § 90 GenG, muß diese folglich nur die zur Befriedigung der Gläubiger erforderlichen Beträge herausgeben[1079].
Im Anwendungsbereich des § 90 GenG unterliegt somit der Schutz der sonstigen Gesellschafter vor überhöhten Leistungen an einen Genossen im Rahmen der Liquidation nicht dem Schutzbereich der Norm. Hat der begünstigte Genosse -bzw. im vorliegenden Fall der neue Rechtsträger- die zur Befriedigung der Gläubiger der LPG i.L. erforderlichen Vermögensteile zurückgegeben, besteht ihm gegenüber kein weiterer körperschaftlicher Anspruch der Genossenschaft.
Im Normalfall des § 90 GenG liegt lediglich ein Fall verfrühter Verteilung des Liquidationserlöses vor, so daß die nach Rückgewähr gemäß § 90 GenG beim Genossen verbleibende Leistung seinem Liquidationsanteil entspricht. Hat der Genosse über den zur Befriedigung der Gläubiger erforderlichen Betrag hinaus auch einen überhöhten Liquidationsanteil gegenüber seinen Mitgesellschaftern erhalten, kann dieser von der Gesellschaft nur nach Bereicherungsrecht zurückverlangt werden, da die Mitgesellschafter nicht durch den Grundsatz der Kapitalerhaltung in § 90 GenG geschützt werden[1080].
Im Ergebnis hat die LPG i.L. somit einen körperschaftsrechtlichen Anspruch gegen den neuen Rechtsträger nach § 90 GenG, soweit noch unbefriedigte Gläubigerforderungen gegen die LPG i.L. bestehen. Dabei ist in Höhe der bestehenden Gläubigerforderungen empfangenes Vermögen zurückzugewähren. Neben der Rückzahlung von Geld kommt dabei auch die Rückgabe von Vermögensgegenständen in Betracht, wobei die Gesellschaft hierbei wegen ihrer möglicherweise bestehenden Verwendungsersatzansprüche kein Zurückbehaltungsrecht gemäß § 1000 BGB gelten machen kann. Soweit ursprünglich im Eigentum der LPG stehendes Vermögen nicht mehr vorhanden ist, hat die Gesellschaft dieses wertmäßig zurückzugewähren[1081].
Für den Fall der stecken gebliebenen Umwandlung besteht nun die Besonderheit, daß bisher keine Liquidation der Genossenschaft erfolgt ist und die Rückgabe des Vermögens hier zur ordnungsgemäßen Durchführung der Abwicklung und Verteilung unter den Mitgliedern im Rahmen der Liquidation erfolgen soll. Das über die Mittel zur Gläubigerbefriedigung hinaus gehende Vermögen der LPG i.L. ist im Rahmen der Liquidation unter den Mitgliedern zu verteilen. Deren Liquidationanspruch gegenüber der LPG i.L. ist jedoch nur durchsetzbar,

---

[1079] BGH vom 17.5.1999 BB 1999 / 1621, 1622 mit Anm. Goette DStR 1999 / 1284.
[1080] Im Übrigen besteht ein Anspruch der Genossenschaft auf Schadensersatz gegen den schuldhaft handelnden Liquidator; Schaffland, in Lang/Weidmüller/Metz/Schaffland/Metz/Schaffland, Genossenschaftsgesetz, § 91 / 9; Meier/Meulenberg/Beuthien, Genossenschaftsgesetz, § 91 / 5; Müller, Genossenschaftsgesetz, § 91 / 11 ff..
[1081] Hueck, in Baumbach/Hueck, GmbH-Gesetz, § 31 / 13; Hüffer, Aktiengesetz, § 62 / 9.

soweit die LPG i.L. auch im Besitz ihres Vermögens ist. Um die bestehenden Ansprüche ihrer Genossen nach § 42 II LwAnpG erfüllen zu können, muß die Liquidationsgesellschaft daher ihr gesamtes Vermögen von der besitzenden neuen Gesellschaft zurückerhalten.
Für die Rückforderung des Gesamtvermögens ist nach dem Gesagten der körperschaftsrechtliche Anspruch nach § 90 GenG jedoch nur hinsichtlich eines Teiles des Vermögens einschlägig. Rechtsgrundlage der Rückforderung des über den zur Befriedigung der Gläubiger erfoderlichen Vermögens sind daneben die gesetzlichen Ansprüche aus dem Eigentümer-Besitzer-Verhältnis ergänzt durch bereicherungsrechtliche Ansprüche, sofern die vorrangigen Bestimmungen des Eigentümer-Besitzer-Verhältnisses nicht einschlägig sind[1082].
Zur Rückforderung des Vermögens der LPG i.L. sind somit letztlich zwei Anspruchsgrundlagen gegeben, die zueinander in Konkurrenz stehen.
Soweit der Anwendungsbereich des § 90 GenG eröffnet ist, weil das zurückgeforderte Vermögen zur Befriedigung noch vorhandener Gläubiger benötigt wird, ist ausschließlich der in Anlehnung an die §§ 31 I GmbHG und 62 I 1 AktG abgeleitete spezielle körperschaftsrechtliche Rückgewähranspruch aus § 90 GenG gegeben[1083].
Eine solche Spezialität des körperschaftlichen Rückgewähranspruches der Gesellschaft wegen Verstoßes gegen gesetzliche, der Kapitalerhaltung dienende Auszahlungsverbote auch im Hinblick auf § 90 GenG anzunehmen, bedeutet hierbei die konsequente Fortführung der Begründung eines solchen Anspruches. Ausgangspunkt für die Annahme eines körperschaftlichen Anspruches aus § 90 GenG war die Vergleichbarkeit der kapitalsichernden Bestimmungen bei der werbenden und der aufgelösten Gesellschaft, die es gebietet die Gläubiger gegen verbotene Auszahlungen seitens der Gesellschaft im Liquidationsstadium gleichermaßen wie auch im Fall der werbenden Gesellschaft zu schützen, so daß der Verstoß gegen § 90 GenG zu den gleichen Rechtsfolgen wie auch der Verstoß gegen § 22 IV GenG führt.
Im Hinblick auf eine nach § 22 IV GenG verbotene Rückzahlung von Geschäftsguthaben war jedoch bereits allgemein anerkannt, daß die verbotene Auszahlung nach § 22 IV GenG zu einem körperschaftlichen Rückgewähranspruch entsprechend den §§ 31 I GmbHG und 62 I 1 AktG führt, die im GmbH- und Aktienrecht einen ausschließlichen Rückgewähranspruch der Gesellschaft bei

---

[1082] BGH vom 31.3.1971 BGHZ 56 / 73, 77; BGH vom 11.1.1971 BGHZ 55 / 176, 178 (Jungbullenfall): dazu Westermann Jus 1972 / 18; Hefermehl, in Erman, BGB, vor § 985 / 3; Mühl AcP 176 (1976) Seite 396 ff..
[1083] BGH vom 17.5.1999 BB 1999 / 1621, 1623; Hettrich/Pöhlmann, Genossenschaftsgesetz, § 90 / 4; § 22 / 9; Schaffland in Lang/Weidmüller/Metz/Schaffland, Genossenschaftsgesetz, § 22 / 13.

Auszahlungen unter Verstoß gegen gesetzliche Auszahlungsverbote, wie insbesondere auch §§ 73 GmbHG und 272 AktG normieren[1084].
Eine Rückabwicklung nach sonstigen Rechtsnormen kommt daher nur in Betracht, wenn kein nach § 90 GenG zweckgebundenes Vermögen von der LPG i.L. beansprucht wird.
Soweit jedoch ausschließlich ein Anspruch aus § 90 GenG einschlägig ist, ergibt sich das Problem, ob die LPG i.L. diese Ansprüche zum heutigen Zeitpunkt noch geltend machen kann oder die Ansprüche aus § 90 GenG möglicherweise bereits verjährt sind.
Für den sich aus § 90 GenG ergebenden Rückgewähranspruch werden in Ermangelung einer genossenschaftsrechtlichen Sonderregelung grundsätzlich die § 31 GmbHG und § 62 AktG entsprechend angewandt[1085]. Beide Normen regeln den Rückgewähranspruch der GmbH bzw. AG gegenüber Gesellschaftern beim Empfang unzulässiger Leistungen aus dem Vermögen der Gesellschaft und dienen ebenso wie § 90 GenG dem gläubigerschützenden Grundsatz der Kapitalerhaltung, so daß für die Ausgestaltung des Anspruches im Genossenschaftsrecht diese Bestimmungen entsprechend angewandt werden können. Gemäß § 31 V 1 GmbHG und § 62 III AktG verjähren Ansprüche der Gesellschaft gegen Gesellschafter wegen unberechtigt erhaltener Zuwendungen innerhalb von 5 Jahren nach Erhalt. Für die Sachverhalte der stecken gebliebenen Umwandlung bedeutete dies, daß die Ansprüche der LPG i.L. gegen den neuen Rechtsträger aus § 90 GenG heute –rund 10 Jahre nach dem Scheitern der Umwandlung- verjährt wären.
Infolgedessen könnte die LPG i.L. nur einen Teil ihres Vermögens vom neuen Rechtsträger zurückverlangen. Gleichzeitig ist sie jedoch den fortbestehenden Ansprüchen ihrer Gläubiger ausgesetzt.
Zwar hat die vermeintliche Nachfolgegesellschaft den Großteil der Gläubiger der LPG i.L. in der Annahme einer wirksamen Rechtsnachfolge befriedigt, so daß heute als Gläubiger der LPG i.L. vor allem die DG-Bank, ehemalige Mitglieder der LPG, die vermeinliche Nachfolgegesellschaft und die Liquidatoren vorstellbar sind, doch stellt sich hierbei die Frage, ob die Zahlungen des vermeintlichen Rechtsnachfolgers auf Verbindlichkeiten der LPG i.L. tatsächlich zu deren Tilgung geführt haben. Hierzu wurde bereits erörtert[1086], daß Zahlungen des neuen Rechtsträgers auf Verbindlichkeiten der LPG ohne Rechtsgrund erfolgten, da der neue Rechtsträger selbst nicht Schuldner der Verbindlichkeiten war aber dennoch gerade keine Zahlungen für den wahren Schuldner, sondern als vermeintlich selbst Verpflichteter erbringen wollte. Der neue Rechtsträger könnte daher heute die von ihm rechtsgrundlos erbrachten Leistungen von den

---

[1084] Lutter/Hommelhoff, GmbH-Gesetz, § 73 / 15; Baumbach/Hueck, GmbH-Gesetz, § 73 / 17; Scholz, GmbH-Gesetz, § 73 / 19; Hüffer, Aktiengesetz, § 272 / 7.
[1085] BGH vom 17.5.1999 BB 1999 / 1621, 1622 mit Anm. Henze.
[1086] Kapitel 7 II. A..

Empfänger zurückverlangen[1087]. Die Gläubiger der LPG i.L. sind somit bis heute durch die Leistungen des vermeintlichen Rechtsnachfolgers nur scheinbar befriedigt. Sie sind daher nach wie vor Gläubiger der LPG i.L..
Kondiziert in einem solchen Fall der neue Rechtsträger die von ihm erbrachte Leistung bei dem Dritten, kann und wird dieser seinen Anspruch gegen die LPG i.L. richten, die jedoch nach dem oben Gesagten ihrerseits aufgrund der Verjährung des Anspruches aus § 90 GenG gehindert wäre, den zur Befiedigung des Gläubigers erforderlichen Betrag beim neuen Rechtsträger zu kondizieren. Somit trüge letztlich der dritte Gläubiger das Risiko nunmehr wegen einer Zahlungsunfähigkeit der LPG i.L. oder auch einer Verjährung der eigenen Forderung gegen die LPG i.L. gänzlich unbefriedigt zu bleiben, obwohl er allein im Vertrauen auf eine wirksame Umwandlung und im Vertrauen auf die Registereintragung seine Forderung gegen die LPG i.L. bislang nicht geltend gemacht hat.
Demgegenüber käme dem neuen Rechtsträger die kurze Verjährung des Anspruches aus § 90 GenG zugute. Er hat nach Übernahme des LPG-Vermögens die Gläubiger der LPG regelmäßig aus dem übernommenen Vermögen der LPG befriedigt. Dieses Vermögen könnte er nunmehr bei den Gläubigern kondizieren, ohne es an die LPG i.L. zurückgewähren zu müssen. Somit würde der gute Glaube des neuen Rechtsträgers im Ergebnis mehr geschützt als der gute Glaube des Gläubigers.
Eine solche Lösung ist jedoch nicht sachgerecht. Der neue Rechtsträger, dessen gesetztliche Vertreter häufig zugleich die ehemaligen Vertreter der LPG waren und als solche die Umwandlung verantwortlich mitgestaltet haben, steht dem Umwandlungsvorgang deutlich näher als der außenstehende Gläubiger. Als vemeintlicher Rechtsnachfolger hatte er Kenntnis von den Einzelheiten der Umwandlung, so daß es ihm möglich gewesen wäre, Mängel der Umwandlung und deren Folgen zumindest nachträglich zu erkennen. Der Gläubiger demgegenüber konnte allein die Eintragung des Umwandlungsvermerkes im Register erkennen und hatte im Normalfall keinen Einblick in die Umwandlung. Daher erscheint es nicht interessengerecht, den außenstehenden Gläubiger heute mit dem Risiko einer Zahlungsunfähigkeit der gegenüber dem neuen Rechtsträger „rechtlosen“ LPG i.L. zu belasten und ihn zugleich einer Rückforderung seitens des neuen Rechtsträgers auszusetzen.
Eine Lösung dieser Problematik kann daher allein darin liegen, die Durchsetzbarkeit des Anspruches der LPG i.L. gegen den neuen Rechtsträger aus § 90 GenG zu begründen. Ansatzpunkt hierfür sollte, wie bereits im Hinblick auf die Verjährung der Haftungsansprüche gegen die LPG-Vorstandsmitglieder erörtert[1088], eine Hemmung der Verjährung nach § 206 BGB sein.

[1087] Zur weiteren Möglichkiet der nachträglichen Änderung der Tilgungsbestimmung unter Kapitel 9 IV..
[1088] Siehe hierzu Kapitel 7 I. B..

Nach dieser Bestimmung ist die Verjährung eines Anspruches gehemmt, wenn der Berechtigte an der Geltendmachung des Anpruches innerhalb der letzten sechs Monate vor Ablauf der Verjährungsfrist aus tatsächlichen Gründen aufgrund höherer Gewalt gehindert ist. Eine solche höhere Gewalt müßte im Hinblick auf die LPG i.L. als Anspruchsberechtigte gegeben sein. Eine solche höhere Gewalt ergibt sich dabei nicht aufgrund des Fehlens eines Vertretungsorganes für die LPG i.L., da für diesen Fall allein ein Verjährungshemmung nach § 210 BGB in Betracht käme, der jedoch bei juristischen Personen gerade keine Anwendung findet[1089].

Grund für die Nichtgeltendmachung durch die LPG i.L. war im Regelfall die Unkenntnis aller Beteiligten vom Scheitern der Umwandlung.

Zwar gilt die Unkenntnis über die Rechtslage grundsätzlich nicht als höhere Gewalt, da es dem Gläubiger im Normalfall zumutbar ist sich auch unter Zuhilfenahme fachlicher Beratung zu informieren[1090]. Eine Ausnahme hiervon ist jedoch zu machen, wenn vom Berechtigten auch bei Ausschöpfung aller Möglichkeiten kein Aufschluß über die Rechtslage erlangt werden konnte[1091]. In solchen Fällen beruht die Verhinderung des Gläubigers seine Forderung geltend zu machen auf höherer Gewalt, wenn die für die Nichtgeltendmachung ursächlichen Ereignisse auch durch äußerste Sorgfalt des Gläubigers, die von ihm billigerweise erwartet werden durfte, nicht vermeiden werden konnte.

Grund dafür, daß die LPG i.L. ihren Anspruch aus § 90 GenG gegen den neuen Rechtsträger nicht innerhalb von 5 Jahren nach der Entstehung des Anspruches geltend gemacht hat, war die Unkenntnis der Beteiligten vom Scheitern der Umwandlung. Da sowohl die Mitglieder der LPG, als auch Registergericht, Rechtsberater und insbesondere auch die Gläubiger zunächst von einer wirksamen Umwandlung ausgingen, wurde für die unerkannt forbestehende LPG i.L. kein Liquidator eingesetzt, bzw. eine solche Einsetzung auch von keiner Seite beantragt. Die LPG selbst hat im guten Glauben an die Richtigkeit der registergerichtlichen Prüfung der Umwandlung ihre Löschung im LPG-Register widerspruchslos hingenommen.

Dennoch entstand der Anspruch der LPG i.L. aus § 90 GenG mit Übernahme des Vermögens durch den vemeintlichen Rechtsnachfolgen von der LPG i.L., im Zeitpunkt der Eintragung der Umwandlung, was oftmals im Jahr 1992 oder 1993 war. Ab diesem Zeitpunkt begann die Verjährungsfrist von 5 Jahren, die somit zumeist 1997 oder 1998 endete.

In den meisten Fällen wurde die Unwirksamkeit der Umwandlung dagegen erst danach durch gerichtliche Entscheidung oder Löschungverfügungen des Regi-

---

[1089] Hierzu unter Kapitel 8 II. A. 1 a).

[1090] BGH vom 17.4.1957 BGHZ 24 / 134, 136; BGH vom 10.4.1968 NJW 1968 / 1381, 1382; BGH vom 16.6.1982 FamRZ 1982 / 917, 918.

[1091] BGH vom 6.7.1994 NJW 1994 / 2752, 2753; BGH vom 28.4.1995 BGHZ 129 / 282, 289; BGH vom 7.5.1997 NJW 1997 / 3164.

stergerichtes bekannt. Grund hierfür ist die sich in dieser Zeit entwickelnde Rechtsprechung des Bundesgerichtshofes zu den einzelnen Fallgruppen unwirksamer Umwandlungen, der erstmals mit der Entscheidung im Fall Aschara am 7.11.1997 das tatsächliche Scheitern einer Umwandlung entschied[1092]. Erst die fortlaufende Rechtsprechung ermöglichte es, die Folgen von Mängeln der Umwandlung seiner LPG einzuschätzen und die Rechtsfolgen einer Unwirksamkeit zu bedenken.

Der LPG i.L. kann somit heute nicht der Vorwurf gemacht werden, sie habe nicht die erforderliche Sorgfalt walten lassen und hätte unter Zuhilfenahme von Beratung das Scheitern ihrer Umwandlung erkennen müssen. Vielmehr wurde die rechtliche Bewertung der Umwandlung von Seiten der Registergerichte und auch seitens der zuständigen Ministerien zunächst fehlerhaft vorgenommen. Auf das ordnungsgemäße Handeln der Gerichte und Behörden hat und durfte sich die LPG i.L. jedoch verlassen[1093]. Die fälschlicherweise vom Registergericht vorgenommene Eintragung der Umwandlung bot für die LPG i.L. zunächst keinerlei Anlaß an einer wirksamen Umwandlung zu zweifeln, so daß in diesen Fällen letzendlich die LPG i.L. durch höhere Gewalt an der Wahrnehmung ihrer Rechte gegenüber dem neuen Rechtsträger gehindert war. Dies führt zu einer Hemmung der Verjährung des Anspruches, solange die höhere Gewalt besteht, d.h. die Verjährungsfrist läuft ab dem Zeitpunkt, in dem das Scheitern der Umwandlung im speziellen Fall, sei es durch gerichtliche Entscheidung oder wegen des Vorliegens einer eindeutigen Fallgruppe, erkennbar war.

Somit ist § 90 GenG auch heute noch eine durchsetzbare Anspruchsgrundlage für die LPG i.L. gegenüber dem neuen Rechtsträger.

Hinsichtlich aller sonstigen Vermögensteile bestehen die genannten gesetzlichen Ansprüche zur Bereinigung der vermögensrechtlichen Beziehungen der beiden Rechtsträger. Ihr sonstiges Vermögen kann die LPG i.L. nach den §§ 985 ff, 812 ff BGB zurückverlangen. Gegen diese Ansprüche kann die neue Gesellschaft ihre Forderungen als Gläubigerin der LPG i.L. geltend machen. Hierbei bereitet besonders die Feststellung der bestehenden gegenseitigen Ansprüche und deren Höhe rechtliche und tatsächliche Schwierigkeiten. Umstritten ist in fast allen Fällen der Wert des nach Abzug der Verbindlichkeiten verbleibenden LPG-Vermögens, welches die LPG vom neuen Rechtsträger zurückverlangen kann. Die nachfolgenden Darstellungen der vermögensrechtlichen Auseinandersetzung beider Rechtsträger beziehen sich deshalb allein auf die Rückforderungsansprüche und die angesprochenen Gegenansprüche der Gesellschaft aus dem Eigentümer-Besitzer-Verhältnis bzw. aus ergänzenden bereicherungsrechtlichen Ansprüchen.

[1092] BGH vom 7.11.1997 in BGHZ 137 / 134 ff.

[1093] BGH vom 0.07.1994 NJW 1994 / 2752, 2753; BGH vom 07.05.1997 NJW 1997 / 3174; BGH vom 15.12.1994 NJW 1995 / 1419; BGH vom 28.04.1995 BGHZ 129 / 282, 289.

II. Ansprüche auf Rückgabe des LPG-Vermögens

Nach der Beschlußfassung über die Umwandlung und deren Anmeldung bzw. Eintragung im zuständigen Register gingen die entstandene Gesellschaft, die verbliebenen und ausgeschiedenen Mitglieder, sowie die Gläubiger der ehemaligen LPG und sonstige Dritte von einer wirksamen Rechtsnachfolge aus. Die neue Gesellschaft übernahm das Vermögen der vermeintlich erloschenen LPG. Nachdem sich nunmehr 10 Jahre danach herausgestellt hat, daß weder die LPG erloschen ist, noch ein wirksamer Vermögensübergang stattgefunden hat, stellt sich das Problem welchen konkreten Anspruch auf Rückgabe des immer noch in ihrem Eigentum stehenden Vermögens die LPG hat. Daß solche Ansprüche bestehen, ist unstreitig. Die Ermittlung des Anspruchsumfanges gestaltet sich jedoch aus rechtlichen und tatsächlichen Gründen schwierig[1094].

A. Herausgabeanspruch aus dem Eigentum nach § 985 BGB

Ziel des Anspruches ist die Verschaffung des Sachbesitzes, der von einem Dritten gegenüber dem Eigentümer unberechtigt ausgeübt wird[1095]. Der Anspruch richtet sich aufgrund des Spezialitätsprinzips im Sachenrecht immer nur auf eine konkrete Sache, d. h. den abgrenzbaren, körperlichen Gegenstand nach der Definition des Gesetzes in § 90 BGB. Als Herausgabegegenstände kommen daher insbesondere Inventargegenstände, Maschinen, Fahrzeuge und Produktionsanlagen, aber auch Immobilien, in Betracht. Darüber hinaus können auch Tiere (§ 90 a BGB) vindiziert werden.
Entgegen einer abweichenden Meinung[1096] in der rechtswissenschaftlichen Literatur gilt das Individualisierungserfordernis auch für die Geldvindikation[1097]. Zwar kommt es dem Kläger bei Geld in der Regel nicht auf die bestimmten Stücke an, doch wird sein Wertinteresse bereits durch schuldrechtliche Ansprüche, wie den §§ 812 ff BGB, geschützt, so daß eine erweiternde Auslegung des § 985 BGB und die damit verbundene Besserstellung des Gläubigers beispielsweise in der Insolvenz des Schuldners nicht gerechtfertigt ist.
Ein Anspruch der LPG i.L. auf Herausgabe ihres Eigentums nach § 985 BGB besteht somit für all jene körperlichen Sachen, die heute -im Zeitpunkt der Geltendmachung des Anspruches- Eigentum der LPG i.L. sind und sich unberechtigt im Besitz der neuen Gesellschaft befinden.

[1094] Neixler NL-BzAR 2000 / 352, 354.
[1095] Medicus, in Münchener Kommentar zum BGB, § 985 / 1; Gursky, in Staudinger, BGB, § 985 / 1.
[1096] Harder Jus 1978 / 80, 86; Simitis AcP 159 (1960/61) / 406, 459 m.w.N..
[1097] Für die h.M. Baur/Stürner, Sachenrecht, § 84 Fn. 6; Staudinger, BGB, Bd. III, § 985 / 66; Palandt, BGB, § 985 / 7; in neueren Auflagen auch Westermann, Sachenrecht, § 30 IV 2.

1. Eigentum der LPG

Gläubiger des Anspruches ist allein der Eigentümer. Dieser muß im Zeitpunkt des Herausgabeverlangens Eigentümer der Sache sein. Entscheidend ist dabei die Eigentümerstellung im Sinne des Privatrechtes[1098]. Wirtschaftliche Betrachtungsweisen, wie sie beispielsweise im Steuerrecht zugrunde gelegt werden, spielen keine Rolle. Für den Vindikationsanspruch der LPG i.L. müssen daher zuerst die Eigentumsverhältnisse an Produktionsmitteln zur Zeit der DDR und deren Überleitung in bundesdeutsches Recht skizziert werden.
Neben Eigentum und der vertraglichen Überlassung durch Dritte standen den landwirtschaftlichen Produktionsgenossenschaften der DDR auch vielseitige unentgeltliche gesetzliche Nutzungsrechte zu, aufgrund derer die Genossenschaft eine eigentümerähnliche Verfügungsgewalt besaß. Dies betrifft hauptsächlich den durch die Genossenschaftsbauern eingebrachten Boden. Das umfassende Nutzungsrecht hieran und die damit verbundene Einschränkung des privaten Eigentums waren in § 17 und 18 LPGG geregelt. In gleicher Weise bestand nach § 17 LPGG auch ein dauerndes und umfassendes Bodennutzungsrecht für die der LPG vom Staat oder anderen sozialistischen Betrieben übergebenen Grundstücken. Mit dem Wegfall des LPG-Gesetzes wurden die Rechtsverhältnisse durch das EGBGB und spätere SachenRBerG[1099] im Einklang mit der geltenden Rechtsordnung neu geregelt. Eine Eigentümerstellung der Genossenschaft wurde damit jedoch nicht begründet[1100], so daß ein Herausgabeverlangen aus dem Eigentum nicht möglich ist.
Gegenüber dem Eigentum am Grundstück gingen die von den Genossenschaftsbauern eingebrachten Gebäude in das Eigentum der LPG nach § 27, 22 II LPGG über. Das hierdurch entstehende getrennte Eigentum an Grundstück und aufstehendem Gebäude setzte sich auch an den von der LPG im Rahmen des Nutzungsrechtes errichteten Gebäuden fort. Dieses Eigentum an Gebäuden und baulichen Anlagen stellt einen erheblichen Teil der Vermögenswerte der LPG dar. Art. 233 § 2 b II 1, II 1 i.V.m. Art. 231 § 5 I 1 EGBGB schreibt das Fortbestehen des selbständigen Gebäudeeigentums der LPG nach der Wiedervereinigung fest.
Soweit darüber hinaus bewegliche Sachen noch heute im Unternehmen der neuen Gesellschaft vorhanden sind und das ursprüngliche Eigentum der LPG nicht durch gesetzliche oder schuldrechtliche Tatbestände untergegangen ist,

---

[1098] Medicus, in Münchener Komm. zum BGB, § 985 / 3,7; Hefermehl, in Erman, BGB, § 985 / 4.

[1099] Gesetz zur Sachenrechtsbereinigung im Beitrittsgebiet vom 21.9.1994 BGBl. I Seite 2457.

[1100] Eine Ausnahme kann für jene Grundstücke bestehen, die die LPG im Rahmen des Gesetzes über die Übertragung volkseigener Nutzflächen in das Eigentum von LPG erworben hat.

besteht das Eigentum der LPG an ihnen fort, so daß ein Herausgabeanspruch grundsätzlich möglich ist.
Als Tatbestände für einen möglichen Verlust des Eigentums der LPG kommen zunächst schuldrechtliche Verfügungen der „Nachfolgegesellschaft" in Betracht[1101]. Soweit über Vermögensgegenstände der LPG seitens der Gesellschaft wirksam verfügt wurde, scheidet ein Anspruch auf Rückgabe nach § 985 BGB aus. Neben der schuldrechtlichen Verfügung durch die nichtberechtigte Gesellschaft kommt aber auch ein Übergang des Eigentums aufgrund gesetzlicher Tatbestände in Betracht. In vielen Fällen werden Tiere, Saatgüter, Futtermittel und andere Vermögensgegenstände heute nicht mehr in der ursprünglichen Form zur Zeit der Vermögensübernahme existieren. Zugleich werden seitens der Gesellschaft neu erworbene Dinge eingebaut bzw. angebaut worden sein, so daß sich die Frage stellt, welche Auswirkungen dies auf die Eigentumsverhältnisse hatte und welche Gegenstände sich heute noch im Eigentum der LPG befinden und von dieser vindiziert werden können. Zu prüfen ist hierbei ein Eigentumsverlust der LPG durch Ersitzung § 937 ff BGB aber auch Verlust oder Erwerb an Eigentum seitens der LPG durch Verbindung, Vermischung und Verarbeitung. Einschlägig für diese Erwerbsvorgänge sind die §§ 946 ff BGB. Hierbei ist sowohl ein Neuerwerb von Eigentum oder auch der Verlust von bestehendem Eigentum sowohl seitens der LPG, als auch seitens der neuen Gesellschaft möglich. Um eine geschlossene Darstellung zu gewährleisten, werden im Rahmen des Eigentumsherausgabeanspruches die möglichen Verschiebungen umfassend dargestellt und hieraus möglicherweise folgende Ausgleichsansprüche im Anschluß, unter Verweis auf diese Darstellung, geprüft.
Eine letzte Problematik ist das Eigentum an den Früchten und Erzeugnissen aus dem Vermögen der LPG nach §§ 953 ff BGB. Gerade im landwirtschaftlichen Bereich spielen die Eigentumsverhältnisse diesbezüglich eine nicht unerhebliche Rolle, so daß auch auf die Zuordnung der eingefahrenen Ernten, der noch stehenden Ernten und der Jungtiere, soweit sie Nachkommen von Tieren aus dem Vermögen der LPG waren, zu untersuchen ist.

a) Eigentumserwerb durch Ersitzung nach § 937 BGB

Nach der gesetzlichen Regelung in § 937 BGB kann der Besitzer einer beweglichen Sache das Eigentum an ihr erwerben, wenn er diese 10 Jahre im Eigenbesitz hatte und weder bei Erwerb des Besitzes noch zu einem späteren Zeitpunkt nicht in gutem Glauben an seine Eigentümerstellung war. Grundstücke und deren wesentliche Bestandteile sind von der Ersitzung ausgeschlossen. Gleiches gilt auch für Rechte oder das Eigentum an Schuldurkunden. Der Eigenbesitz

---

[1101] Deren Wirksamkeit wurde bereits im Kapitel 7 geprüft.

wird dabei nach § 872 BGB beurteilt. Eigenbesitzer ist danach, wer eine Sache als ihm gehörig besitzt. Vorliegend hat die Gesellschaft die Vermögensgegenstände im Zuge ihrer Gründung und Eintragung als ihr gehörig in Besitz genommen, da alle Beteiligten von einer wirksamen Gesamtrechtsnachfolge in das Vermögen der LPG ausgingen und die Gesellschaft damit Inhaberin des Vermögens geworden wäre. Die erforderliche Gutgläubigkeit, die Vorstellung selbst Eigentümer zu sein, lag somit ab dem Zeitpunkt der Eintragung der Gesellschaft und des Umwandlungsvermerkes unzweifelhaft vor. Bis zur Eintragung konnte die in Gründung befindliche Gesellschaft dagegen keinen Eigenbesitz ausüben, da erst mit Eintragung im Handels- oder Genossenschaftsregister die umwandlungsrechtliche Wirkung eintritt. Mit der Eintragung, die im Regelfall in den Jahren 1992, 1993 oder 1994 erfolgte, hätte daher die 10jährige Frist des § 937 I BGB begonnen. Frühester Zeitpunkt der Ersitzung wäre damit in vielen Fällen erst im Verlauf des Jahres 2002, soweit nicht die Eintragung der Umwandlung bereits 1990 oder 1991 erfolgte. Gegen den Lauf der Ersitzungszeit könnte jedoch § 939 BGB sprechen. Danach kann die Ersitzung nicht beginnen oder fortgesetzt werden, solange die Verjährung des Eigentumsanspruches gehemmt ist bzw. aufgrund §§ 210, 211 BGB nicht vollendet werden kann.
Für die unerkannt in Liquidation befindliche LPG käme die Anwendung des § 210 I BGB in Betracht, da die LPG ohne gesetzlichen Vertreter und damit nicht handlungsfähig war. Gegen die Anwendung dieser Norm spricht jedoch, daß der Schutzzweck des § 210 I BGB nur natürliche Personen umfaßt[1102] und eine entsprechende Anwendung auf juristische Personen abgelehnt wird[1103].
Ausgeschlossen ist die Ersitzung ebenso, wenn die besitzende Gesellschaft während dieser 10 Jahre positive Kenntnis von ihrer Nichtberechtigung erhält. Dies ist zweifelsfrei dann gegeben, wenn die Unwirksamkeit der Umwandlung durch ein Landwirtschaftsgericht festgestellt wurde oder durch das zuständige Registergericht Löschungen im Register verfügt wurden bzw. auf Antrag bereits Liquidatoren für die LPG eingesetzt sind. Daneben könnte man Kenntnis aber auch in Fällen bejahen, in denen ein nach der bisherigen Rechtsprechung eindeutiger Fall einer gescheiterten Umwandlung vorliegt und die Unwirksamkeit bereits durch (ehemalige) Mitglieder, Rechtsberater oder andere Sachkundige an die betreffende Gesellschaft herangetragen wurde, da Kenntnis nicht durch eigennützige Blindheit gegenüber der Situation ausgeschlossen wird[1104]. Nach Auffassung des Bundesgerichtshofes[1105] ist die Kenntnis des Besitzenden objektiv zu beurteilen, d. h. kennt er die Umstände, aus denen jeder unbefangene Be-

---

[1102] Hefermehl, in Erman, BGB Bd. I, § 206 BGB a. F. (jetzt § 210 BGB) / 2.
[1103] BGH vom 17.1.1968 NJW 1968 / 692, 694.
[1104] Quack, in Münchener Komm. zum BGB, § 937 / 16; Westermann, Sachenrecht, § 31 I 2 a.
[1105] BGH vom 22.1.1958 BGHZ 26 / 256, 258, 259.

trachter die Nichtberechtigung annehmen würde, ist die persönliche, evtl. auch bewußte, Arglosigkeit und Kenntnisverweigerung unerheblich.
Im Ergebnis ist die Ersitzung von Vermögensgegenstände durch die vermeintliche Nachfolgegesellschaft zumindest in jenen Fällen möglich, in denen die rechtliche Beurteilung nicht zweifelsfrei ist und eine gerichtliche Entscheidung nicht vorliegt.
Die Unterbrechung der Ersitzung ist durch gerichtliche Geltendmachung nach § 941 BGB möglich. Dabei muß Inhalt der Geltendmachung das Eigentum sein, welches vom wahren Eigentümer geltend gemacht wird. Eine außergerichtliche Geltendmachung genügt nicht zur Unterbrechung der Ersitzung, kann jedoch Auswirkungen auf die Gutgläubigkeit der besitzenden Gesellschaft haben. Dies würde zunächst die Einsetzung eines gesetzlichen Vertreters für die LPG voraussetzen, der dann Klage auf Herausgabe oder zumindest auf Feststellung des Eigentums erheben müßte. Mit der Einsetzung eines Liquidators wurde jedoch bereits eine objektive Kenntnis der Gesellschaft von ihrer Nichtberechtigung bejaht, so daß die Voraussetzung einer Ersitzung mit Beginn der nachträglichen Liquidation der LPG bereits weggefallen wären.
Neben der Ersitzung nach § 937 BGB ist auch der Eigentumserwerb an Grundstücken[1106] aufgrund einer fälschlicherweise bestehenden Eintragung als Eigentümer im Register gemäß § 900 I 1 BGB möglich. Die Frist hierfür beträgt jedoch 30 Jahre, so daß Eigentumsverluste der LPG i.L. aufgrund dieser Vorschrift noch nicht eingetreten sein können.

b) Verbindung mit einem Grundstück nach § 946 BGB

Nach dieser Norm soll die durch Verbindung einer beweglichen Sache mit einem Grundstück geschaffene wirtschaftliche Einheit i. S. d. § 93 BGB dadurch erhalten bleiben, daß die unterschiedliche eigentumsrechtliche Zuordnung zugunsten des Grundstückeigentümers beseitigt wird[1107]. Wie das Eigentum am Grundstück wird auch das selbständige Gebäudeeigentum nach Art. 233 § 2 b I 1 EGBGB bzw. § 27 LPGG behandelt (Art. 233 § 4 I 1 EGBGB). Damit erwirkt die Verbindung mit dem Gebäude Eigentum des Gebäudeeigentümers, die Verbindung mit dem Grundstück Eigentum des Grundstückseigentümers nach § 946 BGB. Soweit die LPG Eigentümerin des Grundstückes oder des Gebäudes ist, sind Verbindungen mit dem Grundstück bzw. dem Gebäude somit nach § 946 BGB zu beurteilen. Das Eigentum der LPG erstreckt sich dann auch auf die mit

---

[1106] Wegen der entsprechenden Anwendung der Grundstücksvorschriften auf das selbständige Gebäudeeigentum gilt die Norm auch für den Eigentumserwerb an Gebäuden aufgrund Eintragung im Gebäudegrundbuch.
[1107] Quack, in Münchener Kommentar zum BGB, § 946 / 1; Hefermehl, in Erman, BGB, vor § 946 ff.; Westermann, Sachenrecht, § 52 I 1 ff..

ihrem Eigentum verbundenen beweglichen Sachen, wenn diese wesentlicher Bestandteil geworden sind. Umgekehrt kann es zu Eigentumsverlusten der LPG gekommen sein, wenn ihr gehörende Sachen als wesentliche Bestandteile mit Grundstücken der neuen Gesellschaft verbunden wurden.
Unerheblich ist dabei der Wille der Person, bzw. der Gesellschaft als Rechtsträger, die den tatbestandlichen Erfolg, die Verbindung, herbeiführt, da es sich nicht um einen rechtsgeschäftlichen Erwerb handelt. Die Rechtsfolge tritt ein, wenn eine bewegliche Sache als wesentlicher Bestandteil[1108] zugefügt wird. Letzteres beurteilt sich negativ nach § 95 BGB, soweit es sich lediglich um Scheinbestandteile, die nicht dauerhaft mit dem Grundstück oder Gebäude verbunden wurden, handelt.
Für die Bejahung eines wesentlichen Bestandteiles im Sinne der Definition der §§ 93, 94 BGB kommt es nicht auf die Wichtigkeit des Bestandteiles für die Gesamtsache, sondern allein darauf an, ob durch eine Trennung der abgetrennte bzw. der zurückgebliebene Teil zerstört oder in seinem Wesen verändert wird und nicht mehr wirtschaftlich genutzt werden kann[1109].
In der Praxis wird dieser Tatbestand auf eine Vielzahl von Vorgängen anzuwenden sein. Nach Übernahme des betrieblichen Vermögens der LPG, das naturgemäß im landwirtschaftlichen Bereich neben beweglichen Sachen, Maschinen und Fahrzeugen vor allem auch aus Stallgebäuden, Lagerhallen, Nebengebäuden und betriebseigenem Land besteht, hat die vermeintliche Rechtsnachfolgegesellschaft diese Gebäude in vielen Fällen renoviert und modernisiert. Vielfach wurden so neue Fenster, Heizungs- und Belüftungsanlagen, neue Dächer und vieles mehr eingebaut, die damit zum wesentlichen Bestandteil der Gebäude wurden. Darüber hinaus haben die Nachfolgebetriebe oftmals auch gänzlich neue Gebäude zur Lagerung, Weiterverarbeitung oder als Stallungen gebaut, die ebenfalls, soweit auf Grund und Boden der LPG errichtet, nach § 946 BGB mit der Verbindung Eigentum der LPG geworden sind[1110]. Als Folge dieser Eigentumsverschiebung kann die jetzige LPG i.L. mit dem ursprünglichen Grundstück oder Gebäude ebenfalls die neu hinzugekommenen Gebäude und eingebauten Sachen vindizieren[1111].

[1108] Eine Sache ist Bestandteil, wenn sie durch Verbindung ihre körperliche Selbständigkeit verliert und unselbständiges Stück einer Einheit wird. Maßgebend ist die Verkehrsanschauung., RG vom 19.4.1906 RGZ 63 / 171, 173; RG vom 22.5.1908 RGZ 69 / 150, 152; RG vom 14.11.1938 RGZ 158 / 362, 367.
[1109] BGH vom 8.10.1955 BGHZ 18 / 226, 229; BGH vom 27.6.1963 BGHZ 61 / 80, 82.
[1110] Zu den einzelnen Beispielen siehe Palandt, BGB, § 93 / 5; Baur/Stürner, Sachenrecht, § 3 und § 53.
[1111] Der Gesellschaft steht demgegenüber der Ausgleichsanspruch nach § 951 BGB zu, der im folgenden Kapitel dargestellt wird.

c) Fahrnisverbindung nach § 947 BGB

In strukturell gleicher Weise wie § 946 BGB löst § 947 BGB den Konflikt zwischen Eigentümern verschiedener Sachen, die zu wesentlichen Bestandteilen, d.h. die einzelnen Sachen müssen ihre körperliche Selbständigkeit verlieren und nach der Trennung nicht allein oder in Verbindung mit anderen Sachen wirtschaftlich nutzbar sein[1112], einer einheitlichen Sache verbunden werden, nach objektiven Voraussetzungen. Eine Verbindung ist zu bejahen, wenn die bestimmungsgemäße Nutzung der Gesamtsache gerade erst durch die Verbindung ermöglicht wird. Unerheblich ist dabei die technische Art der Verbindung und ihre Lösbarkeit[1113]. Das Eigentum an der entstandenen Sache richtet sich dabei grundsätzlich nach dem Eigentum an den Ausgangssachen, so daß die Eigentümer nunmehr Miteigentümer der Gesamtsache werden.
Eine Ausnahme besteht nach § 947 II BGB nur, wenn eine Sache als Hauptsache anzusehen ist. Dann ist diese Sache, ebenso wie das Grundstück in § 946 BGB, rechtsbestimmend. Wann ein solcher Fall vorliegt, richtet sich nach der Verkehrsanschauung, wobei weder Größe noch Wert ausschlaggebend sind. Es kommt in der Regel darauf an, ob die übrigen Sachen fehlen könnten, ohne daß das Wesen der Sache, die dann Hauptsache wäre, beeinträchtigt würde[1114].
In der Rechtspraxis ist die Bedeutung dieser Vorschrift stark zurück gegangen. Aufgrund des technischen Fortschrittes sind viele Bestandteile, wie beispielsweise serienmäßige Ersatzteile für Maschinen, Anlagen und Fahrzeuge heute nicht mehr als wesentlich zu bewerten, wodurch die sachenrechtliche Selbständigkeit gewahrt wird. Damit erstreckt sich der Anwendungsbereich der Norm vor allem auf speziell angefertigte Teile einer Sache, für die nach der Trennung keine anderweitige Verwendungsmöglichkeit besteht[1115].
Soweit nach dieser Vorschrift gemeinschaftliches Eigentum der LPG i.L. und der besitzenden Gesellschaft entstanden ist, richtet sich der Anspruch nach § 985 BGB lediglich auf Einräumung des Mitbesitzes, soweit nicht nach § 947 II BGB alleiniges Eigentum der LPG i.L. besteht.

[1112] Zur Begriffsdefinition gilt das zu § 946 BGB Gesagte.
[1113] Grundsätzlich BGH vom 19.11.1971 BGHZ 57 / 245, 248; Hefermehl, in Erman, BGB Bd. I, § 947 / 2; Pikart, in RGRK zum BGB § 947 / 1 ff..
[1114] BGH vom 3.3.1956 BGHZ 20 / 159, 163; RG vom 4.8.1936 RGZ 152 / 91, 99; Mühl, in Soergel, BGB, § 947 / 4 und § 93 / 8 ff.; kritisch Baur/Stürner, Sachenrecht, § 53 II 2 b. der auf das Wertverhältnis der Sachen abstellt; ebenso Schulz AcP 105 (1909) Seite 366.
[1115] Hierzu Wiegand, in Staudinger, BGB, Bd. III, § 947 / 5; Hefermehl, in Erman, BGB Bd. I, § 947 / 3.

d) Vermischung und Vermengung nach § 948 BGB

Wie die Verbindung von beweglichen Sachen behandelt § 948 BGB auch die Vermischung und Vermengung, soweit diese untrennbar ist. Gemeint ist hierbei auch die wirtschaftliche Untrennbarkeit[1116]. Relevant sind die Tatbestände der Vermischung und Vermengung im Hinblick auf alle nicht einzeln gekennzeichneten Waren[1117], wie Futtermittel, Saatgüter aber auch Baumaterial u.ä., die noch von der LPG erworben wurden und nach Übernahme durch die Gesellschaft von dieser ergänzt oder nachgekauft wurden. Anwendung findet die Norm nach herrschender Meinung auch auf Geld[1118].

Soweit die Stoffe nicht mittlerweile gänzlich ersetzt sind, so daß der LPG lediglich Ersatzansprüche wegen des Verbrauches verbleiben, kann die Einräumung von Mitbesitz an den vermischten Sachen verlangt werden.

Ausgeschlossen ist dies, soweit die hinzugekommenen Sachen als Hauptsachen anzusehen sind und die Gesellschaft Alleineigentümerin der vermengten Sachen insgesamt geworden ist. Hierüber ist auch nach der Verkehrsanschauung zu befinden, wobei ein mengenmäßiges Übergewicht die Hauptsache begründet[1119].

Aufgrund der großen Zeitspanne in der die neue Gesellschaft das LPG-Vermögen als Eigenes genutzt hat, kann man davon ausgehen, daß die zwischenzeitlich neu hinzugekommenen Bestandteile den größeren Teil ausmachen bzw. die ursprünglichen Sachen der LPG i.L. gänzlich aufgebraucht sind.

Ein Anspruch der LPG i.L. auf Herausgabe solcher unspezifizierten beweglichen Sachen wie Getreide, Tierfutter, Bargeld, Saatgut o.ä. besteht regelmäßig nicht.

e) Verarbeitung nach § 950 BGB

Im Unterschied zu den bisher dargestellten Tatbeständen geht § 950 BGB nicht vom Fortbestehen der Sache in ihrer körperlichen Form aus, sondern regelt gerade den Fall, daß eine fremde Sache, eventuell auch unter Zufügung weiterer, eigener Sachen des Verarbeiters, verarbeitet oder umgebildet wird und dadurch eine neue bewegliche Sache entsteht. Wesentlich für das Verständnis des Begriffes „neue Sache" ist neben der Verkehrsanschauung der Normzweck, eindeutige sachenrechtliche Zuordnungen zu schaffen. Immer, wenn die Zuordnung der

---

[1116] Quack, in Münchener Kommentar, BGB, § 948 / 3; Westermann, Sachenrecht, § 52 III.

[1117] Nicht von der Vorschrift erfaßt werden beispielsweise Tierbestände, wenn die Tiere mit einer Kennzeichnung versehen sind. Bsp. bei Palandt, BGB,§ 948 / 2.

[1118] Medicus Jus 1983/897, 899; Mühl, in Soergel, BGB, Bd. VI, § 948/3; Wiegand, in Staudinger, BGB, § 948 / 9.

[1119] Hefermehl, in Erman, BGB Bd. I, § 948 / 3; Quack, in Münchener Kommentar, BGB, § 948 / 4; abl. Baur/Stürner, Sachenrecht, § 53 A III 1; Westermann, Sachenrecht, § 52 III a.

Ausgangsstoffe nach der Verarbeitung zu erheblichen Zweifeln und Unsicherheiten führen kann, ist Neuheit der Sache anzunehmen[1120]. Verarbeitung oder Umbildung einer beweglichen Sache setzt eine bewußte menschliche Arbeitsleistung voraus, die nach dem Wortlaut der Norm nicht einen wesentlich geringeren Wert als der verarbeitete Stoff haben darf[1121] und auch zu einer Veränderung der Substanz der Sache führt, so daß die neue Sache gegenüber der ursprünglichen Sache eine eigenständige, weitergehende Funktion hat[1122].

Bei Vorliegen dieser Voraussetzungen des § 950 BGB erwirbt der Hersteller[1123] kraft Gesetzes originäres Eigentum an der neuen Sache.

Soweit die besitzende Gesellschaft hiernach Sachen, die ursprünglich im Eigentum der LPG standen, verarbeitet oder umgebildet im Sinne des § 950 BGB hat, ist das Eigentum der LPG hieran erloschen, so daß sie die Herausgabe der entstandenen Sachen nicht nach § 985 BGB verlangen kann[1124].

Ein sicher typisches Beispiel für die Anwendung der Rechtsvorschrift im vorliegenden Fall ist die Weiterverarbeitung der landwirtschaftlichen Produkte, soweit sie noch von der LPG erzeugt, geerntet oder erworben wurden. Neben der Schlachtung von Tieren zur Weiterverarbeitung zu Fleischereierzeugnissen und der Veredelung von Getreide, Obst u.ä. zum fertigen Verzehrprodukt für den Handel ist eine fremdwirkende Verarbeitung durch die Gesellschaft auch bei der Verwendung von Baumaterialien oder sonstigen Stoffen gegeben. Hiervon abzugrenzen ist jedoch der gänzliche Verbrauch von Sachen, ohne deren vorherige Verarbeitung–beispielsweise Verbrauch vorhandener Futtermittel und Saatgüter–der nicht zu einem Eigentumserwerb der verbrauchenden Gesellschaft nach § 950 BGB führt[1125].

[1120] Quack, in Münchener Kommentar, BGB, Bd.VI, § 950 / 7; eingehend auch Wiegand, in Staudinger, BGB, Bd. III, § 950 / 9, 10.

[1121] BGH vom 8.10.1955 BGHZ 18 / 226, 228; BGH vom 5.4.1971 BGHZ 56 / 88, 90,91; Zur Ermittlung des Wertverhältnisses auch: Baur/Stürner, Sachenrecht, § 53 b II 2; Westermann, Sachenrecht, § 53 II 4.

[1122] Bsp. bei BGH vom 27.9.1990 NJW 1991 / 1480, 1482; BGH vom 22.5.1995 NJW 1995 / 2633; Westermann, Sachenrecht, § 53 II 3.

[1123] Zum Begriff des Herstellers: BGH vom 28.6.1954 BGHZ 14 / 114, 117; BGH vom 3.3.1956 BGHZ 20 / 159, 163; Mühl, in Soergel, BGB, § 950 / 7 ff.; Wolf, Sachenrecht, Rdn. 445.

[1124] Zu den daraus entstehenden Ausgleichsansprüchen siehe unter II C. 2.

[1125] Bsp. bei Palandt, BGB, § 950 / 5; Hefermehl, in Ermann, BGB, § 950 / 2; Quack, in Münchener Kommentar zum BGB, § 950 / 10.

f) Eigentumserwerb an Erzeugnissen und Bestandteilen nach § 953 ff BGB

Dieser letzte Punkt möglicher Eigentumsverschiebungen widmet sich den Erzeugnissen und Bestandteilen jener Sachen, die im Eigentum der LPG i.L. stehen. Insbesondere geht es hierbei um die Früchte des LPG-eigenen Bodens und die während des Besitzes der neuen Gesellschaft geborenen Jungtiere, deren Muttertiere Eigentum der LPG i.L. waren bzw. sind.
Den Regelungen der §§ 953 ff BGB liegt das Prinzip zugrunde, daß Erzeugnisse und Bestandteile einer Sache auch nach der Trennung grundsätzlich dem Eigentümer gehören[1126]. Nach der Ausnahmeregelung in § 955 BGB wird dieser Grundsatz aufgrund des redlichen Eigenbesitzes an der Sache gebrochen. Die hinsichtlich ihrer Eigentümerstellung gutgläubige Gesellschaft erwirbt danach mit der Trennung der Früchte das Eigentum an diesen. Bestandteile der Sache nach §§ 93, 94 BGB werden von der Norm nicht erfaßt und bleiben daher auch nach der Trennung Eigentum der LPG i.L..
Der Begriff der Früchte einer Sache ist in § 99 BGB definiert und beinhaltet Erzeugnisse und sonstige Ausbeute, soweit sie aus dem bestimmungsgemäßen Gebrauch der Sache gewonnen werden. Hierunter versteht man zunächst alle unmittelbaren Früchte der Sache, alle organischen Erzeugnisse, aber auch sonstige Ausbeuten, die weder Erzeugnis noch Gebrauchsvorteil sind. Letzteres wäre beispielsweise der aus dem Boden gewonnene Sand oder die durch eine Windkraftanlage erzeugte Energie[1127]. Darüber hinaus sind auch die bestimmungsgemäßen Erträge eines Rechtes Sachfrüchte, wie beispielsweise Zinsen auf eine Forderung oder der Gewinnanteil aus einer Beteiligung an dritten Unternehmen. Neben diesen unmittelbaren Früchten einer Sache zählen auch die nur mittelbaren Erträge aus einer Sache zu den Früchten. Hierunter fallen beispielsweise gezahlte Gegenleistungen für die Überlassung des Gebrauches an der Sache.
Alle von der gutgläubigen Gesellschaft aus dem Eigentum der LPG i.L. gewonnenen Erzeugnisse und Sachfrüchte sind Eigentum der Gesellschaft geworden und können nicht vindiziert werden.

2. Besitz und mögliches Besitzrecht der neuen Gesellschaft

Allgemein wird der Besitz einer Sache als die tatsächliche Sachherrschaft über sie beschrieben. (§ 854 BGB) Bei der Gesellschaft als juristischer Person oder Rechtsträger nach § 124 HGB ist diese Definition nicht ohne weiteres anwend-

---

[1126] Quack, in Münchener Kommentar zum BGB, § 953 / 1; Hefermehl, in Ermann, BGB, vor § 953 ff..
[1127] Michalski, in Ermann, BGB Bd. I, § 99 / 5; Bsp. bei Palandt, BGB, § 99 und § 100; Baur/Stürner, Sachenrecht, § 3 II 5.

bar, da die Gesellschaft als Rechtsgebilde niemals selbst die Herrschaft über eine Sache ausüben kann. Hierfür bedarf es natürlicher Personen. Nach seit langem herrschender Meinung ist daher bei juristischen Personen und Handelsgesellschaften der Organbesitz anerkannt. Danach üben diese Gesellschaften unmittelbaren eigenen Besitz durch ihre Organe oder sonstigen verfassungsmäßig berufenen Vertreter aus[1128], soweit diese die Sachherrschaft innerhalb ihres Aufgabenbereiches ausüben[1129].

Unzweifelhaft ist danach die vermeintliche Nachfolgegesellschaft im Besitz derjenigen Sachen, die entsprechend einer Überprüfung nach oben genannten Rechtsnormen Eigentum der LPG i.L. sind. Ein Recht der Gesellschaft zum Besitz im Sinne von § 986 I BGB gegenüber der LPG i.L. besteht nicht.

Dagegen ist ein Besitz auch ein mittelbarer Besitz der vermeintlichen Nachfolgegesellschaft zu verneinen, soweit die Sachen auf Tochterunternehmen übergegangen sind.

3. Besitzrecht bei selbständigem Gebäudeeigentum nach § 27 LPGG

Eine Besonderheit des Vindikationsanspruches der LPG i.L. entsteht hinsichtlich des selbständigen Gebäudeeigentumes, das bei der LPG nach § 27 LPGG entstand, soweit das getrennte Eigentum von Boden und aufstehendem Gebäude zwischenzeitlich nicht durch ein Bodenneuordnungsverfahren nach dem LwAnpG bzw. nach dem Sachenrechtsbereinigungsgesetz wiedervereinigt oder die Rechtsbeziehung der Parteien durch Bestellung eines Erbbaurrechtes geregelt wurde.

Schon das Gesetz über die landwirtschaftlichen Produktionsgenossenschaften vom 3.6.1959 räumte den LPGen ein weitgehendes Nutzungsrecht an den von den Mitgliedern eingebrachten und von staatlicher Seite zur Nutzung überlassener Grundstücken ein. Mit dem LPG-Gesetz vom 2.7.1982, durch welches das Gesetz von 1959 abgelöst wurde, erfuhr das Nutzungsrecht in § 18 LPGG seine Regelung. Gegenüber den meisten sonst im Recht der DDR bekannten Nutzungsrechten wurde es nicht in bundesdeutsches Recht überführt. Hier ergibt sich die Besonderheit, daß noch vom DDR- Gesetzgeber kurz vor Inkrafttreten des Einigungsvertrages der § 18 LPGG ersatzlos aufgehoben wurde[1130].

Durch das gleichzeitige Fortbestehen des selbständigen Gebäudeeigentums der LPG entstand mit in Kraft treten des BGB in den neuen Bundesländern zum

---

[1128] BGH vom 27.10.1971 BGHZ 57 / 166, 168; Schmidt, Gesellschaftsrecht, § 10 III 1, 2.

[1129] Westermann, Sachenrecht, § 20 II; Baur/Stürner, Sachenrecht, § 7 I 3; Joost, in Münchener Kommentar zum BGB, § 854 / 32; Kregel, in RGRK zum BGB, § 854 / 19.

[1130] Aufgehoben durch das am 1.7.90 in Kraft getretene Gesetz über die Änderung oder Aufhebung von Gesetzen der DDR Republik vom 28.6.90 in § 7 Nr. 6.

3.10.1990 eine Vindikationslage zwischen dem Gebäude- und dem Grundstückseigentümer, da eine Besitzberechtigung am Grundstück ohne Nutzungsrecht für den Gebäudeeigentümer nicht mehr bestand. Infolgedessen könnte die LPG i.L., die zwar Gebäudeeigentümer ist, möglicherweise keine Herausgabeansprüche gegenüber der vermeintlichen Nachfolgegesellschaft bezüglich des Grundstückes geltend machen, da auch ihr als Eigentümerin kein Recht zum Besitz zustand und sie als Besitzerin selbst dem Herausgabeanspruch des Grundstückseigentümers hinsichtlich des Grund und Bodens ausgesetzt war. Nach der so entstandenen Rechtssituation stellte sich das Eigentum am Gebäude für die LPG als wirtschaftlich entwertet dar. Das Sondereigentum der LPGen an Gebäuden unterschied sich von sonstigen Formen des Sondereigentums dadurch, daß nach ersatzlosem Wegfall das Nutzungsrecht als verbindendes Glied zum Grundstück fehlte.

In Ansehung der durch die vorhandene Regelung auftretenden Rechtsprobleme wurden durch Art. 8 des 2. VermRÄndG vom 14.7.1992 wesentliche Teile des EGBGB geändert. Dabei wurde in Art. 233 § 2 a EGBGB ein beschränkt dingliches gesetzliches Besitzrecht des Gebäudeigentümers geschaffen, wodurch der Herausgabeanspruch des Grundstückseigentümers gegenüber der LPG entfiel. Die Bestimmung sollte für aus der Zeit der DDR überkommene unklare Rechtsverhältnisse zwischen Grundstückseigentümern und Nutzern eine einstweilige Sicherung des Besitzstandes schaffen[1131]. Sie bezieht daher auch den Zeitraum vor ihrem Inkrafttreten am 21.7.1992 mit ein[1132].

Umfang und Inhalt des Besitzrechtes richten sich nach der bisherigen Ausübung des Nutzungsrechtes am Grundstück. Das Besitzrecht soll also nicht schon per legem den Umfang des aufgehobenen umfassenden Nutzungsrechtes nach dem LPGG haben, sondern sein Inhalt soll sich nach der tatsächlichen bei Inkrafttreten des 2. VermRÄndG, am 22.7.1992, ausgeübten Art der Nutzung bestimmen[1133].

Die Voraussetzungen für das Bestehen eines Besitzrechtes der LPG am Grundstück sind nach Art. 233 § 2 a I 1b EGBGB gegeben, wenn die LPG oder deren Rechtsnachfolger das Gebäude bei Inkrafttreten des Gesetzes zum 22.7.1992 nutzte und weiterhin nutzt[1134].

Problematisch ist hierbei, daß in den Fällen der stecken gebliebenen Umwandlung zu dem genannten Zeitpunkt regelmäßig der neue Rechtsträger im Besitz der Gebäude bzw. der dazugehörigen Grundstücke war, so daß nach den Voraussetzungen des Moratoriums kein Besitzrecht bei der LPG i.L. entstanden ist. Der mit Einfügung des Besitzmoratoriums bezweckte Ausgleich des noch vom

[1131] BGH vom 19.2.1993 BGHZ 121 / 347, 351.

[1132] Zur verfassungsrechtlichen Unbedenklichkeit dieser Rückwirkung BGH vom 30.5.1995 BGH DtZ 1995 / 360, 364.

[1133] BGH vom 13.10.1995 DtZ 1996 / 19, 20; Zirker VIZ 1993 / 338, 343.

[1134] Wendtland, in Münchener Kommentar zum EGBGB, Art. 233 § 2a / Rdn. 7.

DDR-Gesetzgeber aufgehobenen Nutzungsrechtes nach dem LPGG bis zur Bereinigung der sachenrechtlichen Beziehungen scheiterte damit[1135].
Dennoch bestehen zwischen dem Grundstückseigentümer und der LPG i.L. Ansprüche auf Sachenrechtsbereinigung. Rechtliche Grundlage der sachenrechtlichen Bereinigung ist das SachenRechtsbereinigungsgesetz vom 21.9.1994[1136]. Diese Ansprüche bestehen unabhängig von einem Besitzrecht nach Art. 233 § 2 a EGBGB. Das danach begründete Besitzrecht diente allein der vorläufigen Sicherung bestehender tatsächlicher Rechtsverhältnisse bis zu deren gesetzlicher Neuordnung[1137]. Darüber hinaus ist der Nutzer des Gebäudes auch in dem Umfang zum Besitz von Gebäude und Grundstück berechtigt, wie ihm ein Anspruch auf Sachenrechtsbereinigung zusteht[1138], d. h. bis zum Abschluß des Sachenrechtsbereinigungsverfahrens mit dem Grundstückseigentümer ist die LPG i.L. zum Besitz des Gebäudes und des dazu notwendigen Grundstückes berechtigt, auch wenn bis zum Inkrafttreten des Sachenrechtsbereinigungsgesetzes kein Moratoriumsbesitz am Grundstück begründet wurde. Damit ist die LPG i.L. nicht der Vindikation des Grundstückseigentümers ausgesetzt und kann als zum Besitz berechtigte Eigentümerin das Gebäude samt dem zugehörigen Grundstück vom neuen Rechtsträger herausverlangen.

B. Grundbuchberichtigung gemäß § 894 BGB

Im Zusammenhang mit der Frage nach der Wirksamkeit von Verfügungen des neuen Rechtsträgers über Grundstücke und Gebäude der LPG i.L. wurde bereits die Eintragung der neuen Gesellschaft als Eigentümerin im Grundbuch angesprochen[1139]. Die Voraussetzungen für die Änderung des Grundbuches bzw. die Anlegung eines Gebäudegrundbuchblattes zugunsten der Gesellschaft wurden durch § 12 des Grundbuchbereinigungsgesetzes erleichtert[1140]. Zum Nachweis der wirksamen Rechtsnachfolge gegenüber dem Grundbuchamt genügte danach eine Bescheinigung des Registers des neuen Rechtsträgers. Da die neue Gesellschaft mit dem Eigentum der LPG i.L. während der letzten Jahre gewirtschaftet und über die Sachen verfügt hat, ist anzunehmen, daß die zugunsten der LPG bestehenden Grundbucheintragungen in dieser Zeit auf Veranlassung der neuen

---

[1135] Zum Moratorium Zirker VIZ 1993 / 338, 343; Becker-Eberhard Jura 1994 / 577, 583.
[1136] Sachenrechtsbereinigungsgesetz vom 21.9.1994 BGBl. I Seite 2457.
[1137] Wendtland, in Münchener Komm. zum BGB, Art. 233 § 2 a EGBGB / 1; Hartmann, in Soergel Komm. zum BGB, Art. 233 § 2 a EGBGB / 14.
[1138] BGH vom 4.7.1997 BGHZ 136 / 212; Wendtland, in Münchener Komm. zum BGB, Art. 233 § 2 a EGBGB / 21; Bassenge, in Palandt, BGB, Art. 233 § 2 a EGBGB / 1; Schramm AgrarR Beilage I 2001 / 26 f..
[1139] Siehe dazu unter Kapitel 7 II. B. 2.
[1140] Grundbuchbereinigungsgesetz vom 20.12.1993 BGBl. I Seite 2182.

Gesellschaft geändert oder zu ihren Gunsten neue Gebäudegrundbucheintragungen vorgenommen wurden.
Soweit das Eigentum an den Grundstücken bzw. Gebäuden zwischenzeitlich nicht auf die neue Gesellschaft oder Dritte wirksam übergegangen ist, hat die LPG i.L. einen Anspruch gegen die neue Gesellschaft auf Zustimmung zur Berichtigung des Grundbuches nach § 894 BGB.
Ein solcher Anspruch besteht auch gegenüber im Grundbuch eingetragenen sonstigen Dritten, soweit zu ihren Gunsten Belastungen eingetragen wurden, die nicht wirksam bestellt wurden[1141] und daher gegenüber der LPG i.L. als Eigentümerin nicht wirken.
Bis die Zustimmung zur Grundbuchberichtigung vom Verpflichteten erlangt wird, kann der nach § 894 BGB Berechtigte unter den Voraussetzungen des § 899 II BGB einen Widerspruch gegen die Richtigkeit des Grundbuches nach § 899 I BGB eintragen. Dadurch wird der gute Glaube des Grundbuches nach § 892 I 1 BGB zerstört und wirksame Verfügungen oder Belastungen des eingetragenen Rechtes zu Lasten des wahren Berechtigten verhindert.
Der Anspruch auf Herausgabe nach § 985 BGB gegenüber dem neuen Rechtsträger besteht für die LPG i.L. nur insoweit, als die Vermögensgegenstände heute noch Eigentum der LPG i.L. sind und sich auch im Besitz der vermeintlichen Nachfolgegesellschaft befinden. Die Voraussetzungen dieses Herausgabeanspruches werden nur für einen Teil des LPG-Vermögens gegeben sein.
Soweit der Herausgabeanspruch aus dem Eigentum nach § 985 BGB gegen den neuen Rechtsträger nicht gegeben ist, weil sich der Vermögensgegenstand mittlerweile im Besitz einer Tochtergesellschaft des neuen Rechtsträgers befindet, ohne daß die Tochtergesellschaft das Eigentum am Vermögensgegenstand erworben hat[1142], richtet sich der Herausgabeanspruch der LPG i.L. direkt gegen die unberechtigt besitzende dritte Gesellschaft.
Viele Vermögensgegenstände werden dagegen von der Gesellschaft veräußert oder verbraucht worden oder rechtswirksam auf Dritte übertragen worden sein. Bei manchen wird sich die eigentumsrechtliche Lage durch Verarbeitung oder Vermischung der Gesellschaft verändert haben. Neben dem Herausgabeanspruch aus dem Eigentum sind daher im Folgenden die Ansprüche der LPG i.L. zu prüfen, die das Gesetz als Ausgleich für die Verfügung über Vermögensgegenstände, den Verbrauch oder den gesetzlichen Eigentumserwerb vorsieht und welche Herausgabeansprüche hinsichtlich sonstigen Vermögens der LPG i.L. bestehen.

[1141] Zur Wirksamkeit von Verfügungen der neuen Gesellschaft siehe unter Kapitel 7 II. B.
[1142] Zum Eigentumsübergang auf Tochterunternehmen bei Ausgründungen siehe Kapitel 7 III.

C. Herausgabe und Wertersatz nach Bereicherungsrecht gemäß §§ 812 ff BGB

Die soeben angesprochenen möglichen Ausgleichs- und Herausgabeansprüche der LPG i.L. gegen den neuen Rechtsträger beruhen im Unterschied zum Herausgabeanspruch gemäß § 985 BGB nicht auf der fortwährenden Eigentümerstellung der LPG i.L., sondern begründen sich auf das ursprüngliche Eigentum der LPG an den Vermögensgegenständen, das durch Handlungen der neuen Gesellschaft untergegangen ist oder betreffen Vermögen, das wie beispielsweise Geld nicht dem Herausgabeanspruch nach § 985 BGB unterfällt.

Das Vermögen der LPGen in der ehemaligen DDR bestand neben Eigentumsrechten auch aus sonstigen Vermögensvorteilen, wie beispielsweise Grundstüc??ken, an denen die LPG ein schuldrechtliches Besitz- und Nutzungsrecht aufgrund eines Pachtvertrages innehatte. Auch solche der LPG schuldrechtlich zustehenden Vermögensrechte wurden von der Nachfolgegesellschaft als vermeintlich eigenes Vermögen übernommen. Daneben war die LPG häufig Inhaberin einer Milchreferenzmenge, d. h. sie war zur Erzeugung und zum Absatz bestimmter Milchmengen berechtigt. Auch diese Rechte stellen einen bedeutenden Vermögenswert dar, der im Rahmen der vermeintlichen Umwandlung vom neuen Rechtsträger übernommen wurde.

Rechtsgrundlage für die Herausgabe der hierdurch erlangten Vermögensvorteile können die bereicherungsrechtlichen Bestimmungen in § 812 ff BGB sein. Zwar werden diese von den Vorschriften des Eigentümer-Besitzer-Verhältnisses als speziellere Regelung grundsätzlich verdrängt[1143], bleiben jedoch neben den § 985 ff BGB anwendbar, soweit keine Vindikationslage besteht[1144], d. h. ein bereicherungsrechtlicher Ausgleich der gescheiterten Vermögensübernahme kommt in den geschilderten Fällen in Betracht, wenn die LPG i.L. nicht Eigentümerin des übernommenen Vermögens war, ihr Eigentum durch Verbrauch, Zerstörung oder andere gesetzliche Tatbestände während des gutgläubigen Eigenbesitzes der Gesellschaft untergegangen ist oder es sich bei dem herausverlangten Vermögen nicht um körperliche Gegenstände handelt, die dem Vindikationsanspruch unterliegen[1145]. In diesen Fällen ist ein bereicherungsrechtlicher Rückgewähranspruch nach § 812 I 1 BGB denkbar.

Für die Fälle, bei denen das ursprüngliche Eigentum der LPG i.L. durch Verfügungen der nichtberechtigten Gesellschaft untergegangen ist, erfolgte dann der

---

[1143] RG vom 9.7.1932 RGZ 137 / 206, 210; RG vom 30.1.1940 RGZ 163 / 348, 352; BGH vom 26.2.1964 BGHZ 41 / 157, 158; BGH vom 31.3.1971 BGHZ 56 / 73, 77.

[1144] BGH vom 11.1.1971 BGHZ 55 / 176, 178 (Jungbullenfall) dazu Westermann Jus 1972 / 18; Hefermehl, in Erman, BGB § 985 / 3; Baur/Stürner, Sachenrecht, § 11 II 3.

[1145] Für den Fall der Verschlechterung/ Untergang der herauszugebenden Sache durch die bösgläubig besitzende Gesellschaft bzw. nach Rechtshängigkeit regeln § 987 ff BGB das Rechtsverhältnis abschließend.

Ausgleich für den Rechtsverlust nach § 816 I 1 BGB, der einen Fall der Eingriffskondiktion regelt.
War Ursache des Eigentumsüberganges ein gesetzlicher Erwerb der Gesellschaft nach § 946 ff BGB böte § 951 I BGB für den schuldrechtlichen Ausgleich einen Anspruch aus ungerechtfertigter Bereicherung in sonstiger Weise nach § 812 I 1 2. Alternative BGB.
Somit handelt es sich um drei Fallgestaltungen, aus denen sich für die LPG i.L. Ansprüche auf Herausgabe bzw. Ausgleich ergeben. Deren Voraussetzungen und Umfang werden im Folgenden dargestellt.

1. Ansprüche gemäß § 812 BGB

Ein Anspruch der LPG i.L. nach § 812 I BGB ist gegeben, soweit die neue Gesellschaft etwas durch Leistung der LPG oder sonst auf deren Kosten erlangt hat. Der Tatbestand umfaßt somit zwei Arten der Bereicherung: Bereicherung durch Leistung und in sonstiger Weise. Für die Festlegung der einschlägigen Kondiktion ist der Leistungsbergriff entscheidend. Nach gefestigter Rechtsprechung wird unter einer Leistung die bewußte und zweckgerichtete Mehrung fremden Vermögens verstanden[1146].
Für den hier zu subsumierenden Fall liegt die Problematik in der Feststellung, daß die ehemalige LPG das Vermögen der neu entstandenen Gesellschaft bewußt gemehrt und diese dadurch etwas erlangt hat. Bei aller wissenschaftlichen Diskussion[1147] um den Begriff der Leistung und die Bestimmung des Leistenden besteht grundsätzliche Einigkeit darüber, daß die Leistungskondiktion der Rückabwicklung einer fehlerhaften Leistungsbeziehung dient[1148]. Eine Leistung der LPG i.L. an die von ihr errichtete Gesellschaft muß bereits am Fehlen einer solchen Beziehung scheitern. Die Beteiligten gingen von einer wirksamen Rechtsnachfolge aus. Aus ihrer Sicht bestand zu jedem Zeitpunkt lediglich ein Rechtsträger und dementsprechend eine Vermögensmasse. Eine Mehrung fremden Vermögens fand aus Sicht der Beteiligten nicht statt. Einschlägig für den bereicherungsrechtlichen Rückgewähranspruch bei fehlgeschlagenen Umwandlungen ist daher allein die Nichtleistungskondiktion nach § 812 I 1 2. Alternative BGB.
Gegenstand des Kondiktionsanspruches kann jeder erlangte Vermögensvorteil sein. Neben Bargeld und Bankvermögen, das mangels Individualisierbarkeit

---

[1146] BGH vom 1.10.1963 BGHZ 40 / 272, 277; BGH vom 30.5.1968 BGHZ 50 / 227, 232; BGH vom 27.5.1971 BGHZ 56 / 228, 240; BGH vom 26.10.1978 BGHZ 72 / 246, 248; BGH vom 24.2.1972 BGHZ 58 / 184 , 188.
[1147] Ausführlich Lieb, in Münchener Komm. zum BGB, § 812 / 23 ff; Kötter AcP 154 (1954) / 193.
[1148] Larenz, Schuldrecht II, § 68 I b; Baur/Wolf Jus 1966 / 393; Stolte JZ 1990 / 220, 222.

nicht nach § 985 BGB herausverlangt werden kann, umfaßt der Anspruch vor allem Ersatz des durch Verbrauch oder Zerstörung untergegangenen Vermögens der LPG i.L.. Hierunter fallen beispielsweise Futter, Saatgut, Düngemittel das von der neuen Gesellschaft verbraucht wurde aber auch Baustoffe, wie Sand, Kies, Zement o.ä., die von der Gesellschaft verwendet und damit verbraucht wurden. An Stelle der nicht mehr möglichen Herausgabe der Sachen ist nach § 818 II BGB der Wert der verbrauchten Sachen zu ersetzen.
Neben dem Wertersatz sind nach § 818 I BGB auch die tatsächlich seit Bestehen des Bereicherungsanspruches gezogenen Nutzungen zu ersetzen. Soweit Gegenstand des Anspruches Geld ist, fallen hierunter die tatsächlich erhaltenen Zinsen[1149]. In der Fallgruppe des Verbrauches von Sachen entsteht der Bereicherungsanspruch erst mit Verbrauch, da bis dahin eine Herausgabe nach § 985 BGB vorrangig gewesen wäre. Daher sind in diesen Fällen die herauszugebende Bereicherung und die gezogenen Nutzungen deckungsgleich. Der Bereicherungsanspruch umfaßt die durch den Verbrauch bei der Gesellschaft eingetretene Vermögensmehrung, d.h. die durch den Verbrauch der fremden Sachen ersparten eigenen Aufwendungen[1150]. Ein Vermögensvorteil für den neuen Rechtsträger ist auch gegeben, wenn das Eigentum an den Vermögensgegenständen der LPG i.L. im Rahmen einer Ausgliederung nach § 123 II UmwG durch Gesamtrechtsnachfolge wirksam auf einen dritten Rechtsträger übergegangen ist und der neue Rechtsträger hierfür Anteile an diesem Rechtsträger erlangt hat. In diesen Fällen hat der neue Rechtsträger ein Surrogat für das ursprünglich herauszugebende Eigentum erlangt, das ebenfalls nach § 818 I BGB herauszugeben ist.
Neben dem Ersatz nicht mehr vorhandenen Eigentums der LPG i.L. ist auch der Besitz von Vermögen eine rechtlich anerkannte Rechtsposition und kondizierbar[1151]. Mit der Übernahme des LPG-Vermögens hat der neue Rechtsträger neben dem Eigentum der LPG auch die ihr gebührenden Besitz- und Nutzungsrechte aufgrund von Pacht- und Mietverträgen übernommen. Soweit bis heute ein wirksamer Pacht- oder Mietvertrag mit der LPG i.L. existiert, hat die LPG i.L. noch immer einen schuldrechtlichen Besitzanspruch auf diese Sachen und könnte den Besitz des Pachtlandes gemäß § 812 I BGB von der neuen Gesellschaft herausverlangen. In der Praxis wird ein solcher Anspruch jedoch regelmäßig nicht vorliegen, da im Verlauf der vergangenen 10 Jahre in fast allen Fällen zwischenzeitlich die ursprünglichen Pachtverträge ausliefen und neue Verträge wirksam zwischen dem jeweiligen Verpächter/Vermieter und der

---

[1149] BGH vom 8.10.1987 BGHZ 102 / 41, 47; Reuter-Matinek, Schuldrecht BT, § 15 II 3 b..
[1150] Canaris JZ 1971 / 569, 561 und in Anmerkung zu BGH vom 21.5.1971 JZ 1971 / 556 ff.; Westermann, in Ermann, BGB, § 818 / 26; Lorenz in Staudinger, BGB, § 812 / 72 a.
[1151] Für die herrschende Meinung: Lieb, in Münchener Komm. zum BGB, § 812 / Rdn. 100; Esser / Weyers, Schuldrecht, Bd. II Bes. Teil § 51 I 3.

neuen Gesellschaft geschlossen wurde und das Recht zum Besitz der LPG damit endete.
Neben dem bereits angesprochenen Anspruch auf Grundbuchberichtigung gemäß § 894 BGB ergibt sich auch aus § 812 I BGB ein Anspruch der LPG i.L. auf Grundbuchberichtigung. Mit der Eintragung der neuen Gesellschaft im Grundbuch hat diese, soweit die LPG i.L. materiell berechtigt ist, unrechtmäßigerweise eine vermögenswerte Rechtsstellung erlangt, die es ihr ermöglicht, wirksam über das verbuchte Recht zu verfügen. Gegenstand des Bereicherungsanspruches ist wie bereits beim Grundbuchberichtigungsanspruch die Zustimmung der begünstigten Gesellschaft zur Berichtigung der Grundbucheintragung[1152].
Eine letzte mögliche Gruppe von Vermögensgegenständen, die dem Herausgabeanspruch nach § 812 BGB unterliegen, sind Forderungen, soweit sie noch bestehen[1153] oder der LPG möglicherweise gehörende Patent- und Markenrechte.

2. Wertersatz für Eigentumsverluste

In den bereits geschilderten Sachverhalten nach § 946 ff BGB hat die neue Gesellschaft unter Umständen durch von ihr vorgenommene tatsächliche Handlungen einen Übergang des Eigentums der LPG i.L. auf sich selbst bewirkt. Dies konnte durch Vermischung eigener Sachen mit Sachen der LPG i.L., Verarbeitung LPG eigener Sachen oder die Verbindung beweglicher Sachen geschehen. Soweit aufgrund solcher Vorgänge das Eigentum der LPG i.L. erloschen ist, hat die LPG i.L. einen Anspruch auf Ausgleich des Rechtsverlustes gegenüber der neuen Eigentümerin nach § 951 I BGB[1154].
Die Norm verweist für den Anspruch auf den Tatbestand der Eingriffskondiktion nach § 812 I 1 2. Alternative BGB. Als Rechtsgrundverweisung ist der Anspruch gegeben, wenn alle Voraussetzungen der Kondiktion vorliegen[1155].
Hat die neue Gesellschaft durch einen der Tatbestände nach § 946 ff BGB das Eigentum an der Sache auf Kosten der LPG i.L. erlangt, ist der Tatbestand der Eingriffskondiktion gegeben. Der gesetzliche Eigentumserwerb stellt keinen Rechtsgrund für den Eigentumserwerb dar. Die LPG i.L. kann für ihr verlorenes Eigentum Ersatz in Höhe des Vermögenszuwachses bei der Gesellschaft im

---

[1152] BGH vom 12.1.1973 NJW 1973 / 613, 615; Heimann-Trosien, in RGRK zum BGB § 812 / 6.
[1153] Siehe hierzu auch die Möglichkeit der Genehmigung der Forderungseinziehung durch die neue Gesellschaft und den Herausgabeanspruch nach § 816 II BGB unter C. 3..
[1154] Westermann, Sachenrecht, § 54; Hefermehl, in Erman, BGB § 951 / 1.
[1155] BGH vom 5.10.1961 BGHZ 36 / 30; BGH vom 31.10.1963 BGHZ 40 / 272, 277.

Zeitpunkt des Rechtsverlustes verlangen[1156]. Weitergehende Ansprüche der LPG i.L. auf Herausgabe der Nutzungen an der neuen Sache nach § 818 I BGB bestehen nicht[1157].

3. Herausgabeansprüche bei Verfügungen

Aufgrund der langen Besitzzeit der vermeintlichen Nachfolgegesellschaft hat die Gesellschaft zwischenzeitlich über eine Vielzahl von Vermögensgegenständen verfügt und die ausstehenden Forderungen der LPG eingezogen. Daher werden die Ansprüche aufgrund unberechtigter Verfügungen nach § 816 I 1 BGB einen großen Teil der Ansprüche der LPG i.L. ausmachen. Die Norm verpflichtet den unberechtigt über Vermögen oder Forderungen Verfügenden zur Herausgabe des dadurch Erlangten an den eigentlich Berechtigten. Voraussetzung ist die Wirksamkeit der Verfügung.
Absatz I bestimmt die Herausgabepflicht bei Verfügungen über Vermögensgegenstände. Hierunter fallen neben Verkäufen auch alle sonstigen Verfügungen - Verpfändung, Grundschulden, Hypotheken ...- die zu einer Änderung der Rechtslage führen und zu denen allein der Eigentümer der Sache berechtigt ist.
Diese Verfügungen können nach den Vorschriften über den gutgläubigen Erwerb bzw. über den öffentlichen Glauben des Grundbuches von Anfang an wirksam geworden sein[1158]. Daneben ist die Bestimmung auch anwendbar, wenn die LPG i.L. als Eigentümerin die bislang unwirksame Verfügung gemäß § 185 II 1 BGB nachträglich genehmigt[1159].
Hierdurch ändern sich rückwirkend die Rechtsfolgen der unberechtigten Verfügung, so daß dann die Voraussetzungen des Anspruches nach § 816 I 1 BGB gegeben sind. Dieser Weg ist für die LPG i.L. eine Möglichkeit, anstelle des Herausgabeanspruches gegenüber dem von der Verfügung begünstigten Dritten, einen Ersatzanspruch gegen die unberechtigt verfügende Gesellschaft gelten zu machen. Der Vorteil der LPG i.L. hierbei liegt einmal darin, sich nicht mit ihr unbekannten Dritten auseinandersetzen zu müssen und zum anderen, anstatt des veräußerten Gegenstandes die finanzielle Gegenleistung herausverlangen zu können. Hierdurch wird die andernfalls notwendige nochmalige Veräußerung der Sache durch die LPG i.L. in der Liquidation erspart.

1156 BGH vom 11.1.1971 BGHZ 55 / 176, 178; Mühl, in Soergel, BGB, § 951 / 1; Westermann, Sachenrecht, § 54.
1157 BGH vom 18.9.1961 BGHZ 35 / 356, 362; Pikart, in RGRK zum BGB § 951 / 34; Hefermehl, in Erman, BGB, § 951 / 10.
1158 Siehe hierzu bereits unter Kapitel 7 II. B.
1159 BGH vom 6.5.1971 BGHZ 56 / 131, 133; BGH vom 6.4.1972 NJW 1972 / 1197; RG vom 12.3.1923 RGZ 106 / 44; Lorenz, in Staudinger § 816 / 9; Larenz-Canaris, Schuldrecht BT, § 69 II 1 c..

Dieser Gedanke liegt auch dem Herausgabeanspruch des Erlangten bei wirksamer Annahme einer Leistung durch den Nichtberechtigten nach § 816 II BGB zugrunde. Grundsätzlich wirkt allein die Leistung gegenüber dem Gläubiger gemäß § 362 BGB befreiend. Soweit Schuldner der früheren LPG ihre Leistung an die neue Gesellschaft in der Annahme einer wirksamen Rechtsnachfolge erbracht haben, trat keine Erfüllungswirkung ein. Ihnen stünde daher ein Anspruch gegen die Gesellschaft aus § 812 I 1 BGB zu. Gleichzeitig hätte die LPG i.L. noch immer ihren Erfüllungsanspruch.
Auch hier hat die LPG i.L. die Möglichkeit, durch Genehmigung der Annahme nach § 362 II, 185 II BGB die Erfüllungswirkung nachträglich herbeizuführen[1160]. Der vermögensrechtliche Ausgleich erfolgt dann wiederum allein zwischen der neuen Gesellschaft und der LPG i.L., die das durch die Annahme Erlangte herausverlangen kann.
Herauszugeben ist in beiden Fällen des § 816 BGB das durch die Verfügung bzw. Annahme Erlangte. Unerheblich ist dabei, ob die bei der Verfügung erhaltene Gegenleistung auch dem tatsächlichen Wert des veräußerten/belasteten Gegenstandes entspricht. § 816 BGB ist insoweit Sonderbestimmung zu § 818 II BGB, als daß es bei der Herausgabe nach § 816 BGB nicht auf den objektiven Wert der Verfügung, sondern allein auf das tatsächlich Erlangte ankommt[1161]. Dabei kann die erlangte Gegenleistung bei der Verfügung unter aber auch über dem Verkehrswert liegen[1162].
Der Umfang der Herausgabepflicht richtet sich wiederum nach § 818 BGB. Herauszugeben sind neben dem Erlangten auch die aus dem Erlangten tatsächlich gezogenen Nutzungen, d.h. Sach- und Rechtsfrüchte sowie Gebrauchsvorteile. Bestand die Gegenleistung der Verfügung bzw. die Leistung nach § 816 II BGB in Geld kommen als Nutzungen insbesondere die erhaltenen Zinsen in Betracht.

4. Ausgleichsansprüche bei Ersitzung

Soweit es nach dem unter II., A. 1.a. Gesagtem zu einer rechtswirksamen Ersitzung des beweglichen Vermögens der LPG i.L. gekommen ist, weil es während der Ersitzungszeit zu keinen Zweifeln an der Wirksamkeit der Umwandlung und der Rechtmäßigkeit der Vermögensübernahme oder zum Beginn eines Liquidationsverfahrens durch Einsetzung von Verwaltern gekommen ist, hat die

---

1160 BGH vom 10.11.1982 BGHZ 85 / 267, 272; Westermann, in Erman, BGB, § 816 / 17; Lieb, in Münchener Komm. zum BGB, § 816 / 63; abl. Esser-Weyers, Schuldrecht BT, § 50 II 4; Roth JZ 1972 / 150 ff..

1161 BGH vom 8.1.1959 BGHZ 29 / 157, 159; BGH vom 1.10.1975 WM 1975 / 1179; Larenz-Canaris, Schuldrecht BT, § 72 I 2 a; Esser-Weyers, Schuldrecht BT, § 50 II 2 c..

1162 A.A. Medicus, Bürgerliches Recht, Rdn. 723 ff..

neue Gesellschaft das Eigentum endgültig erlangt[1163]. § 937 BGB enthält im Unterschied zu § 951 BGB keinen Verweis auf bereicherungsrechtliche Ausgleichsansprüche, so daß nach herrschender Meinung der frühere Eigentümer keinen Anspruch aus § 812 BGB gegenüber dem rechtmäßig Ersitzenden hat[1164]. Die Gegenmeinung[1165] geht zwar davon aus, daß § 937 BGB keinen materiellen Ausschlußgrund, sondern nur eine rein sachenrechtliche Zuordnungsregel enthält. Schuldrechtliche Ausgleichsansprüche sind danach nicht prinzipiell ausgeschlossen. Ein ausgleichsfester, endgültiger Erwerb soll jedoch auch nach dieser Ansicht stattfinden, wenn zwischen dem Eigentümer und dem Erwerber keine Leistungsbeziehung besteht[1166].

III. Herausgabe von Nutzungen und Gewinn

Neben den bisher dargestellten Herausgabeansprüchen und Ausgleichsansprüchen für nicht mehr vorhandenes Vermögen hat die LPG i.L. auch Ansprüche auf Herausgabe der aus ihrem Eigentum gezogenen Nutzungen. Soweit zwischen der LPG i.L. und der neuen Gesellschaft eine Vindikationslage bestand oder noch besteht, ist die Gesellschaft neben der Herausgabe der Sache gemäß § 985 BGB auch zur Herausgabe der Nutzungen, die sie während des Bestehens der Vindikationslage aus der Sache gezogen hat, verpflichtet.

Ansprüche auf Herausgabe der Nutzungen gewährt das Gesetz dem Eigentümer in §§ 987 bis 993 BGB in Ergänzung des Herausgabeanspruches. Dabei mutet das Gesetz die Herausgabe grundsätzlich nur dem Besitzer zu, der mit einer Herausgabe der Sache rechnen mußte, weil er nicht in gutem Glauben an sein Recht zum Besitz war oder der Herausgabeanspruch nach § 985 BGB bereits rechtshängig war[1167]. Demgegenüber ist der gutgläubige Besitzer nicht zur Herausgabe verpflichtet. Eine Ausnahme bildet der Fall des gutgläubigen unentgeltlichen Besitzers, dessen Besitz generell weniger schutzwürdig gegenüber dem des entgeltlichen Besitzers ist[1168].

Die hinsichtlich ihres Besitzrechtes gutgläubige Gesellschaft, die den Besitz am LPG-Vermögen unentgeltlich, d.h. ohne Gegenleistung an die LPG, erlangt hat,

---

[1163] Schwab/Prütting, Sachenrecht, § 36 VI; Bassenge in Palandt, BGB, vor § 937 / 2.

[1164] So zumindest wenn der Besitz –wie hier- nicht das Ergebnis einer fehlgeschlagenen Leistungsbeziehung ist Pikart, in RGRK § 937 / 20; Mühl, in Soergel, BGB, § 937 / 7; Larenz, Schuldrecht II, § 68 II.

[1165] Quack, in Münchenr Komm. zum BGB, § 937 / 24; Baur/Stürner, Sachenrecht, § 53 H III. 2; Wiegand, in Staudinger, BGB, § 937 / 22; Hefermehl, in Erman, BGB, § 937 / 6.

[1166] Wiegand, in Staudinger, BGB, § 937 / 22; Hefermehl, in Erman, BGB, § 937 / 6; Reuter/Martinek, Bereicherungsrecht, § 22 II.

[1167] Gursky, in Staudinger, BGB, vor § 987 ff / 4; Hefermehl, in Erman, BGB, § 987 / 1.

[1168] Wie auch bei § 816 II 2 BGB tritt der unentgeltliche Erwerb hinter schutzwürdige Interessen des Berechtigten zurück: Mühl, in Soergel, BGB, § 988 / 1; Pikart, in RGRK zum BGB § 988 / 1; Westermann, Sachenrecht, § 32 III 1.

haftet danach auf Herausgabe der Nutzungen nach den Vorschriften über die ungerechtfertigte Bereicherung nach § 988, 818 BGB. Unter Nutzungen sind dabei alle Gebrauchsvorteile und Früchte einer Sache nach § 100, 99 BGB. Hierzu zählen die nach § 955 BGB erlangten Früchte und Erzeugnisse. Zwar wurde die Gesellschaft nach § 955 BGB mit Trennung Eigentümerin[1169], muß den ungerechtfertigten Fruchterwerb jedoch schuldrechtlich nach § 988, 818 I, II BGB ausgleichen, d.h. die Erzeugnisse aus dem Eigentum der LPG i.L. an diese übereignen bzw. Wertersatz leisten, soweit die Herausgabe nicht möglich ist[1170]. Der Anspruch umfaßt beispielsweise alle natürlichen Tier- und Bodenprodukte, Baumfrüchte, aber auch Früchte aus Rechten der LPG i.L., wie Zinsen auf Forderungen der LPG i.L., Gewinne aus Beteiligungen an dritten Unternehmen, Erträge aus Vermietung und Verpachtung LPG eigener Grundstücke, Gebäude oder Maschinen[1171].

Neben den Sach-und Rechtsfrüchten sind als Nutzungen auch alle sonstigen Gebrauchsvorteile der Sachen, die der Gesellschaft durch die unentgeltliche Nutzung zugeflossen sind auszugleichen[1172]. Maßstab ist hierbei der ohne die Nutzung angefallene verkehrsübliche Miet- bzw. Pachtzins[1173]. Ebenfalls zu den Nutzungen gehört der aus dem landwirtschaftlichen Unternehmen gezogene Gewinn[1174].

Bei all diesen Ansprüchen trägt die LPG i.L. das Risiko der Entreicherung des neuen Rechtsträgers nach § 818 III BGB. Der Herausgabeanspruch aus ungerechtfertigter Bereicherung besteht nur soweit die gezogenen Nutzungen und Früchte noch als Vermögenswert bei der Gesellschaft vorhanden sind[1175].

Eine verschärfte Haftung der Gesellschaft tritt nach § 987 BGB erst nach Rechtshängigkeit des Vindikationsanspruches aus § 985 BGB oder ab dem Zeitpunkt ein, in dem die Gesellschaft von ihrem unberechtigtem Besitz erfährt ein. (§ 990 I 2 BGB) Dabei wird die Haftungsverschärfung nach Rechtshängigkeit in der Praxis eine Ausnahme bilden. Tatsächlich ist bisher keine Herausgabeklage einer LPG i.L. gegenüber dem vermeintlichen Rechtsnachfolger bekannt, da in der Rechtspraxis regelmäßig eine gütliche, vertragliche Bereinigung der Vermögenslage angestrebt wird.

[1169] Siehe dazu unter Kapitel 8 II. A. 1.a.

[1170] Medicus, in Münchener Kommentar zum BGB, § 988 / 2; Gursky, in Staudinger, BGB, vor § 987 ff / 6.

[1171] Übersicht zu § 99 und 100 BGB bei Palandt, BGB, § 99, 100.

[1172] BGH vom 25.9.1952 BGHZ 7 / 208, 218 (Fleischerei); BGH vom 12.2.1963 BGHZ 39 / 103, 106; BGH vom 8.1.1975 BGHZ 63 / 365, 368; Hefermehl, in Erman, BGB, § 987 / 3.

[1173] BGH vom 8.1.1975 BGHZ 63 / 365, 368; BGH vom 9.6.1969 WM 1969 / 1083, 1084 (Apotheke).

[1174] BGH vom 12.5.1978 BGH NJW 1978 / 1578 (Tankstelle); BGH vom 25.9.1952 BGHZ 7 / 208, 218; Mühl, in Soergel § 987 / 2; Hefermehl, in Erman, BGB, § 987 / 3.

[1175] BGH vom 30.4.1958 BGHZ 27 / 204, 209; Pikart, in RGRK zum BGB § 988 / 8.

Relevant wird demgegenüber eine verschärfte Haftung ab Kenntnis der unwirksamen Umwandlung. Sobald das Fehlschlagen der Umwandlung rechtskräftig festgestellt wurde oder vom Registergericht Liquidatoren zur Abwicklung der LPG eingesetzt wurden, muß eine Kenntnis der Gesellschaft zweifelsfrei bejaht werden[1176]. Ab diesem Zeitpunkt haftet die Gesellschaft als bösgläubige Besitzerin verschärft nach § 987 BGB, ohne sich auf eine Entreicherung berufen zu können. Eine positive Kenntnis des neuen Rechtsträgers von seiner Nichtberechtigung zum Besitz liegt daneben auch in rechtlich eindeutigen und klar erkennbaren Sachverhalten vor, in denen die Unwirksamkeit der Umwandlung offensichtlich und für jeden unvoreingenommenen Betrachter erkennbar ist[1177]. Gemäß § 987 II BGB sind dann neben den tatsächlich gezogenen Nutzungen auch alle schuldhaft nicht gezogenen Nutzungen, die bei einer ordnungsgemäßen Wirtschaft gezogen worden wären, herauszugeben.
Kann die gemäß § 990, 987 BGB verschärft haftende Gesellschaft die Nutzungen nicht mehr herausgeben, ist sie nach § 989 BGB zum Ersatz des Schadens für die LPG i.L. verantwortlich, d.h. sie muß den Wert der nicht mehr vorhandenen Nutzungen ersetzen[1178].

IV. Ansprüche auf Schadensersatz

Neben den Herausgabe- und Ausgleichsansprüchen aus dem Eigentümer-Besitzer-Verhältnis haftet der neuen Rechtsträger gegenüber der LPG i.L. grundsätzlich nicht auf Schadensersatz[1179]. Erst nach Rechtshängigkeit der Herausgabeklage aus dem Eigentum oder ab Bösgläubigkeit der Gesellschaft haftet diese nach der speziellen Regelung in § 989, 990 BGB auf Ersatz des Schadens, wenn durch ihr Verschulden die Sache verschlechtert wird oder die Herausgabe unmöglich wird. Art und Weise der Schadensersatzleistung richten sich nach den § 249 ff BGB[1180].

V. Verjährung, Fälligkeit und Verzugszinsen

Abschließend werden in diesem Kapitel die Fälligkeiten der Ansprüche aus dem Eigentümer-Besitzer-Verhältnis und dem Bereicherungsrecht, deren Verjährung und Verzinsung untersucht.

[1176] BGH vom 22.1.1958 BGHZ 26 / 256, 259; RG vom 16.1.1904 RGZ 56 / 317, 321; auch Steinebach NL-BzAR 2000 / 265, 266.
[1177] BGH vom 25.2.1960 BGHZ 32 / 76, 92; Hefermehl, in Erman, BGB, § 990 / 3.
[1178] RG vom 16.9.1918 RGZ 93 / 281, 293; RG vom 13.2.1934 RGZ 143 / 374, 376.
[1179] BGH vom 26.2.1964 BGHZ 41 / 157, 160; Hefermehl, in Erman, BGB, vor § 987 / 13.
[1180] Westermann, Sachenrecht, § 32 IV 2 d.; Gursky, in Staudinger, BGB, § 989 / 29 ff.; Pikart, in RGRK zum BGB § 989 / 18.

Soweit sich die Ansprüche aus dem Eigentümer-Besitzer-Verhältnis nach § 985 ff BGB ergeben, richtet sich ihre Fälligkeit nach den allgemeinen Vorschriften. Gemäß § 271 I BGB wurden die Ansprüche daher sofort mit Eintreten der Anspruchsvoraussetzungen -Übernahme des Vermögens- fällig. Soweit die Herausgabe des Eigentums bzw. der Nutzungen von den Liquidatoren der LPG i.L. gegenüber der Gesellschaft angemahnt wurde, ohne daß der neue Rechtsträger die Forderungen erfüllt, wären nach der allgemeinen Vorschrift in § 286 I BGB die Voraussetzungen des Schuldnerverzuges gegeben. Während des Verzuges hat der Schuldner den durch seine Säumigkeit entstehenden Schaden zu ersetzen und Geldschulden zu verzinsen. (§ 286 I, 288 I BGB)
Wie § 990 II BGB zeigt, sind diese allgemeinen Regelungen auch im Eigentümer-Besitzer-Verhältnis grundsätzlich anwendbar. Ausgenommen von der verschärften Haftung ist jedoch der gutgläubige, auf sein Recht zum Besitz vertrauende, Besitzer. Für ihn tritt eine erweiterte Haftung erst nach Rechtshängigkeit der Ansprüche gemäß ein. Die gutgläubige Gesellschaftet haftet erst dann für alle ab diesem Zeitpunkt am Vermögen der LPG i.L. entstehenden Schäden. Bisher ist in der Rechtspraxis kein Fall bekannt, in dem die Herausgabe des LPG-Vermögens gerichtlich geltend gemacht wurde. Auch künftig ist damit zu rechnen, daß die Vertreter der LPG i.L. und des neuen Rechtsträgers zunächst eine vertragliche Einigung anstreben werden. Sobald zur Abwicklung der LPG i.L. ein Liquidator eingesetzt wurde, muß eine Kenntnis der neuen Gesellschaft vom Scheitern der Umwandlung bejaht werden, so daß bereits hierdurch eine Haftungsverschärfung eintritt und die Rechtshängigkeit einer Herausgabeklage diesbezüglich keine neue Rechtssituation schafft, denn die bösgläubig besitzende Gesellschaft haftet bereits vor Rechtshängigkeit verschärft[1181].
Nach § 990 BGB haftet der neue Rechtsträger somit ab dem Zeitpunkt, in dem er Kenntnis von der Unwirksamkeit der Umwandlung und des Vermögensüberganges hat nach § 987, 989 BGB, d.h. ihn trifft eine Ersatzpflicht für alle schuldhaft nicht aus dem LPG-Vermögen gezogenen Nutzungen und er ist für alle Schäden verantwortlich, die der LPG i.L. durch Verschlechterung oder Untergang ihres Eigentums entstehen. Darüber hinaus haftet der neue Rechtsträger nach den Vorschriften des Schuldnerverzuges -hier insbesondere Verzinsung- soweit dessen Voraussetzungen nach § 286 I BGB erfüllt sind.
Ähnlich ist die Haftungssituation auch hinsichtlich der bereicherungsrechtlichen Ansprüche. Auch sie unterliegen der dargestellten Fälligkeitsregelung.
Eine Verschärfung der Haftung wird wiederum durch den Eintritt der Rechtshängigkeit (§ 818 IV) oder durch Kenntnis vom fehlenden Rechtsgrund für den Vermögensübergang (§ 819) ausgelöst. Auch hier ist der Zeitpunkt der Kenntniserlangung der Rechtshängigkeit einer Herausgabeklage logischerweise vorgelagert, so daß mit der gerichtlichen Bestellung eine Liquidators -der dann erst

[1181] BGH vom 30.9.1964 NJW 1964 / 2414, 2415; Medicus, in Münchener Kommentar zum BGB, § 985 / 39; Baur/Stürner, Sachenrecht, § 11 C.I 3. a.

gerichtlich tätig werden kann- oder auch mit der Löschung des Umwandlungsvermerkes die neue Gesellschaft von der Rechtsgrundlosigkeit der Vermögensübernahme Kenntnis erlangt. Die Haftungsverschärfung im Bereicherungsrecht wird durch den Verweis auf die Anwendung der allgemeinen Vorschriften zum Ausdruck gebracht. Dies bedeutet, daß nach § 292 BGB der Einwand der Entreicherung ab Kenntnis verwehrt ist[1182] und sich die Ersatzpflicht für eine Verschlechterung oder den Untergang des Vermögens nach den Vorschriften des Eigentümer-Besitzer-Verhältnisses richtet. Die Gesellschaft ist nach § 989 BGB zum Schadensersatz verpflichtet, hat schuldhaft nicht gezogene Nutzungen nach § 987 BGB herauszugeben und kann insbesondere ab diesem Zeitpunkt ihre Aufwendungen auf das Vermögen nicht nach § 818 III BGB in Abzug bringen, sondern ist auf die Möglichkeiten nach § 994, 996 BGB beschränkt[1183]. Daneben sind nach § 291 BGB alle Geldschulden ab Bösgläubigkeit unabhängig von einem Verzug zu verzinsen.
Durch die Neuerungen des Schuldrechtsmodernisierungsgesetzes, das am 1.1.2002 in Kraft getreten ist, haben sich hinsichtlich der Verjährung der Ansprüche einige Veränderungen ergeben. Die ursprüngliche 30 jährige Verjährungsfrist des § 195 BGB a.F. ist entfallen. Im Rahmen der Reformierung des Schuldrechtes[1184] wurde die regelmäßige Verjährung auf nunmehr 3 Jahre verkürzt und zugleich der Verjährungsbeginn an die subjektive Kenntnis des Berechtigten geknüpft (§§ 195, 199 I BGB). Ausgenommen hiervon sind Herausgabeansprüche aus dem Eigentum nach § 985 BGB. Für sie gilt nach § 197 I Nr. 1 BGB weiterhin eine Verjährungsfrist von 30 Jahren ab Entstehung des Anspruches (§ 200 BGB).
Für die am 31.12.01 bereits bestehenden und noch nicht verjährten Ansprüche läuft gemäß Art. 229 § 6 I 1, IV EGBGB die neue Verjährungsfrist ab dem 1.1.2002, soweit die Verjährungsfrist nach dem bürgerlichen Gesetzbuch in der Fassung vom 1.1.2002 verkürzt wurde. Die Ansprüche der LPG i.L. gegenüber dem neuen Rechtsträger oder besitzenden Dritten aus dem Eigentümer-Besitzer-Verhältnis verjähren somit frühestens mit Ablauf des Jahres 2004. Entsprechend der auch auf die bereits entstandenen Ansprüche anzuwendenden gesetzlichen Neuregelung beginnt die Anspruchsverjährung nach § 199 I BGB erst nach Kenntnis des Berechtigten, so daß ein Beginn der Verjährung erst nach dem 1.1.2002 in allen Fällen vorliegt, in denen den Anspruchsberechtigten die tatsächlichen Voraussetzungen, d.h. das Scheitern der Umwandlung, erst zu einem späteren Zeitpunkt zur Kenntnis gelangt. Um eine unbegrenzte und unkalkulierbare Verjährung aufgrund des von subjektiven Voraussetzungen des Schuldners abhängenden Verjährungsbeginnes zu vermeiden, bestimmt das Gesetz in § 199 III und IV BGB Höchstfristen der Verjährung unabhängig vom Vorliegen der

---

1182 Zum Einwand der Entreicherung gleich in Kapitel 9.
1183 Hierzu unter Kapitel 9 II.
1184 Gesetz zur Modernisierung des Schuldrechtes vom 26.11.2000 BGBl. I 3138 ff..

Voraussetzungen für den Beginn der Verjährung. Für alle Ansprüche die nicht Schadensersatzansprüche sind tritt die Verjährung damit spätestens zum 31.12.2011 ein. Bei den hier vorstellbaren Schadensersatzansprüchen aus Schäden am Vermögen beträgt die Höchstfrist der Verjährung ebenfalls 10 Jahre, soweit der Anspruch bereits entstanden war und endet somit gleichfalls zum 31.12.2011. Diese modifizierte Verjährungsfrist nach Art. 229 § 6 IV EGBGB gilt für alle in Betracht kommenden Rückabwicklungsansprüche zwischen der LPG i.L. und dem neuen Rechtsträger, die am 31.12.01 bereits bestanden. Eine Ausnahme gilt für die Herausgabeansprüche nach § 985 BGB.

Kapitel 9: Gegenansprüche des neuen Rechtsträgers

Gegenüber den umfassenden Rückgewähransprüchen der LPG i.L. aus dem Eigentümer-Besitzer-Verhältnis und den bereicherungsrechtlichen Ansprüchen hat auch die neue Gesellschaft eine Reihe von Ansprüchen, die sich beispielsweise aus der Erhaltung und Verbesserung des LPG-Vermögens in den vergangenen Jahren ergeben.
Bezüglich der heute noch vorhandenen Vermögensteile, was vor allem übernommene Grundstücke, Gebäude und Produktionsanlagen betrifft, wirft eine mögliche Rückgabe daher eine Reihe von Folgefragen auf. In vielen Fällen hat das neue Unternehmen veraltete Anlagen und Gebäude modernisiert und wird dafür einen finanziellen Ausgleich fordern. Eine ähnliche Problematik entsteht aus der Weiternutzung von Anlagen bzw. der Bewirtschaftung der LPG eigenen Felder. Ebenso sind der Gesellschaft bei der Nutzung und Verwertung des Vermögens Kosten entstanden, die sie nunmehr gegen die Herausgabeansprüche der LPG i.L. in Ansatz bringen möchte.
Neben diesen Abwehransprüchen hat die neue Gesellschaft aber auch eigenständige Forderungen gegenüber der LPG i.L.. Solche können sich einmal aus Eigentumsverlusten der Gesellschaft aufgrund der § 946 ff BGB oder auch aus der Bezahlung von Verbindlichkeiten der LPG i.L. ergeben.

I. Abwehr bereicherungsrechtlicher Ansprüche der LPG i.L.

Wie die Erörterungen im vorangegangenen Kapitel gezeigt haben, erfolgt die vermögensrechtliche Rückabwicklung der fehlgeschlagenen Umwandlung zum großen Teil nach bereicherungsrechtlichen Grundsätzen, soweit nicht die Herausgabe des Eigentums gemäß § 985 BGB geschuldet ist. Das Bereicherungsrecht findet dabei direkte Anwendung in allen Sachverhalten, denen keine Vindikationslage zwischen der LPG i.L. und der neuen Gesellschaft zugrunde lag bzw. diese durch zwischenzeitlichen Verbrauch, Zerstörung der Sache, wirksame Verfügung über das Eigentum oder gesetzlichen Eigentumsübergang weggefallen ist. In diesen Fällen hat die Gesellschaft die bei ihr eingetretene Vermögensmehrung und die hieraus gezogenen Nutzungen nach § 812 I 1 2. Alt., § 816 BGB herauszugeben bzw. deren Wert zu ersetzen.
Daneben verweisen auch die Bestimmungen des Eigentümer-Besitzer-Verhältnisses über die Herausgabe der durch den gutgläubigen unentgeltlichen Besitzer gezogenen Nutzungen (§ 988 BGB) auf das Bereicherungsrecht. Der Umfang der Herausgabepflicht bestimmt sich somit nach § 818 BGB.
Im Rahmen einer vermögensrechtlichen Rückabwicklung nach bereicherungsrechtlichen Grundsätzen gilt für den gutgläubigen Empfänger des herauszuge-

benden Vermögensvorteiles die Begünstigung des § 818 III BGB[1185]. Danach hat er die unberechtigt erhaltene Vermögensmehrung nur insoweit herauszugeben, wie sein eigenes Vermögen im Zeitpunkt des Herausgabeverlangens tatsächlich noch bereichert ist[1186]. Zur Bestimmung des letztendlichen Bereicherungsanspruches sind dabei die bei der Gesellschaft eingetretenen Vermögensvorteile mit den hierauf beruhenden wirtschaftlichen Nachteilen für die Gesellschaft aufzurechnen[1187]. Die nach § 818 I, II BGB zu ermittelnde Bereicherung der Gesellschaft kann nach § 818 III BGB beispielsweise durch alle Kosten, die bei Erwerb und Besitz des Vermögens für die Gesellschaft angefallen sind, beschränkt sein[1188]. Soweit für die LPG i.L. ein Anspruch auf Herausgabe des aus einer Verfügung nach § 816 I 1 BGB Erlangten besteht, wird der Anspruch um die Kosten des eventuellen Notars, der Grundbucheintragung, des Transportes, Maklers o.ä. vermindert, soweit sie von der verfügenden Gesellschaft getragen wurden[1189]. Ebenfalls abzugsfähig sind im Fall einer Herausgabepflicht nach Bereicherungsrecht alle zur Erhaltung der Vermögensmehrung oder zur Erlangung der nach § 818 I BGB ebenfalls herauszugebenden Früchte aufgewendeten Mittel[1190].

Zum gänzlichen Wegfall der Bereicherung kann es kommen, wenn das erlangte Vermögen verbraucht wurde oder der Vermögensgegenstand sich nicht mehr im Vermögen der Gesellschaft befindet. Eine fortwährende Bereicherung ist in diesen Fällen nur anzunehmen, wenn an Stelle des Verbrauchten oder Weggegebenen andere Vermögensvorteile als Surrogate bei der Gesellschaft verblieben sind[1191]. So wäre der Fall, wenn mit den Guthaben der LPG eigene Verbindlichkeiten der Gesellschaft getilgt wurden[1192] oder sie durch den Verbrauch der La-

---

1185 Die bösgläubige oder verklagte Gesellschaft haftet demgegenüber verschärft nach § 818 IV BGB bzw. § 990 I 2, 987 BGB ohne die Möglichkeit sich bezüglich der ab diesem Zeitpunkt eingetretenen Vermögensminderungen auf Entreicherung berufen zu können.

1186 Zu diesem Grundgedanken des Bereicherungsrechtes BGH vom 14.12.1944 BGHZ 1 / 75, 81.

1187 BGH vom 7.5.1953 BGHZ 9 / 333, 335; BGH vom 18.4.1956 BGHZ 20 / 270, 275; BGH vom 28.11.1961 BGHZ 36 / 171, 186; Flume, in FS Niedermeyer, S. 153 f..

1188 Westermann, in Erman, BGB, § 818 / 31; Heimann-Trosien, in RGRK zum BGB § 818 / 34.

1189 BGH vom 8.1.1959 WM 1959 / 374, 376; Lieb, in Münchener Komm. zum BGB, § 818 / 62; Westermann, in Erman, BGB, § 818 / 21.

1190 BGH vom 16.3.1983 NJW 1983 / 1905, 1907; Lorenz, in Staudinger, BGB, § 8181 / 37 m.w.N..

1191 Larenz-Canaris, Schuldrecht BT, § 73 I 1; Lieb, in Münchener Komm. zum BGB, § 818 / 70 f..

1192 BGH vom 17.6.1992 NJW 1992 / 2415, 2417; BGH vom 8.12.1995 ZIP 1996 / 336; Lorenz, in Staudinger, BGB, § 818 / 35; Heimann-Trosien, in RGRK zum BGB § 818 / 33.

gerbestände der LPG sonst notwendige eigene Anschaffungskosten erspart hat[1193].

II. Ersatz von Verwendungen

Gegenüber den Ansprüchen der LPG i.L. nach § 987 ff BGB auf Herausgabe ihres Eigentums und Herausgabe der während des unberechtigten Besitzes gezogenen Nutzungen hat die neue Gesellschaft die Möglichkeit, die ihrerseits während des Besitzes auf das Eigentum gemachten Verwendungen ersetzt zu verlangen. Um eine Verwendung[1194] auf das Eigentum der LPG i.L. handelt es sich bei allen freiwilligen Aufwendungen, d.h. Vermögensleistungen für die Sache, die dieser zugute kommen, indem sie sie erhalten, ihren Zustand verbessern oder wiederherstellen ohne die Zweckbestimmung der Sache grundlegend zu ändern[1195].

Das Gesetz unterscheidet zwischen der Erstattung notwendiger Verwendungen und nützlicher Verwendungen. Für notwendige Verwendungen kann die gutgläubige, unverklagte Gesellschaft nach § 994 I BGB Ersatz verlangen. Da sie als unentgeltliche Besitzerin alle während ihrer Besitzzeit gezogenen Nutzungen herausgeben muß[1196], ist für sie die Einschränkung in § 994 I 2 BGB nicht einschlägig.

Notwendige Verwendungen sind neben den Kosten für die Reparatur[1197] und Unterhaltung[1198] der Vermögensgegenstände auch Kosten für die Lagerung auf einem gemieteten Platz[1199], die Urbarmachung eines Grundstückes[1200] und dessen Bepflanzung[1201] aber auch die Wiederherstellung, Erweiterung bzw. den Umbau nicht mehr nutzbarer Gebäude, Maschinen o.ä., soweit dies für die betrieblichen Interessen notwendig ist[1202]. Im Fall einer gesetzlichen Eigentums-

---

1193 BGH vom 3.6.1954 BGHZ 14 / 7,9; BGH vom 18.4.1956 BGHZ 20 / 270, 275; BGH vom 28.11.1961 BGHZ 36 / 171, 186; BGH vom 18.12.1962 BGHZ 38 / 356, 368 f..

1194 Zur Definition BGH vom 26.2.1964 BGHZ 41 / 157; BGH vom 21.12.1960 BGHZ 34 / 122, 127; BGH vom 10.7.1953 BGHZ 10 / 171, 177.

1195 Diesbezüglich vertreten einen weiteren Verwendungsbegiff: Wolf, Sachenrecht, Rdn. 209 ders. AcP 166 (1966) / 193; Haas AcP 176 (1976) / 16; Gursky, in Staudinger, BGB, vor § 994 / 6 m.w.N..

1196 Siehe Kapitel 8 III.

1197 BGH vom 21.12.1960 BGHZ 34 / 122, 129; BGH vom 18.8.1967 BGHZ 48 / 264, 272

1198 Mühl, in Soergel, BGB, § 994 / 3; Hefermehl, in Erman, BGB, § 994 / 1; Gursky, in Staudinger, BGB, § 994 / 2.

1199 BGH vom 11.1.1978 NJW 1978 / 1256; OLG Nürnberg vom 13.1.1966 NJW 1966 / 738; OLG Frankfurt vom 4.12.1931 NJW 1932 / 1228.

1200 BGH vom 10.7.1953 BGHZ 10 / 171, 177.

1201 Speziell dazu Höser AgrarR 1984 / 117 ff.

1202 RG vom 20.5.1927 RGZ 117 / 112, 115; Mühl, in Soergel, BGB, § 994 / 3; Hefermehl, in Erman, BGB, § 994 / 1; Medicus, in Münchener Kommentar zum BGB, § 994 / 16.

verschiebung zu Lasten der LPG i.L. aufgrund der § 946 ff BGB entstand der LPG i.L. hieraus ein bereicherungsrechtlicher Ausgleichsanspruch aus § 951, 812 I 1 BGB, da mit dem Untergang ihres Eigentums keine Vindikationslage mehr vorlag. Vorliegend erfolgte die Eigentumsverschiebung -zum Beispiel durch Einbau wesentlicher Bestandteile in Gebäude- zugunsten der LPG i.L.. Dabei blieb die Vindikationslage bestehen, so daß sich der Ausgleich der Vermögensverschiebung allein nach § 987 ff BGB richtet. Die Gesellschaft kann Ersatz ihrer Aufwendungen auf das Eigentum der LPG i.L. verlangen.
Gemäß § 995 BGB zählen auch die vom Besitzer bestrittenen Lasten der Sache, wie beispielsweise von ihm gezahlte Grundsteuern oder Hypothekenzinsen zu den notwendigen Verwendungen[1203].
Wurden die notwendigen Verwendungen erst vorgenommen, nachdem die Gesellschaft vom Scheitern der Umwandlung erfahren hatte oder bereits auf Herausgabe des LPG-Vermögens verklagt war, richtet sich der Ersatz von Verwendungen gemäß § 994 II BGB nach den Vorschriften über die Geschäftsführung ohne Auftrag. Der Ersatz von Aufwendungen kann nach der einschränkenden Regel des § 683 BGB nur verlangt werden, wenn die notwendige Verwendung dem Interesse und dem wirklichen oder mutmaßlichen Willen der LPG i.L. entsprach. Andernfalls ist die LPG i.L. nur zur Herausgabe einer eingetretenen Vermögensmehrung nach Bereicherungsrecht verpflichtet (§ 994 II, 684 BGB). Für die Herausgabe landwirtschaftlicher Grundstücke bestimmt § 998 BGB daneben eine generelle Erstattungspflicht der Bestellungskosten durch den Eigentümer gegenüber jedwedem Besitzer.
Gegenüber den notwendigen Verwendungen sind nützliche Verwendungen alle sonstigen Verwendungen auf die Sache. Dazu gehört beispielsweise die Errichtung neuer Gebäude, Lagerhallen oder Stallanlagen auf LPG eigenem Grund und Boden. Mit der Bebauung erlangte die LPG i.L. Eigentum an den aufstehenden Gebäuden nach § 946 BGB.
Die Erstattung regelt § 996 BGB. Die LPG i.L. hat diese Verwendungen der neuen Gesellschaft nur zu ersetzen, wenn die Aufwendungen vor Rechtshängigkeit der Herausgabeklage erfolgten und die Gesellschaft in gutem Glauben an ihre Besitzberechtigung handelte. Dabei richtet sich die Höhe der Erstattungspflicht nach dem zur Zeit der Herausgabe noch erhöhten Wert den die Sache durch die nützliche Verwendung erfahren hat[1204]. Im Unterschied zu den notwendigen Verwendungen kommt es nicht auf die getätigten Aufwendungen des

---

[1203] Medicus, in Münchener Kommentar zum BGB, § 994 / 11; Pikart, in RGRK zum BGB, § 994 / 26.
[1204] BGH vom 28.3.1953 BGHZ 5 / 337, 341 f.; Mühl, in Soergel, BGB, § 996 / 1; Gursky, in Staudinger, BGB, § 996 / 6; a.A. auf die subjektive Brauchbarkeit für den Eigentümer abstellend: Medicus, in Münchener Kommentar zum BGB, § 996 / 5; Hefermehl, in Erman, BGB, § 996 / 2; Haas AcP 176 (1976) Seite 1,24 ff..

Besitzers, sondern allein auf den noch vorhandenen tatsächlichen Vermögenszuwachs des Eigentümers an.
Die erstattungsfähigen Aufwendungen der Gesellschaft sind gemäß § 256 BGB vom Zeitpunkt der Aufwendung an zu verzinsen[1205]. Ist die Gesellschaft für die Aufwendung eine eigene Verbindlichkeit eingegangen, kann sie von der LPG i.L. Befreiung von der Verbindlichkeit –beispielsweise dem Renovierungskredit der Bank- oder Sicherheitsleistung nach § 257 BGB verlangen.

III. Einreden und Wegnahmerecht

Regelmäßig wird die neue Gesellschaft den Herausgabeansprüchen der LPG i.L. eine Reihe von Verwendungsersatzansprüchen gegenüberstellen können, vor allem da diese in der langjährigen Besitzzeit mit dem Vermögen der LPG i.L. gewirtschaftet und dieses als vermeintlich Eigenes verwaltet hat. Zum Schutz der LPG i.L. ist die Geltendmachung der Ersatzansprüche an die Genehmigung der Verwendungen oder die Rückgabe des Vermögens gebunden (§ 1001 S. 1 BGB). Eine isolierte Geltendmachung der Ansprüche ist ausgeschlossen. Als Ausgleich für die Verschlechterung seiner Rechtsposition gewährt das Gesetz dem Besitzer in § 1000 BGB ein erweitertes Zurückbehaltungsrecht. Danach kann er die Herausgabe bis zur Befriedigung seiner Ersatzansprüche verweigern, auch wenn der Verwendungsersatzanspruch nach § 1001 BGB erst mit Herausgabe fällig wird.
Praktisch birgt diese Regelung im Fall der fehlgeschlagenen Umwandlung große Probleme, wenn eine vertragliche Einigung zur Vermögensübernahme zwischen den Parteien unmöglich ist. Die LPG i.L. ist dann nicht in der Lage, ihren Herausgabeanspruch durchzusetzen, da ihr regelmäßig keine Mittel zum Ersatz der Verwendungen der Gesellschaft zur Verfügung stehen. Hier bliebe als letzte Möglichkeit die Befriedigung der Gesellschaft aus der herauszugebenden Sache selbst durch Pfandverkauf bzw. Zwangsvollstreckung. Rechtsgrundlage hierfür ist § 1003 BGB. Hierbei könnte die Gesellschaft selbst die Sache erwerben, vom Erwerbspreis ihre Ansprüche einbehalten und den verbleibenden Gewinn an die LPG i.L. herausgeben. Bei diesem umständlichen Verfahren besteht jedoch die Gefahr, daß ein Dritter die Sache erwirbt und damit der landwirtschaftliche Betrieb der LPG i.L. auseinanderfällt. Es liegt jedoch regelmäßig im Interesse der vermeintlichen Nachfolgegesellschaft, das Unternehmen als Einheit zu erhalten und wie bisher als Eigenes fortzuführen, so daß eine Einigung zwischen LPG i.L. und der Gesellschaft und wertmäßige Aufrechnung der gegenseitigen Ansprüche für beide Seiten eine wirtschaftlich und rechtlich erstrebenswerte Lösung ist.

[1205] Pikart, in RGRK zum BGB, § 994 / 35.

Dieses gilt auch für das Wegnahmerecht nach § 997 BGB. Danach könnte die besitzende Gesellschaft an Stelle des Verwendungsersatzes nach § 994 I BGB die von ihr den Sachen der LPG i.L. als wesentliche Bestandteile nach § 946, 947 BGB zugefügten Sachen abtrennen, sich aneignen und damit den gesetzlichen Eigentumsübergang rückgängig machen. Auch dieses Verfahren ist regelmäßig wirtschaftlich unsinnig. Es liegt nicht im Interesse der Gesellschaft, die in Gebäude der LPG i.L. eingebauten neuen Fenster, Heizungen o.ä. wieder zu entfernen und damit die Nutzbarkeit der Sachen für das Unternehmen zu gefährden. Obwohl der Gesellschaft als Besitzerin die genannten Rechte nach den § 987 ff BGB zustehen würden, wäre ihre Anwendung im Fall der gescheiterten Umwandlung nicht im Interesse des Unternehmens und damit der unternehmensführenden Gesellschaft, da eine tatsächliche Rückabwicklung der unwirksamen Umwandlung nach dem Willen der Beteiligten gar nicht stattfinden soll, sondern Streitpunkt zwischen den Parteien allein die Höhe des finanziellen Ausgleiches für die Vermögensübernahme ist. In der Praxis ist die Anwendung des Wegnahmerechtes oder des Befriedigungsrechtes daher unwahrscheinlich.

IV. Gegenansprüche wegen Zahlungen an Gläubiger der LPG

Eine weitere wichtige Fallgruppe vermögensrechtlicher Ansprüche zwischen der neuen Gesellschaft und der LPG i.L. ergibt sich aus den von der Gesellschaft auf Verbindlichkeiten der LPG i.L. erbrachten Leistungen. In den vergangenen Jahren hat die Gesellschaft, in der Annahme als wirksamer Rechtsnachfolger der LPG hierzu verpflichtet zu sein, die von der LPG übernommenen Verbindlichkeiten beglichen. Hierunter fallen neben Verbindlichkeiten gegenüber Lieferanten und Geschäftspartnern des Unternehmens auch die Tilgung der bestehenden Altverbindlichkeiten gegenüber der DG-Bank und die Zahlung von Abfindungen nach § 44 I LwAnpG an ausgeschiedene Mitglieder der LPG. Für all diese Verbindlichkeiten war die neue Gesellschaft jedoch nicht Schuldner[1206], so daß den Leistungen an die Gläubiger keine Verpflichtung zugrunde lag. Der beabsichtigte Zweck der Leistung, sich von eigenen Verbindlichkeiten zu befreien, konnte daher nicht erfüllt werden. Die Gesellschaft kann die rechtsgrundlos erbrachte Leistung vom jeweiligen Empfänger nach § 812 I 1, 1. Alt. BGB zurückverlangen.

Anders wäre die Situation, wenn sich die Zahlung als Drittzahlung gemäß § 267 I BGB darstellen würde. Die zahlende Gesellschaft hätte dann ein Rückgriffsrecht[1207] gegenüber dem eigentlichen Schuldner, der LPG i.L.[1208]. Grund dafür wäre die Zurechenbarkeit der Leistung zum Schuldner.

[1206] Hierzu unter Kapitel 7 II. A.

[1207] Dieses kann sich aus den Vorschriften der Geschäftsführung ohne Auftrag oder aus § 812 BGB ergeben.

Im Fall der fehlgeschlagenen LPG–Umwandlung gingen jedoch beide Parteien davon aus, daß die Verbindlichkeit zwischen dem neuen Unternehmen und dem ausgeschiedenen Mitglied bestand. Eine solche Schuld bestand objektiv nicht. Die leistende Gesellschaft ging von einer eigenen Verbindlichkeit aus und handelte daher nicht mit dem Willen, eine Drittleistung zu erbringen. Die von ihr gesetzte Tilgungsbestimmung bezog sich auf das nicht vorhandene eigene Schuldverhältnis zum Gläubiger.

Insoweit ist der vorliegende Fall auch nicht mit der vom Bundesgerichtshof entschiedenen Fallgestaltung[1209] der irrtümlichen Leistung auf fremde Schuld vergleichbar, da sich die von der leistenden Gesellschaft getroffene und vom Empfänger auch so verstandene Zweckbestimmung der Leistung allein auf ein nicht bestehendes Rechtsverhältnis zwischen ihnen bezog. Die in der Rechtssprechung behandelte bereicherungsrechtliche Dreiecksfallgestaltung lag bei den Zahlungen der neuen Gesellschaft an Gläubiger der LPG i.L. nicht vor[1210]. Die Gesellschaft kann ihre Leistungen an die vermeintlich eigenen Gläubiger von diesen Gläubigern gemäß § 812 I 1 1. Alt. BGB zurückverlangen.

Sonderfall ist hier, daß der vermeintliche Schuldner aus dem Vermögen des wahren Schuldners gezahlt hat. Die Rückzahlung des Gläubiges an das neue Unternehmen wäre -da dieser das Vermögen an die LPG i.L. herauszugeben hat- faktisch eine Rückzahlung in das Vermögen des eigentlichen Schuldners.

Hinzu kommt, daß eine Rückforderung der bereits vor Jahren gezahlten Verbindlichkeiten gegenüber Geschäftspartnern des Unternehmens einer weiteren geschäftlichen Zusammenarbeit nicht zuträglich wäre. Es liegt vielmehr im Interesse des neuen Rechtsträgers, den bereicherungsrechtlichen Ausgleich für die geleisteten Zahlungen allein mit der LPG i.L. zu regeln. Ein Interesse des neuen Rechtsträgers an einer direkten Kondiktion gegen den wahren Schuldner ergibt sich auch, wenn das Geleistete beim Empfänger nicht mehr vorhanden ist und dieser sich gegenüber dem Anspruch der neuen Gesellschaft auf Entreicherung berufen kann, gleichzeitig jedoch noch immer seinen vollen Anspruch gegen die LPG i.L. besitzt.

Umgekehrt kann es auch im Interesse des Gläubigers liegen, die Zahlung der vermeintlichen Nachfolgegesellschaft als wirksame Erfüllung der LPG-Verbindlichkeit gelten zu lassen. Eine solche Fallkonstellation ergibt sich beispielsweise, wenn die Gesellschaft den Anspruch des ausgeschiedenen Mitgliedes nach § 44 I LwAnpG erfüllen wollte. Muß der Gläubiger die von der Gesellschaft erhaltene Zahlung zurückerstatten und seinen Anspruch gegenüber der

---

[1208] BGH vom 20.4.1967 BGHZ 47 / 370, 375; BGH vom 23.2.1978 BGHZ 70 / 389, 396; Lieb, in Münchener Komm. zum BGB, § 812 / Rdn. 100.

[1209] Einbaufall BGH vom 31.10.1963 BGHZ 40 / 272 ff und Idealheim BGH vom 5.10.1961 BGHZ 36 / 30 ff..

[1210] Zur Fallgestaltung im Dreiecksverhältnis Lieb, in Münchener Komm. zum BGB, § 812 / 90 ff..

LPG i.L. einfordern, wird dieser häufig verjährt sein, so daß das ausgeschiedene Mitglied, weil es auf die Wirksamkeit der eingetragenen Umwandlung vertraute, seinen Abfindungsanspruch nicht durchsetzen kann.
Um im Fall der Leistung eines Putativschuldners die Interessen des Leistenden an einem Rückgriff gegen den eigentlichen Schuldner zu wahren, ist in der Rechtswissenschaft vorgeschlagen worden, dem rechtsgrundlos leistenden vermeintlichen Schuldner die Möglichkeit einzuräumen, seine Tilgungsbestimmung nachträglich zu ändern und damit die irrtümliche Eigenleistung in eine Drittzahlung nach § 267 I BGB umzuwandeln[1211]. Danach liegt die Besonderheit der Leistung eines Putativschuldners darin, daß die vermeintliche Schuld tatsächlich besteht und lediglich ein Irrtum über die Person des Schuldners vorliegt. In dieser Situation sei es für den Putativschuldner regelmäßig zumutbar das Entreicherungsrisiko des Gläubigers zu tragen, während sich dieser beim wahren Schuldner erneut befriedigen könnte[1212]. Soweit dagegen ein Bereicherungsanspruch des Leistenden gegen den Gläubiger gegeben ist, könnte dieser nach Rückerhalt des Geleisteten dieses erneut an den Gläubiger leisten und eine entsprechende Tilgungsbestimmung setzen, was im Ergebnis auch einer Änderung der Tilgungbestimmung entspricht[1213].
Bedenken gegen die Zulassung einer nachträglichen Tilgungsbestimmung wurden vor allem im Hinblick auf einen möglichen Konkurs des Gläubigers vorgebracht. In diesem Fall würde die nachträgliche Änderung der Tilgungsbestimmung zum Erlöschen des Anspruches der Masse gegen den wahren Schuldner und einer unzulässigen Verkürzung der Masse führen[1214]. Ebenso wurden Bedenken gegen den Wechsel des Gläubigers für den tatsächlichen Schuldner vorgebracht. Durch die Drittzahlung könnten ihm Einwendungen/Einreden verloren gehen, die ihm gegenüber dem ursprünglichen Gläubiger möglich gewesen wären[1215]. Zum Ausgleich dieser Nachteile ist im Insolvenzfall die nur ex nunc mögliche Änderung der Tilgungsbestimmung und die analoge Anwendung der § 404 ff BGB vorgeschlagen worden[1216].

[1211] Von Caemmerer JZ 1962 / 385, 386; Maier AcP 152 (1952) / 97, 100; Flume JZ 1962 / 280, 282.
[1212] Beuthien, Zweckerreichung und Zweckstörung im Schuldverhältnis, Seite 301 f.; Sinn NJW 1968 / 1857.
[1213] Reuter/Martinek, Ungerechtfertigte Bereicherung, § 12 III.
[1214] Westermann, in Erman, BGB, § 812 / 31; Lieb, in Münchener Komm. zum BGB, § 812 / 77; Medicus, Bürgerliches Recht, Rdn. 951; Lorenz, in Festschrift Universität Heidelberg, Seite 267, 281, 282.
[1215] Lorenz, in Festschrift Universität Heidelberg, S. 267, 273; ders. AcP 168 (1968) / 286, 310; Lieb, in Münchener Komm. zum BGB, § 812 / 77; Medicus, Bürgerliches Recht, Rdn. 951; Larenz, Schuldrecht II, § 68 III 1.
[1216] Wilhelm, Rechtsverletzung und Vermögensentscheidung..., S. 175 f.; Koppensteiner/Kramer, Ungerechtfertigte Bereicherung, S. 41; Stolte Jura 1988 / 246, 250.

Trotz der dogmatischen Kritik in der Rechtswissenschaft[1217] hat der Bundesgerichtshof die nachträgliche Änderung der Tilgungsbestimmung zugelassen[1218]. Zur Begründung verweist der Bundesgerichtshof auf den Grundsatz von Treu und Glauben, der im einzelnen Fall eine nachträgliche Tilgungsbestimmung im Interesse aller Beteiligten ermöglicht.

Auch im Fall der fehlgeschlagenen LPG-Umwandlung liegt es im Interesse aller Beteiligten, die Zahlung der neuen Gesellschaft als wirksame Leistung der LPG i.L. anzuerkennen, da aufgrund der langen Zeitspanne eine Entreicherung des Gläubigers wahrscheinlich ist, so daß eine Rückabwicklung der Leistung die leistende Gesellschaft unbillig belasten würde. Auch die LPG i.L. als eigentliche Schuldnerin hat grundsätzlich kein schützenswertes Interesse, ihren ursprünglichen Gläubiger zu behalten. Soweit ihr Einwendungen/Einreden gegen dessen Forderung zustanden, wird die neue Gesellschaft diese bei Erfüllung der Verbindlichkeit als vermeintliche Rechtsnachfolgerin wahrgenommen haben, so daß ein Rechtsverlust der LPG i.L. nicht zu befürchten ist.

Der neue Rechtsträger hat daher die Möglichkeit, die von ihr an Gläubiger der LPG erbrachten Leistungen nachträglich als Drittleistungen gemäß § 267 I BGB zu deklarieren.

Für die Befreiung von der Verbindlichkeit kann die Gesellschaft von der LPG i.L. danach Ausgleich nach den Vorschriften über die Geschäftsführung ohne Auftrag von der LPG i.L. verlangen[1219]. Soweit die Zahlung auf die Verbindlichkeit im Interesse der LPG i.L. lag und deren wirklichen oder mutmaßlichen Willen entsprach, hat die Gesellschaft Anspruch auf Ersatz ihrer Aufwendungen gemäß § 683, 670 BGB. Diese Voraussetzungen sind nicht gegeben, wenn die Verbindlichkeit der LPG i.L. nicht bestand oder mit einer Einrede behaftet war, so daß die LPG i.L. die Leistung hätte verweigern können[1220]. Denkbar ist zum Beispiel, daß das Ausscheiden des abgefundenen Mitgliedes aus der LPG i.L. unwirksam war, weil die Kündigung erst nach der unerkannten Auflösung der LPG erfolgte[1221]. Die Erfüllung des dann nicht bestehenden Abfindungsanspruches lag nicht im Interesse der LPG i.L.. Hier könnte sich ein Rückgriffsanspruch der neuen Gesellschaft aus Bereicherungsrecht ergeben[1222], wobei jedoch regelmäßig keine Vermögensmehrung bei der LPG i.L. vorliegen wird. Hat die Gesellschaft eine nicht bestehende Schuld der LPG i.L. beglichen oder eine

---

1217 Ausführlich Weber, Der Bereicherungsausgleich nach irrtümlicher Eigenleistung auf fremde Schuld.

1218 BGH vom 15.5.1986 NJW 1986 / 2700 f..

1219 BGH vom 20.4.1967 BGHZ 47 / 370, 375; Wolf, in Münchener Komm. zum BGB, § 267 / 22.

1220 Bsp. bei ausdr. Weigerung des Schuldners BGH vom 23.2.1978 BGHZ 70 / 389, 396.

1221 Zur Möglichkeit der Beendigung der Mitgliedschaft in der LPG nach Auflösung siehe Kapitel 6 II. A.

1222 BGH vom 23.2.1978 BGHZ 70 / 389, 396; BGH vom 22.10.1975 DB 1975 / 2432; Lieb, in Münchener Komm. zum BGB, § 812 / 96 ff..

Schuld überbezahlt, ist bei der LPG i.L. hierdurch keine Bereicherung eingetreten, so daß kein Rückgriffsanspruch entsteht und eine Änderung der Tilgungsbestimmung ins Leere geht, soweit die Schuld der LPG i.L. nicht bestand.
In diesen Fällen bleibt es bei einer Rückforderung der rechtsgrundlosen Leistung der neuen Gesellschaft vom vermeintlichen Gläubiger nach § 812 I 1 BGB.

Grundsätzlich kann die Gesellschaft somit für die Begleichung der LPG-Verbindlichkeiten Aufwendungsersatz von der LPG i.L. erhalten. Abweichend sind jedoch jene Fallgestaltungen zu beurteilen, in denen der vermeintliche Anspruch des Gläubigers gegenüber der neuen Gesellschaft gerichtlich geltend gemacht und die Gesellschaft zur Zahlung verurteilt wurde. Dies wird häufig bei Abfindungen nach § 44 I LwAnpG geschehen sein. Soweit das Gericht durch seinen Beschluß die Gesellschaft zur Zahlung einer bezifferten Abfindung verurteilt hat, verpflichtete der gerichtliche Entscheid die Gesellschaft zur Zahlung an den Gläubiger. Die Leistung erfolgte mit Rechtsgrund und kann ohne Änderung oder Aufhebung der Gerichtsentscheidung nicht zurückgefordert werden[1223].
Daneben war jedoch auch die LPG i.L. weiterhin Schuldnerin des geltend gemachten Anspruches, so daß in diesen Fällen beide Rechtsträger möglicherweise als Gesamtschuldner zur Zahlung gegenüber dem Gläubiger verpflichtet waren. Der Ausgleich zwischen der Gesellschaft und der LPG i.L. bestimmte sich dann nach § 426 BGB. In Höhe der Leistung wäre die Forderung des Gläubigers auf die zahlende Gesellschaft übergegangen, die Ersatz der aufgewendeten Mittel von der LPG i.L. im Rahmen des Gesamtschuldnerausgleiches verlangen könnte.
Eine echte Gesamtschuld zwischen der LPG i.L. und der neuen Gesellschaft setzt voraus, daß eine wechselseitige Tilgungswirkung gegeben ist[1224]. Hier könnte die LPG i.L. dem ausgeschiedenen Mitglied die Abfindungszahlung der neuen Gesellschaft entgegenhalten, umgekehrt wird die gerichtlich verpflichtete Gesellschaft durch eine Abfindungszahlung der LPG i.L. vor einer Vollstrec??kung aus dem Gerichtsbeschluß geschützt. Zwar ergibt sich ihre Zahlungspflicht abstrakt aus dem Gerichtsbeschluß, so daß im Fall einer Zwangsvollstreckung diese durch einen rechtswirksamen Leistungsbefehl gedeckt war, der gerade unabhängig vom Fortbestehen des materiellrechtlichen Anspruches besteht, doch wird nach herrschender Meinung durch diese Eigenständigkeit des Vollstrec??kungsablaufes nicht jede Verbindung zum materiellen Recht getrennt[1225]. Die Vollstreckung dient letztlich allein der

[1223] BGH vom 11.3.1953 NJW 1953 / 745; Mühl, in Soergel, BGB § 812 / 229; Westermann, in Erman, BGB, § 812 / 79; Lieb, in Münchener Komm. zum BGB, § 812 / 275; Gaul, in Festschrift Flume, Bd. I S. 443 ff..
[1224] Zur Abgrenzung BGH vom 25.6.1972 BGHZ 59 / 97, 100 f.; BGH vom 26.1.1989 BGHZ 106 / 313, 318; Larenz, Schuldrecht BT I, § 37 I m.w.A..
[1225] Ausf. Gaul Jus 1962 / 1, 2; Lüke AcP 153 (1953) / 533, 540.

Durchsetzung der materiellrechtlich bestehenden Ansprüche, so daß ihre Durchführung nicht ohne Rücksicht auf den zugrundeliegenden Anspruch endgültigen Erfolg gewährleisten will. Soweit der Anspruch vor Vollstreckung getilgt wurde, steht dem Vollstreckungsschuldner daher die Vollstreckungsabwehrklage nach § 767 ZPO zu[1226]. Nach Vollstrec??kung setzt sich die Abwehrmöglichkeit in einer Herausgabeklage nach Bereicherungsrecht fort[1227].

Daher könnte auch die neue Gesellschaft der Vollstreckung eines gerichtlichen Beschlusses zur Abfindungszahlung eine Erfüllung dieser Verbindlichkeit durch die LPG i.L. entgegenhalten. In der rechtlichen Praxis ist jedoch allein der umgekehrte Fall denkbar. Durch die Leistung der neuen Gesellschaft aufgrund des Gerichtsbeschlusses wird der Abfindungsanspruch des ausgeschiedenen Mitgliedes erfüllt. Damit ist zugleich die LPG i.L. von der Verbindlichkeit gegenüber dem ehemaligen Mitglied befreit, dessen Anspruch nunmehr auf die leistende Gesellschaft übergegangen ist. Diese kann die gezahlte Abfindung in voller Höhe von der im Innenverhältnis der beiden Gesellschaften letztlich allein verpflichteten LPG i.L. verlangen.

V. Fälligkeit und Zinsen

Wie bereits bei den Ansprüchen der LPG i.L. stellt sich auch hier die Frage wann die Ansprüche der Gesellschaft fällig sind und in welchen Fällen die Gesellschaft verschärft haftet. Fälligkeit, Verjährung und Zinsen bestimmen sich nach den bereits unter Kapitel VIII Punkt V. dargestellten Grundsätzen.

VI. Zusammenfassung

Eine Bereinigung der Vermögenslage zwischen der LPG i.L. und deren vermeintlichem Rechtsnachfolger hat nach hier vertretener Auffassung über die Anwendung des § 90 GenG, den Bestimmungen des Eigentümer-Besitzer-Verhältnisses und des Bereicherungsrechtes zu erfolgen. Ausgangspunkt sind dabei Herausgabeansprüche der LPG i.L. aus § 90 GenG und, bezüglich ihres sonstigen Eigentums, aus § 985 ff BGB. Soweit es im Verlauf der vergangenen Jahre zu Eigentumsverlagerungen zu Lasten der LPG i.L. gekommen ist und § 985 BGB daher nicht einschlägig ist, sich die Sachen der LPG i.L. nicht mehr im Besitz des neuen Unternehmens befinden oder es sich bei den übernommenen Vermögenswerten nicht um Eigentum der LPG gehandelt hat, kann die LPG i.L. Herausgabe ihres Vermögens, der von der neuen Gesellschaft dafür erlangten

---

1226 BayOLG vom 29.9.1999 FG Prax. 2000 / 41 f.; Baumbach/Lauterbach, ZPO, § 767 / 21 m.w.N..

1227 BGH vom 17.2.1982 BGHZ 83 / 279, 280.

Surrogate oder Ersatz des Wertes ihres untergegangenen Eigentums nach den Regeln des Bereicherungsrechtes verlangen.

Diese zunächst scheinbar klare rechtliche Regelung gestaltet sich in der praktischen Umsetzung jedoch schwierig. Insbesondere gibt es für die LPG i.L. keinen einheitlichen Anspruch auf Herausgabe des übernommenen Unternehmens gegen den neuen Rechtsträger, d. h. um ihr Vermögen zurückzuerlangen, müßten die Vertreter der LPG i.L. neben den Ansprüchen aus § 90 GenG jeden Einzelnen der übernommenen Vermögensgegenstände herausverlangen bzw. Ersatzansprüche hierfür geltend machen.

Nachdem seit der ungerechtfertigten Vermögensübernahme durch die neue Gesellschaft nunmehr gut 10 Jahre vergangen sind und in dieser Zeit eine grundlegende Neugestaltung der Landwirtschaft in den neuen Bundesländern erfolgte, ist sicher, daß nur wenige Vermögensgegenstände der LPG i.L. noch in ihrem ursprünglichen Zustand vorhanden sind. Vielmehr wurde in den vergangenen Jahren von der neuen Gesellschaft mit dem Vermögen gearbeitet, das landwirtschaftliche Unternehmen wurde fortgeführt. Hieraus entstanden der neuen Gesellschaft ebenfalls Ansprüche auf Ersatz der getätigten Aufwendungen gegenüber den Herausgabeansprüchen der LPG i.L.. Soweit Ansprüche aus Bereicherungsrecht gegeben sind, kann sich die neue Gesellschaft sogar auf Entreicherung nach § 818 III BGB berufen, so daß im Einzelfall kein Anspruch besteht.

Um die fehlgeschlagene Umwandlung gänzlich rückabzuwickeln, müßten die Ansprüche von LPG i.L. und neuer Gesellschaft für jeden einzelnen Vermögensgegenstand Zug um Zug erfüllt oder soweit möglich gegeneinander aufgerechnet werden.

Schwierigkeiten entstehen darüber hinaus insbesondere, wenn eine Zusammenarbeit der beteiligten Parteien bei der Rückabwicklung nicht möglich erscheint und eine einvernehmliche Bereinigung der Vermögenssituation nicht zu erreichen ist. In einem solchen Fall wäre die LPG i.L. gezwungen, ihre Herausgabeansprüche einzeln gerichtlich geltend zu machen. Problematisch hierbei ist zunächst, daß die bislang unerkannt aufgelöste LPG aufgrund der fehlgeschlagenen Umwandlung über keinerlei Liquidität verfügt, um beispielsweise anwaltlichen Rat einzuholen oder Klage zu erheben. Ebenso ist sie ohne eine vorherige Rückgabe von Vermögensgegenständen und deren Veräußerung nicht in der Lage, die Gegenansprüche der neuen Gesellschaft auf Ersatz deren Verwendungen zu befriedigen. Diese wiederum ist zur Herausgabe des Vermögens nach §§ 985 ff BGB nur Zug um Zug gegen Erfüllung ihrer Ansprüche verpflichtet.

Um zunächst über eigene Mittel verfügen zu können, bleibt der LPG i.L. nur die Möglichkeit, einen Anspruch -beispielsweise nach § 816 I 1, II BGB bzw. 90 GenG- geltend zu machen, der nicht einredebehaftet ist. Voraussetzung für Ansprüche aus den §§ 985 ff BGB ist jedoch, daß die LPG i.L. über entsprechende Informationen darüber verfügt, was aus den einzelnen Vermögensgegenständen geworden ist. Auch diese Information müßte sie im Zweifel zunächst gerichtlich einfordern.

Das so entwickelte Modell der Rückabwicklung läßt deutlich erkennen, daß eine vermögensrechtliche Rückabwicklung der fehlgeschlagenen Umwandlung zwar theoretisch möglich wäre, aber in der Rechtspraxis umständlich und kostenintensiv ist und sich der damit verbundene Aufwand im Einzelfall nicht rechtfertigt[1228].

Zudem entspricht es häufig nicht den Interessen der Parteien, die fehlgeschlagene Umwandlung rückabzuwickeln. Zu dem hier beschriebenen Rückabwicklungsmodell soll es nach dem Willen der LPG i.L. und des neuen Rechtsträgers i.d.R. nicht kommen. Vielmehr streben beide eine vertragliche Lösung an, um auf diesem Wege die Wirkungen einer Umwandlung nachträglich -zumindest schuldrechtlich- herbeizuführen[1229]. Nach einer vertraglichen Übernahme des LPG-Vermögens könnte die neue Gesellschaft das landwirtschaftliche Unternehmen fortführen. Zugleich hätte die aufgelöste LPG ihre noch vorhandenen Vermögenswerte veräußert und könnte nach Befriedigung etwaiger Gläubiger und Verteilung des Liquidationserlöses als beendet aus dem Register gelöscht werden.

[1228] So auch Schubel, in Bayer (Hrsg.), 10 Jahre Landwirtschaftsanpassungsgesetz –eine Zwischenbilanz, Seite 46, 50.

[1229] So auch der Vorschlag in BGH vom 8.5.1998 ZIP 1998 / 1207.

Kapitel 10: Praktische Rückabwicklung der gescheiterten Umwandlung durch Unternehmenskauf

Nachdem bislang die rechtliche Situation für die LPG i.L., den neuen Rechtsträger und die gegenseitig bestehenden Rechtsansprüche dargestellt wurden, stellt sich die abschließende Frage, wie die Beteiligten mit den Problemen in Folge der fehlgeschlagenen Umwandlung umgehen können und sollten. Hat die Geschäftsleitung des neuen Rechtsträgers die mögliche Unwirksamkeit der Umwandlung erkannt oder wurde sie bereits durch eine gerichtliche Entscheidung festgestellt, ergibt sich für den neuen Rechtsträger grundsätzlich die Frage, ob er selbst erste Schritte zur Bereinigung der gescheiterten Umwandlung unternehmen und daher beispielsweise selbst als Gläubiger der LPG i.L. die Einsetzung eines Liquidators beim Registergericht beantragen soll oder empfiehlt es sich für ihn einfach abzuwarten -sich tot zu stellen- in der Hoffnung damit die Bemühungen des Liquidators der LPG zu verzögern -wenn nicht gar völlig zu vereiteln- das Vermögen der LPG zurückzuerlangen bzw. umzusetzen?

Letztere Vorgehensweise ist in der bisherigen Praxis in verschiedenen Fällen versucht worden und hat im Ergebnis die Liquidation der LPG zumindest stark verzögert, da ohne eine Zusammenarbeit des Liquidators mit der Geschäftsleitung des neuen Rechtsträgers der Liquidator allein auf die zeitaufwendige gerichtliche Geltendmachung von Auskunfts und Herausgabeansprüchen angewiesen ist. In der Praxis wird ihm das gerichtliche Vorgehen zudem durch fehlende liquide Mittel der LPG i.L. erschwert, so daß -sofern nicht von privater Seite Prozeßkosten ausgelegt wurden- die Erhebung eine Klage häufig bereits an der vorläufigen Zahlungsunfähigkeit der LPG i.L. scheitert. Dies gilt zumindest dann, wenn dem Liquidator seitens des Gerichtes der Gerichtskostenvorschuß nicht nach § 65 VII Nr. 3 GKG erlassen wird.

Es wäre jedoch falsch anzunehmen, in Anbetracht der Schwierigkeiten für den Liquidator der LPG bei fehlender Kooperation des neuen Rechtsträgers, könne das „Abwarten" bzw. „Totstellen" des neuen Rechtsträgers die notwendige Liquidation und damit verbunden die Rückabwicklung der fehlgeschlagenen Umwandlung verhindern. Folge eines solchen Verhaltens ist letztendlich allein ein Ansteigen von Verbindlichkeiten der LPG i.L. z.B. durch fortlaufend anfallende Vergütung für den Liquidator, fällige Prozeßgebühren oder noch offene Ansprüche ausgeschiedener Mitglieder nach § 44 I LwAnpG. Ist der Liquidator der LPG dann dauerhaft nicht in der Lage, die anstehenden Forderungen zu erfüllen, ist er verpflichtet die Eröffnung des Insolvenzverfahrens über das Vermögen der LPG i.L. zu beantragen. Gegen ein passives Verhalten des neuen Rechtsträgers spricht zudem die Verschärfung seiner Haftung auf Rückgabe des LPG-Vermögens bzw. auf Herausgabe von Surrogaten und Gewinnen[1230]. Darüber hinaus

[1230] Siehe dazu unter Kapitel 8 V.

begibt sich die Geschäftsleitung des neuen Rechtsträgers durch ein „Abwarten" auch in die Gefahr eine zivilrechtlichen und/oder strafrechtlichen Haftung, wenn sie trotz Kenntnis vom Fehlschlagen der Umwandlung, die sich daraus ergebenden Konsequenzen für den Vermögensstatus des neuen Rechtsträgers ignoriert und dadurch einer möglicherweise bestehenden eigenen Insovenzantragspflicht nicht nachkommt[1231].

Die Unwirksamkeit der Umwandlung ist eine rechtliche Tatsache, deren Rechtsfolgen nur durch eine Rückabwicklung der gescheiterten Umwandlung bewältigt werden können. Dabei ist für die rechtliche Ausgangssituation, wie sie sich im Fall der trotz Eintragung unwirksamen Umwandlung darstellt, die sich in der Praxis anbietende Alternative, um wenigstens wirtschaftlich die Fortführung des Betriebes durch die neue Gesellschaft sicherzustellen, die Herbeiführung einer Einzelrechtsnachfolge durch Vertrag[1232]. Die Aufgabe des damit betrauten Juristen besteht hierbei darin, jenseits der gesellschaftsrechtlichen Ebene der Gesamtrechtsnachfolge qua Umwandlung vertraglich die Fortführung des landwirtschaftlichen Unternehmens durch das neu gegründete Unternehmen zu bewerkstelligen. Wenn hierbei vom Unternehmen gesprochen wird, ist damit umfassend der Inbegriff von Sachen, Rechten, tatsächlichen Beziehungen, Vertragspositionen, Marktanteilen, Ressourcen, Geschäftschancen, Arbeitsverträgen und Ähnlichem mehr gemeint[1233].

I. Ausgestaltung des Vertrages im Einzelnen

A. Gegenstand des Kaufvertrages

Wird ein Unternehmen verkauft, muß all dies erfaßt werden. Hierfür stehen grundsätzlich zwei Grundtypen der Unternehmensveräußerung zur Verfügung. Der Verkauf kann einmal durch Übertragung von Gesellschaftsanteilen oder aber durch Verkauf und Übertragung der einzelnen Wirtschaftsgüter als Sachgesamtheit erfolgen. Im Gegensatz zur zweiten Variante ist der Erwerb von Gesellschaftsanteilen reiner Rechtskauf. Übertragen wird lediglich der Rechtsträger des Unternehmens. Daher entstehen beim Anteilserwerb (Share Deal) keinerlei Probleme hinsichtlich Schuldner- oder Gläubigerwechsel sowie Sachen-, Rechts- oder Vertragsübergängen unter Mitwirkung Dritter. Der Schuldner, Gläubiger und Eigentümer von Sachen und Rechten wie auch der Vertragspartner bleibt nach außen hin in jedem Fall derselbe – die Gesellschaft[1234]. Vertagstechnisch ist der Kauf der einzelnen Wirtschaftsgüter (Asset Deal) demgegen-

---

[1231] Hierzu bereits unter Kapitel 7 II B.

[1232] So auch BGH vom 8.5.1998 ZIP 1998 / 1207.

[1233] Holzapfel / Pöllath, Unternehmenskauf in Recht und Praxis, Seite 71; zum Unternehmen als Vermögensgegenstand Horn, in Heymann, HGB, Einl. VI Rdn. 9 ff..

[1234] Brand, Der Unternehmenskauf in den neuen Bundesländern, Seite 72.

über komplizierter. Zwar kann das schuldrechtliche Geschäft die Verpflichtung zur Übertragung des Unternehmens als Ganzes vorsehen, doch ist zur dinglichen Übertragung, wegen des sachenrechtlichen Bestimmtheitsgrundsatzes, eine Konkretisierung der einzelnen Vermögensgegenstände erforderlich[1235].
Eine generelle Bevorzugung der einen oder anderen Variante aufgrund der rechtstechnischen Unterschiede ist nicht sinnvoll. Was sich als günstiger darstellt, läßt sich nur anhand des Einzelfalles, insbesondere im Hinblick auf die konkreten Ziele von Käufer und Verkäufer, steuerliche, haftungsrechtliche und vertragstechnische Konsequenzen bestimmen. Im Fall der unwirksamen Umwandlung einer LPG ist ein neuer Rechtsträger mit Eintragung entstanden, der bereits im Besitz des gesamten Unternehmens ist. Ziel des Kaufes soll es daher nur sein, die faktisch bereits stattfindende Fortführung des Unternehmens nunmehr auch rechtlich abzusichern. Die Übernahme des aufgelösten Rechtsträgers liegt dagegen nicht im Interesse des Käufers. Hinzu kommt noch, daß sich die Anteile an der LPG i.L. auf eine Vielzahl von Mitgliedern verteilen. Um alleiniger Inhaber des Vermögens der LPG i.L. zu werden, müßten durch die Käufergesellschaft sämtliche dieser Anteile einzeln aufgekauft werden. Diese wäre dann alleiniger Gesellschafter der LPG i.L., die weiterhin Träger des Unternehmens wäre.
Eine speziell bei der LPG i.L. auftretende Frage ist daneben die Übertragbarkeit der Anteile. Eine dementsprechende Regelung findet sich im Statut der LPG nicht, da die Mitgliedschaft in der Genossenschaft dort nicht als unternehmerische Beteiligung ausgestaltet war, eine Verwertung des Anteiles durch Verkauf dementsprechend nicht vorgesehen war. Auf die Vorschrift zur Übertragbarkeit des Geschäftsguthabens in § 76 GenG wird für die Liquidation der LPG nicht ausdrücklich verwiesen.
Unabhängig von dieser rechtlichen Problematik entspricht eine Ausgestaltung der Unternehmensübertragung als Anteilskauf aus den genannten Gründen nicht dem Interesse des Käufers. Eine Veräußerung der einzelnen Vermögensgegenstände liegt demgegenüber auch im Interesse der LPG i.L., die durch den Verkauf aller Aktiva und Passiva an den neuen Rechtsträger ihr Vermögen in der Liquidation verwerten, den erzielten Kaufpreis als Liquidationserlös verteilen und so die Vollbeendigung der Genossenschaft herbeiführen kann.
Die günstigste Möglichkeit für die LPG i.L. und die neue Gesellschaft, die durch die unwirksame Umwandlung entstandene schwierige rechtliche Situation zu beenden und das Geflecht der gegenseitig bestehenden Ansprüche zu entwirren, ist die vertragliche Übernahme des LPG-Vermögens durch die vermeintliche Nachfolgegesellschaft. Hierdurch kann die beabsichtigte Unternehmensnachfolge zumindest schuldrechtlich, nachträglich bewirkt werden. Zudem vermeidet eine vertragliche Einigung die langwierige und praktisch nur unter großen

---

[1235] Beisel/Klumpp, Der Unternehmenskauf, Rdn. 135, 136; Lieb, in Münchener Komm. zum HGB, Anh. § 25 / 4.

Schwierigkeiten durchführbare vermögensrechtliche Auseinandersetzung über die einzelnen Vermögensgegenstände.
Neben der Übernahme der Aktivwerte tritt der Erwerber beim Unternehmenskauf, um einen reibungslosen Übergang zu gewährleisten, im Regelfall in die laufenden Verträge und damit in eine ganze Reihe verschiedenartiger Verpflichtungen ein[1236]. Dieser Eintritt erfordert entweder nach § 414 BGB einen Vertrag zwischen dem Gläubiger und dem Übernehmer oder nach § 415 BGB einen Vertrag zwischen dem bisherigen Schuldner und dem Erwerber, der der Zustimmung des Gläubigers bedarf. Im hier zu behandelnden Sonderfall hat die LPG i.L. keine laufenden Geschäftsverbindlichkeiten mehr. Die Hauptschuld der LPG i.L. wird zumeist gegenüber der DG-Bank als Gläubigerin der DDR-Altschulden bestehen, so daß vor allem eine Übernahme dieser Verbindlichkeit von den Vertragsparteien zu regeln ist.
Beim Unternehmenskauf im Wege der Einzelübertragung, bei dem die sachenrechtliche Notwendigkeit der Auflistung aller einzelnen Vermögensgegenstände besteht, können natürlich auch einzelne Verbindlichkeiten von der Übernahme ausgeschlossen werden. So kann zum Beispiel vereinbart werden, daß der Käufer in bestimmte unternehmensbezogene Verpflichtungen ausdrücklich nicht eintritt[1237]. Diese Frage der Ausklammerung stellt sich praktisch für die aus DDR–Zeiten noch bestehenden Altschulden. Der neue Rechtsträger hat in der Regel in den letzten Jahren als vermeintlicher Schuldner ein Teil dieser Schulden beglichen und mit der DG–Bank sogenannte Rangrücktrittsvereinbarungen geschlossen.
Zwar waren diese Vereinbarungen unwirksam, da die Gesellschaft nicht Schuldnerin der Ansprüche ist, doch kann durch die heutige vertragliche Schuldübernahme nachträglich eine rechtliche Grundlage dafür geschaffen werden. Obwohl die Rechtsnachfolge in diesem Fall nicht umwandlungsrechtlich sondern schuldrechtlich herbeigeführt wird, ist die DG-Bank nach ihren Arbeitsrichtlinien[1238] berechtigt, auch mit dem nur schuldrechtlichen Übernehmer des landwirtschaftlichen Unternehmens einen Rangrücktritt zu vereinbaren. Ein solcher ermöglicht der Gesellschaft zum einen die noch bestehenden Altverbindlichkeiten entsprechend dem jährlichen Ertrag des Unternehmens zu tilgen und berechtigt zudem die Gesellschaft die Verbindlichkeit nicht als solche zu bilanzieren, um so die Kreditwürdigkeit des Unternehmens zu stärken[1239]. Demgegenüber wird auch die DG-Bank regelmäßig daran interessiert sein, die unternehmenstragende Ge-

---

[1236] Lieb, in Münchener Komm. zum HGB, Anh. § 25 / 31; Picot, Unternehmenskauf und Restrukturierung, Teil 1 Rdn. 107 ff..
[1237] BGH vom 15.3.1978 BGHZ 71 / 75, 78; Beisel/Klumpp, Unternehmenskauf, Rdn. 156.
[1238] Arbeitsanweisung des Bundesministeriums der Finanzen im Einvernehmen mit dem Bundesministerium für Ernährung, Landwirtschaft und Forsten für Maßnahmen zur bilanziellen Entlastung landwirtschaftlicher Unternehmen vom 15.6.1993, Punkt II. 2.
[1239] Siehe hierzu § 16 III DMBilG.

sellschaft auch weiterhin als Schuldnerin zu behalten, insbesondere, wenn die bislang vermeintlichen Beziehungen zwischen der Gesellschaft und der Bank und die wirtschaftliche Lage des Unternehmens eine mittel- oder langfristige vollständige Tilgung der Altverbindlichkeiten erwarten lassen. Eine vollständige Erfüllung der Verbindlichkeit durch die LPG i.L. im Rahmen ihrer Liquidation würde dagegen voraussetzen, daß der Verkauf des Landwirtschaftsunternehmens an die neue Gesellschaft mindestens einen Erlös in Höhe der noch offenen Schuld erbringt, den die LPG i.L. dann zur Befriedigung ihrer Gläubiger verwenden kann. Ob der Wert der übertragenden Aktiva unter Abzug aller Gegenansprüche diese Höhe erreicht und die erwerbende Gesellschaft über entsprechende Barmittel verfügt, kann nur im Einzelfall beurteilt werden. Regelmäßig wird die übernehmende Gesellschaft jedoch nicht über große Liquidität verfügen bzw. ihrem Unternehmen nicht in größerem Umfang Barmittel entziehen wollen. Mit der gleichzeitigen Übernahme der Altverbindlichkeiten vermindern sich der Wert des übernommenen Vermögens und damit die Höhe der im Vertragszeitpunkt aufzubringenden Mittel der Gesellschaft.
Häufig werden daher alle beteiligten Parteien ein Interesse am Wechsel des Schuldners haben, so daß die Übernahme der Altverbindlichkeiten regelmäßig Teil der vertraglichen Einigung sein wird.

B. Vorvertragliche Vereinbarungen

Da der Kauf eines Unternehmens normalerweise mit einer langen Vorbereitung und zeitlich ausgedehnten Verhandlungen verbunden ist, gehen dem letztendlichen Vertrag in der Praxis häufig Absichtserklärungen oder Vorvereinbarungen voraus. Gründe hierfür sind vor allem der Schutz vor Indiskretionen in der Verhandlungsphase bzw. nach deren ergebnislosem Abbruch, sowie die Exklusivität der Verhandlungen. Geheimhaltungsvereinbarungen haben normalerweise einen sehr hohen Stellenwert, da der Käufer während der Verhandlungen einen weiten Einblick in das Unternehmen erhält[1240]. Im hier zu behandelnden Sonderfall weiß der kaufinteressierte Rechtsträger unter Umständen sogar mehr über die wirtschaftliche Lage und Entwicklung des Unternehmens, so daß derartige Absprachen nur einen geringen Raum einnehmen werden.
Andererseits könnte der Käufer ein Interesse daran haben, sich eine Option auf den Kauf des Unternehmens zu sichern, oder sich zumindest gegen weitere potentielle Bieter mit entsprechenden Vereinbarungen schützen wollen. Inwieweit solche Absprachen rechtliche Bindungen erzeugen oder lediglich psychologisch wirken, ist dabei vom konkreten Fall abhängig[1241].

[1240] OLG Frankfurt vom 16.12.1993 BB 1994 / 376 f. (Adam Opel AG/General Motors Corp. ./. VW AG); Picot, Unternehmenskauf und Restrukturierung, Teil 1 Rdn, 33 ff.
[1241] Ausf. Hommelhoff ZHR 150 (1986) / 254, 257.

C. Risikoverteilung zwischen Käufer und Verkäufer

Eines der für den Juristen zentralen Themen bei der Abwicklung des Unternehmenskaufes ist die Risikoverteilung zwischen Verkäufer und Verkäufer. Das Risiko des Verkäufers liegt hierbei in der Absicherung der Kaufpreiszahlung und der von ihm zu tragenden Gewährleistung. Der Käufer trägt die Gefahr, daß die in das Unternehmen gesetzten Erwartungen sich nicht erfüllen. Der Regelung von Gewährleistungs- und Schadensersatzansprüchen wird in der Praxis nur selten die gesetzliche Regelung zugrunde gelegt. In aller Regel werden hierfür im Vertrag umfassende Regelungen getroffen, die letztlich auch für die Festsetzung des Kaufpreises eine Rolle spielen. Beim Kauf eines Unternehmens durch Übertragung der einzelnen Vermögensgegenstände wendet die Rechtsprechung[1242] die Sachmängelgewährleistungsregeln gemäß § 437, 434 BGB an. Diese kommen allerdings nur analog zur Anwendung, da es sich bei dem Geschäft nicht um den Kauf einer Sache, sondern um die Übernahme eines Inbegriffes von Sachen und Rechten, wirtschaftlichen Positionen, Marktanteilen, immateriellen Werten und Ähnlichem mehr handelt. Die Fehlerhaftigkeit des Kaufgegenstandes Unternehmen kann sich dabei einmal ergeben aus Fehlern, die dem Unternehmen selbst anhaften oder aus Mängeln bei den einzelnen Vermögensgegenständen auftreten. Solche Mängel stellen jedoch nur dann einen Fehler dar, wenn sie so gravierend sind, daß die Tauglichkeit des Unternehmens als Ganzes nicht mehr gegeben ist, also seine wirtschaftliche Grundlage durch den Mangel erschüttert sei[1243]. Hinzu kommt, daß nach den Regelungen des Gesetzes nur dann von einem haftungsauslösenden Fehler gesprochen werden kann, wenn dieser dem Käufer zu Zeit des Kaufabschlusses nicht bekannt war.(§ 442 I BGB) Hieran wird deutlich, daß beim Verkauf des Unternehmens der LPG i.L. die Vereinbarung von Gewährleistungsregelungen und Garantien des Verkäufers nicht von Bedeutung sind. Der Käufer kennt bei Abschluß des Vertages die vertraglichen Verhältnisse und die wirtschaftliche Substanz des Unternehmens besser als der Veräußerer selbst. Dementsprechend spielt auch eine Haftung wegen der Zusicherung bestimmter Eigenschaften des Kaufobjektes keine Rolle. Der Veräußerer kann und wird keine Zusicherungen oder Garantien wirksam abgeben. Darüber hinaus dient der Verkauf der Liquidation der LPG, die danach als Rechtsträger beendet sein wird. Die Vereinbarung einer Haftung der LPG i.L. für Mängel des Unternehmens wäre somit auch praktisch nicht sinnvoll.

[1242] BGH vom 8.2.1995 NJW 1995 / 1547; schon RG vom 22.11.1932 RGZ 138 / 354, 356; Übersicht bei Lieb, in Münchener Komm. zum HGB, Anh. § 25 / 53.

[1243] BGH vom 27.2.1970 BGH WM 1970 / 819, 821; Holzapfel/Pöllath, Unternehmenskauf in Recht und Praxis, Rdn. 307.

D. Bestimmung eines Übergangsstichtages im Kaufvertrag

Ein weiterer Punkt der Verhandlungen wird die Frage nach dem Übergangsstichtag sein. Der Übergangsstichtag ist der zeitliche Bezugspunkt für die Rechtswirkungen, die mit dem Übergang des Unternehmens auf den Käufer verbunden sind. Bestandteil der Vereinbarung ist, daß mit dem Stichtag der Besitz, die Nutzungen und die Gefahr hinsichtlich der zu übertragenden Gegenstände auf den Käufer übergehen[1244]. Da mit diesem Zeitpunkt sämtliche Risiken auf den Erwerber übergehen ist es empfehlenswert, den Zeitpunkt dieses Inhaber- und Verantwortungswechsels exakt zu bestimmen. Normalerweise wird der Übergang, auch closing genannt, auf einen Zeitpunkt in der Zukunft festgesetzt. Verschiedene Gründe können jedoch ausnahmsweise die Wahl eines in der Vergangenheit liegenden rückwirkenden Übergangsstichtages nahelegen. Im vorliegenden Fall böte es sich an, den Kauf auf den 1990/91 vereinbarten Zeitpunkt der Wirksamkeit der vermeintlichen Umwandlung zurück zu datieren, da mit diesem Zeitpunkt der Besitz und die Nutzungen tatsächlich auf den neuen Rechtsträger übergingen. Dieser hat seither das Unternehmen geleitet und die Nutzungen aus dem Vermögen als eigene gezogen. Allerdings ergeben sich rechtliche Probleme bei der Festlegung eines in der Vergangenheit liegenden Übergangsstichtages. Die dingliche Rechtswirkung kann nicht mit Rückwirkung herbeigeführt werden. In der Praxis müßten die Parteien dieses Problem durch zivilrechtliche Ersatzlösungen regeln, die darin bestehen, daß das Unternehmen von einem bestimmten Zeitpunkt an als für Rechnung des Käufers geführt werden soll. Die im Normalfall bei einer derartigen Vertragsgestaltung auftretenden Probleme, insbesondere die Frage der Haftung des Veräußerers aus dem rückwirkenden Geschäftsbesorgungsvertrag[1245], werden für den Fall der unerkannten Liquidation der LPG nicht relevant. Der Käufer führt das fremde Unternehmen ja tatsächlich seit langem auf eigene Rechnung. Ergebnis dieser Vereinbarung wäre die zumindest schuldrechtliche Zuordnung aller Erträge und Verpflichtungen des Unternehmens zum neuen Rechtsträger. Ebenso trüge die neue Gesellschaft damit rückwirkend das Risiko des Unterganges oder Verlustes von Vermögensgegenständen. Eine derartige Vereinbarung würde darüber hinaus die nachträgliche Genehmigung aller Verfügungen über Vermögensgegenstände oder Forderungen der LPG durch den neuen Rechtsträger, soweit sie im Rahmen der Führung des Unternehmens notwendig waren, beinhalten.

Ohne die schuldrechtliche Vorverlegung des Übergangsstichtages gehen Besitz und Nutzungen rechtmäßig erst mit Abschluß des Kaufvertrages auf das „Nachfolgeunternehmen" über. Dabei hätte der neue Rechtsträger die Vermögensgegenstände der LPG unrechtmäßig besessen. Zur Ermittlung des heutigen Ver-

---

1244 Picot, Unternehmenskauf und Restrukturierung, Teil I Rdn. 67.

1245 Hierzu Beisel/Klumpp, Der Unternehmenskauf, Rdn. 476.

mögens der LPG müßte daher jede einzelne Transaktion auf ihre Wirksamkeit untersucht werden. Entstandene Gewinne oder Surrogate stünden der LPG i.L. gemäß den Regelungen des Eigentümer–Besitzer–Verhältnisses und des Bereicherungsrechtes zu. Die unrechtmäßige Nutzung und der unrechtmäßige Besitz des Vermögens müßte für jeden Gegenstand des Vermögens vermögensrechtlich in der beschriebenen Weise[1246] rückabgewickelt werden. Sofern zwischen den Parteien des Kaufvertrages eine Einigung über eine schuldrechtliche Rückwirkung des Betriebsüberganges möglich erscheint, wäre dies die rechtlich einfachere und wirtschaftlich auch sinnvollere Variante.

II. Die Gegenleistung des neuen Rechtsträgers

Eine zentrale Problematik des Unternehmenskaufvertrages ist die Bestimmung des Kaufpreises. Ohne die Einigung über den zu zahlenden Preis für das Unternehmen wird die Verhandlung nicht zu einem Vertragsabschluß führen. Erschwert werden diese Verhandlungen durch die aus der Interessenlage verständlichen gegensätzlichen Auffassungen der Beteiligten. Maßgebend für den Preis ist aus Sicht der erwerbenden Gesellschaft in diesem speziellen Fall, daß er in den letzten Jahren allein durch seine unternehmerische Tätigkeit das Unternehmen wirtschaftlich stabilisiert und auf einen für die Zukunft erfolgversprechenden Kurs geführt hat. Sofern das Unternehmen daher einen positiven Marktwert hat, wird die Erwerbergesellschaft daran interessiert sein, den von ihr selbst geschaffenen Wert vom Gesamtwert abzuziehen. Jede Vertragsseite wird versuchen, für sich den Kaufpreis herauszufinden, der dem Wert des Unternehmens am nächsten kommt.

Im Unterschied zur Kaufpreisfindung, die Sache der unternehmerischen Entscheidung ist, ist die Wertfindung eine Frage der Unternehmensbewertung[1247]. Der Wert des landwirtschaftlichen Unternehmens der LPG i.L. wird von mehreren verschiedenen Komponenten beeinflußt. Zunächst muß der augenblickliche Unternehmenswert des zum Vermögen der LPG i.L. gehörenden Unternehmens als Grundlage des Kaufpreises ermittelt werden. Als Zweites sind die Ansprüche der „Nachfolgegesellschaft" aus der Erhaltung oder Wertsteigerung der Vermögensgegenstände der LPG als Gegenforderung in Abzug zu bringen. Wie dies geschehen kann hängt wiederum davon ab, wie die vorgeschlagene schuldrechtliche Vereinbarung zwischen den Parteien geschlossen wird. Beinhaltet sie ausschließlich den Übergang der Nutzungen und des Besitzes am Vermögen zu einem früheren Zeitpunkt, waren die Erhaltungs- und Investitionskosten sowie die bestehenden Verpflichtungen wirtschaftlich von der LPG i.L. zu tragen, so daß die getätigten Ausgaben von der LPG i.L. zurückgefordert werden können. Sollen dagegen auch diese Kosten nachträglich schuldrechtlich der neuen Ge-

---

[1246] Siehe dazu Kapitel 8 und 9.

[1247] Holzapfel/Pöllath, Unternehmenskauf in Recht und Praxis, Rdn. 631, 632.

sellschaft zugeordnet werden, kann diese diesbezüglich keine Gegenforderungen geltend machen. In diesem Fall sind jedoch bereits bei der Ermittlung des Unternehmenswertes diese Aufwendungen der Gesellschaft zu berücksichtigen. Um die Preisfindung zu erleichtern und die subjektiven Vorstellungen der Parteien zu optimieren ist also zunächst eine Bewertung des Gesamtunternehmens nach betriebswirtschaftlichen Gesichtspunkten erforderlich[1248].
Unabhängig jedoch, welche betriebswirtschaftlichen Grundsätze für die Wertermittlung zugrunde gelegt werden, müssen folgende Grundsätze beachtet werden. Zunächst muß zwischen den Parteien ein Stichtag vereinbart werden, zu dem der Unternehmenswert ermittelt wird. Dieser Stichtag kann vorliegend allein der Zeitpunkt der Bewertung des Unternehmens sein. Da eine schuldrechtliche Rückdatierung der dinglichen Übertragung des Vermögens nicht für einen solch langen Zeitraum möglich ist und das landwirtschaftliche Unternehmen deshalb heute übereignet wird, muß der Preisfindung auch eine aktuelle Bewertung des Kaufgegenstandes zugrundeliegen. Insbesondere wäre eine Bewertung auf den Stichtag der tatsächlichen Übernahme 1990/91 nicht zulässig.
Zwar ist der Verkäufer grundsätzlich allein zur Erstellung seiner Schlußbilanz als Grundlage der Bewertung verpflichtet, da die ihr zugrunde liegende Inventur jedoch gleichzeitig für die endgültige Kaufpreisfindung bedeutsam ist, sollte sie von Käufer und Verkäufer gemeinsam, gegebenenfalls unter Hinzuziehung eines Sachverständigen erstellt werden. Im Fall der unerkannten Liquidation der LPG sprechen auch die besonderen Umstände, insbesondere die umfassende Information des Käufers über das Unternehmen, dafür, daß die Parteien bei der Aufstellung des Vermögens der LPG, der gegenseitigen Ansprüche und der Bewertung des Unternehmens eng zusammenarbeiten.
Vom Kaufpreis zu trennen ist das Entgelt, das die LPG i.L. als Ausgleich für die schuldrechtlich rückwirkende Übertragung des Unternehmens erhält. Die Parteien des Kaufvertrages werden sich im Gegenzug für die Überlassung des Unternehmens an den neuen Rechtsträger zur Bewirtschaftung und Nutzung auf eigene Rechnung in den letzten Jahren auf eine Vergütung, ähnlich einem Pachtzins, einigen, der ebenfalls in den Kaufpreis einfließt.
In der bisherigen Rechtspraxis zeichnet sich die Tendenz ab an Stelle eines Kaufpreises als Gegenleistung des neuen Rechtsträgers die Übernahme der LPG-Verbindlichkeiten und der Einlageverpflichtungen für die LPG-Mitglieder, die Mitglieder im neuen Rechtsträger sind, zu vereinbaren. Zusätzlich wird im Übernahmevertrag häufig eine Arbeitsplatzgarantie des neuen Rechtsträgers für die im neuen Unternehmen beschäftigten ehemaligen LPG-Mitglieder vereinbart. Die Problematik solcher Vereinbarungen ist, daß bei Durchführung eines solchen Vertrages der LPG i.L. keine Vermögensmasse zufließt, die als Liquidationserlös unter die Mitglieder der LPG i.L. gemäß § 90 I GenG nach Beendi-

---

[1248] Beisel/Klumpp, Der Unternehmenskauf, Rdn. 78; Lieb, in Münchener Komm. zum HGB, Anh. § 25 / 5,

gung der Abwicklung und Befriedigung der Gläubiger verteilt werden kann. Vielmehr wird im Rahmen einer solchen Vereinbarung der Gegenwert des LPG-Vermögens nicht der LPG i.L. zur Befriedigung ihrer Gläubiger und anschließenden Schlußverteilung an die Mitglieder, sondern direkt einzelnen Mitgliedern der LPG i.L. –nämlich den am neuen Rechtsträger Beteiligten- zugewandt. Hierin liegt zunächst ein Verstoß gegen die gläubigerschützende Bestimmung in § 90 I GenG, wonach die Verteilung des Liquidationserlöses an die Mitglieder erst nach Befriedigung aller Gläubiger und Verstreichen der einjährigen Sperrfrist erfolgen darf. Der so gefaßte Übernahmevertrag regelt zwar auch die Übernahme der Verbindlichkeiten durch den neuen Rechtsträger, bietet den Gläubigern der LPG i.L. aber keine Sicherheit für die Erfüllung, so daß die Gläubiger - hier vor allem ehemalige LPG-Mitglieder hinsichtlich ihrer Ansprüche nach § 44 I LwAnpG- nach Durchführung der Vermögensübernahme, Ausschüttung des Erlöses an die LPG-Mitglieder und Beendigung der LPG dem Risiko der Insolvenz des neuen Rechtsträgers ausgesetzt sind. Ohne die Zustimmung der Gläubiger nach § 415 BGB zur Übernahme der Verbindlichkeiten durch den neuen Rechtsträger kann diese daher nicht wirksam werden und der neuen Rechtsträger seine vertraglich versprochene Gegenleistung nicht erbringen.
Soweit die Gegenleistung eine Arbeitsplatzgarantie ist, kommt diese Leistung neben den Arbeitnehmern des neuen Rechtsträgers vor allem auch dem neuen Rechtsträger selbst zugute, der damit auf Kosten der LPG i.L. seine Lohnkosten für die nächsten Jahre finanziert. Im Ergebnis fließen durch eine solche Ausgestaltung des Übernahmevertrages die Vermögenswerte der LPG i.L. nur LPG-Mitgliedern, die heute eine doppelte Mitgliedschaft innehaben, und dem neuen Rechtsträger zu. Für alle übrigen Mitglieder der LPG i.L., die nicht am neuen Rechtsträger beteiligt sind, verbleibt kein verteilbares Vermögen der LPG. Sie erhalten keinen Liquidationsanteil. Die Zuwendung des LPG-Vermögens an nur einen Teil der Mitglieder der LPG i.L. verstößt jedoch gegen den genossenschaftsrechtlichen Gleichbehandlungsgrundsatz und das aktienrechtliche Verbot des Sondervorteiles gemäß § 243 II 1 AktG[1249].
Ein Verstoß gegen die Liquidationsbestimmungen des Genossenschaftsgesetzes liegt auch dann vor, wenn als Gegenleistung des neuen Rechtsträgers allen Mitgliedern der LPG i.L. Anteile am neuen Rechtsträger angeboten werden, d.h. auch den bislang nicht am neuen Rechtsträger beteiligten, da nach § 88 GenG die Verwertung des Vermögens in Geld zu erfolgen hat, das anschließend als Liquidationserlös nach § 91 GenG an die Mitglieder der LPG i.L. zu verteilen ist. Eine Erfüllung der Liquidationsansprüche der Mitglieder gegen die LPG i.L. durch Ausschüttung von Beteiligungen am neuen Rechtsträger widerspricht den Liquidationsgrundsätzen des Genossenschaftsrechtes. Danach haben alle Mitglieder einen Anspruch nach § 42 LwAnpG auf Auszahlung ihres Liquidations-

[1249] Beuthien, Genossenschaftsgesetz, § 51 / 22; Hüffer, Aktiengesetz, § 243 / 33, 34.

anteiles entsprechend dem Verteilungsmaßstab des § 44 I LwAnpG in bar durch die LPG i.L.[1250].
Die beschriebenen Gestaltungsvarianten des Vermögensübernahmevertrages zwischen der LPG i.L. und dem neuen Rechtsträger sind somit rechtlich problematisch, da sie die Rechte der Gläubiger auf vorrangige Befriedigung vor den Mitgliedern im Rahmen der Liquidation und die Rechte der einzelnen Mitglieder auf Gleichbehandlung und bare Auszahlung des Liquidationsanteiles verletzen.
Die Interessen der Gläubiger schützt das Gesetz dabei durch den Zustimmungsvorbehalt in § 415 I 1 BGB. Zur Durchführung der Vermögensübernahme ist in diesen Fällen daher die Zustimmung der Gläubiger der LPG i.L. notwendig und muß im Rahmen des Vertragsabschlusses eingeholt werden. Stimmen die Anspruchsberechtigten der Übernahme nicht zu, gilt die Übernahme als nicht erfolgt (§415 II 1 BGB), d.h. die LPG i.L. ist weiterhin Schuldnerin der Ansprüche der ehemaligen Mitglieder, ihres Liquidators o.a.. Die Zuwendung der Anteile am neuen Rechtsträger im Rahmen der Liquidation der LPG vor Befriedigung der Gläubiger, verstößt dann gegen § 90 I GenG, da die Vermögensverteilung erst nach Befriedigung aller Gläubiger zulässig ist. In Folge dieses Verstoßes hat die LPG i.L. einen körperschaftsrechtlichen Rückgewähranspruch gegen die begünstigten Mitglieder soweit die gewährte Leistungen zur Befriedigung der Gläubiger benötigt werden[1251]. Dabei ist die Rückerstattungspflicht des einzelnen Mitgliedes nicht auf seinen quotalen Anteil am LPG-Vermögen beschränkt, sondern erstreckt sich auf die gesamte erhaltene Leistung. Gegen den Anspruch kann der Einwand der Entreicherung nicht geltend gemacht werden[1252].
Hinsichtlich der Rechte der einzelnen Mitglieder der LPG i.L. bedarf es zur Wirksamkeit der Änderung oder Verkürzung des Liquidationsanspruches ebenfalls der Zustimmung des einzelnen Mitgliedes, d.h. der so ausgestaltete Vermögensübernahmevertrag ist nur wirksam, wenn alle anspruchsberechtigten Mitglieder der LPG i.L. der Vereinbarung mit dem neuen Rechtsträger zustimmen[1253]. Hierbei ist nicht der einstimmige Beschluß einer Vollversammlung ausreichend, sondern es muß auch die Zustimmung der zur Beschlußfassung nicht anwesenden Mitglieder eingeholt werden[1254].

[1250] Hierzu OLG Dresden vom 5.7.2001 NL-BzAR 2001 / 451, 458.
[1251] BGH vom 17.5.1999 DStR 1999 / 1283, 1284 mit Anm. Goette; Schaffland, in Lang/Weidmüller/Metz/Schaffland, Genossenschaftsgesetz, § 90 / 11; Hettrich/Pöhlmann, Genossenschaftsgesetz, § 90 / 4;.
[1252] BGH vom 17.5.1999 DStR 1999 / 1283, 1284 mit Anm. Goette.
[1253] OLG Dresden vom 5.7.2001 NL-BzAR 2001 / 451, 458; ebenso Lohlein in Anm. zu BGH vom 8.5.1998 EWiR 1998 / 777, 778.
[1254] Zu den Zustimmungserfordernissen der Vollversammlung gleich unter III.

III. Vertragsschluß und Zustimmung der Vollversammlung der LPG i.L.

Zum Abschluß eines Unternehmenskaufvertrages ist es zunächst wichtig, die Beteiligten und den Umfang ihrer Beteiligung genau zu bestimmen. Veräußerer eines Unternehmens kann nur der dazu befugte Rechtsinhaber sein. Für das hier zu veräußernde landwirtschaftliche Unternehmen ist Inhaber die LPG i.L.. Sie ist als Rechtsträger Inhaber des Unternehmens und veräußerungsbefugt. Erwerber des Unternehmens ist der durch Eintragung neu entstandene Rechtsträger. Die LPG i.L. wird durch ihre gerichtlich bestellten Liquidatoren vertreten. Vertreter der Erwerberpartei ist deren Vorstand bzw. Vorstand. Beim Abschluß eines derartig weitreichenden Rechtsgeschäftes wie der Veräußerung des gesamten Unternehmens unterliegt insbesondere der Veräußerer Beschränkungen. Diese können zur Nichtigkeit des Verkaufsvertrages und des Übertragungsgeschäftes führen. Für die LPG i.L. wurde der Umfang der Vertretungs- und Geschäftsführungsbefugnis der Liquidatoren bereits erörtert[1255].

Der Unternehmenskaufvertrag ist wie jeder andere Kaufvertrag grundsätzlich formlos wirksam. Eine Ausnahme besteht allerdings dann, wenn es um den Verkauf eines Unternehmens mit allen Aktiva und Passiva geht, in dessen Vermögen sich auch ein Grundstück befindet. Gemäß § 311 b I 1 BGB bedarf die Verpflichtung zur Übertragung eines Grundstückes der notariellen Form. Diese Formvorschrift erfaßt jedoch nicht nur die Vereinbarung zur Grundstücksübertragung, sondern alle Vertragsbestimmungen, die nach dem Willen der Vertragsparteien von der Veräußerung der Grundstückes abhängig sein sollen bzw. mit ihr ein einheitliches, untrennbares Geschäft bilden[1256]. Ein Rechtsgeschäft über den Verkauf eines Unternehmens, bei dem nur die Übertragung des Grundstückes notariell beurkundet wird, ist insgesamt nichtig (§§ 125, 139 BGB). Befindet sich im Vermögen der LPG i.L. kein Grundstück, könnte sich eine Formbedürftigkeit des Kaufvertrages, der den Veräußerer zur Übertragung seines gesamten Vermögens verpflichtet, aus § 311 b III BGB ergeben. Diese Vorschrift gilt jedoch nicht für die Übertragung des gesamten Vermögens einer juristischen Person. Die LPG i.L. könnte daher in einem solchen (unwahrscheinlichen) Fall den Vertrag formlos bzw. in einfacher Schriftform abschließen[1257].

Bereits unter Kapitel 6 III A. 3 wurde die entsprechende Anwendung des § 179 a AktG auf den Fall der Übertragung des LPG-Vermögens begründet. Ohne einen zustimmenden Beschluß der Vollversammlung der LPG zum Vertrag zwischen der LPG i.L. und dem neuen Rechtsträger kann der Liquidator die LPG i.L. bei Vertragsabschluß nicht wirksam vertreten und der Vertrag bleibt unwirksam. Fraglich ist nunmehr welche Mehrheit für die Zustimmung zum Vertrag notwendig ist. Teilweise wird unter Hinweis auf das Vorkaufsrecht der

---

1255 Siehe dazu Kapitel 6 III. A.

1256 Beisel/Klumpp, Der Unternehmenskauf, Rdn. 68.

1257 RG vom 9.7.1932 RGZ 137 / 324, 348; Beisel/Klumpp, Der Unternehmenskauf, Rdn. 75.

LPG-Mitglieder im Rahmen der Liquidation grundsätzlich die Zustimmung aller Berechtigten gefordert[1258]. Dabei wird jedoch verkannt, daß ein zugunsten der Mitglieder nach § 42 II LwAnpG bestehendes Vorkaufsrecht keinen Einfluß auf die Wirksamkeit des Kaufvertrages zwischen der LPG i.L. und dem neuen Rechtsträger hat. Als Folge des Vorkaufsrechtes können die einzelnen Mitglieder nach § 469 BGB innerhalb einer zweimonatigen Frist ihr Vorkaufsrecht ausüben, so daß der Kauf zwischen der LPG i.L. und dem sein Vorkaufsrecht ausübenden Mitglied zustande kommt[1259]. Die Frist zur Ausübung beginnt erst mit der Unterrichtung des Vorkaufsberechtigten Mitgliedes nach § 469 I BGB, so daß den Vertragsparteien eine sofortige Information aller Mitglieder anzuraten ist, um die Ausschlußfrist in Lauf zu setzen.
Unabhängig davon wird die Wirksamkeit des Kaufvertrages nicht von einem bestehenden Vorkaufsrecht beeinflußt.
In entsprechender Anwendung des § 179 II 1 AktG ist zur Zustimmung der Vollversammlung der LPG i.L. zur Vermögensübertragung grundsätzlich eine Mehrheit von ¾ der beschießenden Vollversammlung erforderlich. Dies gilt zumindest in allen Fällen, wo der Verkauf des LPG-Vermögens gegen Entgelt geschieht, das nach Abwicklung des Kaufes als Liquidationserlös gemäß § 91 I GenG, §§ 42 I, 44 I LwAnpG an die Mitglieder der LPG i.L. verteilt wird[1260]. Eine Ausnahme ergibt sich nur, wenn durch den Vertrag die Rechte des einzelnen Mitgliedes aus § 42, 44 I LwAnpG § 91 I GenG beeinträchtigt oder verändert werden, da ein solcher Eingriff in das Mitgliedschaftsrecht nur aufgrund individueller Vereinbarung mit dem Mitglied und nicht durch organschaftlichen Beschluß getroffen werden kann[1261]. Ein solcher Fall ist beispielsweise gegeben, wenn die Gegenleistung des neuen Rechtsträgers nicht in Geld erbracht wird, sondern in Form von Beteiligungen direkt den Mitgliedern der LPG i.L. zugewendet wird[1262], da dadurch von der gesetzlich bestimmten Verwertung des LPG-Vermögens abgewichen und damit in den Anspruch des Mitgliedes auf Auszahlung des Liquidationsanteils eingegriffen wird[1263].

[1258] Reichmann Neue Landwirtschaft 2002 Heft 3 Seite 77; ohne nähere Begründung auch Lohlein in Anm. zu BGH vom 8.5.1998 (Blw 39 / 97) EWiR 1998 / 777, 778.
[1259] Zum Vorkaufsrecht bereits unter Kapitel 6 IV. B.
[1260] So auch Neixler Neue Landwirtschaft 2002 Heft 3 Seite 77.
[1261] Wenzel AgrarR 2000 / 349, 351; ausf. auch Rzesnitzek, in Bayer (Hrsg.), 10 Jahre Landwirtschaftsanpassungsgesetz – eine Zwischenbilanz, Seite 93, 102 ausf. auch Rzesnitzek, in Bayer (Hrsg.), Abschlußbericht zum Forschungsprojekt „Restrukturierung landwirtschaftlicher Unternehmen in den neuen Bundesländern nach 1989“, Kapitel 5.1 B V 5.
[1262] Hierzu bereits unter II.
[1263] So auch OLG Dresden vom 5.7.2001 NL-BzAR 2001 / 451, 458; Neixler Neue Landwirtschaft 2002 Heft 3 Seite 77.

IV. Steuerbefreiung gemäß § 67 LwAnpG

Gemäß § 67 LwAnpG sind die zur Durchführung des Landwirtschaftsanpassungsgesetzes vorgenommenen Handlungen frei von Steuern, Gebühren, Kosten und Abgaben. Die Befreiung ist ohne Nachprüfung anzuerkennen, wenn die zuständige Landwirtschaftsbehörde das Vorliegen der Voraussetzungen der Befreiung bestätigt[1264]. Es ist fraglich, ob auch die Veräußerung des landwirtschaftlichen Unternehmens im Rahmen der Liquidation eine derartige Handlung zur Durchführung des Gesetzes ist.

Die Befreiungsvorschrift des § 67 LwAnpG hat ihre Vorbilder in zahlreichen Gesetzen, die eine Neuordnung von Grund und Boden regeln, so insbesondere in § 29 Reichssiedlungsgesetz, § 34 Reichsheimstättengesetz, § 79 BauGB, § 71 Landbeschaffungsgesetz und § 108 I FlurbG. Dafür, daß § 67 LwAnpG diese Gebührenfreiheit nur einschränkend regeln wollte, bestehen keine Anhaltspunkte. Etwas Gegenteiliges ergibt sich auch nicht aus der Entscheidung des Bundesgerichtshofes, wonach das gerichtliche Verfahren nach dem Landwirtschaftsanpassungsgesetz nicht gebührenfrei ist[1265]. Hiermit sind Streitigkeiten gemeint, die von der Gebührenfreiheit deshalb nicht erfaßt werden sollen, weil sie nicht unmittelbar der Durchführung des Landwirtschaftsanpassungsgesetzes, sondern der Verfolgung eigener Rechte dienen[1266]. Für eine weite Auslegung der Vorschrift spricht auch die im vom Bundesministerium für Ernährung, Landwirtschaft und Forsten in seinem Leitfaden zum Landwirtschaftsanpassungsgesetz gegebene Erläuterung der Vorschrift. Danach sind alle zur Durchführung des Gesetzes vorgenommenen Handlungen begünstigt[1267]. Der Verkauf des Unternehmens dient der Liquidation, die wiederum durch das Landwirtschaftsanpassungsgesetz angeordnet ist. Um die Zielstellung des Gesetzes zu verwirklichen, eine vielfältige strukturierte Landwirtschaft zu entwickeln und leistungsfähige Landwirtschaftsbetriebe wiederherzustellen, sah das Gesetz als erste Maßnahme die Umstrukturierung vorhandener Unternehmen vor. Soweit diese nicht möglich war oder fehlgeschlagen ist, mußte nach dem Gesetz zwingend liquidiert werden. Durch den Verkauf des Betriebes in der Liquidation und dessen Fortführung durch den Erwerber wird die beschriebene Zielsetzung ebenso verwirklicht, wie durch die Umwandlung des ursprünglichen Rechtsträgers. Als Rechtshandlung zur Durchführung des Gesetzes, nämlich zum Zwecke der Liquidation einer LPG, unterliegt die Vereinbarung eines Unternehmensverkaufes dem Privileg der Steuerfreiheit nach § 67 LwAnpG. Das Vorliegen dieser Vor-

---

[1264] FG Brandenburg vom 11.1.2000 NL-BzAR 2001 / 122 f..

[1265] BGH vom 9.6.1993 NJ 1993 / 556.

[1266] LG Erfurt vom 2.6.1997 AgrarR 1998 / 118.

[1267] Leitfaden zum Landwirtschaftsanpassungsgesetz in Stumpf, Handbuch zum LwAnpG, Seite 21.

aussetzung wird auf Antrag des Steuerpflichtigen vom Landwirtschaftsamt bestätigt.

V. Zusammenfassung und Ausblick

Eine vertragliche Nachzeichnung der fehlgeschlagenen Umwandlung, wie sie auch hier vorgeschlagen wird, ist nach übereinstimmender Auffassung in Rechtswissenschaft und Praxis die wirtschaftlich sinnvollste und im Interesse aller Beteiligten liegende Möglichkeit, die Rechtsfolgen der fehlgeschlagenen Umwandlung zu bewältigen. Dabei darf jedoch nicht übersehen werden, welch hohes Konfliktpotential eine solche Nachzeichnung in sich birgt. Möglicherweise wird der ersten Welle von Klagen auf Feststellung der Unwirksamkeit der Umwandlung nunmehr eine zweite Phase gerichtlicher Auseinandersetzungen folgen, die sich mit der Rechtmäßigkeit und Wirksamkeit der vertraglichen Bereinigungen gescheiterter Umwandlungen beschäftigen. Zur Entscheidung über die Wirksamkeit der Verträge zwischen den LPGen i.L. und den neuen Rechtsträgern zur Vermögensübernahme sind die Zivilgerichte berufen.

Bei der Erarbeitung des Übernahmevertrages sollten sich die Beteiligten der Tatsache bewußt sein, daß es sich hierbei nicht allein um einen Unternehmenskaufvertrag handelt, sondern damit zugleich die in den vergangenen Jahren entstandenen vielfältigen gegenseitigen Ansprüche in Folge der gescheiterten Umwandlung bereinigt werden sollen.

Dabei wird sich der Konflikt hauptsächlich auf die Frage einer ordnungsgemäßen Bewertung des LPG-Vermögens und die Angemessenheit der vereinbarten Gegenleistung des neuen Rechtsträgers konzentrieren. Eine rechtswirksame Nachzeichnung der fehlgeschlagenen Umwandlung ist dabei nur möglich, wenn die Interessen beider Vertragspartner ausreichend berücksichtigt werden. Die einseitige Förderung der Interessen des neuen Rechtsträgers an einer möglichst unbeeinträchtigten Fortsetzung seiner bisherigen unternehmerischen Tätigkeit, ohne Kapitalabfluß, ist mit den Interessen der Mitglieder der LPG i.L. dagegen nicht zu vereinbaren. In den dargestellte Beispielen zur Vereinbarung einer nicht in Geld bestehenden Gegenleistung des neuen Rechtsträgers wurde die Gegenläufigkeit der Interessen zwischen neuem Rechtsträger und LPG i.L. deutlich. Eine wirksame Vermögensübernahme wird es jedoch nicht zum „Nulltarif" geben. Soweit sich die Ausgestaltung des Übernahmevertrages daher allein an den Belangen des neuen Rechtsträgers orientiert und dadurch die Ansprüche der LPG-Mitglieder oder der ehemaligen Mitglieder gegenüber der LPG i.L. beeinträchtigt, ist in vielen Fällen ein erneuter Rechtsstreit die wahrscheinliche Folge.

Wegen der zahlreichen praktischen Schwierigkeiten der Liquidation der LPG und der häufig gegebenen wirtschaftlich stärkeren Position des neuen Rechtsträgers gegenüber der LPG i.L. stellt sich abschließend die Frage, ob der Gesetzgeber angesichts der möglichen neuen Fülle gerichtlicher Streitigkeiten um die rechtmäßige vertragliche Rückabwicklung gefordert ist, lenkend einzugreifen

und zum Schutz der Vermögensinteressen der LPG-Mitglieder, eine ordnungsgemäße Bewertung des LPG-Vermögens und eine Angemessenheit der vertraglichen Vereinbarung zu gewährleisten.
Eine Möglichkeit hierzu wäre eine am bisherigen § 70 III LwAnpG orientierte Ermächtigung der Landesministerien zur Nachprüfung der durchgeführten Bereinigungen fehlgeschlagener Umwandlungen. Durch eine Verbindung der ordnungsgemäßen vermögensrechtlichen Bereinigung im Fall der fehlgeschlagenen Umwandlung mit der Bewilligung weiterer Fördermittel an die neuen Rechtsträger könnte ein Ausgleich des ungleichen Kräfteverhältnisses zwischen der LPG i.L. und dem neuen Rechtsträger herbeigeführt werden. Zudem würde eine umfassende gesetzliche Regelung zur Liquidation der LPG, die für die betroffenen Unternehmen und Liquidatoren klare gesetzliche Vorgaben zur Durchführung der vermögensrechtlichen Rückabwicklung der gescheiterten Umwandlung bietet, die Bewältigung der vielfältigen Rechtsprobleme erleichtern und die derzeit bestehenden Unsicherheiten bei den Betroffenen beseitigen.

Kapitel 11: Zusammenfassung und Schluß

Im Verlauf der Erörterungen zu den einzelnen Themengebieten wurde die Vielschichtigkeit der Rechtsprobleme deutlich, welche sich als Folge der Rechtsprechung des Bundesgerichtshofes zur Unwirksamkeit von Umwandlungen nach dem Landwirtschaftsanpassungsgesetz für die betroffenen Rechtsträger, deren Mitglieder und auch für das Unternehmen selbst ergeben. Um dem Leser einen inhaltlich und räumlich überschaubaren Einblick in die vielfach bisher ungelösten, oft bislang auch unerkannten, Rechtsprobleme im Fall des Fehlschlagens einer Umwandlung zu geben, wurden in dieser Arbeit die grundlegenden Fragen, die sich aus rechtswissenschaftlicher und auch rechtspraktischer Sicht ergeben herausgearbeitet. Ziel war es dabei die rechtlichen Rahmenbedingungen für die Abwicklung unwirksamer Umwandlungen ehemaliger landwirtschaftlicher Produktionsgenossenschaften in den neuen Bundesländern zu definieren und einen möglichen Weg zur Lösung des Problems in der Praxis aufzuzeigen.
Darüber hinaus sollen die hier vorgelegten Denkansätze einen Beitrag zur Bewältigung ähnlicher Rechtsprobleme auch im allgemeinen Gesellschafts- und Umwandlungsrecht leisten.
Zum Abschluß werden die wichtigsten Erkenntnisse und Thesen aus den einzelnen Themenkomplexen zusammengefaßt und die Ergebnisse der Überlegungen formuliert:

Kapitel 2: Schwere Mängel der eingetragenen Umwandlung und ihre Behandlung in Rechtsprechung und Wissenschaft

Entsprechend den vom Bundesgerichtshof aufgestellten Voraussetzungen zur Wirksamkeit einer Umwandlung nach § 34 III des Landwirtschaftsanpassungsgesetzes muß der Eintragung im Register ein Umwandlungsbeschluß der Vollversammlung zugrunde liegen, der auf eine gemäß dem numerus clausus der gesetzlichen Umwandlungsmöglichkeiten zulässige und identitätswahrende Umwandlung gerichtet ist. Bei der Analyse der umfangreichen Rechstprechung haben sich einzelne Fallgruppen schwerer Umwandlungsmängel herausgebildet, bei deren Vorliegen die Umwandlung trotz Eintragung der neuen Gesellschaft als Rechtsnachfolger der LPG nicht wirksam wird. Dabei ist das gänzliche Fehlen eines Umwandlungsbeschlusses ein in der Rechtspraxis unbedeutender Grund für die Unwirksamkeit einer Umwandlung, da eine solche Sachverhaltsgestaltung bislang -soweit ersichtlich- nicht vorkam.
Demgegenüber führten Verstöße gegen den Grundsatz der Kontinuität der Mitgliedschaft bei Umwandlungen stets zur Unwirksamkeit der eingetragenen Umwandlung. Solche Verstöße lagen insbesondere beim Ausschluß einzelner Mitglieder von der Teilhabe am neuen Rechtsträger, bei der nur schuldrechtlich durch einen Treuhänder vermittelten Beteiligung und auch bei der lediglich

mittelbaren Mitgliedschaft als Gesellschafter der Komplementär-GmbH an der aus der formgewechselten LPG entstandenen GmbH & Co. KG vor.
Am vielfältigsten waren die Fallgruppen, in denen gegen den Grundsatz des numerus clausus der Umwandlungsmöglichkeiten verstoßen wurde. Hierbei führten jedoch vor allem die Umwandlung vor Inkrafttreten des LwAnpG 1990, die Wahl einer unzulässigen Rechtsform bei formwechselnder Umwandlung nach dem LwAnpG 1990 und die unzulässige Teilung zur Bildung einer GmbH & Co. KG nur in seltensten Fällen letztlich zur Unwirksamkeit der eingetragenen Umwandlung, da die Nichtigkeit des Umwandlungsbeschlusses in diesen Fällen nach § 34 III LwAnpG unbeachtlich blieb, wenn die beschlossene Umwandlung, beurteilt nach der Rechtslage im Zeitpunkt der Eintragung, zulässige war. Allein die Entscheidung der LPG-Mitglieder für eine übertragende Umwandlung oder eine Umwandlung nach Ablauf der Umwandlungsfrist zum 31.12.1991 führte ausnahmslos zum Scheitern der Umwandlung.
Bei der Auseinandersetzung mit diesen drei vom Bundesgerichtshof aufgestellten zwingenden Voraussetzungen einer wirksamen Umwandlung standen die Verstöße gegen den numerus clausus der Umwandlungsnormen und Verstöße gegen den Grundsatz der Identität der Mitglieder im Mittelpunkt der Diskussion. Verstößt eine beschlossene Umwandlung gegen den numerus clausus der umwandlungsrechtlichen Vorschriften stellt sich die Frage, ob der Schutz der Mitgliedschaft des einzelnen Anteilsinhabers vor einem, durch die unzulässige Umwandlung verursachten, Eingriff höher zu bewerten ist, als die Registerpublizität zugunsten der eingetragenen Umwandlung. Ausschlaggebend für die Beantwortung dieser Rechtsfrage ist das dem § 34 III LwAnpG und entsprechenden Normen zugrundeliegende Verständnis. Geht man von einem vorläufigen Schutz der eingetragenen Umwandlung in Fortschreibung der Lehre von der fehlerhaften Gesellschaft und dementsprechend von grundsätzlich bestehenden Restitutionsansprüchen der Mitglieder aus, besteht keine Veranlassung die konstitutive Wirkung der Eintragung einzuschränken. Richtigerweise ist die Wirksamkeit der fehlerhaften, eingetragenen Umwandlung nach § 34 III LwAnpG jedoch eine dauerhafte, so daß die in ihren Mitgliedschaftsrechten betroffenen Anteilsinhaber allein auf Schadensersatzansprüche verwiesen sind. Vor diesem Hintergrund ist der vom Bundesgerichtshof vorgenommenen Auslegung des Tatbestandes der Norm beizupflichten. Soweit Mängel der Umwandlung für deren Wirksamkeit nach Eintragung unbeachtlich sind, beschränkt sich der Anwendungsbereich des § 34 IIII LwAnpG auf Mängel einer nach dem numerus clausus der umwandlungsrechtlichen Vorschriften zulässigen Umwandlung.
Bei Verstößen gegen den Grundsatz der Identität der Mitglieder konnte der Argumentation des Bundesgerichtshofes dagegen nicht zugestimmt werden. Der Grundsatz der Identität ist ein dem Formwechsel zugrundeliegendes Prinzip, daß entgegen der Ansicht des V. Senates des Bundesgerichtshofes jedoch nicht zwingend ist. Die Erörterungen haben gezeigt, daß der Grundsatz der Identität im Gesetz selbst mehrfach durchbrochen wurde, so daß die Identität der Mit-

gliedschaft nicht das vom Bundesgerichtshof behauptete grundlegendste Prinzip, sondern ein materieller Grundsatz und die rechtliche Technik der formwechselnden Umwandlung ist. Eine Mißachtung führt nicht zur Umwirksamkeit der Umwandlung. Der Ausschluß einzelner Mitglieder von der Teilhabe am neuen Rechtsträger im Umwandlungsbeschluß ist grundsätzlich unwirksam, soweit das Mitglied seinem Ausscheiden nicht ausdrücklich oder konkludent zugestimmt hat.

Kapitel 3: Unwirksame Umwandlungen als stecken gebliebene Sachgründungen -rechtliche Ausgangslage und registerrechtliche Behandlung-

Nachdem die Umwirksamkeit der Umwandlung ehemaliger LPGen somit unabänderlich ist, wurde die rechtliche Ausgangssituation für die betroffenen Unternehmen untersucht. Zunächst stellte sich dabei die Frage, ob der neu errichtete und im Register eingetragene Rechtsträger wirksam gegründet wurde und durch seine Eintragung dauerhaften Bestand erlangt hat. Zunächst ergab die Prüfung, daß es sich auch bei einer formwechselnden Umwandlung um die lediglich vereinfachte rechtliche Technik zur Auflösung ohne Abwicklung und Übertragung des Vermögens auf einen neuen Rechtsträger als Gesamtrechtsnachfolger handelt. Davon ausgehend liegt im Fall der gescheiterten Umwandlung eine stecken gebliebene Sachgründung vor, da hier die Einbringung des landwirtschaftlichen Unternehmens nicht wirksam geworden ist. Die von den LPG-Mitgliedern übernommenen Anteile sind nicht durch die Umwandlung der Beteiligungen an der LPG erbracht. Mit der Registereintragung des neuen Rechtsträgers und dessen Auftreten im Geschäftsverkehr ist dieser trotz der Gründungsmängel nach den Grundsätzen über die fehlerhafte Gesellschaft wirksam entstanden.
Dementsprechend stellte sich die Frage, ob die Mängel der Gründung einen möglichen Grund für eine Auflösung der Gesellschaft darstellen. Bei den Kapitalgesellschaften GmbH und AG ergab die Prüfung der gesetzlich abschließend aufgezählten Gründe für eine Nichtigkeitsklage der Gesellschaft, daß die gescheiterte Umwandlung und damit das nicht erbrachte Haftkapital keinen Grund für eine Nichtigkeitsklage geben. Im Fall der eingetragenen Genossenschaft stellt die im Rahmen der Umwandlung nicht getroffene Satzungsbestimmung zu Einzahlungen auf die Genossenschaftsanteile grundsätzlich einen Nichtigkeitsgrund für die Genossenschaft dar. Eine Klage auf Nichtigerklärung der Genossenschaft zum heutigen Zeitpunkt scheitert jedoch an der entsprechend anzuwendenden Ausschlußfrist des § 275 III AktG. Soweit der neue Rechtsträger eine Personenhandelsgesellschaft ist, muß der Grund für eine Auflösung im Einzelfall festgestellt werden. Bevor eine Auflösung der Gesellschaft in Betracht gezogen werden kann, sind dabei alle übrigen Austrittsmöglichkeiten des einzelnen Gesellschafters zu prüfen, so daß die zulässige Kündigung der Mitgliedschaft eine Auflösung ausschließt.

Nachdem damit die im Rahmen der unwirksamen Umwandlungen entstandenen Rechtsträger dauerhaften Bestand haben, war auch die Frage, ob eine rechtliche Grundlage zur Löschung der Rechtsträger im Register gegeben ist, zu verneinen. Demgegenüber liegen nach § 142 FGG die Voraussetzungen zur Löschung des Umwandlungsvermerkes bei den einzelnen Rechtsträgern vor. Diese können im Rahmen eines Amtslöschungsverfahrens von den Registergerichten gelöscht werden. Im Interesse der Richtigkeit des Registers besteht dabei eine Pflicht der Registergerichte entsprechend tätig zu werden.

Kapitel 4: Möglichkeiten der nachträglichen "Heilung" der unwirksamen Umwandlung

In diesem Kapitel wurde der Frage nachgegangen, welche Möglichkeiten den Mitgliedern der nicht wirksam umgewandelten LPGen zur Verfügung stehen, um die fehlgeschlagene Umwandlung des neuen Rechtsträgers zu heilen. Der Begriff Heilung wurde dabei im Sinne einer nachträglich zu bewirkenden Gesamtrechtsnachfolge verstanden. Als Möglichkeit für eine solche Heilung kam neben der abzulehnenden Anwendung der Grundsätze über die fehlerhafte Gesellschaft oder des § 242 II AktG vor allem die Umwandlung der LPG i.L. aus der Liquidation in Betracht. Mögliche rechtliche Grundlage hierfür hätte § 79 a GenG sein können, der gemäß § 42 II LwAnpG auch für die LPG i.L. anzuwenden war. Die Auseinandersetzung mit der Verweisung auf § 79 a GenG im Landwirtschaftsanpassungsgesetz hat jedoch gezeigt, daß der Gesetzgeber damit lediglich für alle freiwillig aufgelösten LPGen die Möglichkeit zur Abänderung ihrer Auflösungsentscheidung geben wollte. Eine über den Stichtag zur Umwandlung am 31.12.1991 hinausgehende Umwandlungsmöglichkeit durch Rückgründung der aufgelösten LPG mit anschließender Umwandlung bot der Verweis auf § 79 a GenG nicht. Im Ergebnis bestand damit für die per Gesetz zum 31.12.1991 aufgelösten LPGen keine Möglichkeit ihr landwirtschaftliches Unternehmen im Wege der Gesamtrechtsnachfolge auf einen anderen Rechtsträger zu überführen.

Kapitel 5: Die Geltendmachung der unwirksamen Umwandlung

In der umwandlungsrechtlichen Praxis des Landwirtschaftsanpassungsgesetzes ergeben sich für die betroffenen Unternehmen die Rechtsprobleme aus der Unwirksamkeit der LPG-Umwandlung nur, wenn die Unwirksamkeit der Umwandlung geltend gemacht wird und dadurch die vermeintlich wirksame Umwandlung als fehlgeschlagen erkannt wird. Aus diesem Grund wurden im 5. Kapitel die Möglichkeiten zur Geltendmachung der unwirksamen Umwandlung untersucht. Grundsätzlich hat jede Person oder Behörde das Recht ihre Bedenken gegen die Wirksamkeit der Umwandlung durch die Anregung eines Amtslöschungsverfahrens beim zuständigen Registergericht vorzubringen. Daneben

besteht für die Mitglieder der LPG, des neuen Rechtsträgers und auch für die ausgeschiedenen Mitglieder der LPG die Möglichkeit die Unwirksamkeit der Umwandlung im Rahmen einer Klage feststellen zu lassen. Die Klagebefugnis hierzu ergibt sich aus den im Fall der fehlgeschlagenen Umwandlung bestehenden Liquidationsansprüchen gegenüber der fortbestehenden LPG. Für die bereits ausgeschiedenen Mitglieder besteht eine Klagebefugnis nur insoweit, als die vermögensrechtliche Auseinandersetzung mit der LPG noch nicht abgeschlossen ist, da im Fall der gescheiterten Umwandlung die LPG i.L. Schuldner der noch bestehenden Abfindungsansprüche ist.
Eine Frist zur Erhebung der Feststellungsklage besteht grundsätzlich nicht. Die zeitlich Grenze zur Geltendmachung der unwirksamen Umwandlung besteht für die ausgeschiedenen Mitglieder spätestens nach der Verjährung oder Erfüllung ihrer Abfindungsansprüche. Darüber hinaus unterliegt die Befugnis zur Klage dem restriktiv zu handhabenden Rechtsinstitut der Verwirkung.

Kapitel 6: Rechtsfragen der LPG in Liquidation

Eine Reihe rechtlicher Probleme ergeben sich für die zunächst unerkannt fortbestehende LPG, die per Gesetz zum 1.1.1992 aufgelöst wurde. Trotz des Wegfalls des LPG-Gesetzes und damit der Rechtsgrundlage für die Rechtsform der LPG handelt es sich bei der LPG i.L. nicht um eine Genossenschaft oder eine Gesellschaft bürgerlichen Rechtes. Die juristische Person der LPG i.L. ist eine eigenständige Rechtsperson, auf welche die Regelungen des Genossenschaftsgesetzes nur entsprechend anzuwenden sind. Daneben besitzt auch das jeweilige individuelle Statut der LPG i.L. weiterhin Gültigkeit.
An Stelle der nicht mehr existenten Vertretungsorgane der LPG i.L. sind vom Gericht entsprechend § 83 V GenG Liquidatoren zu bestellen. Deren schwierige Aufgabe besteht darin, einen heutigen Vermögensstatus der LPG i.L. aufzustellen, die vorhandenen Vermögenswerte zu verwerten und nach Befriedigung noch vorhandener Gläubiger den Liquidationsüberschuß an die Mitglieder der LPG i.L. auszuschütten. Aufgrund der langjährigen Annahme aller Beteiligten, daß die LPG rechtswirksam umgewandelt wäre, wurden die Vermögenswerte der LPG vom neuen Rechtsträger als eigene übernommen und werden bis heute von diesem als eigenes Vermögen genutzt. Dadurch stehen die Liquidatoren zunächst vor der Problematik den Verbleib des ursprünglich 1990/91 vorhandenen LPG-Vermögens nachzuforschen und die sich aus der Verwertung und dem Gebrauch des Vermögens durch den neuen Rechtsträger für die LPG i.L. ergebenden Ansprüche aufzuarbeiten. Im Ergebnis dieser Aufarbeitung der wirtschaftlichen Verhältnisse der LPG i.L. müssen die Liquidatoren eine mögliche Überschuldung der LPG i.L. prüfen um gegebenenfalls ihrer Insolvenzantragspflicht nachzukommen.
Ergibt der Vermögensstatus der LPG i.L. keine Insolvenzreife, haben die Liquidatoren die Möglichkeiten zur Verwertung des Vermögens zu prüfen. Da sich

die Vermögenswerte im Besitz des neuen Rechtsträger befinden oder sich als Ansprüche gegen diesen darstellen, bietet sich zur Abwicklung der LPG i.L. eine vertragliche Vermögensübernahme durch den neuen Rechtsträger an. In der Praxis wird dieser auch regelmäßig an einer vertraglichen Übernahme interessiert sein, um so das landwirtschaftliche Unternehmen auch zukünftig fortführen zu können.
Kommt es zu einer Einigung der Beteiligten, bedarf der Unternehmenskaufvertrag zu seiner Wirksamkeit der Zustimmung der Vollversammlung der LPG i.L.. § 179 a AktG und § 179 III AktG sind in diesem Fall entsprechend anzuwenden.

Kapitel 7: Rechtliche Fragen zum neuen Rechtsträger

Im Hinblick auf den fehlerhaft gegründeten neuen Rechtsträger ist die grundlegendste Frage für die Anteilsinhaber, ob und in welchem Umfang sie für die aufgrund der gescheiterten Umwandlung nicht erbrachten Einlagen haften. Dabei stellt sich die gescheiterte Umwandlung als stecken gebliebene Sachgründung dar. Die im Rahmen der Umwandlung erstrebte Aufbringung des Gesellschaftskapitals durch Übertragung des landwirtschaftlichen Unternehmens der LPG ist fehlgeschlagen. Entsprechend den Grundsätzen der Kapitalaufbringung sind die übernommenen Einlagen von den Mitgliedern der Gesellschaft nunmehr als Bareinlagen zu erbringen. Ein Erlaß der Hafteinlage durch die Gesellschaft ist nicht möglich. Ebenso kann sich der einzelne Gesellschafter nicht durch sein Ausscheiden -soweit dies möglich ist- aus der Gesellschaft von seiner Haftung befreien. Die Höhe der Einlagenhaftung im einzelnen Fall entspricht der jeweils im Register eingetragenen Haftsumme bzw. dem Nennwert der übernommenen Aktien. Soweit es sich um eine Kapitalgesellschaft handelt, deren Stammkapital über dem gesetzlichen Mindestkapital liegt, besteht jedoch die Möglichkeit das Stammkapital der Gesellschaft durch einen Mitgliederbeschluß herabzusetzen und damit die Haftung des Einzelnen anteilig zu senken.
Im Verhältnis der Gesellschaft gegenüber Dritten wurde geprüft, inwieweit Sicherheiten an Gegenständen und Grundstücken im Eigentum der LPG wirksam bestellt wurden. Aufgrund der vereinfachten Grundbuchumschreibung kann dabei davon ausgegangen werden, daß der neue Rechtsträger als dinglich Berechtigter im Grundbuch eingetragen war und die Bestellung von Bank- oder sonstigen Sicherheiten daher wirksam sind. Ebenso sind auch die vom neuen Rechtsträger durchgeführten Bodenneuordnungsverfahren nach dem Landwirtschaftsanpassungsgesetz wirksam geworden.
Eine letzte praktisch bedeutsame Frage war die Haftung des neuen Rechtsträgers für die Verbindlichkeiten der LPG. Hierfür wurden verschiedene rechtliche Grundlagen einer Haftung erörtert und im Ergebnis festgestellt, daß sich aus der gescheiterten Umwandlung keine Haftung des neuen Rechtsträgers begründen läßt.

Kapitel 8: Ansprüche der LPG i.L. auf Rückgabe ihres Vermögens

Um den angesprochenen Vermögensstatus der LPG i.L. unter Berücksichtigung der gegenseitigen Ansprüche zwischen LPG i.L. und neuem Rechtsträger erstellen zu können, wurden in den Kapiteln 8 und 9 die denkbaren Ansprüche der Beteiligten herausgearbeitet.
Grundsätzlich hat die LPG i.L. einen körperschaftsrechtlichen Rückgewähranspruch aus § 90 GenG hinsichtlich des Teiles des übernommenen Vermögens, der zur Befriedigung noch vorhandener Gläubiger erforderlich ist. Bezüglich des sonstigen Vermögens der LPG i.L. ergeben sich die Herausgabeansprüche der LPG i.L. aus dem Eigentum nach §§ 985 ff BGB. Diese Ansprüche beziehen sich auf ihr ursprüngliches Eigentum, soweit es noch vorhanden ist, und auch auf jene Vermögensgegenstände, die durch Handlungen des neuen Rechtsträgers in das Eigentum der LPG i.L. übergegangen sind. Ein großer Teil des ursprünglichen Vermögens wird jedoch zwischenzeitlich verbraucht, verkauft, verarbeitet oder sonst zerstört worden sein. Insoweit stehen der LPG i.L. Ersatzansprüche nach den Grundsätzen über die ungerechtfertigte Bereicherung zu. Darüber hinaus hat der neue Rechtsträger alle von ihm aus dem Eigentum der LPG tatsächlich gezogenen Nutzungen herauszugeben. Er haftet insoweit als redlicher und unverklagter unrechtmäßiger Besitzer.
Sobald der neue Rechtsträger von der Unwirksamkeit der Umwandlung Kenntnis erhält, verschärft sich seine Haftung gegenüber der LPG i.L..

Kapitel 9: Gegenansprüche des neuen Rechtsträgers

Gegenüber den vielfältigen sich letztendlich aus bereicherungsrechtlichen Anspruchsgrundlagen ergebenden Ansprüchen der LPG i.L. hat der neue Rechtsträger die Möglichkeit eine Entreicherung seinerseits bzw. eigene Aufwendungen in Abzug zu bringen. Soweit sich Ansprüche der LPG i.L. direkt aus den Bestimmungen über das Eigentümer-Besitzer-Verhältnis ergeben, kann die neue Gesellschaft gegenüber der LPG i.L. Ersatz von Verwendungen auf das Vermögen geltend machen.
Neben dem Ausgleich für Besitz und Nutzung der aktiven Vermögenswerte der LPG i.L. hat der vermeintliche Rechtsnachfolger auch Ansprüche aus der Tilgung der von der LPG ebenfalls übernommenen Verbindlichkeiten, soweit diese tatsächlich bestanden haben.

Kapitel 10: Praktische Rückabwicklung durch Unternehmenskauf

Die Auflistung der verschiedenartigen gegenseitigen vermögensrechtlichen Ansprüche zwischen der LPG i.L. und dem neuen Rechtsträger verdeutlicht die praktischen Schwierigkeiten einer Rückabwicklung. Hinzu kommt, daß der neue Rechtsträger in den vergangenen Jahren oftmals ein stabiles landwirtschaftliches

Unternehmen aufgebaut hat und dieses auch künftig führen will. Demgegenüber ist die LPG i.L. an einer Verwertung ihres Vermögens interessiert. Eine für beide Parteien wirtschaftlich sinnvolle und praxisgerechte Lösung ist daher die vertragliche Übernahme des Vermögens im Rahmen eines Unternehmenskaufvertrages. Damit würde einmal die langwierige und komplizierte Rückabwicklung bzw. Auseinandersetzung über die einzelnen Vermögensgegenstände umgangen und andererseits kann auf diesem Weg das tatsächlich bestehende landwirtschaftliche Unternehmen sicher erhalten werden. Bei der vertraglichen Vereinbarung muß das zu übertragende Vermögen zum Zeitpunkt des Kaufes bewertet und die Gegenansprüche des neuen Rechtsträgers in Abzug gebracht werden. Der Unternehmenskaufvertrag unterfällt der Steuerbefreiung nach § 67 LwAnpG.

Kolibri 360 GmbH
Ferdinand-Jühlke-Straße 7
99095 Erfurt, Deutschland
produktsicherheit@kolibri360.de

Druck:
CPI Druckdienstleistungen GmbH
im Auftrag der
Kolibri 360 GmbH
Ferdinand-Jühlke-Str. 7
99095 Erfurt